安徽省志

Chorography of Anhui Province

图书馆志

Library

安徽省地方志编纂委员会办公室
Compilatory Commission of Anhui Chorography

方志出版社
Publishing House of Local Records

图书在版编目（CIP）数据

安徽省志.图书馆志： / 安徽省
地方志编纂委员会办公室编.— 北京：方志出版社，
2018.12
ISBN 978－7－5144－1688－6

Ⅰ.①安… Ⅱ.①安… Ⅲ.①安徽省 — 地方志②图书
馆史 — 安徽省 Ⅳ.①K295.4

中国版本图书馆CIP数据核字（2015）第221923号

安徽省志·图书馆志

编　　者：安徽省地方志编纂委员会办公室
责任编辑：陈菁

出 版 人：冀祥德
出 版 者：方志出版社
地址　北京市朝阳区潘家园东里9号（国家方志馆4层）
邮编　100021
网址　http://www.fzph.org
发　　行：方志出版社发行中心
电话　（010）67110500
经　　销：各地新华书店
印　　刷：安徽新华印刷股份有限公司

开　　本：889 × 1194　　1/16
印　　张：28.25
字　　数：478 千字
版　　次：2018 年 12 月第 1 版　　2018 年 12 月第 1 次印刷
印　　数：0001 ～ 1500 册

ISBN 978－7－5144－1688－6　　定价：350.00元

安徽省地方志编纂委员会

曾任安徽省地方志编纂委员会成员

（按姓氏笔画为序）

马新民　王　信　王　洵　王守亚　王宇铭　王佛生
王金山　王林建　王学银　王宜斌　方志华　邓顺华
叶如强　田唯谦　毕美家　吕振凡　朱　宁　朱文根
仲建成　任兆祥　刘　泉　刘成典　刘志祥　刘战平
江明安　孙永吉　孙亚军　李　明　李　斌　李玉华
李迎春　李抗美　李明阳　李维勇　杨本清　杨绿章
肖桂兰　吴　浩　吴韦人　吴世平　吴桂和　余　群
汪华东　汪建国　汪炳瑜　沈　毅　张　永　张少国
张正耀　张华建　张武扬　张岳峰　陈　平　陈亚萍
陈运才　陈素伟　林　红　罗　宏　罗建国　罗曙生
周　庆　周建春　郎　涛　郑　宏　赵卫弘　胡　冰
俞凤翔　洪治社　洪禹候　秦亚东　聂庆义　聂皖辉
莫　欣　夏邦文　夏育才　徐礼国　徐家声　高　莉
高维岭　郭　敏　郭本纯　黄发友　黄玉明　黄红文
黄家华　曹承锋　崔海燕　董　庆　董介林　蒋传华
蒋福亮　谢广祥　楚建平　蔡建平　樊　勇

曾任安徽省地方志编纂委员会成员

（按姓氏笔画为序）

马新民　王　信　王　洵　王守亚　王宇铭　王佛生

王金山　王林建　王学银　王宜斌　方志华　邓顺华

叶如强　田唯谦　毕美家　吕振凡　朱　宁　朱文根

仲建成　任兆祥　刘　泉　刘成典　刘志祥　刘战平

江明安　孙永吉　孙亚军　李　明　李　斌　李玉华

李迎春　李抗美　李明阳　李维勇　杨本清　杨绿章

肖桂兰　吴　浩　吴韦人　吴世平　吴桂和　余　群

汪华东　汪建国　汪炳瑜　沈　毅　张　永　张少国

张正耀　张华建　张武扬　张岳峰　陈　平　陈亚萍

陈运才　陈素伟　林　红　罗　宏　罗建国　罗曙生

周　庆　周建春　郎　涛　郑　宏　赵卫弘　胡　冰

俞凤翔　洪治社　洪禹候　秦亚东　聂庆义　聂皖辉

莫　欣　夏邦文　夏育才　徐礼国　徐家声　高　莉

高维岭　郭　敏　郭本纯　黄发友　黄玉明　黄红文

黄家华　曹承锋　崔海燕　董　庆　董介林　蒋传华

蒋福亮　谢广祥　楚建平　蔡建平　樊　勇

《安徽省志》总编室

《安徽省志·图书馆志》审稿组

审查验收

《安徽省志·图书馆志》编纂委员会

主　　任：袁　华

副 主 任：丁光清

委　　员（按姓氏笔画为序）

丁传奉　方　青　方　军　方向明　方　婷　王月堂

王申红　王建涛　田乐胜　安占峰　刘　虹　许　松

许俊松　苏允雅　杜建文　杜建华　李一兵　李大鹏

李永钢　李　伟　杨　毅　陆和建　陈明强　陈　科

吴文革　吴鸿英　吴　斌　何颂冰　林旭东　孟庆杰

周国正　海　燕　郭　薇　倪清华　曹元勋　曹颖洁

谢阳春　储节旺　雷　蕾

《安徽省志·图书馆志》编辑室

主　　编: 林旭东

副 主 编: 许俊松　王建涛　许　松

统　　稿: 张海政　阚　华　朱开忠

编　　辑（按姓氏笔画为序）

王　景　卢松苗　孙瑞华　朱开忠　武巍泓　吴光龙

侯　勇　常虚怀　鲍　静

曾任《安徽省志·图书馆志》编纂委员会

主　　任：杨　果（2007.12—2013.3）

副 主 任：田传江　辛学明

委　　员（以姓氏笔划为序）

王　杰　王红祥　汪　茜　乔国良　张兆农　张治理　张海政

张　峰　时　菁　吴昌合　何亚鲁　房蒲生　林泽明　易向军

费业昆　倪肥宾　黄根苗　蒋祥龙　阚　华

1913年安徽省立图书馆藏书楼（今安庆市第一中学校内）

1986年安徽省图书馆

2001年扩建后的安徽省图书馆

合肥市图书馆

芜湖市图书馆安徽文化名人藏馆

马鞍山市图书馆

安庆市图书馆

蚌埠市图书馆

1998年建成的太湖县图书馆

歙县图书馆（汪石铭先生图书馆）

中国科学技术大学西区图书馆

合肥工业大学屯溪路校区图书馆

安徽大学逸夫图书馆

安徽工业大学振华图书馆

皖西学院图书馆

安徽财经大学图书馆

安徽省图书馆古籍书库

安徽省图书馆古籍阅览室

安徽省图书馆总机房

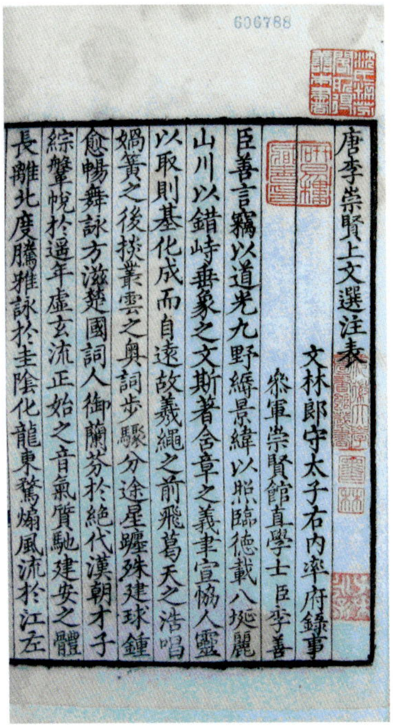

唐李崇賢上文選注表
文林郎守太子右内率府錄事
參軍崇賢館直學士 臣李善
臣善言竊以道光九野縟景緯以照臨德載八埏麗
山川以錯峙垂象之文斯著含章之義聿宣協人靈
以取則基化成而自遠故羲繩之前飛葛天之浩唱
媯簧之後挟叢雲之奥詞步驟分途星躔殊建球鍾
愈暢舞詠方滋楚國詞人御蘭芬於絶代漢朝才子
綜鞶帨於遥年虚玄流正始之音氣質馳建安之體
長離北度騰雅詠於圭陰化龍東鶩煽風流於江左

安徽大学图书馆藏《文选注》六十卷（梁）萧统辑（唐）李善注　明嘉靖元年（1522）汪谅仿元刻本

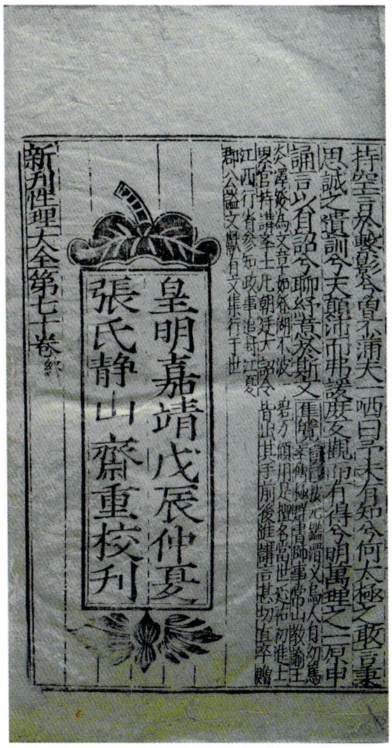

新刊性理大全第七十卷
皇明嘉靖戊辰仲夏
張氏静山齋重校刊

安徽大学图书馆藏《新刊性理大全》七十卷首一卷（明）胡广撰　明隆庆二年（1568）张氏静山斋刻本

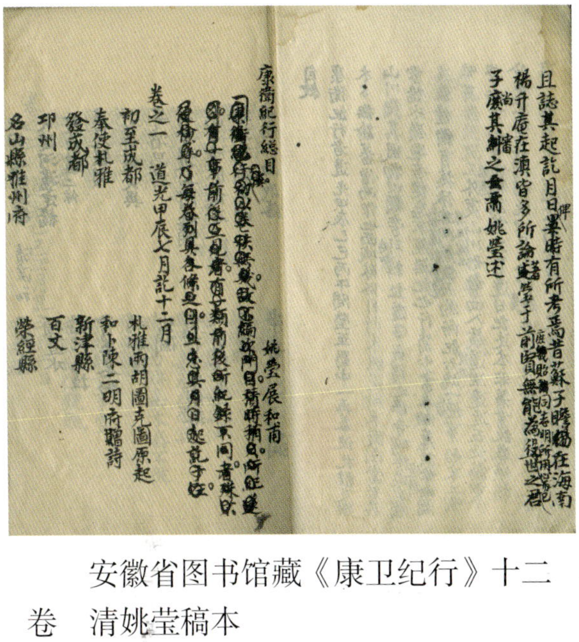

安徽省图书馆藏《康卫纪行》十二卷　清姚莹稿本

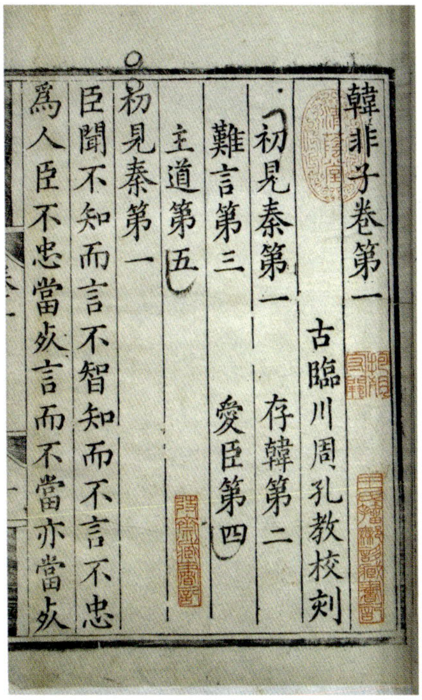

韓非子卷第一
古臨川周孔教校刻
初見秦第一　存韓第二
難言第三　愛臣第四
主道第五
初見秦第一
臣聞不知而言不智知而言不忠
爲人臣不忠當死言而不當亦當死

安徽省图书馆藏《韩非子》二十卷　明万历周孔教刻本（四库全书底本）

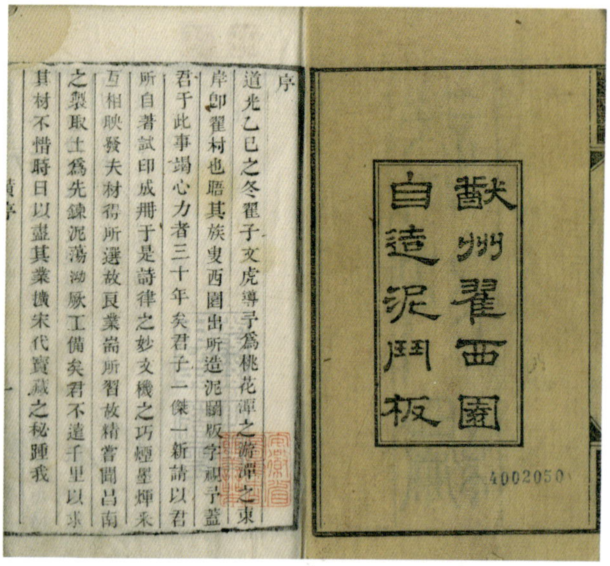

安徽省图书馆藏《泥板试印初编》十一卷　清道光二十四年（1844）泾县翟金生泥活字印本

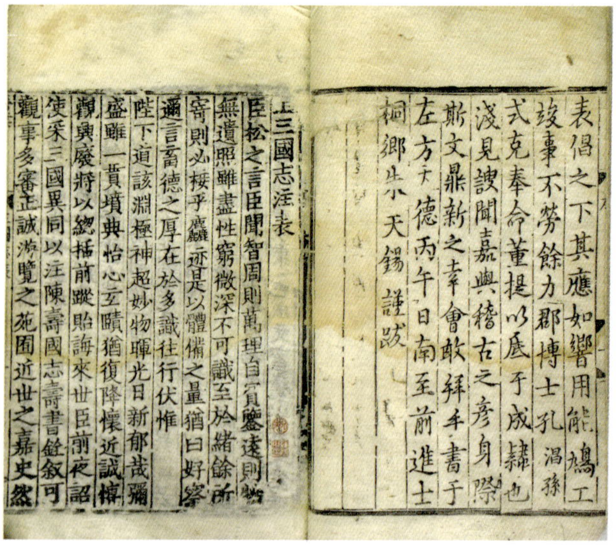

安徽省图书馆藏《三国志》六十五卷　宋衢州州学刻宋元明递修本

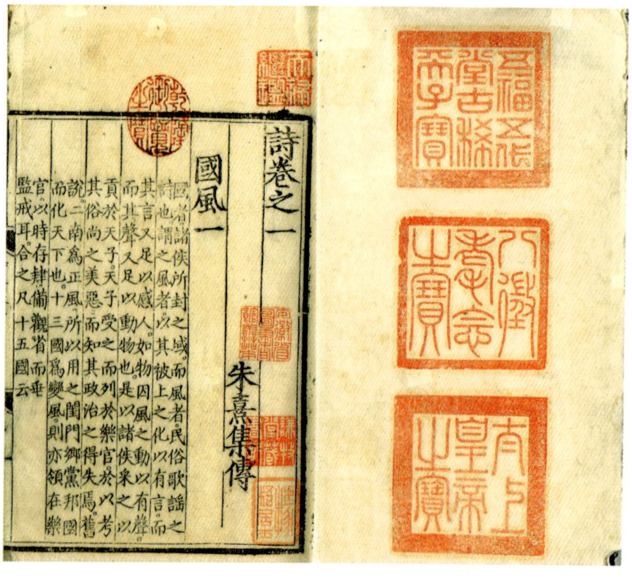

安徽省图书馆藏《诗集传》十二卷　明正统十二年（1447）司礼监刻本

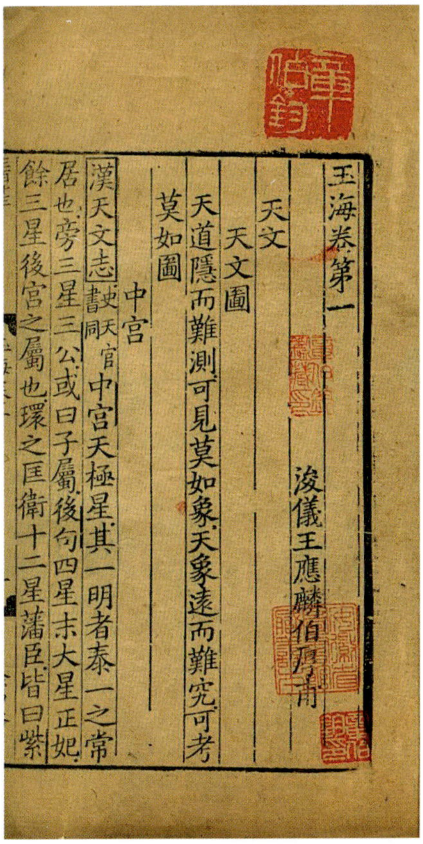
玉海卷第一　浚儀王應麟伯厚甫
天文
天文圖
天道隱而難測可見莫如象天象遠而難究可考莫如圖
中宫
漢天文志（史天官書同）中宫天極星其一明者泰一之常居也旁三星三公或曰子屬後句四星末大星正妃餘三星後宫之屬也環之匡衛十二星藩臣皆曰紫

安徽省图书馆藏《玉海》二百卷　元至元六年（1340）庆元路儒学刻本

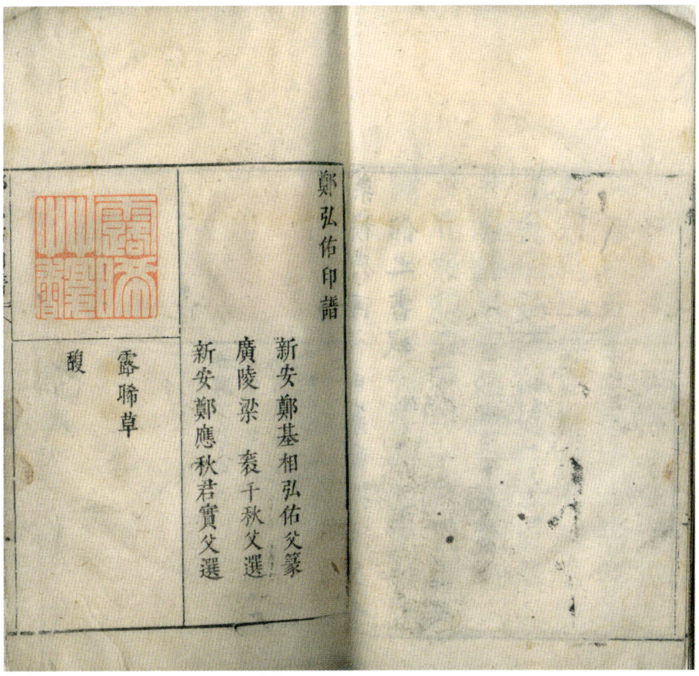
鄭弘佑印譜
新安鄭基相弘佑父篆
廣陵梁袠千秋父選
新安鄭應秋君實父選
露晞草

安徽省图书馆藏《郑弘佑印谱》一卷　明崇祯六年（1633）刻钤印本

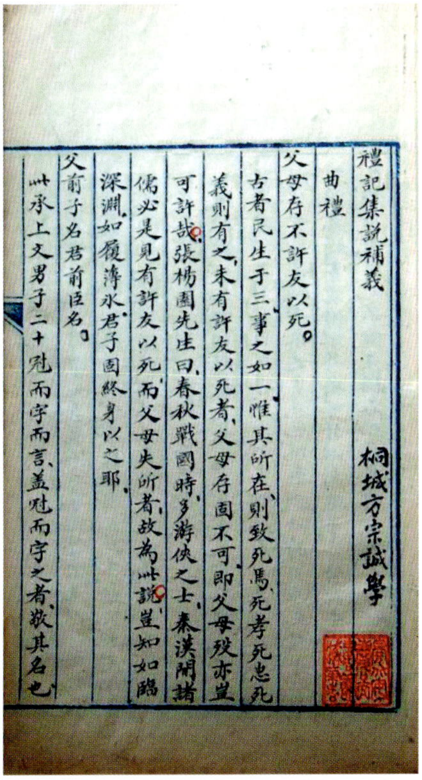
禮記集說補義　桐城方宗誠學
曲禮
父母存不許友以死。
古者民生於三事之如一，惟其所在，則致死焉。死孝死忠死義，則有之，未有許友以死者。父母存固不可，即父母歿亦豈可許哉。張楊園先生曰：春秋戰國時多游俠之士，秦漢間諸儒必是見有許友以死而父母失所者，故為此說，豈知如臨深淵，如履薄冰，君子固終身以之耶。
父前子名，君前臣名。
此承上文男子二十冠而字而言，蓋冠而字之者，敬其名也。

安庆市图书馆藏《礼记集说补义》一卷　清方宗诚稿本

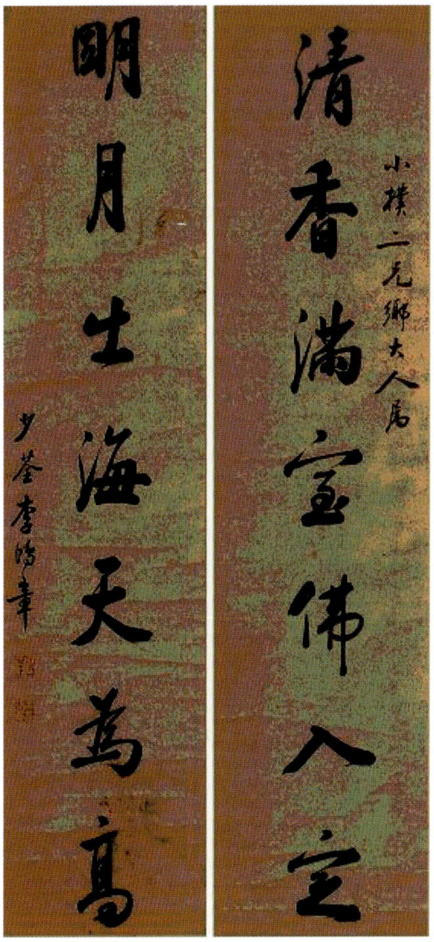

安庆市图书馆藏李鸿章手稿

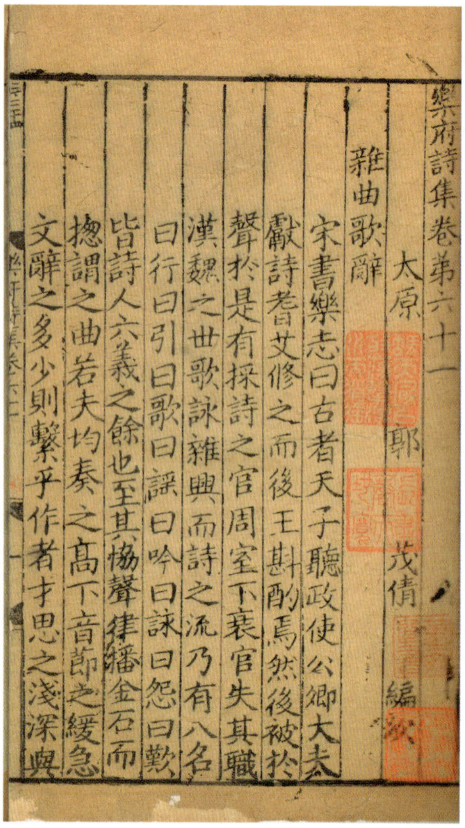

皖西学院图书馆藏《乐府诗集》元至正元年（1314）集庆路儒学刻明修本

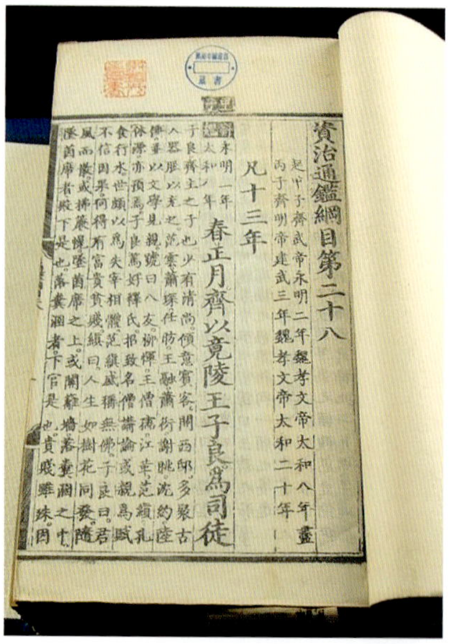

芜湖市图书馆藏《续资治通鉴纲目》二十七卷 明成化十二年（1476）刻本

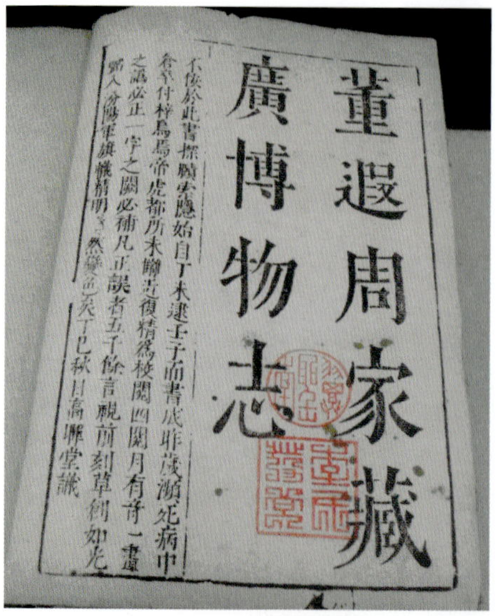

蚌埠市图书馆藏《广博物志》五十卷 明万历四十五年（1617）高晖堂刻本

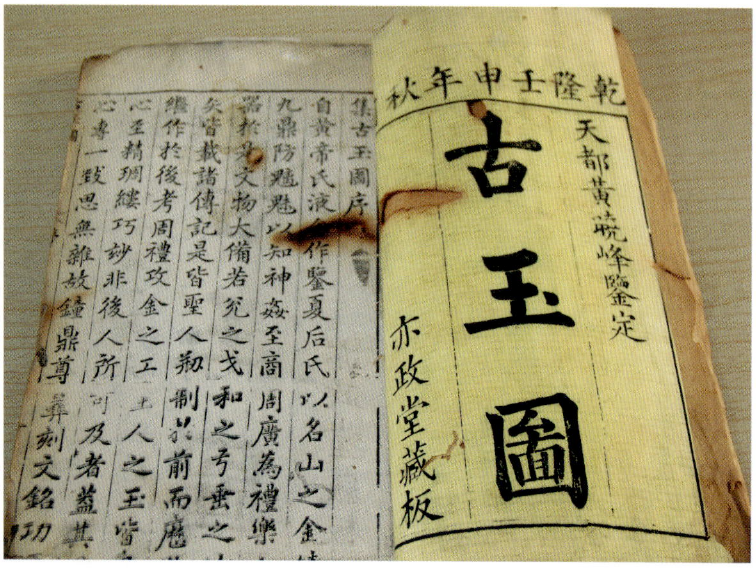

淮南市图书馆藏《古玉图》清乾隆十四年（1752）亦政堂刻本

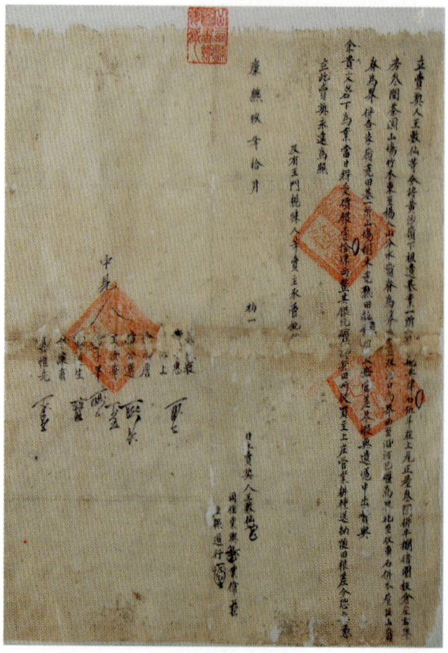

岳西县图书馆藏清康熙年间契约

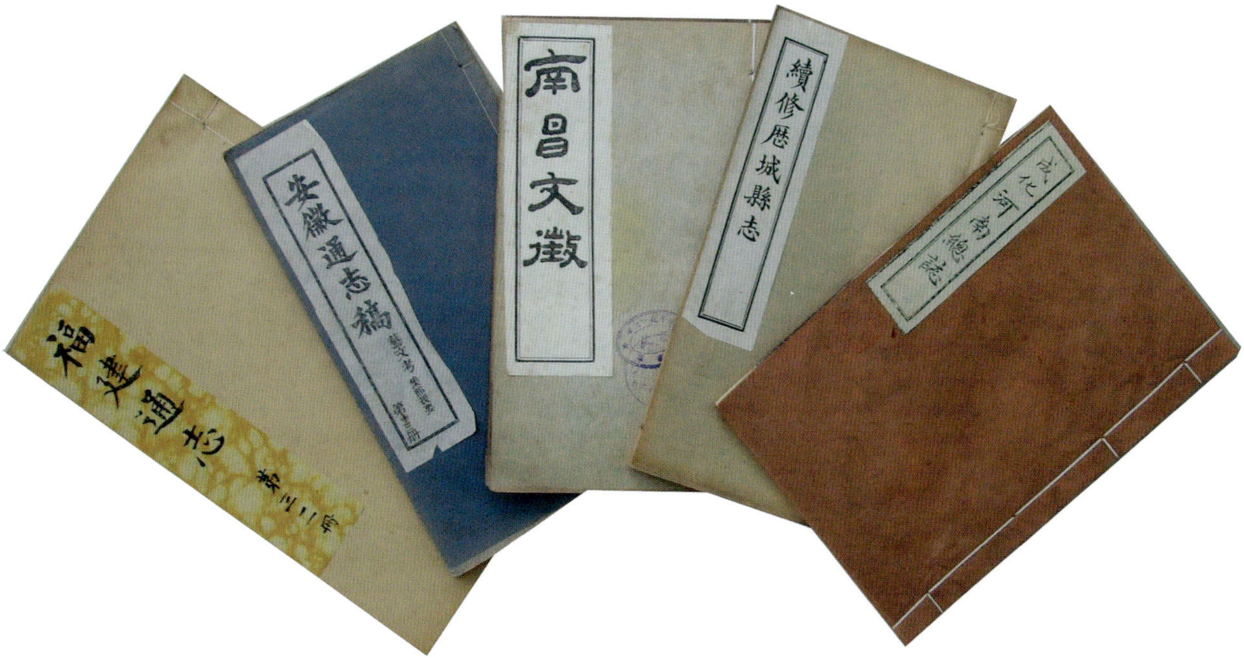

安徽师范大学图书馆藏地方志

马鞍山市图书馆李白国际资料中心

安徽省图书馆馆藏地方文献之“徽州文化”

安徽省图书馆馆藏地方文献之“老庄哲学”

2005年，全国文化共享工程太湖县支中心为未成年人服务

2006年3月，安徽省图书馆“新安百姓讲堂”首场讲座剪彩

2007年，合肥市图书馆与新安晚报社共同推出"公益培训行动"

2007年9月10日，安徽省图书馆合肥江仪中学民工子弟服务点挂牌

2007年9月22日，安徽省图书馆“新安百姓讲堂”百场讲座庆典

2008年，繁昌县图书馆新春“送科技、送文化”下乡

2008年，合肥市少儿图书馆汽车图书馆服务进社区

2008年3月14日，安徽省首届“读书乐”艺术摄影比赛优秀作品展开幕式

2009年4月，第14个世界读书日安徽农业大学图书馆大型数据库咨询活动

2010年，安徽省图书馆“残障人士读书文化日”活动

2010年，安徽省图书馆“英语沙龙”圣诞节主题活动

2010年，全国文化共享工程宿松县支中心下乡为农民播放科教片

2010年，青阳县图书馆举办红领巾读书系列活动

2010年，芜湖市图书馆开展送书进军营活动

2007年，安徽省图书馆“新安百姓讲堂”荣获“中国文化艺术政府奖”——第十四届“群星奖”之“服务奖”

安徽省图书馆在2009年文化部公共图书馆评估中获得“一级图书馆”称号

2009年，安徽省图书馆荣获中国图书馆学会“全民阅读示范基地”称号

2009年，安徽省图书馆通过质量管理体系认证

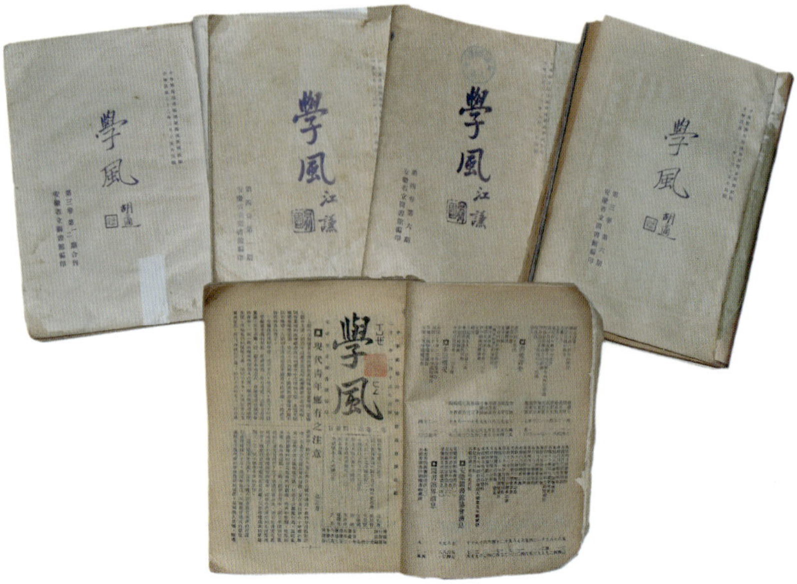

安徽省立图书馆馆刊《学风》

安徽省图书馆馆员丁宁撰写的《还轩词》

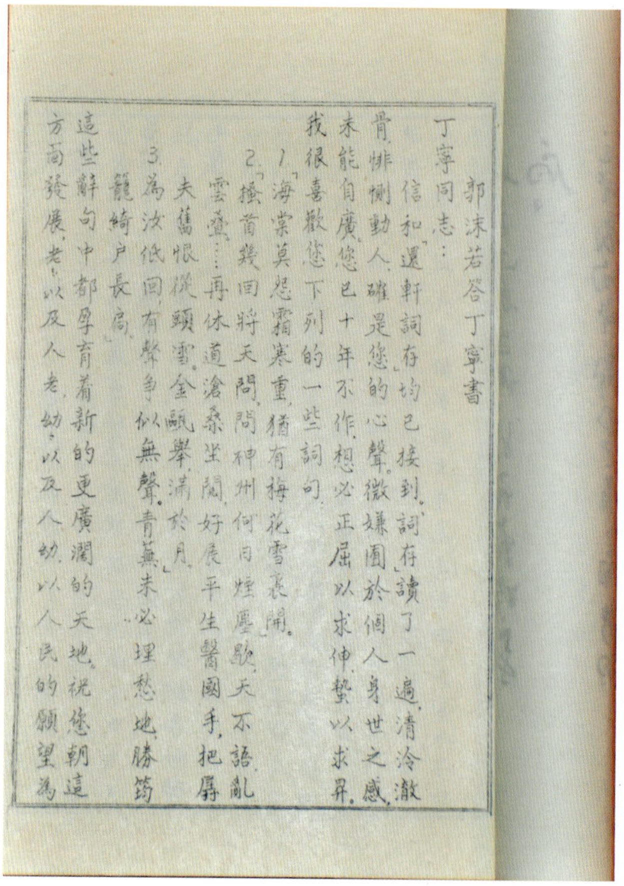

郭沫若答丁寧書

丁寧同志：

信和「還軒詞存」均已接到。「詞存」讀了一遍，清冷澈骨，悱惻動人，確是您的心聲。微嫌囿於個人身世之感，未能自廣。您已十年不作，想必正屈以求伸，蟄以求昇。

我很喜歡您下列的一些詞句：

1.「海棠莫怨霜寒重，猶有梅花雪裏開。」

2.「搔首幾回將天問，問神州何日煙塵歇，天不語，亂雲叠。……再休道滄桑坐閱，好展平生醫國手，把孱夫舊恨從頭雪。金甌舉，滿於月。」

3.「為汝低回，有聲争似無聲。青蕪未必埋愁地，勝筠籠綺户長扃。」

這些辭句中都孕育着新的更廣濶的天地。祝您朝這方面發展，老〻以及人老，幼〻以及人幼，以人民的願望為

1963年3月5日，郭沫若答丁宁书

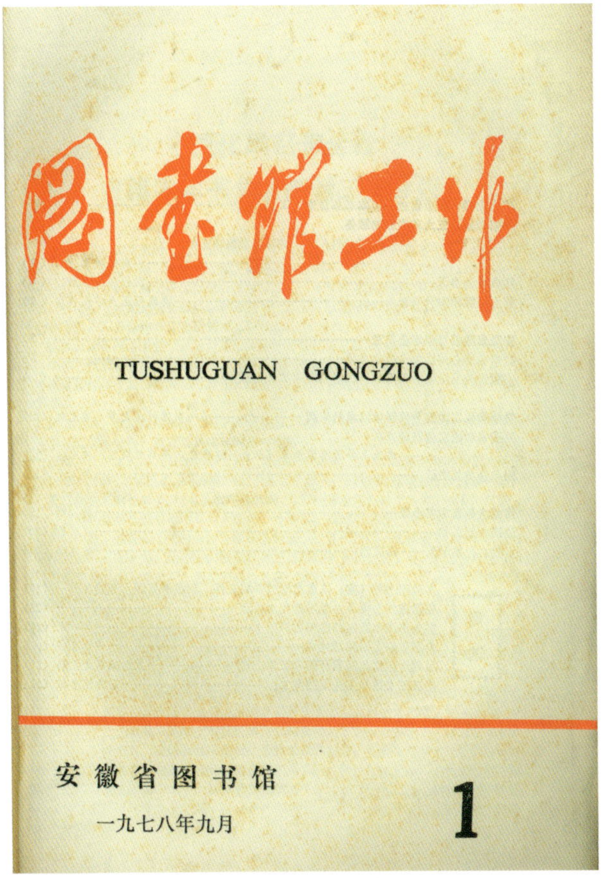

1978年9月，安徽省图书馆学会主办的《图书馆工作》创刊

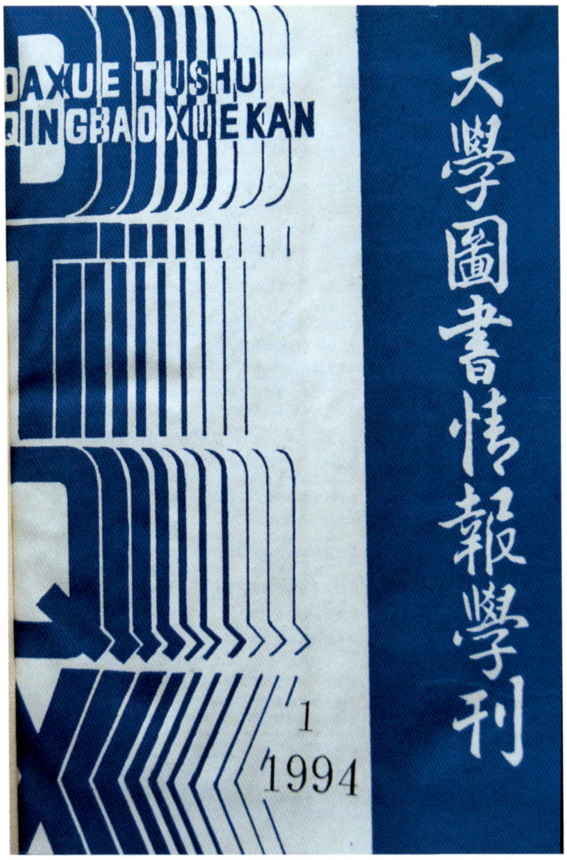

1994年1月，安徽省高校图书馆工作委员会主办的《大学图书情报学刊》（原《安徽高校图书馆》）

1983年，安徽省高校图书馆工作委员会主办的《安徽高校图书馆》创刊

2007年，安徽省图书馆组织编写的图书资料专业培训教材

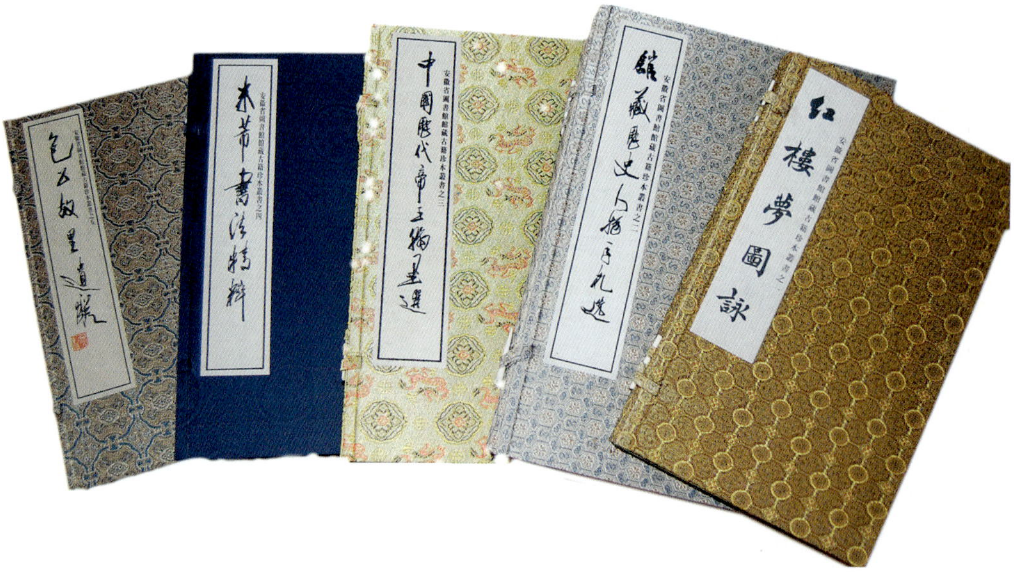

安徽省图书馆整理出版的《安徽省图书馆馆藏古籍珍本丛书》

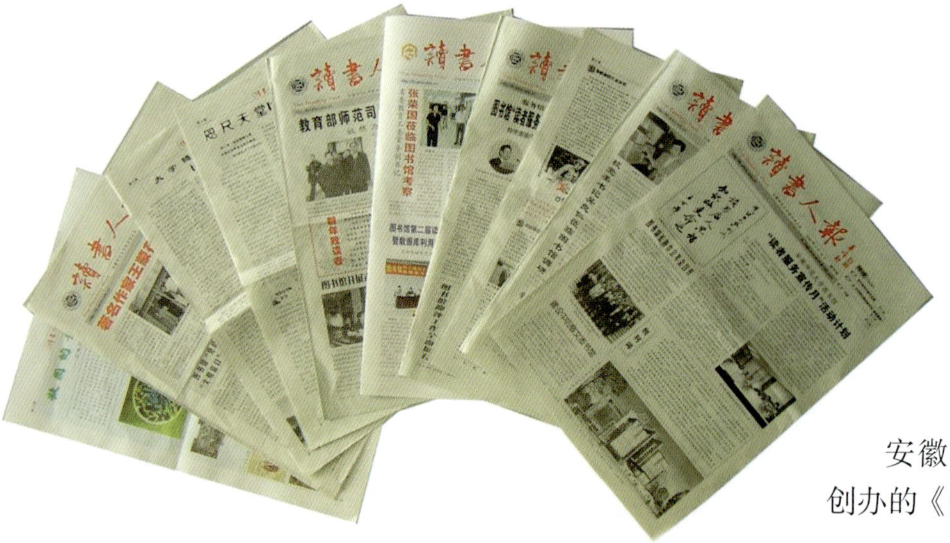

安徽师范大学图书馆2006年创办的《读书人报》

2004年8月20日，韩国江原道文化交流团到安徽省图书馆参观交流

2006年11月29日，安徽省公共图书馆首届馆长联席会议

2006年，美驻沪领事馆嘉宾到安徽省图书馆访问交流

2007年7月，安徽省图书馆与中国人民解放军某部联合举办“南京路上好八连”先进事迹展

2007年，安徽省图书馆学会年会

2007年，蚌埠市图书馆学会年会

2008年，安徽省图书馆参与主办的新安·利群阳光助学活动

2009年，安徽省图书馆学会承办安徽省科协年会·图书馆分会

2009年4月，安徽省高校图书馆第十一届期刊工作会议

2009年，安徽省图书馆承办中国图书馆学会2009年秘书长联席会

2010年11月，安徽省图书馆学会第八次会员代表大会

2010年，中美图书馆员交流项目·安徽省图书馆馆长高级研讨班现场

总 凡 例

一、编纂《安徽省志（1986—2005）》，坚持以马克思列宁主义、毛泽东思想、邓小平理论、“三个代表”重要思想、科学发展观、习近平新时代中国特色社会主义思想为指导，坚持辩证唯物主义和历史唯物主义的立场、观点和方法，全面、客观、系统地记述1986—2005年间安徽省自然、政治、经济、文化、社会等方面的情况。

二、本志贯彻国务院《地方志工作条例》《安徽省地方志工作条例》，依法修志。

三、本志遵循中国地方志指导小组《地方志书质量规定》，力求存真求实、客观公正、全面系统，寓观点于记述之中。

四、本志各分志名称为《安徽省志·××志（1986—2005）》。

五、本志记述的地域范围为2005年的安徽省行政区域；时间上限为1986年，下限为2005年，少数分志的时限根据情况作适当上溯或下延，特色分志不设时限。

六、本志采用述、记、志、传、图、表、录等体裁，以志为主。各分志一般为篇章节条目体，部分为章节条目体，个别分志根据实际需要采用条目体。

七、入志人物坚持生不立传的原则。除人物志外，各分志坚持以事系人、人随事出的原则，一般不设人物录、人物简介。

八、本志采用规范书面语体文、记述体。表述力求严谨、朴实、简洁、流畅。语言文字、标点符号、计量单位等使用规范，按国家规定执行。

九、本志资料由各承编单位搜集整理，文中不注明出处。

十、本志采用省统计部门公布的法定数据，没有列入统计范围的，采用业务主管部门的统计数据。

十一、本志所涉组织、机构、法律法规、文件、会议等专有名称，第一次使用时用全称，简称括注于全称之后。各类译名以新华通讯社译文为准。

十二、本志所用地图均以安徽省测绘部门和有关部门绘制或审定的为准。

十三、本志设总凡例，各分志设凡例。

凡　例

一、《安徽省志·图书馆志》根据行业管理体制，分系统记述，完整反映安徽地区图书馆事业发展的历史和现状。

二、本志记述时间上限追溯至近代图书馆的发端，下限至2010年，以增强志书记述的完整性。

三、本志采用述、志、图、表等基本体例，以志为主。图片集中于卷首，表格排在相应章节之中，按表所在的章排列顺序。

四、本志所涉组织、机构、法律法规、文件、会议等专有名称使用全称。不同时期的国家、团体、机构、职务、地名等名称，均用当时名称。

五、本志所用资料、图片源自各图书馆、业务主管部门及公开发表的文献。图片以反映图书馆发展的基础设施、馆藏文献、读者服务等为主。

六、本志公共图书馆2010年的统计数据源自安徽省文化厅《2010年全省图书馆基本情况明细表》。高校图书馆的统计数据，系该校中心馆和各分馆统计数据，不含各院系图书室的统计数据。各表中空白处系未知数据或零数据。

七、由于本志篇幅有限，各图书馆提供资料的质量参差不齐，本志有些章节仅记述部分图书馆的历史和现状。

目　录

Contents

概述

一

图书馆是保存和传递文献信息机构，伴随着人类文明的发展而产生和发展。安徽图书馆事业始创于清代。清康熙六年（1667年）安徽设省，省会安庆。清光绪二十七年（1901年）安徽各界人士倡议设立藏书楼，安庆绅士何熙年约集地方好学人士在《皖省绅士开办藏书楼上王中丞公呈》文中，要求“约集同志，创办书楼；多储经史，以培根本；广置图籍，以拓心胸；旁及各报，以广见闻”。准拟《皖省藏书楼开办大略章程》（计12条）。章程中规定藏书原则：“凡属有益经世之学，无论古今中外，均须随时增购，以供众览，庶备讲求实学、转移风气之用。”服务方针则宣称：“本以公益为主，但使有志学问之士，无论何省籍贯，均许来楼阅抄。”藏书楼筹建之初，安徽官方的《汇报》先后刊发《广藏书说》《皖省藏书楼同人广告本省宦绅公告》《皖省藏书楼启》等文，在社会上引起很大影响。之后，安庆太守方连珍、绅士何熙年，怀宁县令姚锡光等人集资，在敬敷学院原址创办了私立皖省公共藏书楼。何熙年还在藏书楼里附设正谊书局。

据民国22年（1933年），安徽省立图书馆编《安徽省立图书馆概况》记述，“安徽之有图书馆，实以清光绪二十八年（1902年），学务公所主办之藏书楼为嚆矢。先是光绪二十四年（1898年）省城设求是学堂，为安徽有新式学校之始，但书院尚存在如故。光绪二十七年（1901年），清廷下诏改全国书院为学堂，次年遂移求是于梓橦阁老书院遗址，而改为大学堂。复就安庆拐角头敬敷书院之原址设立藏书楼，以保存敬敷书院之藏书。是为本馆前身。”据此，安徽省立图书馆的前身，为省学务公所主办的藏书楼。光绪二十七年（1901年），清政府下诏改书院为学堂，各省建立藏书楼。光绪二十八年（1902年），安徽省的新学堂——求是学堂便在安庆梓橦阁书院旧址成立，同时在北门大拐角头的敬敷书院原址，成立了省学务公所藏书楼，并保存了敬敷书院的藏书。

安庆敬敷书院原有大量藏书，清咸丰三年（1853年）太平军攻占安庆城，整个藏书毁于一旦。22年后，光绪元年（1875年），安徽布政使孙衣言，倡捐书籍数百种，存于安庆试院，以便住院学生诵习。这些倡捐书籍后存于敬敷书院。省学务公所建藏书楼后，陈独秀、潘瑨华、房秩五、丁同宣等，在藏书楼内附设书报社，供人阅览，并公开讲演，宣传革命。光绪二十八年（1902年）春与光绪二十九年（1903年）5月17日，陈独秀等人两次在藏书楼发起爱国演说会，反对清政府与俄国签订新约。丁同宣因此事被捕，藏书楼被封停办。

光绪三十年（1904年），清政府颁布诏书改革教育系统，大学堂改称高等学堂，高等院校纷纷增收文献，但并未顾及社会大众阅览。光绪三十三年（1907年），安徽巡抚冯煦令采访皖省遗书，拟建"皖省图书馆"，清政府被推翻，此事搁置。宣统元年（1909年），清政府学部提出倡办图书馆的奏议；次年，清政府颁布《京师图书馆及各省图书馆通行章程》，第一次明确了"图书馆"名称的法定地位。宣统年间（1909—1911年），吴传绮私设图书馆于孝肃路南大弓箭巷，免费对外借阅，此为安徽私立图书馆之先声。但不久即以辛亥革命而停办，"皖垣书坊冷肆中，时有精椠书籍及旧拓牌板出售"。辛亥革命后的混乱局面，使学务公所藏书楼和安庆各新建的学堂藏书大量散失，流落坊间。清末，邓艺孙（字绳侯，著名书法家邓石如曾孙）在安徽各学校讲课。他重视教育，担心典籍沦亡，创议设置图书馆来保存这些典籍，并在风节井街租赁两间房屋，把此前安徽省藏书楼高等学堂散失的藏书和在坊间所买的书，存放在一间屋子里，以供大家阅览，安徽省从此开始有了公立图书馆。

民国元年（1912年），安徽都督孙毓筠令姚孟振为经理，筹建"全皖图书馆"。辛亥革命后，都督柏文蔚下令筹建图书馆，经费列入全省教育经费计划。民国2年（1913年），江彤侯继任教育司长。1月，江司长正式任命方培良为省立图书馆经理（馆长），划拨文昌宫及存古学堂为图书馆馆址，并将图书馆经常费及开办费列入教育经费概算内，安徽省立图书馆的馆址与经费得以确定。方培良上任即对馆舍进行修缮，2月上旬向都督府呈报竣工，并集中原藏书楼及各衙署之书籍2000余种。

民国2年（1913年）2月10日，以藏书楼和各学堂衙门以及蒙养院的藏书为基础，以文昌宫及存古学堂校舍为馆址，安徽省立图书馆在省会安庆正式开馆。成立之初，军阀摧残，教育当局忽视，馆长更迭频繁，事业发展缓慢。此后，省内公共图书馆在各地陆续建成。20世纪20年代，安徽省境内先后在阜阳、太和等地建立了14所县立或区立图书馆。这一时期，国民政府多次制订和颁布条例与规程，对图书馆事业的发展起了一定的作用，各地涌现出不少通俗图书馆和私立图书馆。截至抗日战争前，安徽以民众教育馆、通俗图书馆等形式存在的公共图书馆（室）有34所。

民国19年（1930年）2月，安徽省教育厅督学陈东原受省政府委派，出任安徽省立图书馆第13任馆长。上任后，陈东原以教育家的眼光兴办图书馆，"对于馆务大加整顿，修建馆舍，增加设备，添购图书，编印书目，出版刊物，聘请专业人员，从事文献古物之征集、辅导研究之推行。"自此，安徽省立图书馆引领了安徽各地图书馆事业的发展。

民国26年（1937年），抗日战争爆发，安徽图书馆事业也遭到极其严重的破坏，藏书或毁于战火，或被日寇掠夺，或在转移途中散失。抗日战争期间，遭日寇兵燹，安徽省立图书馆随省政府迁往立煌（今金寨），馆务停顿。安徽省立图书馆几番搬迁，分藏于数地的图书，三遭日寇兵燹，两次战火浩劫。抗战胜利后，十余万册藏书所剩无几。合肥县立中和图书馆、无为县图书馆、滁县图书馆、太和图书馆等，藏书都受到严重损失。

抗日战争胜利后，安徽省立图书馆迁往合肥，租用高氏宗祠为馆舍，开放阅览。其他在战时迁移和疏散的图书馆也陆续回迁，但复原工作进展很慢。当时图书馆面临的最大困难是经费不足，无法弥补战争中所受的损失，馆藏一时难以恢复到战前的水平，甚至影响到日常工作的开展。加上国民党政府发动内战，各级财政紧张，各县立图书馆因缺少经费无法维持，大多名存实亡，至 1949 年底已所剩无几。

学校图书馆方面。民国时期，安徽省有安徽大学图书馆（1928 年建馆，安徽师范大学图书馆和安徽农学院图书馆前身）、安徽省立工业专科学校图书馆（1945 年建馆，合肥工业大学图书馆前身）等 2 所。这期间，国民党政府虽然重新修订图书馆章程，强调要重视图书馆建设，但鉴于当时的历史条件，图书馆事业只能艰难发展。

二

中华人民共和国成立后，安徽省公共图书馆事业翻开崭新的一页。历经劫难的图书馆事业也面临着百废待兴，恢复发展的艰巨任务。社会主义时期的图书馆，最显著的特征是确立为人民大众服务，为社会主义事业服务的方向。通过整顿干部队伍，调整藏书结构，明确指导思想，端正服务方向，从而开创图书馆历史的新局面。

新中国成立初期，除省、地（市）图书馆外，影响最大、服务社会最广泛的县级公共图书馆多合并于文化馆，作为文化馆图书室而存在。这种现象在新中国初期普遍存在。1956 年，中共中央发出“向科学进军”的号召，同年文化部、共青团中央为配合农村合作化运动而开展农村文化工作。解放前后，安徽省立图书馆辗转于安庆与合肥。1953 年，安徽省立图书馆在合肥义仓巷（逍遥津公园西侧）新建 1100 平方米馆舍，安徽图书馆（1954 年更名为安徽省图书馆）正式成立。1960 年，安徽省图书馆芜湖路 6349 平方米馆舍落成。此后，安徽省图书馆步入缓慢发展的轨道。

截至 1969 年，全省新建县以上公共图书馆 39 所。在服务对象上，20 世纪 50 年代强调为工农兵服务，为广大人民群众服务，这是我国图书馆发展史上的一大转折。

解放前的连年战火和搬迁，高校藏书散失严重。解放后复校时，安徽大学图书馆馆藏尚存 5 万册，东南医学院图书馆和安徽省立工业专科学校图书馆的藏书总量尚不足 1 万册。

1957 年国务院批准颁布《全国图书协调方案》，倡导通过图书馆学会或协会组织形成图书馆事业网，以纸质载体文献为对象编制各种馆藏联合目录，开展馆际互借的资源共享活动。为推进安徽省图书馆事业的发展，加强馆际间协作，1959 年 6 月，合肥地区图书馆协作委员会成立，成员馆 15 所。

20 世纪 60 年代初期，国家贯彻“调整、巩固、充实、提高”的 8 字方针，安徽省公共图书馆根据中央文化部通知对部分县馆进行调整，整顿图书流通工作。省图书馆除保留15个图书流通站外，其余全部撤销，收回滥发借书证1000多份，外借转为正常。这一时期新建图书馆数量不多，但公共图书馆的体制和地位得以确立，完成图书馆事业的整顿和恢复，公共图书馆的职能作用开始得到发挥。

1950—1965年间，省图书馆办馆条件得到较大程度改善，图书馆事业发展取得较大进展。在藏书资源建设上，尤其是安徽特色地方文献典籍的收集、抢救和保存方面成绩斐然。但读者服务工作和其他业务建设受“反右”“大跃进”等政治运动极左路线影响起伏较大，历经曲折，有许多经验教训值得反思和总结。

“文化大革命”前期，全省各级公共图书馆关门闭馆，大量优秀传统藏书被封存，书刊订购被迫中断，馆藏补充甚微。一些公共图书馆和文化馆图书室的藏书遭到焚毁、盗窃和破坏，损失非常严重。借阅服务停顿，业务工作陷于瘫痪，管理体系、规章制度被打乱，图书馆员工遭到迫害。图书馆学教育、科研被迫停顿。

“文化大革命”中后期，图书馆事业发展略有转机，各馆逐步恢复建制并开展部分业务工作。直到1976年10月“文化大革命”结束，图书馆数量并无增长，各项业务工作受到出版物品种、财政拨款和政治环境等因素的限制，正常工作基本上没有开展。

1978年以后，随着经济建设和文化科学教育事业的恢复和发展，图书馆事业重新走上健康发展的道路，安徽省各级公共图书馆恢复正常工作。在改革开放的大环境下，省图书馆积极贯彻落实中央精神，平反冤假错案政策，稳定人心，全馆职工精神振奋，各项业务工作也在整顿、恢复的基础上开始了新的发展。地、市、县许多图书室从文化馆分离出来独立建制，地县级图书馆数量增长并得到稳步发展；部分“文化大革命”期间更改的馆名都改回原馆名。各图书馆都着手清理藏书，整理目录，组建队伍，调整服务方向，加强基础工作。

1978年12月，国家文物局《关于图书开放问题的请示报告》文件下发后，安徽省各级图书馆开放在“文化大革命”期间禁锢的各类图书刊物。1982年12月，文化部制订《省（自治区、直辖市）图书馆工作条例》。1987年3月20日，中宣部、文化部、国家教委、中科院在《关于改进和加强图书馆工作报告》中明确指出：加强图书馆的教育职能和情报职能，开发和利用文献信息资源，提高服务质量是图书馆工作改革的出发点和归宿。这一时期安徽省图书馆事业对外开放力度加大，国际交流增多，图书馆数量、图书馆建筑面积、事业经费、藏书量得到大幅增加，员工素质提高。

同时，随着安徽省教育事业的复苏和发展，高校图书馆事业也随之得到发展。到1978年底，全省已有19所高校图书馆，总藏书量已达629万册。1981年9月，教育部颁布《中华人民共和国高等学校图书馆工作条例》（后改为《普通高校图书馆规程》），11月，成立全国高校图书馆工作委员会，并设秘书处，处理日常工作。根据教育部的精神，1982年4月，安徽省高等教育局召开全省高校图书馆工作会议，会后下文成立了安徽省高校图书馆工作委员会。1987年12月以后，改称安徽省高校图书情报工作委员会（简称安徽省高校图工委）。安徽省高校图工委受高教局委托，进行业务职称的文化考试及业务考试的命题、阅卷工作，大大地推动了安徽高校图书馆事业的发展。截至1988年底，除成人高校和军事院校图书馆外，安徽拥有普通高校图书馆32所，高校图书馆舍总面积12万平方米，比1981年增加了6.7万平方米。其中中国科技大学图书馆和合肥工业大学图书馆的馆舍面积超过1.5万平方米。

20世纪90年代前后，受到商品经济的冲击，加之财政困难等原因，安徽省各级图书馆事业面临着经费匮乏、馆舍拥挤、设施陈旧、职能萎缩的困难局面，整体发展较为缓慢。传统的以藏为主的图书馆建筑格局，藏、借、阅“三大流线”分离，空间组合固化，难以满足以用为主的开放性图书馆服务需求。图书馆服务能力和服务水平逐渐下滑，持证读者和人才队伍不断流失，大量的古籍孤本、善本书因典藏条件简陋，面临严重的霉变和虫蚀威胁，图书馆的社会职能得不到很好发挥。1994年，在文化部开展的首次全国公共图书馆业务评估工作中，安徽省图书馆因办馆条件及各项业务工作明显滞后，在评估中位列参评的22所省级馆的第20位。全省地市级公共图书馆的评估情况也很不乐观，参评馆中只有20所上等级。安徽图书馆事业发展困境，尤其是省图书馆在全国首次评估定级中暴露出的保障不足等诸多问题，得到各级政府和社会各界的重视。政府和相关职能部门积极履行职责，增加人员编制，扩充事业经费，提高专业技术人员高级职称结构比例等，图书馆事业随之迎来转机。1998年，省图书馆扩建工程正式获准立项。

在自动化、现代化建设大背景下，安徽省各级图书馆开始了自动化建设的艰难起步。通过自动化系统建设，图书馆不仅提升了业务工作的规范化和标准化水平，而且使图书馆服务更加高效、方便和灵活，也为开展合作编目、建立联合目录、馆际互借、网络信息服务、馆际采购协调、资源共享等工作奠定了基础。

随着社会经济和教育事业的发展，安徽省高校图书馆在教学、科研和两个文明建设中发挥重要作用，图书馆改革和建设得到长足发展，管理水平和服务质量明显提高，图书馆现代化建设也取得了一定进展。截至1998年，全省拥有普通高校图书馆34所，馆舍面积共19万平方米；馆藏印刷型文献总量1400万册，文献收藏类型也由过去单一印刷载体发展到多种载体的文献；持证读者已达13.5万人；拥有计算机共217台；其中有7所高校图书馆实现了流通、典藏、采编等业务自动化。

在各校的大力支持下，阜阳师范学院图书馆、池州师范专科学校图书馆、宿州师范专科学校图书馆、蚌埠高等专科学校图书馆等馆舍面积大大增加。在国家教委和省教委的大力支持下，中医学院图书馆、安徽机电学院图书馆、六安师范专科学校图书馆、芜湖范专科学校图书馆、黄山高等专科学校图书馆、铜陵财经专科学校图书馆、淮北煤炭师范学院图书馆等纷纷建立新馆。中国科技大学、安徽师范大学、安徽农业大学、华东冶金学院等原有独立馆舍随着形势的发展，馆藏已经饱和，或不适应图书馆自动化发展的需要，均投资扩建并投入使用。通过新建、扩建馆舍，安徽省高校图书馆馆舍建设进入一个快速发展时期。同时,高校图书情报工作委员会加强业务辅导交流和培训工作,注重图书情报工作整体化一体化建设,积极开展工作,先后成立期刊工作专业委员会、情报工作专业委员会、师专教院系统协作组、文献资源建设专业委员会、自动化建设专业委员会,各专业委员会通过学术会议等开展学术研讨,进行业务交流。

三

21 世纪以来,随着中央和地方一系列有利于文化建设发展的政策出台,图书馆发展的外部环境得到大大改善。随着现代信息技术的应用,互联网的快速推进,知识经济时代人们对信息需求的增长,公共图书馆面临着从传统模式向现代数字图书馆转型的外部环境。特别是,国家对公共文化服务事业给予前所未有的重视,图书馆的发展如虎添翼。构建公共文化服务体系,保障人民群众的基本文化权益,成为社会热点。公共图书馆事业得到普遍关注。为改变公共图书馆存在的经费投入低、藏书量少、馆舍面积小、设施陈旧简陋、现代化程度低等落后局面,推进安徽省公共图书馆事业健康发展,在中央财政的大力支持下,全省文化主管部门积极争取项目,设立专项资金,为事业发展注入新的活力。图书馆界自身也积极适应行业发展的需要,加强管理,大胆创新,投身于转型与变革之中。秉承“读者第一,服务至上”的服务理念,借助现代技术,注重文献资源建设,拓展服务内容和服务方式,延长开放时间,开展网络服务,实行免费开放,加强网点建设。图书馆事业发展面临前所未有的环境和机遇。公共图书馆作为构建公共文化服务体系的重要组成部分,在保障公民的基本文化权益、促进人的全面发展以及社会主义精神文明建设中发挥不可替代的重要作用。

伴随着我国高等教育从精英向大众化的发展,高校图书馆作为学校教学、科研和文献信息保障基地,顺应形势,把握机遇,加强内部管理改革,理顺自身管理体制,实行主管校长领导下的馆长负责制,建立图书情报工作委员会。特别是随着高校教学评估的有序开展和图书馆自动化网络化的推进,各高校加大资金投入,新建、扩建了一大批图书馆。安徽高校图书馆也步入了快速发展的轨道,办馆条件得到改善和提升。截至 2010 年,全省 100 所普通高校基本上都具有独立的图书馆馆舍,馆舍总建筑面积近 70 万平方米。全省高校图书馆职工人数近 3000 人,大部分都具有本科及以上学历。其中 57 所主要高校图书馆馆藏印刷型文献总量 3630 万册

2006—2010 年间,安徽省新建、改建、扩建公共图书馆 31 所,地方各级财政资金和中央补助专项资金对全省公共图书馆投入累计 5680 万元,中央财政和省财政用于县级公共图书馆文化共享工程支中心建设累计投入经费 5355 万元。公共财政的投入持续增长,使公共图书馆软硬件建设水平得到整体提升,发展空间加大,服务能力和水平大幅度提高。2009 年第四次公共图书馆评估结果中,安徽 66 所公共图书馆获得等级馆称号,其中一级馆 8 所,二级馆 11 所,三级馆 47 所。截至 2010 年底,安徽全省有公共

图书馆 88 所，总建筑面积 21.99 万平方米。

读者服务是图书馆工作之本。围绕读者服务工作，安徽公共图书馆、高校图书馆及各专业图书馆以“读者第一，服务至上”为理念，根据本馆的性质和任务，加强文献资源建设工作，合理配置纸质资源和电子资源配置，增加图书馆的阅览座席，加大现代化设备投入力度。积极探索新的服务方式和服务手段，在做好传统的借阅服务和阵地服务的同时，拓展服务内容。通过讲座、展览、报告会、读书会等形式，进行阅读推广。各馆通过本馆官方网站，开展读者荐书、网上咨询等，实行 24 小时无间断服务。

作为公共文化和教育服务机构，图书馆工作有其自身的发展规律和特性。同时，图书馆又是“一个生长着的有机体”，随着社会文明的进步，其工作内涵日益丰富，以之为研究对象的图书馆学也随之深入和拓展。在图书馆工作实践中，不断发现问题、总结经验、培养人才是图书馆事业可持续发展的重要保证。一方面，图书馆注重对读者的教育培训和辅导，对基层业务辅导和基础业务培训，对学生进行入馆教育，为老师提供快速周到的文献咨询服务。另一方面，图书馆业内也注重自身的培训、交流和学术研究，以提高服务能力，促进图书馆事业的不断发展。借助《大学图书情报学刊》《图书馆工作》以及其他专业刊物，结合职称评审，全省各级各系统的图书馆员积极从事学术研究，参加各类课题申报及中国图书馆学会和省图书馆学会组织的各类学术活动，正式出版的专著和发表的专业学术论文的数量也呈逐年上升趋势，形成开展学术研究的良好风气和氛围，专业人员的学术研究能力和研究水平得到明显提升。

协作与交流方面。为组织公共、高校、科研三大系统图书馆之间的协作与协调，推进全省图书馆事业的发展，加强馆际间协作，安徽图书馆界先后成立了安徽省中心图书馆委员会、安徽省图书馆学会、合肥地区图书馆事业协作委员会以及安徽省高等学校图书情报工作委员会等机构，这些机构在开展本省学术研究与交流、教育培训、人才培养、文献采购协调、联合目录编制和文献资源共享等方面，发挥了较好的桥梁作用，对于加强全国图书馆界的内部交流和图书馆与其它机构的交流都起到了有力的推动作用。

2002 年，文化部和财政部联合实施文化信息资源共享工程。2005 年，文化信息资源共享工程安徽省分中心在安徽省图书馆成立。该中心的职能是利用现代化技术，对信息资源进行整合，并通过网络传输到基层群众中去。省文化厅将文化信息资源共享工程作为重点基础性文化工程列入文化“十一五”发展规划，省中心在共享工程基层点建设上采取“示范引导，逐步推广”的方式，有效地推动了安徽省的文化信息资源共享工程基层网点工作的建设。截至 2010 年底，安徽省中心建设资源 35TB，建设基层服务点 2 万多个，服务点建设全覆盖。

2007 年，国务院下发《国务院办公厅关于进一步加强古籍保护工作的意见》，在全国范围内实施中华古籍保护计划。同年 9 月，安徽省古籍保护中心在安徽省图书馆挂牌成立。省中心在国家中心的协调下，统一协调和指导全省公共图书馆系统、高校图书馆系统和文博系统等古籍公藏单位的古籍普查登记、名录申报、古籍修复人员培训和宣传推广等工作，安徽的古籍保护工作迈上新的台阶。

2002年12月，安徽省图书馆新馆扩建工程和原主楼修缮工程结束，扩建后馆舍总建筑面积为3.69万平方米。借新馆建设契机，安徽省图书馆把建设现代化、数字化图书馆作为发展目标，利用先进的计算机技术，建立交互式数字信息系统和查询手段，加速向现代化图书馆转型。同时，为充分发挥图书馆的社会职能，坚持“读者第一，服务至上”的服务理念，引入ISO质量管理体系，加强科学管理，创新读者服务，为不断满足人民群众的文化需求，促进安徽文化建设做出了积极贡献。2009年，第四次全国公共图书馆评估中，安徽省图书馆跻身国家一级图书馆行列。

中共省市委党校、军事院校和科研等系统图书馆也有很大的发展，截至2010年底，党校系统中13所馆舍面积共2.3万平方米；军事院校系统中3所图书馆馆舍面积共2.95万平方米；科研系统中4所图书馆馆舍面积共2250平方米。

第一篇　机构

安徽地区图书馆事业在清末即显端倪，建书院、兴学堂，书院和学堂即为早期图书馆的雏形。清光绪二十八年（1902年）安庆、芜湖、合肥、铜陵、桐城等地中学先后建立图书馆。

20世纪20年代，安徽地区先后在安庆、阜阳、太和等地建15所省立、县立或区立图书馆。至抗日战争前，安徽地区公共图书馆，包括以民众教育馆、通俗图书馆等形式存在的，共有34所。抗日战争期间，安徽省立图书馆辗转六安、立煌，省立安徽大学图书馆远迁湖南、汉口，无力转迁的县区图书馆和中学图书馆大都遭战火毁坏，馆舍和藏书损失殆尽。

新中国成立后，安徽地区图书馆事业迎来建设的新时期，20世纪50年代新建县图书馆36所，省辖合肥、安庆、蚌埠、芜湖、淮南等5个市均建有图书馆。1965年，全省14所高校图书馆工作人员超过200人，藏书近300万册。

“文化大革命”期间，安徽省地区图书馆事业受到严重破坏。许多馆藏受损，馆舍被侵占，馆员下放，很多图书馆则名存实亡。“文化大革命”末期，公共图书馆仅有14所。

改革开放后，安徽省图书馆事业逐步走上正轨，县市公共图书馆也从文化馆独立出来，呈现蓬勃发展的新局面，其中“七五”期间（1986—1990年），全省共有29所市、县馆新建或扩建馆舍，“八五”期间（1991—1995年）又有21所馆新建或扩建馆舍。

截至1998年，安徽省拥有县级以上公共图书馆83所，从业人员1223人，总经费支出2099.3万元，书库、阅览室总面积42000平方米。其中省图书馆9000平方米，12所地市级图书馆平均每馆1364平方米，县级图书馆平均每馆254平方米。全省公共图书馆阅览座席9000个，其中少儿阅览室座席3000个。

20世纪80年代，高校图书馆事业百废待兴，90年代则不同程度受到来自经济转型带来的冲击。据全省34所普通高校统计，截至1998年10月，全省高校馆馆舍面积共计19万平方米，全省高校馆的经费约为1210万元，全省高校馆从业人员为1030人，其中具有高级职称的已有143人，占总数的13.9%。

进入21世纪，随着中央和安徽省一系列构建公共文化服务体系政策的出台，公共图书馆事业得到各级党委政府的高度重视，图书馆建设也得到快速发展。截至2010年，安徽省建有公共图书馆88所，总建筑面积21.99万平方米，阅览座席15778个；从业人员1239人，其中高级职称82人，中级职称338人。

与此同时,安徽省高校图书馆也步入高速发展阶段。在各级教育主管部门的大力支持下,高校图书馆进一步充实和健全图书馆的基础服务设施,加大投入,扩建馆舍,充实馆藏。截至 2010 年,安徽拥有 100 所普通高校图书馆,以及省市级党校图书馆、军事院校图书馆和规模不等的科研图书馆等。

第一章 安徽省图书馆

第一节 历史沿革

民国时期（1913—1949年） 民国2年（1913年）初，教育司长江彤侯任命方培良为省立图书馆经理（馆长），划拨文昌宫及存古学堂为图书馆馆址，并将图书馆经费及开办费列入教育经费预算。自此，安徽省立图书馆馆址与经费得以确定。方培良上任即对馆舍进行修缮，2月上旬向都督府呈报竣工。2月10日，安徽省立图书馆正式开馆。“筚路蓝缕，厥功甚伟，是为本馆创建时代。”

民国2年（1913年）10月，军阀倪嗣冲下令停办全省教育，图书馆亦在停办之列，并进入保管状态。馆舍被占为军营。次年，图书馆被迫迁至孔教会内，3个月之后又搬至鹭鸶桥农工学堂西边恢复开馆。

民国8年（1919年），董嘉会任安徽教育厅长并兼任省立图书馆馆长后，将省立图书馆与省立通俗图书馆合并。

民国8年（1919年）12月，聂宪藩出任安徽省长，到任不久，便借办公场地繁杂为由，动用政府财力，选址谯楼后院旧藩署正中，建筑楼房一幢拟作新的省长公署。

民国9年（1920年），董嘉会辞去馆长一职，馆务消沉。

民国10年（1921年）8月，省长许世英将未使用的省长公署，以及周边天柱阁花园等建筑，一并划归省立图书馆为馆舍。同年，安徽省立图书馆在旧藩署开馆。自此，省立图书馆有了固定馆舍。同年年底，吴传绮出任馆长，将通俗部从省立图书馆划出另设，称通俗教育馆，后又改为安徽省立第一民众教育馆，省立图书馆重新恢复独立。

民国16年（1927年），国民革命北伐胜利后，国民革命军进驻安庆，此事搁置，馆务陷入停顿。

民国17年（1928年），省政府颁发《安徽省图书馆规程》（31条），据此确定安徽省立图书馆内设机构为总务、编藏、流通、文献征存四股。同年4月，吴传绮年老辞职，省教育厅委派胡翼谋任省立图书馆馆长。

民国19年（1930年），教育厅改派陈东原担任馆长。陈东原在任五年半时间，呕心沥血、经营擘划，业绩卓著，受到省教育厅第1935号训令嘉奖。安徽省立图书馆“由旧式藏书楼进而臻于海内新式图书馆之林”，由原来的封闭型的藏书楼，变为开放型的现代图书馆。

民国19年（1930年）春，文献征存股改为研究股。共有四股、十七课、五阅览室、二文库。具体职能为：馆长一人，下设总务、编藏、流通、研究四股。其中，总务股分管文书、会计、统计、庶务、出版、购书六课；编藏股分管登记、分类、编目、典藏、装订五课；流通股分管阅览、推广二课；研究股分管参考、编纂、文献征存、指导四课。阅览课下设普通阅览、儿童阅览、杂志参考、借书及日报等五室；推广课下设巡回文库（二所）、学校流通处、临时流通处；指导课下设讲演、读书及各种研究会等。除研究股由馆长兼职外，其余各设主任1人，股员若干人。

民国20年（1931年）冬，增设对日问题研究室。

民国22年（1933年），专设寿县古物陈列室，开辟民俗阅览室。同年，成立安徽省立图书馆教育学会。

民国23年（1934年）2月10日，成立临江分馆。

民国24年（1935年），将寿县古物室和历史文化室合并，成立历史博物部，增辟研究室、图贴室等。

民国24年（1935年）夏，馆长吴天植秉承"图书馆之功用，一方面在保存固有之文化，另一方面在将固有之文化公之于大众，以求孕育新文化之产生"的办馆理念，积极拓展图书馆事业，将寿县古物室和历史文化室合并，成立历史博物部。此时，省立图书馆馆舍增加，经费充足，藏书丰富，读者日众，研究日新，各项事业蒸蒸日上，是安徽省文献的渊府、学术的渊薮，也是"抗日战争前安徽省最大的文化出版机构"。

民国27年（1938年），省立图书馆随省政府迁六安立煌（今金寨）。其中，3万余册古籍运到桐城罗家岭庋藏，普通图书则运至六安立煌。教育厅将普通图书拨给六安第一临时中学使用。同年，学校被炸，图书散毁殆尽。

民国28年（1939年），省教育厅任命史蕴璞为馆长，筹备恢复馆务，搭建馆舍，搜集图书。

民国29年（1940年），省立图书馆在立煌搭茅屋恢复开馆。

民国30年（1941年），经省政府批准，借用德麟图书馆开馆。

民国32年（1943年）1月2日，日寇侵入立煌，全部藏书再次毁于战火。

抗日战争胜利后，省政府迁至合肥，馆亦随之迁往合肥，馆长蒋元卿率员运书至合肥，初暂借合肥县立民众教育馆一部分房屋，后又租用高氏宗祠为馆舍，整理图书，开放阅览。

民国37年（1948年）11月，省立图书馆又返迁安庆，借市政街省立第一民众教育馆两间房屋勉强支撑。

民国38年（1949年）3月，省政府由安庆迁往屯溪，图书馆奉令疏散人员，仅留馆长及保管员工2人。4月23日，安庆解放，安徽省立图书馆由中国人民解放军安庆军事委员会文教部接管，并入安庆人民文化馆。

新中国成立后恢复时期（1950—1965年） 1950年8月，皖北区合肥图书馆在合肥成立，隶属皖北人民行政公署文教处，馆址后大街（今安庆路）。

1951年3月，皖北区合肥图书馆增加南土街（今宿州路南端）馆舍一处。

1952年8月，安徽省人民政府成立，省会合肥。皖北区合肥图书馆随之改名安徽省合肥图书馆，隶属安徽省文化事业管理局，内设机构为办公室、采编部、阅览部、参考辅导部。

1953年4月20日，在安徽省合肥图书馆的基础上成立安徽图书馆，隶属安徽省文化事业管理局（1955年5月改为安徽省文化局），馆址设在逍遥津公园西侧义仓巷。同年，1100平方米新馆落成开放。此时的内设机构为采编部、群众工作部、辅导部和秘书室。其中采编部负责分类和编目；群众工作部负责推广（图书流通站、基层图书室辅导）、阅览（阅览室、书库、借书处）、宣传（图书图片展览会、黑板报、报告会、读书会）。同年12月，撤部设股，撤销群众工作部。内设机构：采编股、阅览股、辅导股和秘书室三股一室。

1954年3月14日，安徽图书馆改称安徽省图书馆。内设机构：采编股、辅导股、阅览股、秘书股。采编股负责清点提存、分类编目、采购登记；辅导股负责业余辅导、业余教育；阅览股负责馆外图书推广、馆内图书宣传、第一阅览室、第二阅览室、儿童阅览室、报告会、读书会；秘书股负责行政文档、文档管理。

1955年4月，增设线装书整理组。

1958年，内设机构：办公室、采编部、阅览部、参考辅导部。

1959年6月，成立合肥地区图书馆协作委员会。

1961年，内设机构：办公室、采阅部、参考辅导部。

1962年10月，恢复1958年的内设机构。

1964年1月，安徽省中心图书馆委员会成立。

"文化大革命"时期（1966—1976年） 1966年5月，"文化大革命"开始，省图书馆正常工作秩序被打乱，业务工作陷于瘫痪。

1968年3月8日，安徽省图书馆改名为安徽省图书馆革命委员会。"文化大革命"期间，先后隶属于安徽省军事管制委员会、省直机关文艺战线革命委员会和省革命委员会文化局。1968年，全馆职工下放舒城县，搞"斗批改"。

1969年1月，安徽第一批"毛泽东思想宣传队"进驻全省文教单位。"军宣队"和"工宣队"代表进驻并领导省图书馆各项工作。1969年4月，在"清理阶级队伍"运动中，20多名专业人员下放到庐江等地。1969年，下放的干部陆续返岗，图书馆业务工作秩序陆续恢复。馆舍在原址再次扩建。1974年12月13日，书库楼开工建设。

1970年，成立安徽省图书馆革委会。内设机构：读者服务组、办事组、宣传联络组。

1973年，内设机构：基建组、采编组、办事组、阅览组、宣传联络组。

1976年，"文化大革命"结束，馆务陆续恢复。内设机构：马列毛泽东思想学习室、政办组、采编组、阅览组、典藏组、宣传联络组。

转折新生时期（1977—1989 年） 1978 年 2 月，安徽省文化局决定撤销安徽省图书馆革命委员会，恢复安徽省图书馆，隶属省文化局。取消革命委员会主任，恢复馆长制。

1978 年 3 月 25 日，安徽省图书馆学会成立，恢复安徽省中心图书馆委员会活动。上述两机构皆设于省图书馆，由其负责日常工作。

1979 年，恢复馆长制。下设机构改组为部，内设机构：科研服务部、采编部、阅览部、古籍部、研究辅导部、办公室、知青工厂。

1980 年 1 月，内设机构：办公室、采编部、阅览部、科研服务部、保管部、古籍部、辅导部、印刷制本厂。同年 12 月，再次调整。全馆设七部一室一厂：阅览部、采编部、辅导部、书目参考部、古籍部、保管部、期刊部、办公室、印刷制本厂。1980 年 11 月，书库楼竣工，新增建筑面积 7660 平方米，馆舍总建筑面积达 13900 平方米。书库楼落成，改善了办馆条件，阅览室也由原先的 2 个增设到 7 个。

1983 年，撤局建厅，安徽省图书馆隶属安徽省文化厅。

1984 年 8 月，机构改革，撤销期刊部。内设机构：办公室、采编部、阅览部、典藏部、参考咨询部、辅导部、印刷制本厂。

1986 年 8 月，内设机构：人秘科、行政科、采编部、阅览部、典藏部、参考咨询部、研究辅导部、印刷制本厂。

1987 年，内设机构：人秘科、行政科、采编部、阅览部、典藏部、参考咨询部、研究辅导部、印刷制本厂。

1988 年 4 月，内设机构调整为：人保科、总务科、采编部、阅览部、基藏部、历史文献部、期刊部、书目参考部、办公室、研究辅导部、印刷制本厂。

举步维艰时期（1990—2000 年） 进入 20 世纪 90 年代，市场经济发展步入快车道，省图书馆一度因经费保障不足而举步维艰。该时期，由于社会对经济建设与文化建设关注程度的差异，加之财政投入少，省图书馆事业面临经费匮乏、设施陈旧、发展滞后、职能萎缩的窘境。传统的以藏为主的图书馆建筑格局，藏、借、阅“三大流线”分离、空间组合固化，已很难满足以用为主的开放性图书馆服务需求，图书馆服务能力和水平逐渐下滑，持证读者和人才队伍不断流失，图书馆的社会职能得不到很好发挥。这一状况引起了业内外人士的普遍忧虑，也引起社会的广泛关注。至 90 年代中后期，图书馆自动化建设起步和安徽省图书馆新馆扩建工程获立项并开工，对突破事业发展瓶颈起了助推作用。

1993 年，省图书馆实施了机构、人事管理制度、分配制度等多项内容的改革探索。同期，党建工作与组织机构建设得到加强。1993 年 4 月，馆党组织机构由党支部升格为党总支，党总支下设第一第二支部。同年 7 月，馆工会进行换届，选举产生第二届工会。

1993 年 5 月，机构调整为：办公室、人事老干部科、保卫科、总务科、采编部、阅览部、基藏部、历史文献部、期刊部、参考咨询部、技术部、研究辅导部、图兴实业发展中心和附属工厂、安徽省图书馆学会办公室。

1995年4月，召开馆首届职代会，产生馆职代会代表。1995年，还相继成立了馆学术委员会和藏书建设委员会。

1996年，内设机构调整为：办公室、人事老干部科、保卫科、总务科、采编部、阅览部、典藏部、历史文献部、中文报刊部、外文报刊部、参考咨询部、技术部、研究辅导部、皖江开发办公室、图兴实业发展中心和附属工厂、安徽省图书馆学会办公室（挂靠）。

1999年，内设机构：采编部、阅览部、参考咨询部、基藏部、中文期刊部、外文期刊部、历史文献部、技术部、研究辅导部、人事老干部科、总务科、保卫科、办公室、基建办公室、图兴实业发展中心和印刷制本厂、安徽省图书馆学会办公室（挂靠）。

稳步发展时期（2001—2010年） 省图书馆新馆扩建工程和主楼修缮工程于2002年底全部竣工，扩建后总建筑面积为36900平方米。其中，扩建面积23000平方米。扩建部分外观与原有红墙碧瓦、琉璃飞檐的建筑风格保持一致。新建图书馆建筑主体采用同层高、同网柱、同荷载、大开间的设计方案，结构采用模数化的“三统一”原则，实现“藏阅合一”和“借阅合一”的大空间、敞开式、大厅式的开架服务功能。

2003年6月，省图书馆内设机构调整为：办公室、人事老干部科、财务科、保卫科、物业管理部、基建办公室、采编部、借阅部、报刊部、典藏部、历史文献部、信息咨询部、计算机网络中心、研究辅导培训中心、文化服务中心、安徽省图书馆学会办公室（挂靠）。

2003年11月12日，省图书馆新馆实施文献借阅一体化管理模式，提供OPAC书目查询，网上借阅、网上引擎导航、在线咨询服务等，除16个专业阅览室外，还设有报告厅、展览厅、视听室等。

2010年6月，实施业务流程重组和人事制度改革。结合业务流程重组，成立4个管理中心，每个中心下设相应的部门。综合管理中心下设：办公室（质量管理办公室）、人事科、财务科、保卫科、文化服务部、后勤服务部；数字资源建设中心下设：数字资源加工部（共享工程安徽省级分中心）、信息咨询部、计算机网络中心；文献资源建设中心下设：采编部（全国联合编目中心安徽省分中心）、地方文献部、历史文献部（安徽省古籍保护中心办公室）、《图书馆工作》编辑部；读者服务中心下设：少儿部、借阅部、报刊部、读者活动部。

第二节 馆舍

民国10年（1921年）之前，安徽省图书馆无固定馆址，基本上是由政府指定临时馆舍，因陋就简，存放图书。民国10年（1921年）之后，安徽省立图书馆馆舍经历了文昌宫及存古学堂、旧藩署、茅屋、德麟图书馆、高氏宗祠等变迁。新中国成立后，又经历了后大街、南土街、义仓巷、芜湖路馆舍变迁。

文昌宫及存古学堂 民国2年（1913年）2月10日，安徽省立图书馆在安庆文昌宫及安徽省立存古学堂（均在水营师北侧）正式开馆。存古学堂在安庆南门内文昌宫东侧，创办于光绪三十四年（1908 年）。当时馆舍门面上有竖额："琅嬛福地"四字，左右横额"石渠""天禄"，系张树侯手笔，隶书颇佳。院中有小阁，竦然登之，江天在望。民国 2 年（1913 年）7 月，军阀倪嗣冲下令停办全省教育，图书馆陷入保管状态，馆舍被军队占领。民国 3 年（1914 年），迁至高等学堂（同安岭），与孔教会共用一楼。后又迁至鹭鸶桥农工学堂西，始得恢复开放。

旧藩署 旧藩署是清安庆府最高行政机关，建造于南宋时期，署基颇高，登之俯瞰全城。明洪武元年，郡守赵好德建谯楼于署前，清同治年间，布政司吴坤修书，白日青天于门楣。民国 9 年（1920 年），省长聂宪藩曾在旧藩署正中建筑楼房一幢，拟作新的省长公署。民国 10 年（1921 年）8 月，省长许世英听从民意，将未使用的省长公署以及周边天柱阁花园等建筑，一并划归省立图书馆为馆舍。自此，省立图书馆始有固定馆舍。

民国 15 年（1926 年），省长高世读决定以旧藩署为财政厅之用，饬令图书馆迁让。馆长吴传绮力争无果，借故拖延，后值国民革命军至皖，部分房屋被保安警察队、私立东南中学所占。民国 19 年（1930 年），陈东原出任馆长后，多方交涉协商。次年，警察队始陆续迁出，遂开始兴工修建，培植花木，整理馆内外环境。民国 22 年（1933 年），陈东原对旧藩署馆舍进行了扩建，扩建后馆舍共 4 进 90 间，其中楼房 20 间。第一进楼房正中为图书馆大门，楼下为传达室、发券处、行政展览室，楼上为历史文化陈列室。院内正中矗立着图书馆最初成立时的馆碑，碑刻篆书"图书馆"三字。第二进东为儿童阅览室，西为阅报室，后为天井。天井东厢为借书室，西厢为长廊通敬义斋。第三进东西楼房上下各 1 间，东为普通阅览室（附设普通书库），西为杂志阅览室（附设杂志书库），后为天井。天井东厢为办公室，西厢为通敬义斋甬道。最后一进为藏书楼 20 间，庋藏线装古籍及善本图书，其中 14 间藏善本书，4 间分藏周、秦、汉、魏碑帖和舆图字画，其余 2 间为古籍阅览室。馆舍西边 3 进房屋为敬义斋，陈列寿县出土楚器及碑帖文献实物；馆舍东边大楼为阅报室、研究室及安徽省教育档案室。

最值得记述的是其中的藏书楼，这是一栋中西文化交融的 2 层洋楼。作为中国历史文化名城安庆的标志性景观之一，2010 年 11 月，藏书楼被列为安庆市重点文物保护单位。

茅屋、德麟图书馆 民国 26 年（1937 年），日本军入侵。民国 27 年（1938 年），安庆沦陷。安徽省立图书馆馆长李辛白率员运书随省政府先迁六安，再迁立煌（今金寨）。

茅屋是民国 28 年（1939 年），安徽省立图书馆馆长史蕴璞在立煌临时搭盖的 9 间简陋馆舍，筹备恢复开馆，7 月，被日本飞机炸毁。

德麟图书馆是安徽省主席李品仙为李宗仁在立煌建造的纪念建筑物。民国 30 年（1941 年）1 月，安徽省政府批准借用，恢复开馆。民国 32 年（1943 年）1 月 2 日，日军焚毁省立图书馆茅屋。民国 33 年（1944 年）1 月，迁德麟图书馆，并建藏碑亭庋藏《戏鸿堂法帖》碑刻 113 方。同年 2 月 24 日，安徽省立图书馆馆长蒋元卿重新筹备开馆。

高氏宗祠 民国34年（1945年）9月，日本无条件投降。安徽省立图书馆随政府迁徙或搬迁至合肥，开始借合肥县民众教育馆部分房屋，后来租用高氏宗祠。高氏宗祠俗称高家祠，位于合肥市长江路5号安徽省委大院内，是明清时期挑檐建筑，状如寺庙，1985年7月被列为合肥市重点文物保护单位。民国37年（1948年）12月15日，淮海战役打响，华东野战军向合肥推进，安徽省立图书馆又迁回安庆，图书存于第一民众教育馆。

1950年8月，皖北区合肥图书馆成立，隶属皖北人民行政公署文教处，临时性馆舍有2处，一处位于后大街（今安庆路）。1951年3月，又增南土街（宿州路南端）馆舍一处。

1952年8月，安徽省人民政府成立，省会合肥。皖北区合肥图书馆随之改名安徽省合肥图书馆，隶属安徽省文化事业管理局。

义仓巷馆舍 义仓巷馆舍位于合肥逍遥津公园西侧，1952年10月16日开工建设，系钢筋混凝土砖木结构2层楼房，建筑面积1100平方米，1953年5月14日竣工，1988年以40万元房产价让给合肥市少年儿童图书馆。另在该楼东南建有瓦平房490平方米，用作古籍书库。南土街另有瓦平房1200平方米，用作少儿阅览室和宿舍（1958年移交合肥市图书馆）。

1953年4月，在安徽省合肥图书馆的基础上成立安徽图书馆。1954年3月14日，全称定为安徽省图书馆。

芜湖路馆舍 芜湖路馆舍坐落于风光旖旎的包河之畔，背倚包河，东临包公祠，西接合肥市第七中学，坐北朝南，占地15000平方米。经过三次建设，已形成一组独具特色的仿古建筑群。整个馆舍由主楼（原阅览楼）、东楼、西楼和书库楼4部分组成，建筑面积36900平方米，是合肥市标志性文化设施。

首期兴建阅览楼 1958年3月14日，合肥市人民委员会批准省馆在芜湖路征地22.95亩，建造新馆。建筑主体系钢筋混凝土砖木结构，1958年5月24日开工。1960年10月28日，一座具有民族风格的中式建筑——安徽省图书馆新馆阅览楼落成，建筑面积6349平方米。1963年2月21日，新馆对外开放，馆舍建筑面积增至6515平方米。

二期兴建书库楼 1973年，省政府相关部门下文批准，在原阅览楼后面再建一座7层书库楼。因地形关系，书库与阅览楼形成不规则的“工”字形。该书库长60米，宽17米，层高2.25米，柱网为6.3米×6.25米，采用升板法施工。书库为混合承重结构，共3个结构层，层高5米，每层再分隔一个夹层，共6层，顶层与底层均设空气隔离层，以利隔热和防潮。1974年12月13日，书库楼（地上6层，半地下1层）开工建设，并于1980年11月15日竣工。该楼建筑面积7660平方米，可入藏文献约200万册。至此，安徽省图书馆馆舍建筑面积增至13900平方米。

原址再次扩建 1995年1月4日，安徽省图书馆向省政府呈报《关于安徽省图书馆建设新馆立项的请示》报告。1997年3月省长回良玉在省八届人大五次会议所作政府工作报告中，正式提出安徽省图书馆新馆在年内立项。1998年10月，省政府批准

安徽省图书馆采用保留老馆，增加两翼的原址扩建方案。安徽省图书馆新馆扩建工程于 1998 年 10 月 18 日破土动工。扩建部分为东楼和西楼，东楼为 4 层，西楼为 6 层，建筑面积 23000 平方米，设计藏书量为 220 万册。2001 年 10 月，扩建工程竣工。2002 年 12 月，阅览楼修缮工程竣工。为保证馆舍东西翼楼整体协调，动用 14 台升降机将原主楼整体提升了 1.6 米，首创安徽省屋顶提升工程。扩建后的安徽省图书馆保留了原先红墙绿瓦的仿古歇山式建筑风格，总建筑面积达到 36900 平方米。

2007 年底，用徽派建筑风格改造 3 大门厅，并建有由 29 位安徽历史文化名人和 37 位院士的砖雕人物像组成的古色古香的“皖籍名人墙”，使省图书馆成为一座彰显安徽博大精深文化内涵的特色建筑。

第三节 设备设施

传统设备

藏书设备 1953—1980 年，该馆藏书全部使用木质书架和书柜。1980—2004 年，书库楼的普通书刊使用钢质书架，古籍使用樟木书柜；阅览楼各辅助书库使用木质书架。至此该馆单层书架共 2642 个，书架和书柜单层总长度 55623 米。

2005 年，该馆将书库楼书架由钢质更换为钢木复合质；新建东西两翼楼及阅览楼辅助书库使用钢木复合书架，古籍书库使用钢樟木复合书柜。至此该馆书架和书柜单层总长度 60168 米。

阅览设备 1956 年，该馆配置 180 套木质阅览桌椅；1963 年，配置 400 套木质阅览桌椅；2003 年，配置木质阅览桌椅 1500 套；2010 年，增至 1659 套。

目录设备 1953—2000 年，该馆文献卡片式公务目录和读者目录全部使用木质目录柜。随着计算机书目查询系统的应用，从 2005 年起，读者卡片目录柜全部停用，期刊合订本刊名公务卡片目录柜停用。2010 年，中西文图书书名公务卡片目录柜停用。现保留中西文图书分类公务卡片目录柜、中文期刊分类公务卡片目录柜、外文期刊合订本刊名公务卡片目录柜、中文报纸邮发卡片目录柜和报名卡片目录柜。从 2012 年起，该馆所有卡片目录柜停用。以前打印的卡片还暂时存放在原目录柜里。

现代设备

办公设备 1981 年，该馆购置复印机，开展文献复印服务。截至 1994 年文献复印服务 2 台。

2001 年，省财政为该馆新馆投入 5700 万元配套设备费。该笔资金 3 年分 3 期实施，分别用于现代阅览、办公设备和计算机等设备的购置。

2001 年，配置办公计算机桌椅、办公桌椅、会议桌椅、文件柜、衣柜、沙发、消毒柜、茶水柜、餐桌、餐椅、冰箱、洗衣机、微波炉等设备。配置会议室、贵宾室，购买海信彩电两台。

2007年12月,该馆开通电话虚拟网。2010年,有电话70余部,公共电话4部,传真机5部。

计算机设备 1994—1995年,该馆配置HP586服务器,大容量LX486、LX386计算机6台,以及无盘工作站8台及条码、磁卡阅读设备各2台,引进深圳图书馆ILAS系统软件。截至2010年底,该馆共配置391台计算机,服务器36台,存储容量56TB。详情请参见本志第四篇有关章节。

视听设备 2008年,该馆筹建数字影视制作中心,配置了拍摄、录制音像资料所需设备,包括照相机、摄像机、录像机、有源监听音箱、录音话筒、UV镜等。鉴于数字资源建设与拍摄共享工程专题片的需要,又购买了摇臂、镝灯、轨道车、轨道车厢等设备。

缩微设备 1986年,该馆配置缩微阅览机1台。1993年,文化部调拨日产M2型35mm缩微拍摄机1台、AP4型微粒拷贝自动显影机1台,省财政拨付专款10万元购置拍摄机附属设备。缩微室成立后,又陆续配置了AP4冲洗机、密度计、拷贝机、阅读器、混水器、加热器、缩微还原机等专业设备。

建筑配套设备 1980年,该馆书库楼配置电梯和电动升降机各1部,电梯主要用于批量书刊上下运输,升降机用于日常借阅书刊上下传送。

2003年,新建东西两翼楼配置载重电梯4部,载重量均为1000公斤,以方便读者上下楼和书刊上下运输。

2003年,配备有中央空调,制热量3108KW,制冷量2680KW。夏季制冷、冬季制热时,先通过循环水泵送到各办公室、风机房、阅览区,再通过变风量空调器送风口进行供冷和供暖。有变风量空调器17台,古籍书库还配备有专用恒温恒湿机2台。

该馆用电属一级负荷用电,由包河变电所线路供电。2003年,配电室安装高压开关柜7台,电力变压器4台,低压配电柜22台,进线负荷开关1台,保护控制箱1台。配电总容量2245KVA,保证全馆日常电供应。

2003年,装修学术报告厅、多功能报告厅和创建徽派文化长廊。

安全设备 1985年,该馆购置安装图书防盗监测器2台。2003年,购置安装图书防盗监测器7台。

2003年以来,陆续安装了消防喷淋系统、应急灯、灭火器、防盗门、防盗窗。

2007年5月,安装了闭路电视系统、防盗报警系统和门禁系统。

安装两路进水环网。一路为室外环网,直接与市政管道连接,接出4只地上消防栓;另一路从地下水池供水,水池供水泵共有7台,其中消防栓系统2台,自动喷淋系统2台,稳压水泵1台,生活水泵2台。自动喷淋系统与楼顶稳压水箱相通,一旦火情发生,喷淋泵自动启动,给稳压水箱补水。

该馆各类消防设施配备齐全,主要由火灾自动报警及联动系统、闭式自动水喷淋系统、高压CO2灭火系统、消火栓、应急照明及疏散指示系统5个部分组成。馆舍内均安装了可以探测火灾烟雾信号或温度变化信号的火灾探测器。全馆总共设置92只室内消火栓，4 只室外消火栓。

监控设施上,由闭路电视监控、防盗自动探测报警以及门禁控制 3 个子系统构成。闭路电视监控系统主要通过 62 路监控摄像机实现对全馆重点防范区域以及人员活动的主要公共区域实施 24 小时不间断图像监视,并通过 4 台数字硬盘录像机对摄像机采集的图象信息进行实时录像。近百只各种类型的防盗探测器构成的多层次防盗自动报警网络覆盖了从周界围栏到历史文献部、网络中心机房等重点保护区域,实现了多重防御、主动与被动相结合的功能定位。为加强历史文献部古籍书库的安全管理,在书库出入口安装了门禁识别控制系统。

运输设备 2002 年起,该馆陆续购置了面包车、轿车、货车。至 2010 年,拥有各种汽车 4 辆,其中丰田海狮面包车、别克旅行车、丰田凯美瑞轿车、长城轻型货车各 1 辆。

文体设备 2007 年 4 月,该馆开设健身房,购置台球桌、乒乓球桌、跑步机、健身车、划船器、理疗仪、综合训练器等各种健身器材。

第四节 经费

建馆初期,安徽省立图书馆经费由安徽省教育厅拨付。

1913 年 1 月至 5 月，1000 元。6 月至 12 月,因停办,月管理费 20 元。

1914 年，1440 元。

1920 年，3600 元。

1928 年，12252 元。

1930 年，12875 元,临时费 5419.4 元。

1933 年,全年 2174 元,其中购书费 690 元。

1934 年，26268 元,临时费 5417 元。另有安庆房租费和无为来字洲田租补助。

1935 年,《安徽区图书馆大纲》颁行,规定安徽 10 个行政督察区择县各建区图书馆 1 所,由省财库和省教育经费合拨 5000 元经常费。

1950—2010 年,安徽省图书馆经费包括购书经费、业务经费、管理经费、设备经费和工资。经费主要来源由省财政拨款,常年经费预算由上级主管部门安徽省文化厅审核下达,临时经费根据需要专项报批。

事业经费从 1953 年的 619,952,245 元（老人民币），1955 年的 44,296 元,增长到 1965 年的 125,759 元,其中购书经费从 1953 年的 89,449,445 元（老人民币），1955 年的 8,800 元,增长到 1965 年的 56,523 元。

1991 年事业经费不足 100 万元,1995 年 217.8 万元,到 1997 年增加为 292.7 万元;购书费 1991 年不足 30 万元，1995 年 130 万元,到 1997 年增加为 160 万元。另 1997 年开始,每年增加 30 万元图书保护专款。1999 年,省财政又将省图书馆的图书采购纳入政府采购招标管理体系,进一步提高了经费使用效率。

2001 年事业经费 507.47 万元,购书费 210 万元（含 50 万图书保护费），2010 年增长为事业经费 2051 万,购书费 500 万元。

1950—2010 年经费明细表

表 1-1-1 （单位:元）

主管部门	年份	年总经费	购书经费	文献保护费	备注
皖北文教处	1950	30,000,000			老人民币
	1951	30,000,000			
	1952	30,000,000			
省文化局	1953	619,952,245	89,449,445		
	1954	417,982,908	74,216,000		
	1955	44,296	8,800		
	1956	71,486	15,750		
	1957	71,067	15,750		
	1958	101,694	56,168		
	1959	107,988	58,288		
	1960	90,181	38,451		
	1961	68,444	24,224		
	1962	147,641	34,029		
	1963	128,648	45,146		
	1964	118,014	54,119		
	1965	125,759	56,523		
	1966	135,896	41,971		
	1967	85,876	18,008		
省文化局革委会	1968	69,196	5,478		
	1969	80,402	11,479		
	1970	55,935	14,677		
省文化局革委会	1971	56,000	13,002		
	1972	72,469	17,416		
	1973	104,100	34,116		
	1974	95,200	31,003		
	1975	110,300	34,530		
	1976	130,500	31,183		
省文化局	1977	143,400	30,606		
省文物局	1978	235,600	116,616		
	1979	328,000	173,950		
	1980	394,081	218,479		
	1981	370,000	166,362		
	1982	457,614	213,075		

续表 1-1-1

主管部门	年份	年总经费	购书经费	文献保护费	备注
省文化厅	1983	494,099	177,525		
	1984	485,000	183,836		
	1985	545,950	274,633		
	1986	644,000	305,427		
	1987	578,000	253,720		
	1988	624,652	249,761		
	1989	706,000	400,000		
	1990	937,000	418,700		
	1991	1,086,340	289,832		
	1992	1,084,900	390,649		
	1993	1,056,000	418,755		
	1994	1,111,100	500,000	500,000	
	1995	2,178,000	1,300,000		
	1996	2,573,000	1,500,000	300,000	
	1997	2,927,470	1,600,000	300,000	
	1998	3,087,400	1,600,000	300,000	
	1999	3,273,200	1,600,000	300,000	
	2000	3,661,000	1,600,000	300,000	
	2001	4,538,000	1,600,000	500,000	
	2002	5,627,000	2,000,000	500,000	
	2003	24,110,200	2,000,000	500,000	
	2004	14,046,000	2,200,000	500,000	
	2005	18,587,900	2,200,000	500,000	
	2006	19,160,900	2,200,000	500,000	
	2007	26,217,600	3,000,000	500,000	
	2008	21,209,900	4,100,000	500,000	
	2009	21,593,000	5,000,000	500,000	
	2010	20,510,000	5,000,000	500,000	

第五节　人员

1913 年，3 人；1930 年，24 人；1950 年，4 人；1952 年，15 人；1953 年，30 人；1954 年至 1957 年，44 人；1958 年，50 人；1960 年，45 人；1962 年，54 人；1965 年，60 人；1969 年，35 人；1974 年，60 人；1977 年，72 人；1980 年，105 人；1981 年，105 人；1987 年，106 人；1991 年，107 人；1992 年，112 人。

1996 年，120 人，其中大专以上学历占 80%，高级职称 13 人，中级职称 37 人，初级职称 38 人。

1998 年，126 人，其中研究馆员 1 人，副研究馆员 9 人，馆员 44 人。

2006 年，153 人。其中研究馆员 3 人，副研究馆员 29 人，馆员 40 人，助理馆员 41 人，管理员17人,高级政工师1人,政工师2人,会计师1人,助理会计师1人,主治医师1人,四级演员1人,高级工1人,中级工4人,普工3人。

2007年,156人。其中研究馆员3人,副研究馆员33人,馆员37人,助理馆员57人。

2008年,162人。其中研究馆员3人,副研究馆员33人,馆员42人,助理馆员51人。

2009年,158人。其中研究馆员3人,副研究馆员33人,馆员39人,助理馆员50人,管理员13人。

2010年,166人。其中研究馆员3人,副研究馆员31人,馆员50人,助理馆员33人。

2002—2010年职工学历结构一览表

表1-1-2

年份	学历层次										职工总数
	研究生		大学		大专		中专		高中及以下		
	人数	比例(%)	人数	比例(%)	人数	比例(%)	人数	比例(%)	人数	比例(%)	
2002	1	0.85	31	26.50	61	52.14	7	5.98	17	14.53	117
2003	2	1.38	47	32.41	69	47.59	11	7.59	16	11.03	145
2004	2	1.36	48	32.65	70	47.62	11	7.48	16	10.88	147
2005	3	1.97	47	30.92	77	50.66	10	6.58	15	9.87	152
2006	5	3.27	51	33.33	73	47.71	9	5.88	15	9.80	153
2007	8	5.13	55	35.26	70	44.87	8	5.13	15	9.62	156
2008	7	4.32	62	38.27	69	42.59	9	5.56	15	9.26	162
2009	7	4.43	66	41.77	65	41.14	7	4.43	13	8.23	158
2010	13	7.83	74	44.58	62	37.35	7	4.22	10	6.02	166

2002—2010年专业技术人员职称一览表

表1-1-3　　单位:人

年份	总数	高级		中级	助理级
		正高	副高		
2002	107	0	15	46	46
2003	108	2	17	49	40
2004	109	2	21	46	40
2005	109	3	26	40	40
2006	113	3	29	40	41
2007	130	3	33	37	57
2008	129	3	33	42	51
2009	125	3	33	39	50
2010	117	3	31	50	33

第二章 市、县(区)公共图书馆

公共图书馆是我国图书馆事业的重要组成部分。辛亥革命前后,随着民主、科学、进步理念的逐步深入,封建藏书楼也逐步演变为对社会开放的公共图书馆。安徽特别是皖南地区也出现了从私家藏书楼、教堂、文庙中脱离出来的图书馆。新中国成立后,在全国的影响和带动下,安徽的公共图书馆也陆续建立起来。公共图书馆主要是按照行政区划来设置的,主要有省级图书馆、市级图书馆和县级图书馆。截至 2010 年,全省省辖市图书馆 13 所,县(区)图书馆 74 所。20 世纪 80 年代,特别是 21 世纪以来,安徽各地新建或扩建馆舍,增加编制,公共图书馆事业得到了全面的发展。

第一节 合肥市公共图书馆

合肥市图书馆 民国 12 年(1923 年)冬,中和局从经管庐州府文庙祭相羡余款中拨款 3000 元,在尚节楼街(徽州路与安庆路交口)创办合肥县立中和图书馆,为合肥第一所公共图书馆,对民众开放。图书经费,基本上靠社会捐助,实现由封建藏书楼向近代图书馆的变革。民国 16 年(1937 年)1 月,迁府学明伦堂。次年 4 月,安徽省教育厅颁发《图书馆规程》,整顿公共图书馆。民国 18 年(1929 年)初,中和图书馆按规程调整、扩大并迁返尚节楼大街,年购书经费 400 元,设报纸、杂志、图书阅览室各 1 个,增设书库 2 间。

民国 26 年(1937 年)12 月,日本军用飞机轰炸合肥,中和图书馆停办。后合肥沦陷,被日军占为兵营,馆内珍贵书籍,被劫运日本。民国 34 年(1945 年),抗日战争胜利,在民众教育馆内设一小型图书室,书刊甚少,读者廖廖。1949 年 3 月,建立合肥人民文化馆。4 月,馆内设简易书报室,对公众开放。

合肥市图书馆前身为合肥县立中和图书馆。1958 年 9 月 1 日,合肥市图书馆在安徽省图书馆第二阅览室的基础上成立,独立建制,馆址合肥市宿州路 134 号,馆舍面积 550 平方米。1962 年初,迁淮河路合肥市文化馆内,后因设施、环境不适用,又迁至宿州路 134 号。1968 年 12 月,并入市文化馆。1969 年 6 月,市图书馆、文化馆、工人文化馆 3 家合并,成立合肥市毛泽东思想宣传站。1973 年 2 月恢复开放,迁宿州路原址。馆舍平房 9 间,暂借当年市计量局房屋 7 间存放图书。1974 年末,新建合肥市图书馆大楼。1979 年,全面对外开放。1981 年 5 月 23 日,合肥市第一少儿图书室开放,馆舍面积 80

平方米。l984年6月1日,第二少儿阅览室开放,馆舍面积40多平方米。1985年,馆舍面积2350平方米。1998年,合肥市委市政府拨款8000万元易地新建合肥市图书馆,新馆位于琥珀山庄北出入口处,占地11.7亩,建筑面积15000平米。建成后的合肥市图书馆新馆已成为合肥市的标志性文化建筑。2004年11月,被评为合肥市十大建筑。

2010年底,工作人员47人,副研究馆员8人,馆员20人。

合肥市少儿图书馆 1996年11月8日,合肥市编制委员会下达《关于成立合肥市少年儿童图书馆的批复》,同意成立少儿图书馆。经市政府批准,原市文化局走引资开发的路子,在亳州路1号购置馆舍,面积1224平方米。2001年6月1日,市少儿图书馆局部开馆,正式对外开放。合肥市少儿馆隶属于合肥市文广局,为财政全额拨款的公益性事业单位,正科级建制。

2010年底,工作人员22人,在编人员10人;副研究馆员1人,馆员3人。

合肥市包河区图书馆 合肥市包河区图书馆原名是合肥市郊区图书馆,建馆于1984年5月,馆址合肥市濉溪路118号(合肥市郊区政府大院内),编制3人,馆舍面积100平方米左右。1993年5月图书馆所在的楼拆除,图书馆搬迁到另一栋楼的三层,馆舍3间。2002年3月6日,合肥市区划调整,原来的合肥市郊区更名为合肥市包河区,合肥市郊区图书馆更名为合肥市包河区图书馆,隶属于合肥市包河区文化局。图书馆阅览室面积30平方米,设有借还处、阅览室、资料室和办公室等,座席20个。2005年11月,随包河区政府搬迁到包河大道118号(包河区政府北楼二楼西头),建筑面积150平方米。

2010年底,在编人员6人,馆员2人。

长丰县图书馆 1965年,长丰县文化馆内设图书室,1人兼管图书借阅。1967年增至3人,图书室3间,阅览室2间,藏书近万册。1979年从文化馆分出,成立长丰县图书馆,与县文物管理所合署办公,工作人员5人。1984年,与文物管理所分开,设采编、借阅、阅览(成人和少儿)、辅导四组,座席60席,人员增至9人。1997年12月,长丰县图书馆迁入文苑大楼3楼办公,馆舍面积814平方米。2007年,馆内设立借书处、采编室、报刊阅览室、电子阅览室、办公室5个部门,编制8人。

2010年底,馆舍面积1010平方米。在职人员7人,本科1人,大专4人;馆员3人,助理馆员3人。

肥东县图书馆 1957年以前,肥东县文化馆设图书室,收藏图书。1958年划出,成立肥东县图书馆。1962年,并入县文化馆。1979年,从县文化馆划出,建立县图书馆,馆址店埠镇老街李鸿章当年的当铺。1997年,建成一幢商住与图书馆一体的综合楼。

2010年底,建筑面积600平方米。在职人员7人;助理馆员2人。

肥西县图书馆 1979年6月,在县文化馆图书室的基础上正式建肥西县图书馆,开展工作,房屋11间,面积170平方米。1984年,馆舍250平方米,职工8人。设报刊阅览室和图书借还处。1985年,设少儿阅览室。1987年,馆内设普通阅览室、少儿阅览室、图书借还处和内书库,其中少儿阅览室独具特色。

2010年,建筑面积1000平方米,阅览室座席90个,少儿阅览座席20个。编制9人,馆员7人。

第二节 亳州市公共图书馆

亳州市谯城区图书馆

新中国成立初期,亳县文化馆设有图书室。1956年8月1日,在文化馆图书室的基础上创建亳县图书馆,馆址白布大街南头路东。时有平房20多间,内设少儿阅览室、外借处、成人阅览室、资料查询室。1979年,安徽省文物局图书处和县政府联合拨款兴建一座总面积600平方米的3层图书阅览楼,成立图书馆。其中书库、阅览室面积各为260平方米,阅览室座席300个。1986年12月,有职工14人。1987年6月4日,亳州市正式成立,亳县图书馆更名为亳州市图书馆。2000年,亳州市成为地级市,市政府座落在谯城区,亳州市图书馆更名为亳州市谯城区图书馆。馆址位于亳州市商业闹市区的白布大街98号,馆舍分东、西2座二层楼房和部分居住房。馆舍900平方米,阅览室面积400平方米,阅览坐席120个。

2010年底,在职人员9人;馆员2人,助理馆员6人。

蒙城县图书馆 新中国成立后,蒙城县文化馆设有图书室。1979年9月,在文化馆图书室的基础上建蒙城县图书馆,馆址仍在文化馆内,面积不足60平方米。1985年,图书馆迁到东城路30号文化大楼一楼,馆舍200平方米。1994年,在原文化大楼前建一座2层的图书馆新楼,建筑面积420平方米。2007年,通过置换扩大馆舍至550平方米。

2010年底,在职人员16人,馆员5人,助理馆员6人;馆舍1060平方米,阅览室面积600平方米。

涡阳县图书馆 涡阳县图书馆创立于1934年,附设于民众教育馆内。1938年5月,图书馆被日军炸毁。1959年,县文化馆图书室改建为图书馆,隶属文化馆。1978年,县文化馆迁至团结路66号。1980年,县图书馆从文化馆内析出,编制5人。1999年重建,馆址北邻文化馆, 2005年新馆启用,馆舍建筑面积1000平方米。

2010年底,在编人员14人,大学2人,大专10人;馆员2人、助理馆员6人。

利辛县图书馆 1979年,在利辛县文化馆图书室的基础上建利辛县图书馆,馆址黄湖路西段, 1985年建成,建筑面积439平方米,二层楼房,工作人员12人。2001年,在原址重建图书馆大楼, 2006年9月投入使用,建筑面积1500平方米。

2010年底,在职人员14人,本科2人,大专4人,中专3人;副研究馆员1人,政工师2人,助理馆员8人。

第三节 淮北市公共图书馆

淮北市图书馆 淮北市图书馆于1962年创建，前身为濉溪市图书馆，与市文化馆一个机构二块牌子，隶属濉溪市文教局。1964年，濉溪市投资兴建楼房一座，由市广播站、文化馆、图书馆3家合用。因院内石榴颇多，故名“榴园阅览室”。1971年5月10月，与文化馆分开，更名为淮北市图书馆，隶属淮北市文化局，馆舍面积320平方米。1984年，淮北市人民政府投资83万元新建市图书馆大楼，建筑面积2751平方米，大楼6层。1985年，市政府拨款15万元用于添置设备和选购图书。1986年4月，正式对外接待读者。1987年，馆内职工增至20人。2002年，图书馆搬迁暂停开放，在党校图书馆设临时阅览室。2005年，迁入淮北市科技大楼的临时图书馆正式开放。

淮北市图书馆新馆位于淮北市博物馆路上，同淮北市文化馆相连，于2009年6月开工建设，总建筑面积13461.14平方米。其中，图书馆建筑面积8974.06平方米，集少儿阅览室、综合图书借阅室、视障阅览室、报纸期刊阅览室、展厅等于一体。

2010年底，在编员工23人，本科14人，副研究馆员4人，馆员11人。

濉溪县图书馆 濉溪县图书馆成立于1958年8月，馆址位于濉溪老城石板街文化活动中心，面积100平方米，工作人员3名。1962年并入文化馆，为文化馆图书阅览室。1978年11月，县图书馆重新恢复建制。1985年12月，县政府投资14万元，在新城淮海路中段东侧的黄金地段新建图书馆大楼，建筑面积731平方米。

2010年底，在职人员8名，本科1人，大专2人，中专5人；馆员3人，助理馆员4人，管理员1人。

第四节 宿州市公共图书馆

宿州市埇桥区图书馆 宿州市埇桥区图书馆前身为宿县图书馆，1950年创办于符离集（当时县政府所在地），以王雪渔私人1200多册藏书为基础，开展图书借阅活动。1956年，文化馆、图书馆从符离集搬至宿城，馆址设在原拂晓报社印刷厂南院。1957年底，图书馆合并至文化馆。1978年，省文物局拨经费1万元扩建图书馆，扩建后馆舍面积为150平方米。1979年，文化馆、图书馆正式分开。1993年，县级宿州市与宿县合并，成立新的县级宿州市，宿县图书馆隶属关系不变，更名为宿州市图书馆。1998年，撤地建市，撤销原宿县地区，建立地级宿州市，原县级宿州市更名为埇桥区，宿州市图书馆变更为埇桥区图书馆。

埇桥区图书馆坐落于宿州市中山街69号，原系清末民初北洋军阀雷振春公馆的一部分，面积约150平方米。由于年久失修，部分建筑损毁严重。2000年，报经埇桥区文化局同意，在图书馆原址兴建。新馆为全框架结构，主体2层，局部3层，建筑面积500

多平方米。

2010年底,在编人员16人,本科3人,大专9人;副研究馆员1人,馆员7人。

砀山县图书馆 砀山县图书馆前身为砀山县文化馆图书室。1971年,砀山县图书馆成立,馆址梨都砀城镇体育巷12号,隶属县文化局,部门设置借书处、采编室、阅览室、书库等。1985年前,属省文物局领导。1985年开始,归属地方文化主管部门。

2010年底,馆舍23间,面积454平方米。

萧县图书馆 萧县图书馆建馆于1962年。1978年6月,独立建制。1980年12月,在县文化馆东旁盖一座二层图书馆楼,使用面积800平方米,藏书5万余册,设普通阅览室、图书室、儿童阅览室、资料室等。2008年,馆舍1000多平方米,阅览室面积约500多平方米,内设图书阅览室、儿童阅览室、报刊借阅室、采编室、特藏室、办公室和党员活动室等部门。

2010年底,馆舍900平方米,在职人员17人,馆员3人。

灵璧县图书馆 民国20年(1931年),灵璧县民众教育馆建立,开展图书借阅和报刊阅览活动。1953年,县文化馆设借书处和报刊阅览室。1958年,建立县图书馆,编制3人,和文化馆合署办公,设有图书室、阅览室。1960年春撤销,图书馆业务仍由文化馆兼理。1980年3月,恢复县图书馆。1995年,因在图书馆原址兴建文化城综合大楼,图书馆闭馆。1997年7月,文化大楼建成使用,图书馆重新开放,设在文化城4楼以北,面积180平方米。内设资料室、图书借阅室、报刊阅览室。

2010年底,职工4人,大学1人,大专2人;馆员2人,助理馆员1人。

泗县图书馆 民国22年(1933年),泗县奉省令始建图书室。作为当时为安徽省第六区行政督察专署所在地,命名安徽省第六图书馆,馆址泗县民众公园(今泗县省级粮食储备库处)。抗日战争期间,图书馆半开半闭,之后不了了之。新中国成立后,县文化馆开设图书室,对外开展图书借阅工作。1979年1月1日,泗县革命委员会批准建立泗县图书馆。1980年7月,函请全国文联主席沈雁冰题写馆名,同年12月正式开馆工作。1987年7月,馆舍被泗县新华书店收回,图书馆再次关闭,直到1999年9月,县政府把馆址定于商南路175号,图书馆重新开展工作。2000年3月,新馆正式对外开放,建筑面积380平方米。

2010年底,在职人员6人,大专4人,中专2人;助理馆员4人。

第五节 阜阳市公共图书馆

阜阳市图书馆 历经阜阳县图书馆、阜阳市图书馆(县级)、阜阳市图书馆(地市级)3个阶段。

阜阳县图书馆 阜阳县图书馆历史可追朔到清代。据阜阳县志记载:“清末,阜阳书院设置藏书楼。”民国初期,省立第六中学、省立第三师范设阅览室。民国17年(1928

年），国民革命军淮北七县善后特派员昌荫南拨出倪嗣冲逆产之一部，购置图书2万余册，于城隍庙成立阜阳县图书馆。次年，将图书馆并入民众教育馆，改为阅览室。民国26年（1937年），安徽省政府拨专款在阜阳城建安徽省第七图书馆。1956年6月，图书室从文化馆分出，在人民影院南建阜阳县图书馆，内设报刊阅览室、儿童阅览室、图书借阅处，工作人员3人。1968年，该馆停止开放。1970年，成立县文化馆，内设阅览室。1978年，恢复阜阳县图书馆，设报刊阅览室、外借处、书库、线装书库、农村辅导部；工作人员5人。

阜阳市图书馆（原县级） 阜阳市图书馆前身是原阜阳镇毛泽东思想宣传馆图书室。设市后，阜阳镇宣传馆改建为阜阳市文化馆，原图书室改为阅览室，但未开展阅览活动。1976年冬，筹建市图书馆，编制6人，实际工作人员3人。当时未拨建馆经费，未上报业务部门主管审批，人员仍在市文化馆上班，并受市文化馆领导。1978年10月，借用文化馆内原福音堂礼拜厅作为活动场所，借用市文化馆阅览室所订部分报刊杂志进行综合阅览。1979年夏，省文物局审批成立阜阳市图书馆，属市文化局下属独立事业单位。1985年，市图书馆大楼建设立项。1987年，市图书馆大楼竣工，建筑面积2335平方米，阅览室面积468平方米。设有办公室、外借室、阅览室、采编室、宣传辅导股等机构。1993年初，市、县合并，阜阳市图书馆和阜阳县图书馆合并，仍称“阜阳市图书馆”（县级）。

阜阳市图书馆（地市级） 1996年，阜阳地区改为阜阳市，阜阳市图书馆上划为市级直属事业单位，归阜阳市文化局领导。

2010年底，在编人员32人，本科11人，大专15人，中专5人；副研究馆员3人，馆员13人。

界首市图书馆 1949年，界首县文化馆内设图书室。1959年5月26日，县政府批准成立界首县图书馆，12月7日正式开放，馆址县委东院。1962年，精简机构，撤销界首县图书馆建制，并入县文化馆，为县文化馆图书室。1964年，迁中州路69号。1975年2月1日，恢复建立县图书馆，馆址信义街11号。1976年，增设少儿阅览室。1984年10月，新图书馆建成使用，面积800平方米，馆址人民路178号。内设采编室、图书借阅、报刊阅览、少儿阅览、科技阅览、集体外借、参考辅导室等。1989年，撤县建市，改称界首市图书馆。

2006年，老馆拆迁闭馆。2009年12月，新馆竣工使用，建筑面积5000平方米，自用3500平方米。2010年，在编人员11人；本科1人，大专2人，中专5人；馆员3人，助馆4人，管理员1人。

太和县图书馆 太和县图书馆原为太和学生会创办，图书由旅京、旅宁、旅阜学生会捐赠。民国13年（1924年）暑假，学生会向县署请求辅助并拨给馆址，知事丁炳良要求改为县立，方可按年拨给经费，遂定为太和图书馆，并派当时太和学生会会长吴风清任馆长。后并入民众教育馆。民国30年（1941年），日寇攻占太和，馆舍被焚。

中华人民共和国成立后，太和县文化馆内设图书室。1957年，建三间阅览室、一间藏书室。1962年初，正式成立县图书馆，建筑面积100余平方米。1978年，省文物局拨款2万元，扩建图书馆。1979年7月搬迁至人民中路西大戏院北。1981年，建砖墙草顶儿童阅览室48平方米。

2010年，在编人员10人。

临泉县图书馆 民国24年（1935年），临泉县民众教育馆内设书报阅览室。1949年，县政府派员接管临泉县民众教育馆，其中接管图书数百册，建县文化馆图书室。1977年12月，于临同路南侧征地2.2亩，建立临泉县图书馆。1978年，拨款3万元筹建，1979年10月竣工，建成砖木结构的平房两幢，面积450平方米，座落于临同路东段路南。1990年，政府筹资兴建图书大楼一幢，面积1880平方米，1997年竣工交付使用。2009年，对图书馆大楼进行整体维修。

2010年，在职人员9人；本科2人，大专1人，中专4人；高级职称3人，中级职称2人。

阜南县图书馆 新中国成立初期，临泉县文化馆内设图书室。1970年，在文化馆图书室的基础上，成立阜南县图书馆，内设图书室、阅览室。1982年，馆舍建筑面积100平方米。

2010年，建筑面积1000平方米。工作人员11人，大专5人、中专4人；助馆3人。

颍上县图书馆 新中国成立后，县文化馆内设书报阅览室。1955年，建立颍上县图书馆，内设阅览室、采编室、资料室和借阅处。1962年，图书馆并入文化馆，设图书室。"文化大革命"期间，图书借阅停止。1967年春，图书室改为"抗大"展览室。1979年6月，恢复颍上县图书馆，员工5人，各项业务正常开展。1996年，因旧城改造被拆迁后，馆舍900平方米。2007年11月2日，颍上县图书馆在城北新区二新北路西侧落成。新馆占地面积10000平方米，建筑面积5440平方米。

2010年，在编人员15人；本科10人，大专5人，中专1人；馆员1人，助理馆员13人，管理员2人。

第六节 蚌埠市公共图书馆

蚌埠市图书馆 蚌埠市图书馆前身为市人民文化馆图书股，1951年1月从文教局分出，称蚌埠图书馆，编制7人，馆舍在文化馆楼下，面积90平方米。1952年2月，馆址迁至南山礼堂，面积600平方米，被皖北行政公署文教处定为甲级馆，编制12人，后增至15人。1956年，改称蚌埠市图书馆。1957年，迁至淮河路1137号，馆舍1217平方米，工作人员15人，设采编股、阅览股、辅导股、资料室、总务室、科技阅览室、图书阅览室、期刊阅览室、报纸阅览室、儿童阅览室等，阅览座席400个。1962年，馆址迁至体育场观礼台礼堂，面积扩至2000平方米。1969年1月，并入新华书店革命委员会，成为图书馆小组。1970年春，与文化馆合并成立文化图书馆。1972年3月与展览馆合并，成立市群众文化站，馆址迁至胜利中路51号科学文化官，建筑面积1500平方米。1975年，恢复图书馆建制。

2005年12月1日，新馆正式交付使用，座落于淮河文化广场，分为5层，建筑面积8100平方米。按开放型、综合型、多功能的现代化图书馆要求进行设计，按服务对象分为少儿服务区、成人服务区。2006年5月18日，先期开放期刊、报纸两个阅览室，12月28日开放图书外借室，后陆续开放期刊外借室、电子阅览室、参考咨询、中小学生成果展览中心、中小学生课外学习基地等。

2010年底，在职员工30人，本科16人，大专13人；副研究馆员2人，馆员11人，助理馆员13人。

固镇县图书馆 固镇县图书馆前身是固镇县文化馆阅览室，隶属固镇县文化体育局。2007年12月，拥有建筑面积1800平方米独立的大楼一栋，内设馆长室、借书室、阅览室、资料室。

2010年底，在职人员5名，大专3人；馆员1人，助理馆员3人。

五河县图书馆 民国11年（1922年），五河县建立民众教育馆，设图书阅览室。民国20年（1931年）4月，国民党省党务整理委员会宣传部发出第47号训令，令五河县政府设立图书馆。50年代初，县文化馆设图书室、阅览室。1980年，五河县图书馆成立，隶属五河县文化体育局，编制6人，馆址青年路东侧，新建两层平楼，总面积534平方米。内设图书借阅室、群众阅览室、老干部阅览室、儿童阅览室。

2010年底，馆舍建筑面积1700平方米。在职人员8人，本科1人，大专7人；副研究馆员1人，馆员3人，助理馆员3人。

怀远县图书馆 民国18年（1929年），国民怀远县政府创办民众教育馆。1949年，县人民政府接管民众教育馆，改称人民文化馆，内设图书室。1959年，文化馆图书室分出，成立怀远县图书馆。1961年，因经费不足，并入文化馆。1980年5月，图书馆正式独立，隶属怀远县文化局。1982年10月，建成县图书馆，馆址进山路，主楼两层，建筑面积510平方米。2007年春，在原办公楼对面新建成办公楼一座，建筑面积340平方米。加上馆舍用房，总建筑面积1047平方米。

2010年底，在职人员6人，馆员3人。

第七节 淮南市公共图书馆

淮南市图书馆 淮南市图书馆建于1953年5月，馆址田家庵东升街，面积约150平方米，编制7人。1955年，淮南图书馆改名为淮南市图书馆。1957年，在田家庵淮滨路筹建馆舍，1958年落成，建筑面积526.6平方米。1983年12月，经淮南市人民政府批准新建图书馆，馆址田区龙王沟路76号，1985年大楼落成，建筑面积3050平方米。

1986年7月1日,迁入新馆。

2010年底,在职人员29人,本科11人,大专9人;副研究馆员3人、馆员11人,助理馆员10人。

淮南市少儿图书馆 1986年10月,在淮南市图书馆少儿阅览室基础上正式成立,是安徽省第一座少年儿童图书馆。建筑面积726平方米,馆址田家庵区淮滨西路。1996年,在原址重建新馆,并于1999年10月建成投入使用,总面积2000平方米。

2010年底,在职人员15人,馆员5人。

淮南市潘集区图书馆 淮南市潘集区图书馆成立于1989年10月,馆址淮南市潘集区政务新区文化体育中心,面积270平方米。

2010年底,在职人员5人,本科1人,大专1人;馆员2人。

凤台县图书馆 新中国成立初期,凤台县文化馆设图书室。1955年,建立县图书馆,与文化馆合署办公,总面积80多平方米。1984年,在县文化馆大楼内设图书室、阅览室,使用面积150平方米。2007年6月18日,凤台县图书馆成立,馆址县城政务新区。

2010年底,馆舍3666平方米,可利用面积1600平方米。在编人员7人。

第八节 滁州市公共图书馆

滁州市图书馆 民国初年(1912年),滁县教育会在滁城文峰塔旁小楼(今市体委小楼)建图书阅览室,置有书、刊、报供读者阅览。民国20年(1931年),安徽省国民政府批准滁县建立三级图书馆,馆址天主教堂内(今市委东大院宿舍),后迁至中心街中心桥。1951年春,滁县中心文化馆接管收藏于天主堂的藏书,设立图书室。1956年7月,成立滁县图书馆。馆址设在文德桥南的人民公园(原安徽省第五图书馆旧址),小楼上下共8间,面积约100平方米。1959年,图书馆并入文化馆图书室。1963年,迁至鲜鱼巷口北(今北门文化站)。

1978年11月,恢复滁县图书馆建制。馆址设在中心街鲜鱼巷口原文化馆内,沿用原文化馆图书室。1980年,在东门文德街兴建图书馆,三层楼房,面积928平方米。1982年,滁县更名为滁州市(县级),滁县图书馆随之更名为滁州市图书馆。1983年10月1日开馆。

1987年,市委、市政府决定投资180万元,在市区琅邵大道东段征地7亩,再建新馆。1993年1月,滁州市图书馆升格为地市级图书馆。1995年后,新馆因经费等问题停工待建。此后,编制、经费、设备、办公条件等基本维持1983年的原状。

2010年底,在职人员11人,馆员6人,助理馆员3人。

凤阳县图书馆 民国18年(1929年)11月,凤阳县教育局接收淮南图书馆藏书,成立凤阳县立图书馆,借用原蚕桑学校楼房一座,上下层6间,平房5间。楼上为全县教育成绩展览室,楼下1间为藏书室、2间为阅览室,并辟阅报室3处。民国23年(1934

年），县立图书馆与通俗讲演馆等社会教育机构合并，于次年 11 月正式成立凤阳县民众教育馆，馆址在府城府东街，馆长 1 人、馆员 2 人、公役 3 人；内设教导、阅览、生计、健康 4 个部，以府城为中心施教区，附办民众学校 3 所、阅报处 6 处。1950 年 3 月，成立凤阳县人民文化馆，设图书室。1959 年，从凤阳人民文化馆图书室析出，单独建立凤阳县图书馆，馆址龙兴寺。后因经费不足，复并入凤阳文化馆，称图书室。"文化大革命"初期，大部分图书遭到禁锢和损毁，阅览室被迫关闭，"文化大革命"后恢复开放。1979 年 9 月 23 日，正式恢复县图书馆建制，馆址文化馆院内北平房，建筑面积 108 平方米。2007 年 10 月，搬迁至凤阳县府城镇体育路 3 号，馆舍约 1050 平方米。

2010 年底，在职人员 6 人，大学 1 人，大专 3 人；馆员 1 人，助理馆员 3 人。

明光市图书馆 民国 24 年（1935 年），在明光南大街三元宫设立嘉山县民众教育馆。民国 37 年（1948 年）民众教育馆对外开放。1949 年，设立县文化馆，馆内专设图书室。1979 年 4 月 23 日，嘉山县图书馆在嘉山县文化馆图书室的基础上单独设立，馆址县文化馆大楼西侧，面积 260 平方米。1985 年，筹建馆舍，馆址车站路 239 号，建筑面积 1052 平方米。1993 年春正式迁址。1994 年 5 月 18 日，嘉山县撤县设市，嘉山县图书馆更名为明光市图书馆，隶属明光市文化局。

2010 年底，在编人员 6 人，馆员 1 人。

天长市图书馆 民国 10 年（1921 年），天长县知事张铭筹资建造天长县图书馆，馆址城西北隅，1922 年中秋建成，是一座具有民族风格又兼西式格局的二层楼房，砖木结构，座北朝南，使用面积 254 平方米。1950 年 6 月，成立天长县文化馆，文化馆设立图书室，楼下两间作为借阅阵地，图书室属文化馆直接领导。1959 年，天长县在原文化馆图书室的基础上又恢复县图书馆，馆址迁到天长镇西门街，有古式平房 10 间。1962 年，县图书馆被撤销，并入文化馆，成为文化馆图书室，仍在图书馆楼下开展活动。1979 年 3 月，经省文物局批准，成立天长县图书馆。1993 年 9 月 18 日，经国务院批准，撤销天长县，设立省辖县级天长市，由滁州市代管，并更名为天长市图书馆。2007 年，对老楼进行"修旧如旧"的彻底维修。2008 年底，恢复原貌对外开放，总建筑面积 900 平方米。

2010 年，在编人员 12 人，本科 3 人，馆员 3 人

来安县图书馆 1950 年，来安县文化馆成立，开设图书室。1979 年 9 月 12 日，来安县图书馆在文化馆图书室原址建立，面积 110 平方米，工作人员 5 名。

1986 年，来安县图书馆大楼建成，馆址新安镇永阳东路，建筑面积 886 平方米。

2010 年底，在职人员 5 人，大学 1 人，大专 1 人，中专 3 人；助理馆员 5 人。

定远县图书馆 民国 5 年（1916 年），定远县图书馆设在城隆庙东小街南面，占地面积约 10 多亩，既是图书馆又是讲学堂，抗日战争爆发后自行取消。1950 年春，文化馆内设图书室。

1979 年 1 月，县文化馆图书室从文化馆中分离，馆舍 400 多平方米。1986 年，护城

河边新建馆舍,面积900多平方米。

2006年6月,位于城中心曲阳路的图书馆拆迁新建,新馆大楼位于城东新区程桥路,占地2600平方米,规划设计3200平方米,一期工程2260平方米于2007年底建成。

2010年底,工作人员10人,本科2人,专科7人,高中1人;馆员2人,助理馆员7人。

全椒县图书馆 全椒县图书馆创办于清光绪二十七年(1900年),最初设于五先生祠堂内,不久迁至明伦堂左斋房,后迁至奎光楼,设有阅览室。

民国年间,全椒县图书馆设备简陋。1949年元月,全椒解放后,民众教育馆接管图书馆。1953年,县文化馆及5个区文化站均有藏书。1974年,县图书馆正式对外开放。1977年,图书馆从文化馆分出。1979年元月,正式批准成立全椒县图书馆,馆址在县文化馆。1995年至1998年,图书馆租赁县劳动局二楼对外开放,1998—2005年,迁至县人武部二楼继续开放。2003年,兴建图书馆大楼,馆址在儒林路221号,建筑面积750平方米,2005年5月竣工,11月28日正式开馆。

2010年底,在职人员6人;馆员1人,助理馆员3人。

第九节 六安市公共图书馆

六安市金安区图书馆 民国11年(1922年),六安县知事李克贤采纳王庄的倡议,于从善堂西侧腾出房屋2间陈列图书,供人阅览。民国13年(1924年)改名通俗图书馆。民国17年(1928年)8月,六安县设“六安县立图书馆”。民国20年(1931年),设立民众教育馆(文庙西街),县立图书馆并入民教馆。民国23年(1934年),国民革命军第三军军长王均变卖从皖西苏区掳掠来的粮食得款2005元,交给县政府创办六安县立图书馆,以旧教育局后楼为馆址,民众教育馆所藏图书全部划交六安县立图书馆。民国25年(1936年),六安成立安徽省第三图书馆,隶属于第三区行政督察专员公署,馆址在城内东状元桥文庙内,六安县立图书馆被纳入省第三图书馆。

1951年秋,建立六安专区图书馆,编制5人。1956年撤销,所存图书移交六安县,建立六安县图书馆,馆址在文庙后面的明伦堂。1962年,县图书馆与县文化馆合署办公,对外仍保留六安县图书馆建制,馆长由文化馆长兼任。1969年,县馆撤销,改为毛泽东思想宣传站。1976年,各类图书重新开放。1977年,县文化馆、图书馆分开为两个独立单位。1979年3月,六安市成立,县图书馆划归六安市,在县图书馆原址成立六安市图书馆。1981年9月,六安县革命委员会决定重建六安县图书馆。1982年3月,六安市图书馆迁至人民路东端新址,5月1日正式开放。

1985年10月经市政府批准,将市图书馆房屋出售给六安地区人民银行,兴建文化图书大楼,总面积1600平方米,其中图书馆面积约780平方米。1992年市、县合并,两馆亦合并。2000年,原六安市图书馆被划归六安市金安区托管。

2010年底,在职人员22人,馆员12人,助理馆员10人。

寿县图书馆 民国年间，寿县图书事业由县民众教育馆办理，内设图书室，读者多为文职、教职人员。民国23年（1934年），安徽省立第四图书馆在寿县成立，由县民众教育馆代管。1956年，在县文化馆内设图书馆，馆址方昌宫，从文化馆接收图书6800册，当年购新书436册。1959年，图书馆与文化馆合并，统称寿县文化馆。1966年，“破四旧”时，馆藏图书被焚5万余册。1978年，寿县图书馆又从文化馆拨出，独立建制。1985年后，图书馆工作得到较多改进，设有资料室、借书处、儿童阅览室、综合阅览室，总面积320平方米。2006年10月，寿县图书馆对馆舍进行较为彻底的维修改造，改造后馆舍630平方米。

2010年底，在职员工19人，本科2人，大专10人，中专2人，高中5人；馆员5人，助理馆员7人，工勤6人。

霍邱县图书馆 1949年，霍邱县文化馆内设图书室，开展图书馆借阅和报纸阅览活动。1978年8月，在原文化馆内腾出几间房子，建立霍邱县图书馆，面积216平方米。2000年，政府划拨土地选址建设图书馆。2003年，图书馆大楼落成，高五层，面积1972平方米，一、二楼为图书馆使用，三、四楼为文化局使用，五楼借文化馆暂居。

2010年底，在职人员7人，馆员2人。

金寨县图书馆 抗日战争期间，立煌县设立民众教育馆，内设阅览室，此为图书馆雏形。1950年，金寨县文化馆成立，内设阅览室。1964年，正式建立金寨县图书馆，与金寨县文化馆合并办公。1970年，金寨县革委会成立，图书馆和文化馆并入金寨县毛泽东思想宣传站。1973年，金寨县恢复文化馆，图书馆仍设在文化馆内，并开始向读者开放。

1979年，金寨县文化馆一分为三，分别成立金寨县图书馆、文化馆、文物管理所。金寨县图书馆为独立事业单位，设立阅览室、借书室，馆舍150平方米。1985年元月，金寨县梅山文苑大楼建成，文化局及所属的文化馆、图书馆、文物管理所搬入文苑大楼，图书馆占面积275平方米，借书室、综合阅览室、儿童阅览室和办公室均设在其中，资料室兼书库仍在老图书馆处。2007年，因筹建新馆，于11月闭馆。

2010年底，在职人员6人，本科1人，大专3人，中专1人；副研究馆员1人，馆员3人，助理馆员1人。

霍山县图书馆 1949年春，霍山县人民文化馆附设阅览室。文化馆迁到文庙后，阅览室改为图书室，1978年3月，建立霍山县图书馆。1980年1月，县图书馆由文化馆西厢迁入文庙东大殿（明伦堂），分图书室和阅览室。1985年，租用县农机局房屋作临时馆址。1990年3月，兴建图书馆大楼，馆舍880平方米。2002年，县财政拨款5万元对大楼进行维修。

2010年底，在职人员8人，馆员2人，助理馆员5人。

舒城县图书馆 民国19年（1930年），舒城县设立县图书馆，后并入县民众教育馆，对外开放。1959年，建立县图书馆，由于经费及管理等问题，与县文化馆合并，改为县文化馆图书阅览室。1979年1月,恢复图书馆建制,有小瓦平房8间,馆舍148平方米,馆址位于县城龙舒路东头文化广场。1983年,在原址兴建8间4层图书馆楼。1985年竣工,建筑面积1500平方米。2002年11月,因县城文化广场改造被县政府拆迁,业务活动暂停。2004年9月,拆迁返还新建的图书馆落成,座落于县城文化广场靠近龙头塔处的文化综合楼内三、四两层,总建筑面积1200平方米;同年10月1日,恢复开放。

2010年底,在职人员7人,大专6人,中专1人;馆员3人,助理馆员2人,管理员1人。

第十节　巢湖市公共图书馆

巢湖市图书馆　1956年10月,在原巢县文化馆图书室基础上建立巢县图书馆,馆址东河街101号,平房12间。1958年,政府划拨原新城区政府房屋为馆址,房屋28间,面积约300平方米。1961年末,图书馆与文化馆合并办公,一个单位两块牌子,馆舍让给函授学校。1963年,从文化馆划出,县委、县政府将原巢县医院第二门诊部房屋作为馆舍,面积450平方米。1982年底,在市人民路新建三层楼房一座(与文化馆相连),面积720平方米,工作人员14人。1984年,撤县设市,原巢县改为巢湖市(县级),巢县图书馆易名巢湖市图书馆。1998年,在原地重建三层楼房一座,面积410平方米。1999年11月,巢湖撤地设市,巢湖市图书馆上划为地级馆,馆舍2000平方米。2001年1月,北大街700多平方米回迁馆舍交付使用,面积760平方米。2007年6月因城市改造拆迁,巢湖市图书馆迁址卧牛路5号原市委办公楼,1至5层计面积5500平方米。

2010年底,在职人员24人,本科5人,大专12人,中专7人;副研究馆员4人,馆员12人,助理馆员1人。

含山县图书馆　1958年10月成立含山县图书馆,与县文化馆合署办公,1961年并入县文化馆。1979年,重新成立县图书馆,与文化馆合署办公。1980年,兴建图书馆楼,馆址含山县环峰镇环峰东路,总面积960平方米。1984年建成使用。

2010年,在编人员15人,馆员6人,助理馆员4人。

和县图书馆　1949年,和县文化馆内设图书室。1958年,文化馆与图书室分开,成立和县图书馆。1961年,与县文化馆合并,改为图书室。1978年7月,与文化馆分开,重设县图书馆,位于东大街南侧。1984年7月,迁往北大街西侧文化大楼,总面积250平方米。1985年,迁往和城文昌中路29号文化中心南侧办公。

2010年底,在职人员11人,馆员1人。

无为县图书馆　民国10年(1921年)筹建无为县图书馆,民国12年(1933年)建成,馆址在无为县城小东门外崇德观内,是安徽省最早建立的图书馆之一。20世纪30年代初迁址于米公祠,当时只有3间建于乾隆二十八年(1763年)的平房,职员3人,后来增加到15间平房,但不对外开放。现馆址在北宋书法家米芾“宝晋斋”遗址内（无为县无城镇米公祠 12 号），院内有传说中的陨石、米芾的拜石、墨池。抗日战争期间，日机轰炸无为城，图书馆无人管理，原存书籍大部分散失。民国 35 年（1946 年），图书馆得到恢复，设备依然十分简陋。1949 年 2 月，县人民政府接管了该馆，命名为无为县城区图书馆，图书馆正式对外开放。从 1951 年起，人民政府多次拨款对图书馆房屋及米芾墨池和投砚亭进行维修。1953 年更名为无为县图书馆。1964 年省人民政府拨款兴建 500 平方米的二层楼房的藏书楼，同时利用拆迁旧料增建了 200 平方米的平房。1953 年更名为无为县图书馆。1986 年，政府拨款 8 万元，扩建了 1 幢 465 平方米的三层仿古建筑，名曰“劝学楼”。2002 年，为配合县米公祠工程建设，劝学楼被拆毁，馆内总面积 1200 平方米。2010 年启动新馆建设。

2010 年底，在职人员 13 人，副研究馆员 2 人，馆员 3 人。

庐江县图书馆 新中国成立初期，庐江县文化馆内设图书室。1965 年，图书室从文化馆分出，成立庐江县图书馆。1979 年，撤销文化馆图书室，重建庐江县图书馆，接收平房 5 间。

1984 年，庐江县图书馆和文化馆合建四层办公大楼，县图书馆使用一、二两层，位于庐城文明中路 90 号，建筑面积 500 平方米。

2010 年底，馆舍 800 平方米。在职人员 3 人，馆员 1 人。

第十一节 芜湖市公共图书馆

芜湖市图书馆 1949 年 10 月 16 日，成立芜湖市人民教育馆，下设人民图书馆、俱乐部、人民体育场，芜湖历史上第一所公共图书馆对人民大众开放。馆址环塘路 66 号（现尺木亭附近），馆舍 40 余平方米，分为图书室、阅览室。1950 年 8 月 1 日，奉芜湖市军管会命令，将人民图书馆从人民教育馆划出，单列为芜湖市人民图书馆，隶属市文教局。

1951 年 9 月，人民图书馆迁至镜湖西南的烟雨墩，有草房五间 180 平方米，另辟柳春园旧房 100 平方米为少儿阅览室。1952 年 10 月，芜湖市人民图书馆更名为芜湖市图书馆，1953 年 10 月，烟雨墩馆舍建成，馆舍 1100 平方米。1974 年 12 月，市革委会批准在烟雨墩对岸即镜湖路 3 号兴建 1500 平方米阅览楼和书库，馆舍总面积 3460 平方米。至此，图书馆分为烟雨墩和新馆舍两处工作，主体服务均在新阅览楼进行。烟雨墩是市图书馆文化名人藏书楼和市少儿阅览室所在地，因年久失修，破损不堪，从 2002 年 6 月开始动工维修，11 月 14 日竣工并正式对外开放。

2008 年 12 月 30 日，芜湖市图书馆新馆建成开放，馆舍总面积 14720 平方米。

2010 年底，在职人员 28 人，本科 10 人，大专 5 人；副研究馆员 3 人，馆员 8 人，助理馆员 8 人。

芜湖县图书馆 1959 年，芜湖县建立小型图书馆，馆址县人委楼上。1980 年 6 月，正式成立县图书馆,馆址设在文化馆内。1984 年 12 月,图书馆与文化馆分开办公,隶属县文化局。1998 年 2 月,馆舍建筑面积 854 平方米,位于县城芜湖中路。

2010 年底,在编人员 9 人,大学 4 人,大专 3 人;副研究馆员 1 人,馆员 2 人,助理馆员 1 人。

繁昌县图书馆 1950 年 9 月,繁昌县成立民众教育馆,内设图书室。1950 年至 1959 年,繁昌县文化馆内设图书室,位于云路街 7 号院内一间 30 平方米。1959 年 9 月,成立县图书馆,与县文化馆合址办公。1967 年,在繁昌县城关镇迎春路建图书馆、文化馆馆舍二层楼房一幢,一层为文化馆,二层为图书馆,图书馆面积 200 平方米。1986 年,在云路街新建繁昌县图书馆独立馆舍,面积 1060 平方米。

2010 年底,在职人员 10 人,大专以上 7 人;副研究馆员 1 人,馆员 3 人,助理馆员 5 人。

南陵县图书馆 民国期间,在南陵县民众教育馆内设图书室。1951 年,独立建制,称县图书室,地址在现南陵中学院内东侧教堂内。1957 年,并入县文化馆。1978 年,兴建图书、文物共用楼房,其中图书占 9 间, 270 平方米,馆址南陵县沿河西路 11 号。1978 年 11 月,成立南陵县图书馆。1982 年 7 月,正式与文化馆分开,拥有独立馆舍和人员机构。

2010 年底,馆舍 400 平方米,在职人员 5 人。

第十二节 马鞍山市公共图书馆

马鞍山市图书馆 南陵县经历马鞍山矿区文卫股图书室、马鞍山文化馆图书室、马鞍山市图书馆三个阶段。马鞍山矿区文卫股图书室(1955 年 8 月—1957 年秋)位于金字塘畔。1957 年建市前夕迁至幸福路财贸大楼西侧二楼,工作人员 2 名,下设报刊阅览室、借书处。马鞍山文化馆图书室(1957—1974 年 4 月)隶属市文化馆,位于财贸大楼西侧二楼。1972 年 6 月,迁至解放路市展览馆南二楼,开设外借处、阅览室、报刊室、少儿阅览室。

1974 年 4 月,从文化馆析出,马鞍山市图书馆独立建制。1975 年 9 月,花山地区馆舍落成,建筑面积为 1318 平方米。新馆三层混合结构,一、二层各设文艺和科技图书两个外借处和报刊、图书两个阅览室,三层是讲演厅及办公用房。1976 年元旦正式对外开放。1985 年 4 月,兴建书库 600 平方米。

1996 年 9 月 12 日,艳阳路 56 号馆舍建成并正式对外开放。馆舍占地 14500 多平方米,面积8900平方米。2008年12月31日,市政广场新馆落成,建筑面积20000平方米,与博物馆、大剧院于 2008 年被列为马鞍山市三大文化工程。2009 年 5 月 1 日,正式对外开放。

2010 年底,在职人员 53 人;副研究馆员 1 人,馆员 12 人。

当涂县图书馆 新中国成立初期，当涂县文化馆内设图书室，开展图书借阅工作。1959年6月1日，正式成立当涂县图书馆并对外开放，馆址东大街三条巷口，平房6间。1960年，与县文化馆合并，设图书借阅和报刊阅览2室。“文化大革命”期间，日常工作处于停顿状态。1978年8月20日，恢复当涂县图书馆名称，与县文化馆一个机构两块牌子。1979年7月，与县文化馆分开。1985年10月，在姑孰镇大成坊76号新建3层楼馆舍，建筑面积715平方米

2010年底，在职人员11人，馆员5人，助理馆员3人。

第十三节 安庆市公共图书馆

安庆市图书馆 1949年4月安庆解放，军管会文教部先后接收安徽省立图书馆和通志馆藏书。同年10月，皖北安庆行署文教科将原图书馆与民众教育馆业务合并，于1950年3月10日成立皖北安庆图书馆。1952年和1964年，政府两次拨款对馆舍进行维修。1959年，正式定名安庆市图书馆，隶属市文化局。1968年9月，市图书馆和市人民文化馆合并，改称市文化图书馆革命委员会。1973年，两馆分开，市图书馆恢复原名。市图书馆与市人民文化馆一直合用1幢3层楼房，面积620平方米，地址人民路124号。1978年，与原楼附近兴建图书馆大楼，占地面积1152平方米，主楼4层，书库楼5层。l985年筹建新楼，1993年落成并投入使用，馆址莲湖风景区，占地5.9亩，建筑面积3500平方米。后在主楼东侧扩建700平方米辅助用房，至此菱湖南路馆与人民路老馆两处馆舍总面积6000平方米。

2010年底，在职人员33人；高级职称3人，中级职称13人。

桐城市图书馆 1949年8月，桐城县人民教育馆内设图书室，配备专职人员，对社会开放。1951年，县人民教育馆更名为桐城县文化馆。1964年，图书室从县文化馆首次分出，单独成立县图书馆，馆址县城操家巷。“文化大革命”期间，县图书馆并入县文化馆，成为文化馆图书室。

1978年，县图书馆再度与文化馆分开，恢复建制，馆址县城和平路西侧，与文化馆毗连。1982年，县财政拨款兴建一幢两层楼房，另改建平房8间，占地985平方米，建筑面积670平方米。1999年8月，市政府投资400万元兴建六层总计3000平方米的图书馆大楼，2007年4月落成交付使用。

2010年底，在职人员16人，馆员6人。

枞阳县图书馆 枞阳县图书馆前身为枞阳县文化馆图书室。1959年1月，枞阳县图书馆成立。1976年6月13日，县编制委员会发文，正式成立枞阳县图书馆，编制4人，馆舍一间20平方米。1986年3月，馆舍搬迁到枞阳镇凤凰山路17号，为50年代砖木结构二层楼，建筑面积530平方米。2008年初，县政府将枞阳县图书馆（黄镇图书馆）建设纳入政府十件实事，新建枞阳县图书馆位于县城银塘新区，幕旗山公园北侧，三面

青山环抱,占地面积15亩,建筑面积2500平方米。

2010年底,在职人员9人,自聘8人,本科2人,大专15人;副研究馆员1人,馆员3人,助理馆员6人

怀宁县图书馆 1949年12月,石牌文化馆创建,内设图书室。1959年,文化馆图书室改名怀宁县图书馆。"文化大革命"前,与文化馆合并,直至1979年8月。1979年9月,怀宁县图书馆正式从文化馆分离,独立建制。2005年8月,怀宁县图书馆随县城整体搬迁,馆舍750平方米,阅览室面积90平方米。

2010年底,馆舍2000平方米。在职人员11人;馆员3人,助理馆员7人。

潜山县图书馆 潜山县图书馆始建于民国15年(1926年),馆址县城东大街文昌公馆。民国18年(1929年)迁到汪氏宗祠,又迁到城隍庙,与新成立的潜山县民众教育馆合署办公。民国25年(1936年)迁到城东关帝庙。1947年,潜山县图书馆交由潜山县农职代管,图书馆名存实亡。

1959年3月,在县文化馆图书室的基础上重建县图书馆,与文化馆合署办公。1961年,县图书馆并入文化馆。1978年,潜山县图书馆与县文化馆分开办公。1995年5月,图书馆新大楼动工兴建,馆址梅城镇东街路64号,1996年10月竣工并投入使用,馆舍900平方米。

2010年底,在编人员6人,在职10人;馆员4人,助理馆员4人。

太湖县图书馆 1949年秋,太湖县文化馆成立。1950年,设立文化馆图书室。1960年,文化馆工作人员下放,图书室图书及其工作人员转入新华书店。1963年,重回文化馆。1979年12月,在太湖县文化馆图书室的基础上成立太湖县图书馆,行政上文、图合一,业务上分开办公。1984年8月,文化馆、图书馆两馆分开,图书馆独立开展工作,但仍以原文化馆图书室和阅览室两间(使用面积133平方米)砖木结构的平房为馆舍。1988年9月,自筹资金改建为二层楼楼房,建筑面积共437.8平方米。1994年,在新城规划区龙山路兴建图书馆大楼。1998年5月18日,竣工开馆,建筑面积1547.66平方米。2001年,征用土地10亩扩建馆舍,馆舍4864平方米。

2010年底,在编人员14人;大专13人,中专1人;副研究馆员1人,馆员3人,合同制工作人员25人。

岳西县图书馆 1950年,岳西县文化馆内设图书阅览室。1958年10月,在县文化馆图书阅览室的基础上成立县图书馆,与县文化馆合署办公。1979年,县图书馆单独建制,隶属岳西县文化体育局。1987年,争取省专项资金15万元,兴建一座砖混结构的三层楼房,馆址岳西县天堂镇十字街,建筑面积878平方米。

2010年底,在编人员6人;本科1人,大专3人,中专2人;馆员2人,助理馆员4人。

望江县图书馆 望江县图书馆前身为县人民教育馆图书室,1952年更名为县文化馆图书室,馆址文庙大成殿。1980年,迁入文庙前扩建砖木结构平房,面积约180平方米。1982年,迁入文化馆新舍第二层,面积367平方米。1984年,县机构编制委员会

批准设置，与县文化馆、县博物馆合署办公。1987 年 1 月，从县文化馆析出，正式独立建制。2002 年，县行政机构改革后，行政管理归属文化体育（新闻出版）局。

2010 年底，在职人员 7 人，馆员 3 人。

宿松县图书馆 1959 年，宿松县文化馆内设图书室。1981 年，正式建立宿松县图书馆。1985 年，兴建办公和活动用房 300 平方米。2003 年，兴建图书馆综合大楼，馆舍 2500 平方米。

2010 年底，在职人员 7 人，本科 3 人，大专 4 人；馆员 2 人、助理馆员 5 人。

第十四节 池州市公共图书馆

池州市图书馆 民国 24 年（1935 年），贵池县在旧县学故址建安徽第八图书馆，由安徽省第八行政督察专员公署主管，为砖木结构二层楼房，占地 500 平方米。民国 27 年（1938 年），池州沦陷，馆藏图书搬迁至石台县丁香镇。民国 31 年（1942 年），交由洁莹中学代管。1950 年，洁莹中学停办，所藏图书近 1000 册交池州专署文教科。1949 年 9 月，县人民政府建立县文化馆，文化馆设图书室。1955 年 4 月，图书室更名为县图书馆。1958 年，图书馆与文化馆合并，复称图书室。1979 年 8 月，经贵池县革委会研究决定，正式成立贵池县图书馆，隶属县文化局；9 月，由省、县两级财政拨款在城内秋浦东路兴建图书大楼，占地 207.5 平方米， 1981 年 10 月正式交付使用。1988 年，撤县建立贵池市，贵池县图书馆更名为贵池市图书馆。2000 年，池州市设贵池区，贵池市图书馆更名为池州市贵池区图书馆，隶属贵池区文化局。2005 年 4 月，经池州市人民政府批准，池州市图书馆和池州师专图书馆共建，贵池区图书馆更名为池州市图书馆。池州师专图书馆建筑面积 13000 平方米。市、校共建图书馆后，该楼的附楼供市图书馆使用，建筑面积约 2000 平方米。原贵池区图书馆馆舍在旧城改造中大部被拆除，现存部分建筑面积约 300 平方米，产权属市图书馆所有。

2010 年底，在职人员 10 人；本科 1 人，大专 5 人，中专 2 人；馆员 4 人，助理馆员 2 人。

青阳县图书馆 民国 17 年（1928），在青阳中学校址之后的望华楼成立县图书馆。民国 20 年（1931 年）县民众教育馆成立，撤消图书馆，并入县民教馆阅报处。民国 23 年（1934），再度建立图书馆，配备专职管理人员，开展正常活动。民国 27 年（1938），再度被撤消，并入县民教馆。

1958 年 8 月，县文化馆内设阅览室。1959 年 6 月，建立图书馆，配备专职干部 4 人，馆址蓉城镇南路。1960 年 6 月，并入县文化馆。1965 年，再次建立图书馆，配备专职干部 3 人。“文化大革命” 开始后，馆内业务活动陷于瘫痪，各项工作无法开展。1969 年，再度撤馆，同县直其他文化单位一起并入新成立的毛泽东思想宣传站。1970 年底，毛泽东思想宣传站撤消，归属县文化馆。1980 年 12 月，三度建立图书馆，从文化馆分出干部 4 人，独立建制，对外挂牌。1979 年，县政府在九华西路征地一块，临街建成文化图书大楼,建筑面积1000余平方米。1981年1月,文化、图书两馆迁入九华西路70号新址,其中图书馆活动场地(一、二层部分)面积400多平方米。1998年,青阳县文化局依照国家文化部关于图书馆馆舍达标的规定,租用青阳县电影公司办公大楼(三层),建筑面积约1000平方米,作为图书馆活动场地。2002年,因县人大征用此楼,图书馆搬回九华西路70号原址,暂时与文化馆实行合署办公。2004年底,迁入蓉城镇蓉溪南路文广大厦二楼,图书馆建筑面积1600平方米。

2010年底,在职人员7人;馆员2人,助理馆员3人,管理员1人;

东至县图书馆 1950年,东流、至德两县人民教育馆设有图书阅览室。1959年,两县合并为东至县。1966年5月,在原东至县文化馆图书室的基础上建立东至县图书馆。1968年与文化馆合并,图书室的正常工作停顿。1979年5月,恢复建立图书馆,隶属东至县文化局,馆址治尧城路227号,馆舍295平方米。2000年,馆舍扩建为1243平方米,主体七层,框架结构。

2010年底,在职人员7人;馆员1人,助理馆员1人。

石台县图书馆 石台县图书馆前身是县文化馆图书室。1979年7月,从县文化馆析出,单独建制,称为石台县图书馆。1985年底,迁至新馆舍,馆址仁里镇仙寓路2号。

2010年底,馆舍面积560平方;在职人员5人;本科1人,大专2人。

第十五节 铜陵市公共图书馆

铜陵市图书馆 1978年11月,在铜陵市文化馆图书室的基础上建立,职工15人,与文化馆合用一幢平房,面积不足68平方米。1980年10月1日,位于市中心义安路东侧的图书馆楼建成开放,建筑面积670平方米。1992年8月石城大道南段188号新图书馆竣工,1993年元旦对外开放。新馆占地17亩,馆舍6460平方米。2010年,馆舍8234平方米。

2010年底,在职人员37人,硕士1人,本科15人,大专13人;副研究馆员3人,馆员17人。

铜陵县图书馆 民国16年(1927年),铜陵县教育局长章理芝募资建立铜陵县图书馆,馆址城东孔庙。民国24年(1935年),馆址迁至城东王氏宗祠。民国28年(1939年)春,铜陵县青年抗敌协会在金榔三条冲建立图书馆,图书来源于泾县云岭新四军军部驻地书店,主要藏购进步书籍和革命书籍,“皖南事变”后停办。1958年7月,在县文化馆图书室基础上成立县图书馆,与县文化馆合署办公。1958年9月,市、县合并,县图书馆并入铜官山区文化馆图书室。1959年4月,市、县分开,恢复县图书馆。“文化大革命”期间,县图书馆停顿,1972年,县图书馆恢复开放。

2010年底,馆舍面积1000平方,在职人员9人;馆员1人,助理馆员5人。

第十六节 宣城市公共图书馆

宣城市图书馆 宣城市图书馆始建于民国11年（1922年）11月，馆舍由文庙大成殿尊经阁改造而成，有藏书、阅览、报刊杂志、办公室4间，编制4人，后因经费不支而停办。民国20年（1931年），安徽省第九区行政督察专员公署创办区立图书馆，馆址设在鳌峰公园南楼内，俗称“南楼图书馆”，面积250平方米，内分藏书、阅览2室。民国20年（1931年），宣城县立民众教育馆成立，附设图书室。民国28年（1939年），图书室随民教馆在当时的县府所在地周王恢复。抗战胜利后，随馆迁回城关。

1949年9月，宣城县人民政府接管民众教育馆，称县人民教育馆，即以后的文化馆。馆内图书室有平房2间。次年，将原图书室扩大为3间，可容60人阅览。1958年秋，经省文化局批准，在宣城县文化馆基础上建立的宣城县图书馆，隶属县文化馆，实行一个单位两块牌子。馆舍为两层旧式木结构楼房，面积近120平方米。“文化大革命”时期，图书馆被“群众专政指挥部”强行占用。1980年春，宣城县图书馆恢复成立，馆址民生路。1980年12月，与文化馆分开，隶属县文化局。1987年8月，宣城撤县建市，宣城县图书馆改称为宣州市图书馆，编制7人。11月，县委机关正门东侧新建的图书馆大楼正式动工，建筑面积1330平方米。1988年5月竣工，1989年6月1日正式对外开放。2000年12月，宣城撤地设市，宣州市图书馆更名为宣城市图书馆，隶属宣城市文化局。

2010年底，在职人员6人；副研究馆员1人，馆员1人，助理馆员2人。

泾县图书馆 民国18年（1929年），国民党泾县党部“清党委员会”筹建泾县图书馆，馆址设于泾川书院庭前东首，馆舍平房3间。民国20年（1931年），交由国民党泾县整顿委员会接办。民国22年（1933年），泾县民众教育馆成立，内设图书阅览室。1950年，泾县文化局馆成立，馆内设图书室，接收由县公安局转来原民众教育馆藏书。1959年5月1日，泾县图书馆单独建制成立，馆址设在文化馆内。1965年，兴建楼房1幢，划其1楼约80平方米为图书馆。“文化大革命”后，馆舍几经迁徙至文教局、文化馆、县工会等，除毛主席著作和几份报纸外，基本无书可借。1977年，省文化局拨款2.5万元在弋江大桥西首南侧兴建300平方米2层楼房。2003年初，在谢园路中段兴建图书馆，面积1000平方米。2005年元月，与教育局二级机构泾县青少年校外活动中心合署办公，单位名称为泾县青少年活动中心（图书馆），2块牌子1套人马，定编10人，

2010年底，馆舍1000平方米。在职人员5人；馆员1人，助理馆员3人。

旌德县图书馆 1979年前，旌德县文化馆内设图书室，对外接待读者。1980年，县图书馆成立，内设阅览室、图书借阅处，馆藏图书1万余册，配员工1人，与文化馆合署办公。1982年，两馆分设，图书馆独立开展工作。1983年12月，在城内营坎路兴建旌德县图书馆大楼。1984年底，图书馆楼建成开放，建筑面积626余平方米。1992年，兴建馆舍300平方米。2010年馆舍800平方米。

2010 年底，在职人员 9 人，馆员 2 人。

广德县图书馆 广德县民众教育馆始建于民国 13 年（1924 年），馆址文庙西侧，现人民广场西。民国 25 年（1936 年），迁至西大街真武庙，现增谷路北端。次年，抗日战争爆发，改称流动施教团。民国 32 年（1943 年），复称民众教育馆，馆址西南乡祟法寺。民国 34 年（1945 年）底，民众教育馆停办。1981 年，广德县图书馆与文化馆分开，单独建馆，馆舍 150 平方米。2008 年，馆舍租借县文化馆，面积约 300 平方米。

2010 年底，馆舍面积 800 平方，在职人员 12 人。

郎溪县图书馆 民国期间，郎溪县城内孔庙的文昌阁藏书三万余册，借给县民众教育馆设立图书阅览室。新中国成立后，县文化馆设立图书室。1958 年 5 月，县政府下文成立县图书馆，文化馆、图书馆两块牌子，合并办公。1979 年 6 月，县革委会批复建立县图书馆，馆址设文化馆楼上，共 7 间，为旧式木板楼，辟有书库 1 间、借书室 1 间、阅览室 3 间、报刊杂志装藏室 1 间。1984 年 12 月，在中港东路 119 号兴建图书馆大楼。1987 年 10 月竣工并对外开放。新馆座北朝南，门前有 6 院，院外面临中港路。总建筑面积 720 平方米。

2010 年底，在编人员 10 人。

宁国市图书馆 民国 19 年（1930 年），宁国县民众书报阅览处扩建为民众教育馆，内设图书室。l950 年 3 月，县人民教育馆附设图书室。1958 年 7 月，宁国县图书馆成立，馆址人武部。1961 年 11 月，并入县文化馆。1984 年，筹建图书楼。1985 年 1 月，单独设馆，内设图书室和报刊室，面积约 20 平方米。1986 年 10 月，图书馆迁至东风剧院前厅办公。总面积 1268 平方米，4 层文化大楼，图书楼与文化馆（含文物管理所）合用，图书馆馆舍约 800 平方米。1993 年初，图文营业大楼建成，面积约 1000 余平方米。1997 年 5 月，撤县设市，宁国县图书馆更名为宁国市图书馆。2003 年 1 月，津河东路（原西津路）图书馆旧馆被拆迁，并在宁川西路（原西街）设一临时借阅点，面积 50 平方米。2003 年 9 月，市委、市政府划拨土地 2800 平方米，包括文化馆、图书馆、文物管理所于一体的文化活动中心破土动工。2005 年 7 月，临时借阅点迁入市老干部局内，面积约 80 平方米。2006 年 4 月，文化活动中心建成，中心共 5 层，其中图书馆位于 2—3 层，实际馆舍 1100 平方米。

2010 年底，在职人员 13 人，馆员 2 人。

绩溪县图书馆 民国 14 年（1925 年）前后，胡广植等倡建胡氏图书馆（私立），馆址城内天王寺后院。民国 15 年（1926 年），汪孟邹、胡运中、胡效颜等倡建，得洪范五指导，绩溪县立图书馆于 10 月成立，馆址毓才坊县立女校，后迁祟圣祠，继迁文昌殿。民国 23 年（1934 年）8 月，图书馆改民众教育馆，馆址文昌殿，分图书、文娱、社会教育 3 部；设夜校，置幻灯、收音机和巡回流动文库，辟公共体育场。1950 年 2 月，县人民教育馆附设图书阅览室。1959 年 4 月，成立县图书馆，馆址西大街。1963 年 2 月，县图书馆改为文化馆图书馆股。1979 年 1 月，复立图书馆，定编 3 人。1982 年 6 月，在西大街

84号建新楼，面积552平方米。2007年10月，新馆正式开放，总建筑面积1200平方米，馆址适之街39号。

2010年底，在职人员10人；副研究馆员1人，馆员2人。

第十七节 黄山市公共图书馆

黄山市屯溪区图书馆 新中国成立初期，屯溪区图书馆为安徽省第十二图书馆，1956年改为屯溪市文化馆图书室。1978年5月，在此基础上独立建制，称徽州地区屯溪市图书馆。1987年，徽州地区撤销建立黄山市，馆名改为黄山市屯溪图书馆，隶属屯溪区文化局管辖，并将原馆舍推倒重建。1989年9月，新馆建成开放，馆址屯溪区滨江西路44号小公园内，面积1160平方米。

2010年底，在职人员8人，馆员4人，助理馆员1人。

黄山市黄山区图书馆 1950年，太平县文化馆内设阅览室、借书处，兼管图书馆工作，常年服务读者。1980年9月，建立太平县图书馆。1981年1月，以文化馆图书室为基础，两馆正式分开；馆址仍设在文化馆内，活动场所160平方米。1983年，成立县级黄山市，太平县图书馆易名黄山市图书馆。

1984年下半年，在新建路东首县体育馆对面兴建图书馆大楼。1985年10月完工，1986年元旦正式对外开放。1987年底，成立地级黄山市，辖三区四县，该馆易名黄山区图书馆。

2006年，筹备新馆建设，馆址太平东路20号文化中心二楼和三楼西侧。2007年7月18日，新馆落成，对外部分开放；10月26日，全面开放，馆舍1200平米。

2010年底，在编人员9人；本科1人，大专8人；馆员3人，助理馆员4人。

黄山市徽州区图书馆 黄山市徽州区是新建县级区，于1987年成立。1999年5月，徽州区图书馆正式开馆，馆址徽州区文峰园，面积200多平方米。2000年5月，迁入岩寺下街119号江兆申故居。2004年底，迁至文峰路徽州区区政府对面，建筑面积约160平方米。

2010年底，在职人员3人；大专2人，助理馆员3人。

歙县图书馆 1950年，歙县文化馆内设图书阅览室。1956年10月，图书室改建为歙县图书馆，馆址歙县徽城镇解放街。1969年，复并入县文化馆。1978年，从文化馆分出，与县博物馆合署办公。1980年，独立建制，在解放街中段兴建图书馆舍。1987年底，馆舍建筑面积1100平方米。1993年，歙县籍台胞汪协中先生（汪石铭六子）与歙县地方政府共同投资兴建歙县图书馆新区，占地2000平方米。新区馆舍新安路45号，命名汪石铭先生图书馆。新老城区两处馆址，总面积2637平方米。

2010年底，在职人员13人；大学4人，大专2人；馆员4人，助理馆员8人。

休宁县图书馆 新中国成立前，休宁县立民众教育馆内设阅览室、阅报处3间。

1947 年 8 月 1 日,屯溪图书馆正式成立。新中国成立后,成立县人民文化馆(后为休宁县文化馆),图书借阅管理工作由文化馆负责。1959 年 4 月,休宁、屯溪合并,在原屯溪市图书馆的基础上充实部分图书、报刊,成立休宁县图书馆。

1980 年 6 月,在原文化馆图书室的基础上建立休宁县图书馆,隶属休宁县文化局。1989 年,在原地重建图书馆馆舍。重建期间,借用休宁县一建公司门面,开展借阅服务。1992 年 8 月,馆舍竣工交付使用,建筑面积 975 平方米。2005 年 8 月,因县城城建规划需要,休宁县图书馆整体搬迁至原广播电视服务公司二楼开展活动,后为配合休宁状元文化公园建设,又将原休宁电池厂仓库改建为新的休宁县图书馆,于 2007 底交付使用,馆舍 1300 平方米。

2010 年底,在职人员 5 人,馆员 1 人。

黟县图书馆 民国 19 年(1930 年),黟籍旅沪商人汪励吾等组织的黟县青年励志会在县城北街孙氏祠堂创办黟县青年图书馆。民国 27 年(1938 年)10 月,因经费困难而停办,图书全部由县立民众教育馆接管。民国 21 年(1932 年)10 月,县政府拨款建立县立图书馆,馆址城中东街。民国 24 年(1935 年)停办。新中国成立后,县文化馆内设立图书室。1978 年,正式成立黟县图书馆。1984 年,在城郊漳河东岸建成图书馆大楼,馆舍 405 平米,1985 年元旦正式开放。2008 年,新城区黄士陵公园的新馆建成,馆舍 2020 平方米。

2010 年底,在职人员 4 人。

祁门县图书馆 民国 13 年(1924 年),祁门县第一所图书馆成立,由知事许曦及地方士绅捐款建立,称祁门县私立图书馆,不久改为县立。民国 17 年(1928 年),县立民众教育馆成立,内设图书室。民国 33 年(1944 年),民众教育馆让位给县立初中,图书馆亦随之移交。1953 年,县文化馆内设图书室。1978 年 4 月,县图书馆成立,与文化馆合署办公。1980 年 4 月,图书馆楼落成,两馆分立。2007 年 1 月,祁门县图书馆整体搬迁到县文化活动中心,馆舍 1200 平方米。

2010 年底,在职员工 5 人。

第三章 高校图书馆

民国期间，安徽地区的高校图书馆有安徽大学图书馆和安徽省立工业专科学校图书馆。

自新中国成立至20世纪80年代，随着安徽省教育事业的复苏和发展，高校图书馆事业也随之得到发展。1982年5月成立了安徽省高等学校图书馆工作委员会，1987年12月以后改称安徽省高等学校图书情报工作委员会（简称省高校图工委）。省高校图工委的建立对推动全省高校图书馆的行政管理、协调协作、业务建设和学术研究等工作发挥了积极的作用。截至1988年，全省建设有32所高校图书馆，总馆舍面积约为12万平方米，已成为安徽高等教育事业发展的重要支柱，全省图书馆事业的一个重要组成部分。

20世纪90年代以来，随着高校教学评估的有序开展和图书馆自动化网络化的推进，各高校都加强了图书馆建设，投入资金加强了馆藏资源的建设，增加了图书馆的座位，购进了一些计算机及现代化管理设备，并引进了一大批图书馆专业人才。高校图书馆的各方面条件有了很大的改善和提升，增强了信息服务能力，扩大了资源共建共享。

1992年，国家教委开始进行高校管理体制改革和布局结构调整，安徽省高校得到进一步发展，截至2010年，全省已有100所普通高校，其中本科院校31所，高职高专69所。在高校建设、合并调整过程中，图书馆作为学校教学、科研、管理文献信息保障基地，顺应新的形势，把握住了这一机遇，新建、扩建了一大批图书馆，图书馆的馆舍状况得到很大改观，资源得以集成重组，校内文献资源配置得以优化，改善了图书馆的办馆条件，扩大了安徽高校图书馆的事业规模。

截至2010年，安徽省绝大多数高校图书馆都按照教育部《普通高等学校图书馆规程》要求，加强内部管理改革，理顺自身管理体制，逐步建立了主管校长领导下的馆长负责制，本科院校基本上建立了图书馆工作委员会，作为全校文献信息工作的咨询和协调机构。

第一节 本科院校图书馆选介

中国科学技术大学图书馆 1958年9月，中国科学技术大学图书馆始建于北京。1969年至1970年，图书馆和学校一起从北京迁到安徽合肥。在迁校过程中，仪器设备和图书资料损失严重,图书馆在教学资源极度匮乏的情况下,开始了第二次创业,逐渐走出了低谷,开始了新的发展。

自1993年起,中国科大提出了要把学校建设成国际著名、独具特色的研究型大学,并向世界一流大学迈进的设想,开始了继1958年初创和1970年迁校重建以后的第三次创业。图书馆也迎来了历史上最好的发展机遇。

1997年,西区图书馆建成并投入使用,成为中国科技大学图书馆主馆。1999年12月,原合肥经济技术学院整建制并入中国科技大学,图书馆南区分馆也随之成立。

2004年,中国科学院正式在中国科技大学图书馆成立了"中国科学院中国科学技术大学科技查新咨询中心",在图书馆原有文献检索信息咨询工作基础上,为校内外教学科研及企事业单位提供科技查新服务。

2006年,中国科技大学图书馆成为国家科学图书馆的特色分馆,并在文献资源建设、数字化建设及文献信息服务等方面实现与国科图的无缝集成。

截至2010年,中国科技大学图书馆拥有东、西、南3座馆区,7个外借处,建筑总面积约31773平方米,阅览室面积20000平米,电子阅览室面积403平方米,阅览座位3881席。西区"图书馆"三字为启功先生所题。

中国科学技术大学图书馆内设8个部室:办公室,采编部,流通部,期刊部,信息咨询部,技术部,东区工作部,南区工作部。

2010年,该馆事业总经费为1500万元,购书经费1348万元。图书馆有工作人员84人,其中高级13人、中级42人、初级 10人、其他19人;博士5人、硕士10人、大学48人、大专17人、其他4人。

中国科技大学图书馆是CALIS安徽省中心和安徽省高校数字图书馆总馆,为安徽省乃至全国的科研和技术创新提供文献保障。

合肥工业大学图书馆 合肥工业大学图书馆创建于民国34年(1945年),前身是安徽省立工业专科学校图书组,1950年更名为淮南煤矿工业专科学校图书馆,1955年更名为合肥矿业学院图书馆,并迁址合肥。1958年,图书馆正式更名为合肥工业大学图书馆,设置采编组、流通阅览组、期刊组和办公室,工作人员30多人。

1978年,校图书馆一幢6706.18平方米的独立馆舍建成并投入使用,图书馆拥有书库2800平方米,阅览室面积1550平方米、阅览坐席500个,形成图书馆阅览、流通、咨询、办公室等功能布局。1988年,学校在图书馆老馆西侧新建一幢7层新馆,建筑面积8915.69平方米,图书馆建筑面积扩大至15600平方米,阅览室面积增加到5554平方米,坐席1800个,图书馆对采编、流通、阅览、期刊、参考咨询、信息技术等工作进行专业分工,完成全方位的服务功能设置。1997年学校完成与安徽工学院合并,图书馆在两校区设置分馆,原安徽工学院图书馆建筑面积5352.48平方米。2004年,学校翡翠湖校区图书馆建成并投入使用,建筑面积29379.56平方米。

截至2010年,图书馆在三个校区均设有图书馆舍,建筑总面积达45000平方米,其中阅览室面积 18800 万平方米，书库面积 9000 平方米，电子阅览室面积 2400 平方米，阅览座位 4500 个。

图书馆实行分管校长领导下的馆长负责制。图书馆设有文献资源建设部、编目部、流通阅览部、信息系统部、信息咨询部和办公室等 10 个部室。

2010 年，图书馆事业总经费为 1121 万元，购书经费 968 万元。图书馆在职员工 126 人，其中高级 27 人、中级 40 人、初级 12 人、工人 47 人；硕士 18 人、本科 44 人、专科 44 人、大专以下 20 人。

安徽大学图书馆 安徽大学创建于民国 17 年（1928 年），1958 年 6 月省政府在合肥重建安徽大学时图书馆也随之重建，最初临时占用教学大楼的几间教室，面积仅有 1132 平方米，图书馆仅有 10 人左右，仅开展采编和流通工作。

1958—1960 年是重建后的创建阶段，这一阶段的特点是大力发展图书资料，抓紧进行馆舍建设。

图书馆大楼：1959 年 7 月开工，1960 年底建成，1961 年 2 月图书馆由教学大楼搬至新馆，5 月份进行了阅览室的布置，新馆总建筑面积为 10350 平方米，使用面积 7594.4 平方米，其中书库面积占 3066.6 平方米，阅览室面积 3026.4 平方米，拥有 12 个阅览室。图书馆庄重大气，位于龙河校区中心，是当时华东地区屈指可数的超过 10000 平方米的图书馆，也曾长期是安徽省高校最大的图书馆。

随着图书馆大楼的投入使用，1961—1965 年进入图书馆的迅速发展阶段。在此期间，馆里的工作人员和组织机构相应增加，截至 1965 年，全馆的工作人员已发展到 45 人，业务部门也由原来的一室二组增加到办公室、采编、流通、阅览、期刊等业务组，组织机构逐步得到健全。

1966—1976 年，因受“文化大革命”影响，发展停滞。1979 年以来，安徽大学在人力、经费及馆舍等方面给予大力支持，使图书馆重新开始较快的发展。1980 年，该馆收回被校工厂占用十年之久的 4 间阅览室，全部恢复开放，增加 600 多座位。

1984 年，安徽大学对图书馆馆舍进行大规模的维修，并安装一条机械化自动提升设备循环垂直自动传送机，改善阅读环境，方便读者，提高工作效率。1994 年财政部又拨 100 万元专款用于老馆维修，并对整个外墙面进行装饰。

由于老图书馆的面积和功能均不能满足学校和图书馆发展的需要，从 1985 年制定《1986 – 1988 年工作规划要点》时起就开始规划新馆建设。1997 年 4 月 22 日校党政联席会议决定，新馆建于龙河校区校黄山路南门西北侧。新馆建设获得香港邵逸夫基金会 550 万港币的资助，于 2001 年 3 月 12 日正式动工。2002 年 9 月 16 日，建筑面积 23384 平方米的逸夫图书馆开馆投入使用，2002 年 10 月 24 日全面交付使用。除了作为邵逸夫基金会资助项目外，逸夫图书馆同时也是国家“211 工程”项目。

逸夫图书馆的建成使用使安徽大学图书馆真正成为一所功能齐全、文献载体多样、专业人员结构合理、服务设施和手段都较为先进的教学研究型图书馆。

2003 年 9 月，安徽大学新校区磬苑校区在新建成的博学南楼（即教学南楼）B 座的一楼设立临时图书馆，包括 4 个教室和 3 个自修室。2005 年 7 月 18 日，新校区磬苑校区图书馆工程奠基，2007 年 7 月，建筑面积 40661 平方米的新馆文典阁建成投入使用。

截至 2010 年，图书馆总建筑面积为 74395 平方米。设有学术报告厅、会议室、展厅、密集书库、藏检阅借一体化的专业阅览室和普通阅览室，有阅览座位 6507 席。

图书馆设有办公室、采编部、阅览流通部、特藏阅览部、期刊部、参考咨询部、技术部和图工委秘书处等 8 个部门。2010 年，图书馆有工作人员 118 人，其中正高 5 人、副高 22 人、中级 38 人、初级 43 人、其他 10 人；博士 2 人、硕士 31 人、双学士 2 人、本科 44 人、大专及以下 39 人。

2010 年，图书馆事业总经费 813.88 万元，文献资源购置费 738.7 万元。

安徽大学图书馆是全国高校图书情报工作指导委员会委员馆，安徽省高校图书情报工作委员会秘书处所在馆。安徽省高校文献保障体系管理中心和人文社会科学资源中心依托安徽大学图书馆。

安徽师范大学图书馆 安徽师范大学图书馆始建于民国 17 年（1928 年），先后经历了省立安徽大学图书馆、国立安徽大学图书馆、安徽师范学院图书馆、合肥师范学院图书馆、皖南大学图书馆、安徽工农大学图书馆、安徽师范大学图书馆等时期。

民国 17 年 4 月至 28 年夏（1928 年 4 月至 1939 年夏），省立安徽大学时期。：1928 年，省立安大在安庆建校之时，即设图书馆股，继而改为图书组，后又改为图书馆。属校务会议领导，馆长下设图书、事务两股。

民国 35 年（1946 年）4 月至 1949 年 12 月，国立安大时期：1946 年安徽大学复校，改省立为国立。国立安大校长下设行政会议和校务会议。图书馆属教务长领导。

1949 年 12 月至 1954 年 2 月，安徽大学时期：1949 年 12 月，国立安大全体教职员工携带全部图书、仪器、设备、用具（“图书仪器百余箱”），整体从安庆搬迁到芜湖，与安徽学院合并组成新安徽大学。当时将一幢中等营房改作图书馆，馆舍面积为 1354 平方米，200 个阅览座位，共有工作人员 11 人，隶属教务处。

1954 年 8 月至 1960 年 5 月，安徽师范学院时期：1956 年学校新建图书馆，馆舍面积 2236 平方米。1958 年春，图书馆改由校长直接领导，实行馆长制，设立办公室、采编组和流通组。

1972 年 12 月起，安徽师范大学时期：1972 年，经教育部批准，学校正式定名为安徽师范大学，郭沫若同志题写校名。同年，学校开始兴建新的图书馆大楼，1974 年落成，1975 年迁入，共有馆舍面积 6728 平方米。图书馆由校长直接领导，并由一名副校长分管，设立办公室、采编部、流通部、阅览部、报刊部、古籍部等部室。1979 年增设参考咨询部。

1987 年，学校根据《中华人民共和国高等学校图书馆工作规程》（修订草案）的规定，成立学校图书情报委员会，作为学校图书情报工作的咨询和协调管理机构。

1992年,安徽师范大学图书馆藏书居全国高校第12位,然而馆舍陈旧,库容不足。经学校多方争取,图书馆新馆建设于1993年启动,1999年新馆投入使用,建筑面积9450平方米。著名图书馆事业家、上海图书馆馆长顾廷龙先生为新馆题写馆名。

2005年9月,安徽师范大学图书馆与芜湖师专图书馆合并。

2005年4月6日,朱敬文教育基金会捐资1000万元人民币建设的新校区敬文图书馆举行奠基仪式。2007年4月,敬文图书馆落成,主体七层,地下一层,总高度32.6米,建筑面积38700平方米。2007年9月,敬文图书馆全面投入使用。中国当代著名作家、原文化部部长、安徽师范大学中国诗学研究中心荣誉顾问王蒙先生为敬文图书馆题写馆名。

2009年,安徽师范大学图书馆被国务院评为全国古籍重点保护单位。

截至2010年,安徽师范大学图书馆由花津校区敬文图书馆、赭山校区图书馆和皖江学院图书馆组成,馆舍面积达46911平方米,阅览室面积13397平方米,有各类阅览室20个,阅览座位2774席。

图书馆实行分管校长领导下的馆长负责制。图书馆设馆长1人、总支书记1人、副馆长2人。图书馆设文献资源建设部、参考咨询部、信息技术部、古籍部、花津校区读者服务部、赭山校区读者服务部和办公室等7个部门。

2010年,安徽师范大学图书馆事业总经费为610万元,购书经费550万元。有工作人员100人,其中正高职称5人,副高职称15人,中级职称33人;研究生以上学历14人,本科34人。

安徽农业大学图书馆 1954年2月10日,根据全国高等院校院系调整计划,撤销安徽大学建制,所属师范学院、农学院分别独立为安徽师范学院、安徽农学院。同时,安徽大学农学院图书馆也独立为安徽农学院图书馆。

1968年12月6日,安徽农学院正式下迁农村分散办学;图书馆亦随学校分散下迁农村而一分为三。1978年返回合肥恢复建校时,其中的一份留予现安徽科技学院图书馆;图书馆的重心转移至合肥。

1985年11月,安徽省教育厅、安徽省计委批准安徽农学院兴建图书馆大楼正式开工,于1989年12月竣工。

1990年夏天,建筑面积为8360平方米的新图书馆交付使用。1991年5月9日,举行新馆开馆典礼。馆内设有4个书库——自然科学、社会科学、样本、文艺书库;7个阅览室,1个文检室,1个科技信息室,1个工具书室以及复印室,共有阅览座位600多席。设有4部1室,即采编室、期刊阅览室、流通部、科技信息部和办公室。

1992年7月21日,学校将情报资料室由科研处划归图书馆。

1995年3月27日,国家教育委员会正式审批同意:安徽农学院更名为安徽农业大学。6月5日,正式启用“安徽农业大学图书馆”新印章,标志着“安徽农学院图书馆”正式更名为“安徽农业大学图书馆”。

2004 年 7 月 6 日,学校撤销校办公室的档案室,成立档案馆,与校图书馆合署办公。由原隶属于信息与计算机学院的网络中心和电教中心合并成立现代教育信息中心,副处级建制,挂靠图书馆。

2005 年在经管大楼新增期刊阅览室 1678 平方米。截至 2010 年,图书馆建筑总面积为 10038 平方米,其中阅览室面积 1678 平方米,电子阅览室面积 200 平方米,阅览室座席 900 个。

实行分管教学副校长分管下的馆长负责制,成立有校图书馆工作委员会。图书馆、现代教育信息中心下设办公室、采编部、流通部、期刊部、技术服务部、信息咨询部、电教中心、网络中心等 7 部（室)。

2010 年,图书馆事业总经费为 400 万元,购书经费 120 万元。图书馆有工作人员 38 人,其中正高 1 人、副高 6 人、中级 9 人、初级 5 人;硕士研究生 6 人、本科 16 人、专科 14 人。

安徽医科大学图书馆 安徽医科大学图书馆的前身是创建于民国 15 年（1926 年）5 月 29 日创办的东南医学院图书馆（上海),1949 年底内迁安徽省怀远县,1952 年迁至省会合肥市现址,改名为安徽医学院图书馆,1985 年 12 月更名为安徽医科大学图书馆。

2007 年 8 月 18 日,安徽医科大学的新图书馆开工建设,建筑面积达 23564 平方米,为 6 层框架结构,“回”字型构建。2008 年 5 月 18 日结构封顶。

截至 2010 年,图书馆老馆面积 5804 平方米,新馆面积为 23564 平方米,阅览席位 2000 个。

图书馆实行主管副校长领导下的馆长负责制。图书馆内设有办公室、文献资源建设部、读者服务部、文献阅览部、参考咨询部、技术服务部和医学文献检索教研室等 7 个部门。安徽医科大学校园网络中心隶属图书馆,是一个覆盖整个校园（含附院）的计算机网络,是学校公共服务体系的重要组成部分。

2010 年,图书馆事业总经费为 283.8 万元,购书经费 80 万元。图书馆有工作人员 37 人,其中高级职称 7 人、中级职称 9 人、初级职称 12 人;博士 1 人、硕士 8 人、本科 12 人、专科 7 人。

1980 年安徽医科大学图书馆成立校图书馆工作委员会,1991 年被国家卫生部确定为“全国生物医学文献资源共享网络安徽省级中心馆”,2004 年被省教育厅确定为“全省生物医学定点查新单位”。

安徽工业大学图书馆 安徽工业大学图书馆是在马鞍山钢铁工业学校图书室基础上发展起来的,始建于 1958 年 9 月。1977 年 4 月,成立马鞍山钢铁学院图书馆,1985 年 11 月更名为华东冶金学院图书馆,2000 年 10 月与安徽商业高等专科学校图书馆合并成立安徽工业大学图书馆。

2003 年佳山校区图书馆建成并投入使用;2010 年秀山校区振华图书馆建成并投

入并使用。截至2010年，馆舍面积为61000平方米（佳山校区图书馆17000平方米，秀山校区振华图书馆44000平方米），其中阅览室面积25000平方米，电子阅览室面积2800平方米，阅览座位5100席。

图书馆实行分管校长领导下的馆长负责制，业务工作接受学校图书馆工作委员会指导，设办公室、文献资源建设部、本部读者服务部、东区读者服务部、信息服务部、系统技术部及教材服务部。

2010年，图书馆事业总经费为760万元，购书经费750万元。在职员工98人，其中正高1人、副高16人、中职28人、初职及以下53人；硕士9人、本科48人、专科及以下41人。

安徽理工大学图书馆 安徽理工大学图书馆前身为民国34年（1945年）创办的安徽省立工业专科学校图书组，1954年正式设立图书馆，设主任负责制。

安徽理工大学图书馆的馆舍在1980年前是一个平房四合院，其面积只有1091平方米，阅览座位只有100多个。1984年前图书馆临时搬迁到原实验室平房，其面积1533平方米，1985年建筑面积6200平方米的新图书馆建成投入使用，至1989年阅览座位达到1012个。

1993年和2000年，原华东煤炭医学专科学校图书馆和原淮南化学工程学校图书馆先后并入安徽理工大学图书馆。

截至2010年，图书馆由该校本部图书馆、北区图书馆、西区图书馆组成，总建筑面积为41356平方米，阅览室面积11046平方米，电子阅览室面积1175平方米，各种阅览座位合计7221席。

图书馆实行校长领导下的馆长负责制，有一名主管校长分管图书馆工作，设有校图书馆工作委员会。设有办公室、采编部、流通部、阅览部、参考咨询部、技术部、西区图书馆、北区图书馆、北区读者服务部等7个部2个分馆，另有12个学院资料室。

2010年，图书馆事业总经费为150万元，购书经费150万元。图书馆共有工作人员89人，其中高级13人、中级22人、初级10人、其他44人；硕士及以上6人、本科22人、大专39人、大专以下23人。

安徽财经大学图书馆 安徽财经大学图书馆前身是1959年创建于合肥的安徽财贸学院图书馆，1961年随学校迁至安徽省蚌埠市交通路（现交通路校区），1983年龙湖西校区图书馆建成并投入使用，2004年5月，经教育部批准，学校更名为安徽财经大学，图书馆随之更名。2007年龙湖东校区图书馆开馆。

截至2010年，馆舍面积为35000平方米，其中阅览室面积18000平方米，书库面积7000平方米，电子阅览室面积1100平方米，阅览室坐席4380个。

图书馆实行校长领导下的馆长负责制。图书馆设馆长1人、副馆长1人，馆内设置采编部、流通部、期刊阅览部、情报技术部和西校分馆等5个业务部门和1个办公室。

2010年，图书馆事业总经费为500万元，购书经费100万元。图书馆有工作人员

70 人,其中高级职称 12 人、中级职称 30 人、初级职称 13 人;研究生学历 6 人、本科学历 34 人、专科学历 26 人。

淮北师范大学图书馆 淮北师范大学图书馆始建于 1974 年,时为安徽师范大学淮北分校图书馆，1978 年 12 月随学校更名为淮北煤炭师范学院图书馆，2010 年 3 月再次更名为淮北师范大学图书馆。

图书馆由连成一体的南北两座楼组成。南楼于 1989 年建成使用,北楼于 2002 年建成使用,截至 2010 年,全馆总面积约 22717 余平方米,其中阅览室面积 2458 平方米,电子阅览室面积 987 平方米,设大型书库阅览室 19 个、自修室 5 个,普通阅览座位 2412 个。

图书馆实行校长领导下的馆长负责制，1983 年 11 月,成立首届图书馆委员会,设有行政办公室和采编部、流通部、期刊部、参考咨询部、技术服务部 5 个业务部门。

2010 年,图书馆事业总经费为 352.3 万元,购书经费 279.7 万元。图书馆有职工 73 人,其中高级职称 14 人、中级职称 18 人、初级职称 5 人、无职称 36 人;硕士 7 人、本科 19 人、大专 37 人、大专以下 10 人。

该馆是安徽省教育厅人文社会科学项目查新委托单位和安徽省青年资助项目查新委托单位。

安徽工程大学图书馆 安徽工程大学图书馆始建于 1978 年 12 月,先后经历了坐落在国家级开放城市芜湖的安徽机电学院、安徽工程科技学院等办学阶段,图书馆也随之多次搬迁,直到 1995 年图书馆拥有了独立馆舍。

截至 2010 年,图书馆由东、西图书馆两部分组成,总面积 21567 余平方米。其中东图书馆为书、刊、报及电子文献阅览区，有各类阅览室 8 个、文献检索室 1 个;阅览室面积 14000 平方米,阅览座位 2021 个。西图书馆为图书借阅区,有图书借阅区 5 个,面积 7000 平方米,每个借阅区设有阅览座位,计 300 个。

图书馆机构设置包括流通部、阅览部、采编部、信息与技术服务部、办公室,另有与学生读者加强沟通与联系的“学生读者工作委员会”。

2010 年,图书馆有工作人员 35 人,其中大专以上学历 32 人、中高级职称 14 人。

安徽建筑工业学院图书馆 安徽建筑工业学院图书馆创建于 1986 年,前身为合肥工业大学建筑分校图书馆。至 2010 年,共设二区二馆(北区图书馆,南区图书馆),一个分馆(建筑分馆),建筑总面积为 24000 平方米,其中阅览室面积 9000 平方米,书库面积 14000 平方米,电子阅览室面积 1000 平方米,阅览席位数 3500 个。

图书馆实行分管校领导主管的馆长负责制，2004 年 11 月,成立校图书馆工作委员会。图书馆内设机构为:办公室、资源建设部、参考咨询部、技术服务部、读者工作一部、读者工作二部、北区工作部。

2010 年,图书馆事业总经费 550 万元,购书经费 400 万元。在职工作人员有 50 人,其中正高 1 人、副高 8 人、中职 16 人、其他 25 人;博士 1 人、硕士 17 人、本科 22 人、其他 10 人。

安徽建筑工业学院图书馆是“全国建筑类院校情报网”常务理事馆，中国高等教育文献保障中心（CALIS）成员馆，安徽大学图书情报学专业大学生实习基地。

安徽中医学院图书馆 安徽中医学院图书馆坐落于全国四大科教基地之一的安徽省合肥市，于 1959 年建校时同时建立，1994 年迁入梅山路校区，2000 年原安徽省医药学校图书馆并入，2009 年史河路校区图书馆新馆启用。

2010 年，图书馆有东、西区两座馆舍，总建筑面积约为 15000 平方米，阅览室面积 1700 平方米，电子阅览室面积 455 平方米，阅览座位 396 个。其中西校区图书馆新馆建筑面积 9400 平方米，于 2007 年 10 月正式投入使用。经过五十多年的建设和发展，图书馆已成为服务中医药教学、科研、医疗、学术交流的图书情报信息中心。

1994 年，全国人大副委员长卢嘉锡院士为该馆题写了馆名。2010 年 6 月校图书馆被国务院批准为“全国古籍重点保护单位”。

图书馆设置有流通部、期刊部、采编部、技术保障部、信息咨询部、特藏部（样本书库及古籍部）、办公室。

2010 年，图书馆事业总经费为 293.8 万元，购书经费 80 万元。有正式职工 43 人，其中副高级职称 10 人、中级职称 8 人、初级职称 9 人；硕士 3 人、本科 17 人、大专及以下 23 人。

蚌埠医学院图书馆 1958 年 7 月，蚌埠医学院由原上海第二医学院（现为上海交通大学医学院）和原安徽医学院（现为安徽医科大学）援建而成，9 月，蚌埠医学院图书馆成立。起初，仅有工作人员 1 人，由上海二医调拨图书 938 册，无固定馆舍；1977 年建成一座面积 2100 余平方米的图书馆。2005 年 7 月新校区建成，图书馆迁入 16880 平方米的新馆。同年，原蚌埠卫生学校图书馆并入。

截至 2010 年，图书馆拥有一个中心馆，三个分馆，及部分系部资料室，总建筑面积近 18000 平方米。阅览室总建筑面积 13171 平方米，全部实行藏借阅合一的开架模式，阅览座位 2204 个。

2005 年以前，图书馆设有采编组、流通组、阅览组、信息咨询组四个部门。2006 年，增设办公室，改采编组、流通组、阅览组分别为采编部、流通部和期刊阅览部，信息咨询组改为参考咨询部（含资料交换室、馆际交流、文献查询），在办公室设置数字化图书馆领导小组，加强图书馆数字化进程。

2010 年，图书馆有工作人员 31 人。

蚌埠医学院图书馆是安徽省图书馆学会的理事单位，也是高等教育文献保障系统（CALIS）的成员馆。

皖南医学院图书馆 皖南医学院图书馆前身为创建于 1958 年的芜湖医学专科学校图书资料室。1972 年更名为安徽医学院皖南分院图书馆。1974 年随着皖南医学院的成立，正式命名为皖南医学院图书馆。1982 年皖南医学院图书馆大楼建成使用。

2007年迁入新校区,新图书馆信息大楼正式启用。至2010年,该馆建筑面积23758平方米,阅览座位1646席。

图书馆设有办公室、流通部、采编部、期刊部等四个部门。

2010年,图书馆有工作人员25人,其中大专以上学历16人、高级职称4人、中级职称8人、初级职称2人。

阜阳师范学院图书馆 阜阳师范学院图书馆的前身是1958年建立的阜阳专区师范专科学校图书室，1974年更名为安徽师范大学阜阳分校图书馆，1979年正式定名为阜阳师范学院图书馆。

图书馆馆舍总面积约36000平方米,其中阅览室面积15000平方米,电子阅览室面积1000平方米,阅览室座席2800个。清河校区图书馆2002年7月建成使用,建筑面积为11000平方米;西湖校区逸夫图书馆2010年7月建成使用,建筑面积为25000平方米。

图书馆是学校直属机构,设置有办公室、采编部、流通部、期刊部、参考咨询部、技术部等6个职能部门。

2010年,图书馆事业总经费为775万元,购书经费216万元。有职工67人,其中研究馆员1人、副研究馆员9人、馆员20人、助理馆员24人、其他13人;研究生3人、本科31人、专科25人、其他8人。

安庆师范学院图书馆 安庆师范学院图书馆始建于1980年,由开始仅有1800平方米的图书室,截至2010年,拥有菱湖校区、龙山校区两座馆舍,总面积为33846平方米,其中阅览室面积900平方米,电子阅览室面积900平方米。内设各类阅览室21个,阅览座位2022个。

图书馆实行校长领导下的馆长负责制,内设办公室、采编部、流通部、期刊部、技术服务部、参考咨询部和综合部等部室。

2010年,图书馆事业总经费为104万元,购书经费55万元。图书馆有职工53人,其中副高职称8人、中职31人、初职3人、工勤系列10人、集体工1人;研究生学历2人、本科学历28人、大专学历13人、中专及以下学历10人。

安徽科技学院图书馆 安徽科技学院图书馆为学校标志性建筑,前身为成立于1950年的皖北高级农林学校图书馆,历经皖北高级农林学校图书馆(1950—1960年)、安徽凤阳农业专科学校图书馆(1960—1965年)、安徽农学院凤阳分院图书馆(1965—1981年)、皖北农学院图书馆(1981—1985年)、安徽农业技术师范学院图书馆(1985—2000年)、安徽技术师范学院图书馆(2000—2005年)等时期,于2005年2月更名为安徽科技学院图书馆。

1984年2月,图书馆建设进入正规化办馆时期,图书馆内部工作分工进一步细化,图书采编、流通和期刊管理均有专人负责。1993年6月,图书馆设有采编科、流通科、期刊科和办公室等三部一室。

1998年底，建筑面积为5600平方米的新图书馆一期工程破土动工，2000年2月建成投入使用。2006年7月，建筑面积17969平方米的新馆二期工程开工建设，2008年5月22日启用，至2010年，图书馆由南楼和北楼组成，建筑面积为23564平方米。

图书馆在1954年7月以前，隶属学校教导处；1954年7月以后由教务副校长直接领导。至2010年，图书馆设置为四部二室，即采访编目部、流通典藏部、期刊阅览部、信息技术部和参考咨询室、馆办公室。

2010年，图书馆有员工49人，其中专业人员25人，正高级职称2人，副高级职称4人，中级职称14人，专业人员均具有专科以上学历。

合肥师范学院图书馆　合肥师范学院图书馆始建于1955年。截至2010年，拥有三孝口校区和锦绣校区的两馆，建筑总面积为26599平方米。其中，三孝口校区图书馆于1996年建成并投入使用，馆舍面积为4816平方米；锦绣校区图书馆于2007年建成并投入使用，馆舍面积为21783平方米。设有各类书库5个、各类阅览室12个，阅览席位2102座，其中电子阅览席位314座。

图书馆实行馆长负责制，下设办公室、采编部、流通部、阅览部、信息咨询部、技术服务部。

图书馆在20世纪90年代初，图书馆专业技术人员主要以大、中专学历为主。此后，陆续引进多名图书馆专业、信息技术专业以及相关专业本科生充实到图书馆队伍中。2010年，全馆共有专业技术人员20人，其他人员6人；专业技术人员中，硕士学位4人。

皖西学院图书馆　皖西学院图书馆的前身是1958年设立的六安师范专科学校图书室，现图书馆为原六安师范专科学校、皖西联大及六安师范三校合并后建立的图书馆。1996年（六安师专）逸夫图书馆建成并投入使用（2003年停用），2003年该校本部（六安师专）新馆建成并投入使用，2000东区（皖西联大）新馆建成并投入并使用，2005年撤并北区（六安师范）分馆。

截至2010年，皖西学院图书馆由学院本部中心馆和东校区分馆两部分组成，总建筑面积约25400平方米，其中阅览室面积10760平方米，电子阅览室面积1300平方米，书库面积6700平方米；设有图书借阅室和阅览室25个，阅览座位2659席。

图书馆实行分管院长领导下的馆长负责制，业务工作接受学校图书馆工作委员会指导。内设办公室、文献资源建设部、本部读者服务部、东区读者服务部、信息技术部及参考咨询部。

2010年，图书馆事业总经费154.4万元，购书经费104.4万元。有工作人员49人，其中正高2人、副高11人、中级16人、初级及以下20人；博士2人、硕士2人、本科13人、专科及以下32人。

合肥学院图书馆　合肥学院（原合肥联合大学）图书馆始建于1982年，面积约50平方米，人员2人。1983年9月黄山路校区新的教学大楼竣工，学校整体搬入，图书馆也分配到2间教室，面积约260平方米。1987年5月行政大楼建成，图书馆条件改善，3—4层为图书馆，总面积约1500平方米，正式人员有7人。2002年2月建筑面积6693平方米的新图书馆大楼建成。

2003年6月，随着学校调整合并，由原合肥联合大学图书馆、合肥教育学院图书馆和合肥师范学校图书馆组建合肥学院图书馆，分为黄山路校区图书馆、南艳湖校区图书馆和南艳湖校区经济管理分馆。

2010年8月，建筑面积为41400平方米的图书馆大楼在新校区正式启用，其中阅览室面积3950平方米，阅览室座席2600个，设有图书借阅室4个，书刊阅览室3个，学生自修室5个，120座用户教育室1个。图书馆实行4通道门禁管理系统，统一的出入口管理制度。

1982—1989年3月，图书馆一直隶属教务处管理。1989—2010年，图书馆直接隶属学校党委和行政领导，主管领导为副校长。图书馆下设办公室、采编部、阅览部、期刊部和信息技术部。

2010年，图书馆事业总经费为241.9万元，购书经费211.9万元。图书馆有工作人员28人，其中高级职称9人、中级职称9人、初职7人；博士1人、硕士3人、本科11人、专科8人。

合肥学院图书馆是安徽省高校图工委常务理事馆，安徽省图书馆学会理事馆，安徽省高校图书馆期刊专业委员会委员馆，合肥市图书馆学会副理事馆。

巢湖学院图书馆 巢湖学院图书馆是在原巢湖师范专科学校图书馆基础上发展而来，创建于1979年9月，馆舍以两排平房为主，建筑面积约为800平方米。2000年7月独立馆舍落成。截至2010年，馆舍建筑面积为6500平方米，设阅览室9个，其中图书阅览室7个，期刊阅览室2个。阅览室总面积5000多平方米，阅览座席约1000个。

1979年9月，图书馆创建时隶属于教务处。1981年以后，图书馆成为学校独立二级机构。

2010年，图书馆设有流通部、采编部、期刊部、信息技术部和办公室。图书馆有正式工作人员22人，其中副高职称以上7人、馆员4人、助理馆员8人；本科以上14人(硕士3人)。

黄山学院图书馆 黄山学院图书馆创建于2002年，前身分别是徽州师专图书馆和黄山高专图书馆。截至2010年，有南校区逸夫图书馆和北校区图书馆两座馆舍，建筑总面积约38076平方米。

图书馆实行院长领导下的馆长负责制，图书馆设有办公室、采编部、流通部、期刊部、技术部、参考咨询部、教师资料中心、特藏部等8个业务和管理部门。

2010年，图书馆事业总经费为150万元，购书经费100万元。图书馆有工作人员41人，其中高级职称7人、中级职称21人、初级9人；硕士6人、本科24人、大专8人。

铜陵学院图书馆 铜陵学院图书馆创建于1978年，前身为铜陵财经专科学校图书馆。2000年9月，铜陵师范学校与铜陵有色冶金工业学校并入铜陵财经专科学校，

2002年3月图书馆正式更名为铜陵学院图书馆。

截至2010年,图书馆建筑面积28800平方米,其中育秀校区图书馆建筑面积5800平方米,翠湖校区图书馆建筑面积23000平方米。阅览室面积12000平方米,阅览坐席3200(含电子阅览室)。图书馆有对外借阅处7个,阅览室9个、自修室2个,电子阅览室2个。

图书馆设有办公室、阅览部、流通部、采编部、技术情报部、参考咨询部、文检课教学研究室、中国青铜文化研究所等部门。

2010年,图书馆有在职员工44人,其中研究馆员1人、副研究馆员5人、馆员13人;硕士研究生13人、专科以上学历占总人数的80%以上。

滁州学院图书馆 滁州学院图书馆前身是创建于1950年的滁州师范学校图书室,经历了安徽师范大学滁县教学点图书室、安徽师范大学滁州分校图书室、滁州师范专科学校图书馆的办馆历程, 2004年升格为滁州学院图书馆,已有60年的办馆历史。

建馆初期,图书馆只是一个隶属教务处的图书室。图书馆工作人员7名,馆舍只有三间教室,面积100余平方米。1984年正式脱离教务处,成为设有三科室的学校二级机构。1988年北校区新馆落成,随后馆员发展到20余名,初步形成一个管理有章,分工有序的新书采编,藏书流通,期刊阅览的工作体系。2004年南区新馆建成,图书馆随学校通过了教育部专科升本评估,成功跨入了本科院校馆的行列。

2010年,图书馆馆舍由会峰校区图书馆、琅琊校区图书馆两处馆舍组成,馆舍面积20601平方米,其中会峰校区图书馆13260平方米,琅琊校区图书馆7341平方米,有各类型阅览室16个,阅览座位2260个。

1985年图书馆开始实行校长领导下的馆长负责制,图书馆设有办公室、采编部、流通部、期刊部、技术部、参考咨询部等6个业务和管理部门。

2010年,图书馆事业总经费为200万元,购书经费120万元。工作人员为44人,其中正高1人、副高5人、中级7人、初级11人;硕士研究生4人、本科15人、专科19人。

蚌埠学院图书馆 蚌埠学院图书馆是2004年在蚌埠高等专科学校图书馆、蚌埠教育学院图书馆、蚌埠机械职工大学图书馆、蚌埠师范学校图书馆合并的基础上建立起来的。2006年9月蚌埠学院图书馆新馆建成, 11月中旬,完成所有图书资料的搬迁、新设备的安装工作;11月下旬正式对外开放。图书馆是学院标志性建筑。

截至2010年,蚌埠学院图书馆总面积20500多平方米,设有普通阅览室、过刊阅览室、外文阅览室、专题资料研究室、特藏室、自修室,阅览室面积2200平方米;共有阅览座位1600多个。

学院成立了图书馆工作委员会,由一位分管图书馆工作的副院长、图书馆馆长、各系(部)有关领导、教师和学生代表组成。图书馆工作委员会对图书馆的文献信息资源建设起着领导和协调作用。

图书馆设有采编部、流通部、期刊部、电子信息部、教材科、办公室。

2010 年,全馆在职人员有 29 人,其中研究生 1 人、本科 14 人,高级职称 7 人、中级职称 11 人。

池州学院图书馆 池州学院图书馆始建于 1982 年 3 月,截至 2010 年,图书馆建筑面积为 19000 平方米。

图书馆设有办公室、采编部、流通部、阅览部、信息技术与参考咨询部、综合服务部、特色馆藏室。

截至 2010 年,图书馆有在编职工 41 人,其中教授 1 人、研究馆员 1 人、副研究馆员 9 人、馆员 10 人、助理馆员 2 人。

宿州学院图书馆 宿州学院图书馆分为校本部、东校区两处,截至 2010 年,总建筑面积为 34600 平方米。校本部图书馆大楼位于教学区中心, 2001 年投入使用,建筑面积为 10300 平方米。东校区图书馆于 2004 年投入使用,建筑面积 24300 平方米。本部和东区馆舍计有开架借书处 4 个,阅览室 15 个,自修室 5 个。全馆阅览室面积 3683 平方米,可提供书刊阅览、电子阅览和自修座位 3000 余个。

图书馆实行校长领导下的馆长负责制,学校有一位副校长分管图书馆工作。图书馆设有综合科、采编科、期刊科、流通科、阅览科和文献中心 6 个科室。

2010 年,图书馆事业总经费为 259.5 万元,购书经费 200 万元。有正式职工 53 人,其中教授 1 人、副研究馆员 2 人、馆员 7 人、助理馆员 8 人、其他 35 人;硕士 2 人、本科 16 人、其他 35 人。

淮南师范学院图书馆 淮南师范学院图书馆由原淮南师专、淮南师范和淮南教院三所学校图书馆于 2000 年合并而成,目前分东校区图书馆和新校区逸夫图书馆。2010 年,馆舍总面积为 37300 平方米,其中阅览室面积 2100 平方米,书库面积 7000 平方米,电子阅览室面积 1200 平方米,阅览室座席数量 1000 个。

该馆实行在校党委行政及分管院长领导下的馆长负责制。馆长全面负责图书馆各项工作,副馆长协助馆长开展各项工作。图书馆设有 5 个部（室）:采编部、流通部、信息服务部、电子资源部和办公室。

2010 年,图书馆事业总经费 375 万元,购书经费 108 万元。有在职职工 44 人,其中正高 2 人、副高 8 人、中级 15 人、初级 15 人、其他 4 人;研究生 6 人、本科 25 人、大专 11 人、大专以下 2 人。

安徽新华学院图书馆 安徽新华学院图书馆坐落于合肥,创建于 2001 年,馆舍历经两次搬迁,一次扩建,目前的馆舍位于学院教学区中心位置,是学院的标志性建筑。截至 2010 年,馆舍共计 6 层楼,总建筑面积约 25318 平方米,阅览座位 1880 席,设有各类阅览室 9 个,外借书库 10 个。

实行院长领导下的馆长负责制,馆内设立办公室、采编部、流通部、期刊部、信息技术部和信息咨询部等行政与业务部门。

2010 年,图书馆事业总经费为 217 万元,购书经费 181.2 万元。图书馆有职工 31 人,其中研究生2人、本科生24人、专科5人、中级职称1人、初级职称2人。

安徽三联学院图书馆　安徽三联学院图书馆位于合肥大学城翡翠湖畔,截至2010年,馆舍面积为20210平方米,阅览座位1500席。

图书馆实行分管院长领导下的馆长负责制,设四部一室,即信息技术及采访部、流通阅览部、编目部、参考咨询部和馆办公室。2005年调整成立安徽三联学院图书情报工作委员会。

2010年,图书馆有在职人员16人,其中高级职称2人、本科以上学历占职工总数的89%。

第二节　高职高专图书馆选介

马鞍山师范高等专科学校图书馆　马鞍山师范高等专科学校图书馆创建于1958年,1971至2003年间曾落址于马鞍山市湖东中路60号,2003年8月整体搬迁至马鞍山市湖西南路369号。

截至2010年,图书馆建筑面积4800平方米,阅览室面积约为1205平方米,设有阅览座位974个,阅览室每周开放84小时。三楼设有学术报告厅,有座位220个。电子阅览室使用面积195平方米。

2010年,图书馆设有流通部、阅览室、采编室、教师资料室、音响资料室、办公室等部门。有在编职工17人,其中研究生学历2人、本科学历3人、大专学历11人;副高职称2人、中级职称3人、初级职称12人。

安徽医学高等专科学校图书馆　安徽医专图书馆前身为1955年创办的合肥卫生学校图书室。安徽医专图书馆由新、老校区两部分构成。2010年,图书馆建筑面积2000平方米,其中阅览面积800平方米,阅览座位416个。

图书馆隶属于安徽医学高等专科学校图文信息中心,自2002以来实行馆长负责制。图书馆设馆长室、采编部、期刊部、流通部、医学文献部、信息技术部。

2010年,图书馆事业总经费70万元,购书经费55万元。有工作人员11人,其中高级职称1人、中级职称1人、初级职称5人;硕士1人、本科5人、专科3人、中专1人。

安徽中医药高等专科学校图书馆　安徽中医药高等专科学校图书馆前身是1960年创建的芜湖市中医学校图书室,2002年,经教育部批准,学校更名为安徽中医药高等专科学校,图书馆随之更名。2008年,图书馆建筑面积有8000平方米;2010年,馆舍建筑面积为19710平方米。

桐城师范高等专科学校图书馆　桐城师范高等专科学校图书馆建于1982年,初为图书室。2005年建立新馆,截至2010年,馆舍面积为4500平方米,其中阅览室面积600平方米,电子阅览室面积300平方米,阅览室座席300个。

图书馆隶属教务处,教务处主任主管,2006年起实行馆长负责制。图书馆设有办公室、采编部、流通部、阅览部、期刊部、技术服务部、参考咨询部和教材室。

2010年,图书馆事业总经费为20万元,购书经费10万元。图书馆有工作人员11人,其中高级1人、中级4人、初级3人;硕士1人、本科3人、专科3人。

亳州师范高等专科学校图书馆 亳州师范高等专科学校图书馆前身是安徽省蒙城师范学校图书馆,创办于1952年。2002年3月随学校升格为高等师专而更名。截至2010年,图书建筑面积为2150平方米。

2010年,图书馆有专职人员12人,兼职人员1人。其中大学本科学历6人、专科学历5人、其他2人;副研究馆员2人、馆员6人、助理馆员3人、其他2人。

淮南联合大学图书馆 淮南联合大学图书馆是淮南联合大学直属的教学辅助机构,设有采编部、流通部、期刊部和技术部四个部。

2010年,该馆馆舍总面积1636平方米,阅览面积920平方米,阅览座位744个。有书库面积716平方米,各系部资料室面积160平方米。设有报刊阅览室面积大约500平方米,分布在东、西教学楼和北校区三个地方。有396个阅览座位和348个自修座位。

2010年,图书馆有在职职工16人,其中高级职称4人、中级职称7人。

安徽职业技术学院图书馆 安徽职业技术学院图书馆是由原安徽纺织职业技术学院、安徽轻工业学校、安徽材料工业学校、安徽工业经济学校四校图书馆于2003年合并而成。20世纪50年代,安徽纺织专科学校、安徽纺织工学院就设立图书馆。70年代,安徽轻工业学校在合肥南郊葛大店重建,同时设立图书馆。1991年,安徽纺织工业学校7000平方米图书馆建成投入使用;1995年,安徽轻工业学校2000平方米图书馆建成;1999年,安徽建材工业学校图书馆立项, 2001建成投入使用,面积2400平方米。

2003年学院成立以后,除中心馆(原纺院图书馆)外,保留西区(原安徽材料工业学校)、北区(原安徽工业经济学校)阅览室。截至2010年,馆舍总面积19080平方米,其中阅览面积3180多平方米,书库面积约9540平方米,阅览室座位1500个。

图书馆内设采编部、流通部、阅览部等3个部门。

2010年,图书馆事业总经费为196.8万元,购书经费144.8万元。有工作人员23人,其中高级职称2人、中级职称7人、初级14人;硕士2人、本科学历10人、大专学历11人。

淮南职业技术学院图书馆 淮南职业技术学院图书馆是由淮南矿务局职工大学、矿业高级技校、淮南矿业集团党校、淮煤体校四校图书馆于2001年合并而成,合并后分东、中、西三个校区图书馆。2005年在校中区投资1700万元新建图书馆一座,建筑面积近8000平方米,阅览室座位数1000余个;设有电子阅览室1个,座位数350多席,以及语音室1个,座位数50余席。

2010年,图书馆设有办公、采编、流通、阅览、资料、教材、期刊数据库、网络技术等8个部门。

建馆初期工作人员有12人, 2010年,有工作人员27人,其中高级职称2人、中级职称6人、中级馆员资格证获得者5人、助理以下职称者14人。

淮北职业技术学院图书馆 淮北职业技术学院图书馆是在原淮北教育学院、淮北职工大学、淮北电视大学、淮北财政学校4所院校图书馆的基础上建立起来的。2010年，图书馆总建筑面积为19957平方米（分布在东、西、南三个校区）。其中主馆坐落在西校区，面积近10000余平方米，主馆大楼共分六层，内设综合文献书库、现报刊阅览室，工具书、过刊阅览室，电子阅览室，语音室，文印室，装订室，学术报告厅等；南区分馆面积约1000平方米，藏阅一体；东区分馆面积约2000平方米，设流通部和阅览室；各系部资料室总面积约3000平方米。

图书馆设有办公室，采编部，流通部，期刊部，信息技术部（含参考咨询）等部门。

2010年，图书馆有工作人员33人，其中本科以上占85%以上，中级以上专业技术职务人员23人，高级专业技术职务人员5人。

安徽警官职业学院图书馆 安徽警官职业学院图书馆成立于2006年6月，座落在合肥市风景秀丽的董埔水库湖畔，他是由原省司法学校、省政法干校及省警官学校的三个图书馆合并组成。截至2010年，图书馆分东、西两区，馆舍面积为9449平方米，拥有自修室、阅览室、电子阅览室。

2010年，图书馆有工作人员20人，本科以上学历10人。

安徽水利水电职业技术学院图书馆 安徽水利水电职业技术学院图书馆创建于1952年，位于怀远县城。1999年图书馆随学院迁至安徽省会合肥经济技术开发区大学城。2008年7月随学院主体迁入合肥东门龙塘新校区。图书馆拥有服务器、各种计算机终端和外部设备近200台（套）。

2010年，馆内设有网络资源中心、文献采编、文献流通、综合资料、期刊阅览、电子阅览、文献查阅室、外文阅览等服务部门。

图书馆是安徽省图书馆学会常务理事单位，安徽省高等学校图书情报委员会常委馆单位，安徽省高职高专图书情报专业委员会秘书处所在地。

安徽商贸职业技术学院图书馆 安徽商贸职业技术学院图书馆的前身是安徽商业职工大学和安徽省商业学校图书馆。2000年6月18日两校合并成立安徽商贸职业技术学院。2004年11月图书馆新馆建成使用，截至2010年，馆舍面积为11480平方米，阅览座位1378席。

2010年，图书馆设有采编部、流通部、期刊部、技术部等四个部门。在职人员28人，其中副高职称以上4人，大专以上学历占70%，所学专业涉及法律、图情、电子、计算机、会计、经济、中文、生物等学科。

安徽艺术职业学院图书馆 安徽艺术职业学院图书馆前身是创办于1956年的安徽艺术学校图书馆（位于合肥），至2010年，馆舍总面积1310平方米。

2010年，图书馆设有采编室、（音乐、戏剧、舞蹈、美术等）专业资料室、期刊阅览室、小说流通室、电子阅览室、音像视听室六个科室，馆藏文献分别按专业类别、文献类型和使用要求收藏，担负着为教学服务的重要任务，是学院的文献信息中心和学术机构。

2010年，图书馆有25名工作人员，大专以上学历占80%以上，图书情报专业的毕业生有6人。

安徽机电职业技术学院图书馆 安徽机电职业技术学院图书馆于1935年建立，70年来，图书馆随着学院的发展而发展，2003年6月，经安徽省人民政府批准，安徽芜湖机械学校升格为安徽机电职业技术学院。截至2010年，馆舍总面积7556平方米，其中阅览室面积3000平方米，电子阅览室面积400平方米，阅览座位894座。

图书馆下设办公室、采编部、期刊部、流通部、信息技术部等部门。

2010年，图书馆事业总经费为40万元，购书经费40万元。有工作人员22人，其中高级1人、中级7人、初级2人。

亳州职业技术学院图书馆 亳州职业技术学院图书馆始建于1987年，原名为“合工大亳州教学点图书室”，1995年6月建亳州工业学校，同时建亳州工业学校图书馆。2001年5月申办亳州职业技术学院成功，图书馆正式更名为“亳州职业技术学院图书馆”。截至2010年，图书馆有建筑面积2350平方米，设4个图书室及一个容纳296人的阅览室。

图书馆内设采编部、流通阅览部、办公室等部门。

安徽国防科技职业学院图书馆 安徽国防科技职业学院图书馆始建于1976年，坐落于国家级园林城市和合肥经济圈骨干城市——安徽省六安市。2010年，图书馆建筑面积为8600平方米。

图书馆内设办公室、采编室、阅览室、教师资料室、学生自修室、基本书库、专业书库。2008年建立了现代化的电子阅览室。

2010年，在职职工13人，其中大专以上4人，高级职称1人、中级1人。

安徽外国语职业技术学院图书馆 安徽外国语职业技术学院图书馆始建于2002年，坐落在合肥市近郊风景秀丽的国家级森林公园紫蓬山风景区。截至2010年，馆舍面积14000平方米，设有各类书库6个、各类阅览室7个，多功能小型报告厅1个。阅览席位1600座，其中电子阅览席位304座。

图书馆实行院长领导下的馆长负责制，下设办公室、资源建设部、流通部、阅览部、信息咨询部、技术服务部。

安徽邮电职业技术学院图书馆 安徽邮电职业技术学院图书馆的前身是安徽邮电学校图书馆。1958年，邮电学校建立之初仅有2个书橱的藏书，被称为“图书橱”，隶属于学校办公室。1962年成立图书室，图书室隶属教务科。1965年学校停止招生，图书室随之关门。1970年学校恢复招生，并按照部队建制，实行军管，恢复后的图书室隶属教务科。1976年学校迁址，由合肥市徽州路1号迁至潜山路382号。

1995年独立建馆，馆舍建筑面积3200平方米，其中阅览室面积1500平方米，座位300个。2004年6月，安徽省邮电学校升格并更名为安徽邮电职业技术学院。图书馆隶属教务处。

2010年,图书馆有专职工作人员8人,内设采编部、阅览部(3个阅览室)、流通部(2个借书处)等部门。

安徽工业职业技术学院图书馆 安徽工业职业技术学院图书馆前身系1984年的铜陵有色职工大学图书馆，2007年六层高的图书信息大楼建成并投入使用。

图书馆下设办公室、采编部、流通部、期刊部等四个部门,设有1个专业期刊阅览室、1个综合期刊阅览室和1个电子阅览室,共有454个座位。2010年,图书馆有工作人员10人。

安徽审计职业学院图书馆 安徽审计职业学院图书馆坐落于省会合肥市,馆舍由方兴校区中心馆和包河校区分馆组成,作为学院标志性建筑的方兴校区图书馆于2006年9月建成并投入使用。截至2010年,馆舍总面积为8950平方米。

图书馆设有3个书库、2个期刊阅览室、电子阅览室、资料室、报纸库等服务部门,阅览座位440个。

2010年,图书馆有工作人员17人,其中本科以上学历13人,硕士3人。

安徽财贸职业学院图书馆 安徽财贸职业学院图书馆位于合肥市翡翠路900号,是一座现代化的图书馆。

图书馆为学院中层机构,在分管院长的领导下,设置有采编部、阅览部、流通部、信息中心等机构。

2010年,图书馆在编人员9人,其中副研究馆员1人、中级职称3人、专科以上学历6人。

合肥信息技术职业学院图书馆 合肥信息技术职业学院图书馆建于2009年。2010年,馆舍总面积1200平方米,拥有近400多个阅览座位。

学院图书馆实行分管校长领导下的馆长负责制,下设采编部、借阅流通部、参考咨询部、技术部等多个服务部门。

安徽工商职业学院图书馆 安徽工商职业学院是一所具有50年办学历史的全日制高等职业院校,学院坐落于省会合肥市。2003年新校区建设时新建了一座总面积达11457平方米的馆舍——图文信息中心。图文信息中心在设计建设之初就采用了许多现代智能建筑的设计理念和技术、标准,具有先进的5类综合布线系统、消防、监控、供电保障系统、图书检测系统等现代化的设施。

至2010年,图书馆设有学术报告厅、会议室、教材展厅、典藏库、藏检阅借一体化的专业阅览室和普通阅览室,有普通阅览座位1320余席,多功能电子阅览室有电子阅览席位300个。2009年10月,数字图书馆项目被正式批准为"省级高职教育数字文献服务中心"。

安庆职业技术学院图文信息中心 安庆职业技术学院图文信息中心是由图书馆和计算机中心合并,于2008年元月成立的学院教辅机构。主要承担学院图书资料、校园网及全院教学用计算机机房的建设、维护和管理工作。截至2010年,图文信息中心总建筑面积约14500平方米，建有3个大型开放式图书借阅室、1个特色资源库、2个报刊阅览室、1个电子阅览室和两个学生自修室，阅览室总座位数660个。

2010年，图文信息中心有工作人员24人，内设采编部、流通部、期刊部、技术服务部、网络管理部及计算机应用中心。其中，计算机应用中心为省级示范实验实训中心。

安徽电气工程职业技术学院图书馆 安徽电气工程职业技术学院图书馆是由安徽电力职工大学图书馆和合肥电力学校图书馆于2003年6月合并组建的，隶属学院教务处。2003年11月，图书馆升格为学院二级机构。2003年6月至2007年7月，图书馆分为黄山路校区和包河大道校区两处馆舍，同时向全院读者开放服务。两处馆舍分别沿用原两校图书馆的馆藏文献资源及软硬件设施。

截至2010年，馆舍总面积为5639.71平方米，阅览面积为1058平方米，设有4个文献阅览室、2个学生自修室及1个电子阅览室，全馆共有阅览座位616个。基于校园网环境，图书馆办公和服务基本实现现代化、网络化。

2010年，图书馆事业总经费为42万元，购书经费39.8万元。图书馆有职工12人，其中副高职称1人、中极职称4人；本科学历4人、大专5人、大学普通班1人、中专学历2人。

安徽冶金科技职业学院图书馆 安徽冶金科技职业学院图书馆始建于1983年。2003年以来，马钢职工大学与马钢党校合并成立安徽冶金科技职业学院，两校图书馆也相应合并为新的安徽冶金科技职业学院图书馆。2009年，马钢技师学院图书馆并入，截至2010年，馆舍面积图书馆为9000多平米，图书馆的服务功能进一步得到提高。

实行院长领导下的馆长负责制，由分管教学副院长直接领导，级别与院处、室同级。设有：采编室、电子阅览室、资料室、期刊阅览室、社科图书借阅室和科技图书借阅室。

2010年，全馆正式职工9人，其中馆长1人、采编人员2人、图书流通人员4人、资料管理人员1人、数字资源管理与维护人员1人。

六安职业技术学院图书馆 2001年，安徽省六安农业技术学校与安徽省农业机械学校、六安工业学校合并升格为六安职业技术学院，原三校图书馆合并成立六安职业技术学院图书馆。

2003年，建筑面积11000平方米新图书馆正式启用。至2010年，该馆有各类阅览室8个，阅览座位1300个。

2010年，图书馆在职职工17人，其中大专以上学历占80%，专业技术人员占85%。

宿州职业技术学院图书馆 宿州职业技术学院图书馆的前身，是始建于1950年2月的宿县地区农校图书馆，其后，经过多次的搬迁和改名。2007年7月，宿州职业技术学院与宿州教育学院合并，两校图书馆合为一处。截至2010年，图书馆有馆舍面积7300多平方米。

2010年，图书馆有工作人员22人。

马鞍山职业技术学院图书馆 马鞍山职业技术学院图书馆始建于1984年，原为马鞍山联合大学图书馆。2000年更名为安徽工业大学职业技术学院图书馆，2008年学院独立设置后,更名为马鞍山职业技术学院图书馆。

截至2010年,图书馆建筑面积是8960平方米,阅览座位400座。全馆设有采编室、流通部和期刊部等业务部门,设有现刊阅览室、过刊阅览室及工具书室、电子阅览查询室三个阅览室。

安徽交通职业技术学院图书馆 安徽交通职业技术学院于2000年由原安徽交通学校、安徽大学交通分校合并而成。两校分别成立于1956年和1988年,图书馆分别隶属于教务处。2000年两馆合并后成为院属独立机构，2002年完成新馆的搬迁并开放。截至2010年,馆舍面积为6764平放米,阅览座位数1140席。

2010年,图书馆有在职员工14人,其中副教授1人、中级8人、助理4人、高级工1人;本科3人、大专6人、高中3、在读研究生2人。

安徽绿海商务职业学院图书馆 安徽绿海商务职业学院图书馆坐落在安徽省省会合肥市大学城内，2006年正式建馆。2010年,图书馆建筑面积为10000平方米,设有学术报告厅、开架书库、期刊阅览室、电子阅览室、自习室等,拥有400个阅览座位。

学院成立了以教学院长为主任的图书馆工作委员会,秘书处设在图书馆。图书馆设有办公室（图工委秘书处）、采编部、阅览流通部、期刊部、技术部、参考咨询部等6个职能部室。

安徽文达信息技术职业学院图书馆 安徽文达信息技术职业学院图书馆2001年建于合肥市国家AAAA级风景区紫蓬山下,是学院的标志性建筑。

至2010年,馆舍建筑面积为10800平方米,内设有办公室、采编部、流通部、阅览部、技术部等5个部门,其中有5个书库、9个阅览室（其中电子阅览室2个）和1个学术报告厅,设备先进,功能齐全。

2010年,图书馆由一支由高、中、初三级专业技术人员组成的管理队伍,具有大专以上学历者达90%。

阜阳职业技术学院图书馆 阜阳职业技术学院图书馆初建于1978年,原名为“安师大阜阳专科班图书馆”。1982年随学校迁往阜阳市三里桥,由于学校的更名,图书室亦更名为“阜阳地区教师进修学院图书馆”，1984年随学院的更名正式建馆,名为“阜阳教育学院图书馆”。2001年随着学院改制,阜阳教育学院更名为阜阳职业技术学院,图书馆随即更名为“阜阳职业技术学院图书馆”

2010年,图书馆有工作人员17人,其中馆长1人、高级职称1人、中级职称5人、初级职称1人、合同工5人。

高职高专院校图书馆一览表

表 1-3-1

序号	名 称	类型	地 址	成立时间
1	马鞍山师范高等专科学校图书馆	公办	安徽省马鞍山市湖西南路 369 号	1958
2	安徽医学高等专科学校图书馆	公办	合肥市芙蓉路 632 号	1955
3	安徽中医药高等专科学校图书馆	公办	安徽省芜湖市乌霞山西路 18 号	1960
4	安庆医药高等专科学校图书馆	公办	安庆市宜秀区集贤北路 1588 号	1943
5	桐城师范高等专科学校图书馆	公办	安徽省桐城市龙眠西路 58 号	1982
6	亳州师范高等专科学校图书馆	公办	安徽省亳州市（南部新区）汤王大道 2266 号	1952
7	安徽汽车职业技术学院图书馆	公办	安徽省合肥市经济技术开发区紫云路 99 号	1979
8	皖西卫生职业学院图文信息中心	公办	六安市皋城东路 9 号	1958
9	安徽职业技术学院图书馆	公办	合肥市文忠路职教基地	1958
10	淮南联合大学图书馆	公办	安徽省淮南市田家庵区洞山西路	1984
11	万博科技职业学院图书馆	民办	安徽省合肥市高新区创业西路 1 号	2000
12	淮南职业技术学院图书馆	公办	安徽淮南市洞山	2001
13	淮北职业技术学院图书馆	公办	安徽省淮北市濉溪中路 265 号（西区）	1999
14	安徽警官职业学院图书馆	公办	安徽省合肥市清溪路 78 号	2000
15	铜陵职业技术学院图书馆	公办	安徽省铜陵市西湖新区翠湖四路 2689 号	2000
16	芜湖职业技术学院图书馆	公办	安徽省芜湖市银湖北路 62 号	1983
17	安徽水利水电职业技术学院图书馆	公办	合肥市东门合马路 18 号	1952
18	安徽商贸职业技术学院图书馆	公办	安徽省芜湖市弋江区纬六路	1904
19	安徽艺术职业学院图书馆	公办	安徽省合肥市经济技术开发区丹霞路 8	1956
20	安徽城市管理职业学院图书馆	公办	皖合肥市新站区磨店职教城淮海大道 1 号	2003
21	安徽机电职业技术学院图书馆	公办	安徽省芜湖市弋江区高教园区文津西路 16 号	1935
22	蚌埠经济技术职业学院图书馆	民办	安徽省蚌埠市北郊	2007
23	安徽矿业职业技术学院图书馆	民办	安徽省淮北市市中心	1978
24	安徽现代信息工程职业学院图书馆	民办	安徽省寿县新城区通淝南路	2008
25	宣城职业技术学院图书馆	公办	安徽省宣城市薰化路 698 号	2002
26	安徽中澳科技职业学院图书馆	公办	合肥市濉溪路 312 号	2003
27	亳州职业技术学院图书馆	公办	安徽省亳州市药都大道西段	1987
28	安徽国防科技职业学院图书馆	公办	安徽省六安市新河东路 2 号	1976
29	安徽外国语职业技术学院图书馆	民办	合肥市国家级森林公园紫蓬山风景区	2002
30	合肥滨湖职业技术学院图书馆	民办	合肥经济技术开发区方兴大道 559 号	2002
31	合肥财经职业学院图书馆	民办	合肥经济技术开发区大学城汤口路中段	2006

续表 1-3-1

序号	名 称	类型	地 址	成立时间
32	安徽邮电职业技术学院图书馆	公办	安徽省合肥市蜀山区潜山路 382 号	1958
33	安徽工业职业技术学院图书馆	公办	安徽省铜陵市长江西路 274 号	1984
34	安徽新闻出版职业技术学院图书馆	公办	合肥经济技术开发区繁华大道 220 号	2004
35	安徽审计职业学院图书馆	公办	合肥市经济技术开发区方兴大道 509 号	1984
36	安徽林业职业技术学院图书馆	公办	合肥市玉兰大道 99 号	1952
37	安徽财贸职业学院图书馆	公办	合肥市翡翠路 900 号	1964
38	阜阳科技职业学院图书馆	民办	安徽省阜阳市清河西路 99 号	2003
39	合肥信息技术职业学院图书馆	民办	合肥市大学城九龙路与汤口路交叉口安徽大学新区南 200 米	2009
40	安徽工商职业学院图书馆	公办	合肥市北二环砀山路 233 号	1950
41	池州职业技术学院图书馆	公办	池州市建设西路 389 号	2002
42	芜湖信息技术职业学院图书馆	公办	芜湖市高教院区新校区	1978
43	合肥共达职业技术学院图书馆	民办	合肥市新站开发区三元大道中段	2007
44	安庆职业技术学院图文信息中心	公办	安徽省安庆市经济技术开发区元山东路 99 号	2008
45	安徽电气工程职业技术学院图书馆	公办	安徽省合肥市包河大道 397 号	1979
46	安徽冶金科技职业学院图书馆	公办	安徽省马鞍山市湖西南路 555 号	1983
47	安徽国际商务职业学院图书馆	公办	合肥市双凤开发区凤麟大道与魏武路交口	2004
48	安徽公安职业学院图书馆	公办	合肥市高新区望江西路 559 号	2004
49	六安职业技术学院图书馆	公办	安徽省六安市六寿路 18 号	2001
50	合肥通用职业技术学院图书馆	公办	合肥市长江西路 888	2000
51	宿州职业技术学院图书馆	公办	宿州市埇桥区	1950
52	安徽体育运动职业技术学院图书馆	公办	合肥市包河区人民大街 1 号	1954
53	合肥经济技术职业学院图书馆	民办	合肥市环湖东路中段 360 号	2001
54	马鞍山职业技术学院图书馆	公办	安徽省马鞍山市霍里山中路 328 号	1984
55	徽商职业学院图书馆	公办	安徽省合肥市紫蓬山风景区	1965
56	安徽电子信息职业技术学院图书馆	公办	安徽省蚌埠市大学园区	2001
57	安徽交通职业技术学院图书馆	公办	安徽省合肥市太湖东路 19 号	1956
58	安徽旅游职业学院图书馆	民办	安徽颍上迪沟开发区	2001
59	安徽工业经济职业技术学院图书馆	公办	安徽省合肥市梁园路 1 号	1984
60	安徽绿海商务职业学院图书馆	民办	合肥经济技术开发区合安路 68 号	2006
61	安徽文达信息技术职业学院图书馆	民办	合肥市紫蓬山风景区森林大道三号	2001
62	阜阳职业技术学院图书馆	公办	安徽省阜阳市阜南路 465 号	1978
63	安徽涉外经济职业学院图书馆	民办	合肥市瑶海区职教城学府路 1 号	2001

续表 1-3-1

序号	名称	类型	地址	成立时间
64	滁州职业技术学院图书馆	公办	滁州市丰乐大道 2188 号	2002
65	安徽工贸职业技术学院图书馆	公办	淮南市国庆西路 199 号	2001
66	巢湖职业技术学院图书馆	公办	安徽省巢湖市姥山南路	2002
67	安徽广播影职业技术学院图书馆	公办	安徽省合肥市金寨南路 468 号	1960
68	滁州城市职业学院图书馆	公办	安徽省凤阳县府城镇九华路 1 号	1908
69	黄山职业技术学院图书馆	公办	安徽省黄山市学院路 1 号	2010

第四章 其他图书馆

第一节 党校图书馆选介

中共安徽省委党校图书馆 中共安徽省委党校的前身是皖北区委党校和皖南区委党校。1951—1956年，皖北区委党校和皖南区委党校合并为省委党校（位于合肥）后，图书资料机构隶属于组教处。1957年，成立社会科学资料室，图书馆为组教处下属的科级机构。1958年，安徽省文化干校并入省委党校。1960年图书馆与社科资料室合并，成立处级建制的图书资料室。1977年5月，安徽省委党校复校后，图书资料室的建制恢复。复校初期，馆舍1000平方米。1987年，图书馆大楼建筑面积为5100平方米。

2010年6月新馆竣工投入使用，馆舍建筑面积为10000平方米，其中阅览室面积2000平方米，阅览座席60个。新图书馆一楼为基础书库，二楼为图书阅览室，三楼为报刊综合阅览室，四楼为办公室和数据加工室，五楼为校信息中心。

图书馆设馆长1人、副馆长1人、办公室秘书1人。下设5个部门，分别为：采访编目部、技术服务部、流通部、情报资料部、期刊部。

2010年，图书馆事业总经费为70万元，购书经费20万元。图书馆有正式员工19人，其中高级职称6人、中级职称8人、初级职称1人，研究生以上学历10人。

2010年10月，该馆被中国图书馆学会批准成为中国图书馆学会事业单位会员。

中共安徽省直党校图书馆 中共安徽省直党校（位于合肥），创建于20世纪50年代，1966年停办，于1979年5月复校。复校后，图书资料室（包括图书馆）一直为常设机构。2001年省编委批准大专体制建制时合并内设机构，图书资料室与理论研究室合署，增挂理论研究室牌子。

校图书馆与图书资料室是两块牌子、一个机构，直属校委领导，为学校平行设立的机构。

2010年，图书馆有在职职工4人，其中副高职称1人、中级2人、初级1人。工作人员按采访、编目、流通、技术服务、期刊、情报资料等职能岗位进行分工。

中共亳州市委党校图书馆 中共亳州市委党校图书馆的前身是亳州县委党校图书室。2000年亳州市党校成立，图书室隶属于市委党校综合教研室。

截至2010年，图书馆馆舍面积600平方米，其中阅览室面积100平方米、书库面积400平方米、电子阅览室面积100平方米，阅览室坐席数量60座。

2005年6月,根据校委会决定,成立亳州市委党校图书馆,直属校委领导,实行馆长负责制。

2010年,图书馆事业总经费5万元,购书经费5万元。在职职工1人,大学本科、助理馆员。

中共宿州市委党校图书资料室 中共宿州市委党校图书资料室始于1962年,当时隶属办公室。1969—1977年宿县地委党校改为“毛泽东思想学习班”期间,资料室属当时的政工组分管。1978年恢复宿县地委党校到1984年4月党校机构改革,资料室和组教科分开。1986年4月宿县地区编委23号文件批复增设图书资料室,直属校委分管。1994年党校机构调整,图书资料室改名为图书馆。1999年宿县地区撤地建市,机构名称改为中共宿州市委党校图书馆。2003年,图书馆重新改为图书资料室。

截至2010年,图书资料室建筑面积700多平方米,现刊阅览室面积144平方米、有阅览座位102个。

图书馆设有馆长室、图书采编室、借阅流通室、期刊阅览室、电子阅览室、书库。

中共蚌埠市委党校图书馆 中共蚌埠市委党校始建于1959年。1984年之前,图书资料工作隶属教研室。1984年成立校委直接领导下的独立机构——图书资料室,科级建制。

1984年至2007年,图书馆曾4次搬迁,馆舍面积918平方米,其中阅览室面积224平方米,电子阅览室面积132平方米,书库面积502平米,阅览座位48个。

图书馆设采编部、流通部、报刊阅览室、电子阅览室和过刊部等5个业务部门。

2010年,图书馆购书经费3万元。图书馆有工作人员5人,均为本科以上学历,其中副研究馆员2人、馆员1人、其他2人。

中共淮南市委党校图书馆 中共淮南市委党校图书馆创建于1974年3月,1983年机构改革时为科级建制的图书馆。1986年建成独立馆舍,到2010年,图书馆建筑面积为800平方米,设立采编室、书库(工具书室)、教师阅览室、报刊阅览室(过刊室)、办公室等部门,阅览座位54个。

中共淮北市委党校图书馆 中共淮北市委党校图书馆创建于1977年,2010年,建筑面积为1291.56平方米。

2010年,图书馆有工作人员5人,其中本科2人、硕士学位2人;助理馆员2人、讲师2人。

中共巢湖市委党校图书资料室 中共巢湖市委党校图书资料室建筑面积为700多平方米,阅览室面积约50平方米,阅览座席近60个。

2010年,图书资料室有工作人员5人,其中本科学历4人;有副研究馆员1人、馆员2人。工作人员的专业涵盖法律、外语、经济管理等学科领域。

中共马鞍山市委党校图书馆 1960年7月中旬,中共马鞍山市委党校成立,安排1名工作人员兼管图书资料工作,市委党校图书资料工作起步。

1979年11月,马鞍山市委党校重新复校,图书资料的建设工作被重新提上党校的工作议程。1984年初,成立图书资料室。

图书资料室成立之初,有独立的馆舍。1984年建立采编室、书库、阅览室,而这3室却因没有独立的馆舍分散在办公楼各处。1985年党校迁到新校址,学校综合教学大楼一层和二层、五层各1室分配给图书室,馆舍面积达到397平方米。1993年,党校图书馆立项, 1996年竣工,新图书馆楼面积达2400平方米,全楼分为四层,分设采编、书库、期刊库、电子阅览室、公共阅览室、特藏书库等部门。其中,阅览室面积近400平方米,设有阅览桌椅90个。书库和期刊库另设阅览桌椅16个。

截至2010年,图书馆藏有纸质文献资料8万多册。图书以马列主义理论、哲学、科社、政治、法律、经济、教育、历史等类文献为主,入藏比例达到图书总量的80%以上,形成具有鲜明党校特色的藏书体系。

中共安庆市委党校图书馆 中共安庆市委党校图书馆的前身是1984年4月成立的安庆地委党校图书资料室,是直属校委的正科级独立处室,专门从事图书资料的搜集整理和开发利用。1988年安庆地、市合并,地委党校与原安庆市委党校合并为安庆市委党校,实行一套班子,两地办公,图书资料室分别称为图书资料一室、二室。1997年7月安庆市委党校与市委第二党校合并,称为"中共安庆市委党校",合并后的图书资料室为直属校委的正科建制教研机构之一。1999年3月中共安庆市委党校升格为大专体制, 2000年11月安徽省编委关于安庆市委党校内设机构的批文再次明确图书资料为直属校委的教学教辅机构之一,仍属正科级建制。

2007年9月,图书馆新馆建成,建筑面积约1100平方米,其中200平方米以上的库房两个,阅览室4个,阅览座位近百个。

图书馆内设办公室、采编室、流通借阅室、综合阅览室、教师阅览室、参考工具书及珍藏文献阅览室、电子阅览室等。

截至2010年,安庆市委党校图书馆有工作人员9人,其中本科4人;副研究馆员3人、馆员4人、助理馆员2人。

中共池州市委党校图书馆 2000年11月,中共池州市委党校与池州综合技工学校整合后,学校有固定的办公场所,开始下设阅览室。2002年12月,与贵池区委党校整合。2003年9月,阅览室发展成为科级建制的图书资料室,但没有独立馆舍,只有两间书库和一间阅览室。2005年9月,学校新综合楼落成,原教学楼改做图书馆,开始有独立的馆舍。2010年,图书馆占地面积近1000平方米,有三间书库和阅览室、科技成果展厅、过刊库和办公室等。

截至2010年,馆藏总量近5万册,工作人员2人。

中共宣城市委党校图书馆 中共宣城市委党校图书馆前身是成立于20世纪50年代的芜湖地委党校资料室。2010年,图书馆建筑面积有近2000平米,有3个书库,阅览座位150个。

截至2010年,图书馆有员工5人,全部是大学本科毕业,其中副研究馆员2人、馆员1人、助教1人、经济师1人。

中共黄山市委党校图书资料室 中共黄山市委党校始建于1949年6月,原名“中共徽州地委党校”。建校之初,图书资料室规模很小,面积60平方米,工作人员1人,馆藏文献有限。“文化大革命”期间,“中共徽州地委党校”改名为“毛泽东思想学习班”,图书资料室被封,所藏图书资料大部分散失。1978年5月,恢复原校名“中共徽州地委党校”,同年12月成立图书资料室,隶属校教务科,工作人员4人。1986年7月以后,图书资料室的管理隶属校直管科室,工作人员6人,面积增至600平方米。1988年,“中共徽州地委党校”更名为“中共黄山市委党校”,图书资料室随之更名,设有图书室、期刊阅览室、内部资料室和过刊室。

2001年8月,图书资料室搬进建筑面积为900平方米的新馆舍,其中阅览室180平方米、阅览坐席100—120个,电子阅览室40平方米。2006年,校“图书资料室”与校“信息中心”合并统称“信息管理中心”。2010年,图书馆有工作人员8人,其中中级职称6人,初级职称2人。

安徽社会主义学院图书馆 安徽社会主义学院是民主党派和无党派人士的联合党校。该校图书馆始建于1999年11月,位于合肥市太湖东路学院教学楼3楼,是学院的图书、资料、信息中心,隶属于教务处。截至2010年,图书馆总面积350平方米,其中办公区30平方米,书库120平方米,阅览室200平方米。阅览室分为报刊阅览区和电子阅览区。报刊阅览区有50个座位。

2010年,图书馆事业总经费15万元,购书经费6万元。有工作人员3人,均为副研究馆员和大学本科。

第二节 军事院校图书馆选介

解放军电子工程学院图书馆 解放军电子工程学院图书馆成立于1979年,位于安徽省省会合肥市,先后在平房、幼儿园、车库、宿舍等作为临时馆舍。1986年,建筑面积为3145平方米图书馆馆舍建成投入使用。1999年,学院调整教学用房,图书馆面积为4880多平方米,比原馆舍面积增加1700多平方米。其中,书库位于一楼,面积近1000多平方米。阅览室面积2000多平方米,阅览室座位600多个。

电子工程学院图书馆隶属学院训练部领导,内设办公室、采购、编目、流通、阅览、情报资料、网络管理等部门。

截至2010年,图书馆有专业技术人员14人,其他人员15人;专业技术人员中,硕士学位4人。

解放军炮兵学院图书馆 解放军炮兵学院图书馆建立于1978年9月,其前身是解放军炮兵技术学院图书馆。馆舍是一排平房,建筑面积不足300平方米。1982年迁入位于黄山路上的校区,其间一直无固定独立馆舍,中间历经几次搬迁,馆舍总面积都不超过500平方米。1986年,学院改为合肥炮兵学院后,更名为解放军合肥炮兵学院图书馆;1987年9月,建筑面积4700平方米的馆舍投入使用。1999年,学院再次更名为解放军炮兵学院,图书馆相应更名为解放军炮兵学院图书馆。2007年9月学院动工兴建一座现代化图书馆,新馆建筑面积为21180多平方米。新馆采用借阅藏一体模式,形成“大通间”、一体化的开放环境;设阅览座位1500个和电子阅览机位230个。

图书馆设有资源建设组、流通阅览组、情报咨询组合技术保障等4个业务组和办公室。

截至2010年,图书馆有工作人员30人,都具有本科及以上学历。

解放军蚌埠坦克学院图书馆 解放军蚌埠坦克学院图书馆1979年3月成立,当时学院院址在安徽省宿县,1982年8月迁入安徽省蚌埠市。建校初期没有独立馆舍,把教学楼三间教室作为临时馆舍。1984年9月图书馆新馆舍落成并交付使用,建筑面积3400平方米,书库面积1100平方米。设阅览室6个,1300平方米,520个座席,分别是期刊阅览室、过刊阅览室、书报阅览室、军事阅览室、军网电子阅览室、民网电子阅览室。2007年学院投资180万元,将馆舍内外进行改造和装修。

蚌埠坦克学院图书馆隶属于学院训练部,设置采编组、流通组、阅览组、技术保障组、参考咨询组等部门。

截至2010年,有工作人员14人,其中军人5人、非现役文职人员1人、非编职工2人、聘用职工6人;5名军人中,高级职称2人、中级职称3人;研究生1人、大学本科4人。

第三节 科研图书馆选介

安徽省社会科学院图书馆 安徽省社会科学院图书馆(位于合肥)是在原省哲学社会科学研究所资料室的基础上发展起来的。1983年4月安徽省社会科学院成立时,设立了图书馆,隶属于院情报研究所,1992年10月院学科调整时与情报所分离,为院直属机构。截至2010年,图书馆馆舍面积650平方米,阅览室面积162平方米,阅览室座席12个。

图书馆内下设采编、阅览、期刊、参考咨询等4个业务工作部门,并设有中文报刊阅览室、文献检索室、中文借书处等窗口,直接为科研和读者服务。

1998年成立的院计算机中心,隶属于院图书馆。是一个机构两块牌子,中心既承担图书馆的局域网工作,也承担院网站的维护和编辑工作。

2010年,图书馆事业总经费13万元,购书经费6万元。图书馆有人员10人,其中科级1人、副高3人、中级4人、初级2人;硕士(含在读)3人、本科5人、专科及以下2人。

中国科学院合肥物质科学研究院图书馆 中科院合肥物质科学研究院图书馆是一个专业性比较强的图书馆,成立于2006年,隶属于研究院信息中心,有工作人员6人。至2010年,图书馆建筑面积400多平方米,所藏文献主要内容涵盖了大气科学、应用光学、环境科学、材料科学、等离子体物理、生物物理、智能机械等诸多领域,科技文献总量位居合肥地区各研究所前列。

自2006年建馆以来,图书馆积极开展学科化服务,把服务终端延伸到科研一线,根据科研需求,利用知识图谱等多种手段为科研人员提供知识服务。同时,图书馆积极开展与中国科技大学、中科院文献情报中心、国家图书馆之间的合作,参与馆际互借服务,并通过网上全文传递系统,为读者提供更好、更及时的服务。

中钢集团马鞍山矿山研究院有限公司图书馆 中钢集团马鞍山矿山研究院有限公司图书馆成立于1960年,前身是沈阳矿山研究所图书馆,设在东北工学院(现在的东北大学)内。1964年3月并入(当时的)冶金工业部黑色冶金矿山研究院(现名为中钢集团马鞍山矿山研究院有限公司)。

1960年初期的沈阳矿山研究所图书馆在东北工学院时,书库只有64平方米。1964年3月并入马鞍山矿山研究院后,馆址在该院的红旗楼一楼,面积630平方米;1980年8月迁入马鞍山矿山研究院技术情报楼,总面积850平方米,其中书库630平方米;阅览室面积200平方米,共有70个座位。

图书馆先后归属该院技术情报室(1964—1980年),技术档案室(1980–1995年),信息中心(1996—2003年)。2004年初划归该院科技管理部。

2010年,图书馆事业总经费8万元,购书经费6万元;有工作人员5人,全部大专以上学历。

办馆条件统计表

表 1-4-1

图书馆名称	年份	馆舍面积（平方米）	阅览总面积（平方米）	阅览总座位（个）	少儿阅览室座位（个）	电子阅览座位（个）	年总经费（万元）	年购书经费（万元）	年新购各类文献（册）	年新购图书（册）	在职人员（人）	大专以上学历（人）	中高级职称（人）
公共图书馆													
安徽省图书馆	1956	1200	209	140	40		7.15	1.58			44		
	1963	7939	250	350	50		12.86	4.51			54		
	1982	13900	1403	400			45.76	21.31	43635	38975	105		
	1996	13900	1403	400			257.30	150.00	32591	27391	120	96	50
	2003	36900	7000	1500	70	150	2411.02	200.00	56578	51498	145	118	68
	2008	36900	7000	1600	108	155	2120.99	410.00	138855	133055	162	138	78
	2010	36900	8690	1659	278	155	2051.00	500.00	160359	154059	166	149	84
合肥市图书馆	1958	300	120					1.00	800	300	2		
	1978	2010	415	186				10.00	5015	2663	16	10	2
	2003	15000	2400	524		73	384.92	100.00	11654	7525	32	22	18
	2008	15000	2400	524		73	630.00	170.00	46514	40241	48	40	26
	2010	15000	3008	690		73	836.50	200.00	61700		47		28
合肥市少儿图书馆	2001	1224	600	60	60		19.80	7.60	3500	2000	10	10	1
	2008	1224	177	172	152	20	147.80	40.00	18063	11613	20	10	3
	2010	1224	177	172	152	20	165.70	50.00	22657		22	10	4
合肥市包河区图书馆	1984	100	30	20				0.10	700	450	3	2	2
	1988	100	30	20				0.40	2600	1600			
	1998	100	30	20				2.00					
	2008	150						0.50	1980	1740	6	6	2
	2010	150					51.40	5.00	1781		6	6	2

续表 1-4-1

图书馆名称	年份	馆舍面积（平方米）	阅览总面积（平方米）	阅览总座位（个）	少儿阅览室座位（个）	电子阅览座位（个）	年总经费（万元）	年购书经费（万元）	年新购各类文献（册）	年新购图书（册）	在职人员（人）	大专以上学历（人）	中高级职称（人）
长丰县图书馆	1979	260	100	40				0.30	2000	2000	6		
	1998	714	104.5	80	80			4.00	3000	3000	8	2	5
	2008	714	104.5	120	62	18		5.00	2000	2000	8	7	1
	2010	1010	340	160	30	40	63.50	10.00	5100		7	5	3
肥东县图书馆	1979	200	50				0.80	0.05		200	3	2	1
	1988	200	50				1.35	0.05		100			
	1998	450	60	50			6.10	0.10		100	10	1	2
	2008	450	150	93		60	23.00	3.00		2000	7	3	
	2010	600	120	93	25	60	60.00	10.00	6000		7		
肥西县图书馆	1979	170									3		
	1984	250									8		
	1988	300	120	100	50		2.30				8		
	1998	600	100	50			6.30	0.50			9	6	2
	2008	600	100	110		60	32.50	2.00	1500	1160	9	4	4
	2010	1000	240	120	60	60	28.80	8.00	3300		9		7
亳州市谯城区图书馆	1957	20 间											
	1979	600	260	300									
	1986	600	260	300							14		
	1997	900	400	120			9.00	3.00			14		2
	2008	900	400	120	10	60					8	6	2
	2010	900	400	120	10	43	26.00		3000		9		2

续表 1-4-1

图书馆名称	年份	馆舍面积（平方米）	阅览总面积（平方米）	阅览总座位（个）	少儿阅览室座位（个）	电子阅览座位（个）	年总经费（万元）	年购书经费（万元）	年新购各类文献（册）	年新购图书（册）	在职人员（人）	大专以上学历（人）	中高级职称（人）
蒙城县图书馆	1979	60									4		
	1985	200									9		
	1993	200						4.00			11		
	1994	420									11		
	2007	550				30		4.00			17		
	2010	1060	600	260	20	20	100.00	4.00	1399		16		5
涡阳县图书馆	1980	216	81	52									
	1988	216	81	52							6		1
	1998	216	81	52			13.80	1.50	1100	1000	15	5	1
	2005	1000		52									
	2008	1000	126	100		30	481.00	2.00	600	500	14	12	2
	2010	1000	300	100	60	35	82.90	5.00	2500		14	12	2
利辛县图书馆	1979	440			90						10		
	1990	440			90			0.48			16		
	2008	1500	400	160	24	46		5.00		2000	14	6	3
	2010	1500	600	160	24	55	43.70	10.20	5000		14	6	3
淮北市图书馆	1971	320											
	1980	320									16		
	1986	2751									20		
	1992	2751									23		
	2010						184.20	5.00	1600		23	14本科	15

续表 1-4-1

图书馆名称	年份	馆舍面积（平方米）	阅览总面积（平方米）	阅览总座位（个）	少儿阅览室座位（个）	电子阅览座位（个）	年总经费（万元）	年购书经费（万元）	年新购各类文献（册）	年新购图书（册）	在职人员（人）	大专以上学历（人）	中高级职称（人）
濉溪县图书馆	1985	731	200	120									
	1998	731	200	120									
	2008	731	200	160		40		5.00		2000	6	3	3
	2010	731	200	160		42	48.50	6.00	2100		8	3	3
宿州市埇桥区图书馆	1978	240	70	60							4		
	1988	240	70	60							9	1	
	2008	500	168	60		19		5.00	1500		15	9	8
	2010	500	168	60		44	61.30	5.00	7400		16	12	8
砀山县图书馆	1962	20	20				0.148	0.10	1100	800	1		
	1971	240	50				0.415	0.36	1100	800	4		
	1979	454	150	40			0.88	0.36	1800	1500	10	1	
	1998	454	150	40			8.60		200	100	10	2	3
	2008	454	150	40			31.20		200	50	10	5	2
	2010	454	150	82		36	30.70	2.00	276		9		3
萧县图书馆	1990	1000	500	200				0.25			11		
	2008	1000	500	200						500	16	1	3
	2010	900	500	200	80	20	55.50	10.00	2000		17		3
灵璧县图书馆	1980		60	50	30			0.80		800	2		
	1990		80	50				0.08			2		
	2008	180	80		50			0.60		2000	4	3	2
	2010	420			50	50	11.70				4	3	2

续表 1-4-1

图书馆名称	年份	馆舍面积（平方米）	阅览总面积（平方米）	阅览总座位（个）	少儿阅览室座位（个）	电子阅览座位（个）	年总经费（万元）	年购书经费（万元）	年新购各类文献（册）	年新购图书（册）	在职人员（人）	大专以上学历（人）	中高级职称（人）
泗县图书馆	1980	99		40							6		
	1999	380	170	40							5		
	2008	380	140	42	12			0.40			5	4	
	2010	380	90	45	12		29.90	1.00	320		6	4	
阜阳市图书馆	1978	80									5		
	1988	2335									9	3	3
	1998	2335					78.40	16.50	14397	13287	36	11	7
	2007	2335	468	198	122		112.40	6.40	4166	3138	34	15	12
	2010	2335	950	198	122		230.00	10.00	8000		32	26	16
界首市图书馆	1975	196									10		
	1984	800		80							10		
	2008	3500	1360	350	100		24.50	3.00			8		
	2010	3500	1360	350	100	80	44.80	8.00			11	3	3
太和县图书馆	1978	100									4		
	1981	148		30									
	2008	148		30							7	3	2
	2010	148	120	60	40	20	24.20				10		
临泉县图书馆	1979	450	147		60			0.20	12000	11000	6		
	1988	450	147		60			0.15	3000	2600	8	1	4
	1998	1880	1500		60			0.15	1000	850	10	1	2
	2008	1880	1500	300	60			0.20			11	4	1
	2010	2000	1500	300	60	55	69.40				9	3	5

续表 1–4–1

图书馆名称	年份	馆舍面积（平方米）	阅览总面积（平方米）	阅览总座位（个）	少儿阅览室座位（个）	电子阅览座位（个）	年总经费（万元）	年购书经费（万元）	年新购各类文献（册）	年新购图书（册）	在职人员（人）	大专以上学历（人）	中高级职称（人）
阜南县图书馆	1970	120	60	30									
	1998	200	100	40	15		15.00				8		
	2008	750	300	100	30		25.00				8	5	
	2010	1000	400	80	40		28.20				11	5	
颍上县图书馆	1972	400	50	50							2	1	
	1988	400	50	60				0.80		500	9	8	1
	1998	900	50	60				0.80		400	10		3
	2008	900		140			30.90	5.00		1500	11	8	4
	2010	5440	1260	500	96	6	80.00				15	15	1
蚌埠市图书馆	1951	90						0.80		6713	7		
	1978	1500			40			5.00		8879	12	5	5
	1988	1500	320		40			10.00		5278	34	14	5
	1998	1500	320		40			16.00	3462	3284	34	29	11
	2008	7000	490	600	40	12		40.00	4090	3768	34	29	13
	2010	8100	2200	1200	200	128	238.10	40.00	16200		30	29	13
固镇县图书馆	1979	60	40	20				0.10		100	3		
	1988	200	60	30				0.20		100	8		1
	1998	1800	100	50				1.00	300	200	5	2	2
	2008	1800	100	50				1.50		200	5	3	1
	2010	1800	150	80		30	77.00	2.00	1400		5	3	1

续表 1-4-1

图书馆名称	年份	馆舍面积（平方米）	阅览总面积（平方米）	阅览总座位（个）	少儿阅览室座位（个）	电子阅览座位（个）	年总经费（万元）	年购书经费（万元）	年新购各类文献（册）	年新购图书（册）	在职人员（人）	大专以上学历（人）	中高级职称（人）
五河县图书馆	1980	534		86							6		
	1988	534		86				0.20	800		6		
	1998	534		86				0.50	2100		6	4	3
	2008	1176	92	80	20	30	32.00	4.00	1300		9	8	4
	2010	1700	240	80	30	40	57.40		3500		8	8	4
怀远县图书馆	1980	504	87	60						380	7	1	
	1988	504	87	60							7	3	2
	1998	504	87	60				2.00		470	7	4	3
	2007	1047	115	90	20	10		3.00			7	4	3
	2010	1047	120	100	40	45	99.80	2.00	576		6		3
淮南市图书馆	1953	150											
	1958	527		120							8		
	1978	1106			40								
	1986	3050											
	1988	3050	450	200			7.80	1.60	3000	3000	24	7	7
	1998	3050	530	200			36.00	6.00			26	19	8
	2008	3050	530	200		35	93.00	10.00	3302	2943	28	25	14
	2010	3050	530	200		29	246.70	10.00	2840		29	20	14
淮南市少儿图书馆	1986	726	100	60				2.00			11		
	1999	2000	258	68									
	2008	2000	258	68	40	29		10.00			15	11	5
	2010	2000	258	68	40	28	99.70	5.00	2000		15		5

续表 1-4-1

图书馆名称	年份	馆舍面积（平方米）	阅览总面积（平方米）	阅览总座位（个）	少儿阅览室座位（个）	电子阅览座位（个）	年总经费（万元）	年购书经费（万元）	年新购各类文献（册）	年新购图书（册）	在职人员（人）	大专以上学历（人）	中高级职称（人）
淮南市潘集区图书馆	1989	270	80	50	30						5	1	
	2008	270	80	70	30						5	2	2
	2010	270	80	70	30	41	78.00				5	2	2
凤台县图书馆	2008	1600	230	100	40	45					4	4	1
	2010	1600	230	100	40	45					7		
滁州市图书馆	1983	928	200								4		
	1988	928	200								10		
	1998	928	200	204			17.40	6.00	3098	2085	10	1	2
	2008	928	200	32			62.40	10.00	1200	1000	10	6	4
	2010	928	200	32			67.10	10.00	3980		11		6
凤阳县图书馆	1979	204	36					0.20	5037	4885	5		
	1988	108	40	20				0.50	418	397	5	4	1
	1998	108	40	20				0.50	574	549	5	1	1
	2008	1050	246	200				8.00	2716	2661	5	4	1
	2010	1050	416	83		48	122.50	10.00	4551		6	4	1
明光市图书馆	1979	200	100	60			0.50	0.35		4000	4		
	1988	200	120	100	40		1.81	0.19		1500	8	2	
	1993	1052	240	60									
	1998	1052	240	60			12.60	2.00					
	2008	1052	240	95		35	22.90	2.00		3000	8	5	1
	2010	1052	240	110		50	23.70	7.00	2000		6		1

续表 1-4-1

图书馆名称	年份	馆舍面积（平方米）	阅览总面积（平方米）	阅览总座位（个）	少儿阅览室座位（个）	电子阅览座位（个）	年总经费（万元）	年购书经费（万元）	年新购各类文献（册）	年新购图书（册）	在职人员（人）	大专以上学历（人）	中高级职称（人）
天长市图书馆	1921	254	224							2100	9		
	1979	900	340	85						2300	4	1	
	1990	900	340	85				1.00		2200	7		
	1998	900	340	85	50			3.50	2034	2000	8		
	2008	900	340	85	50			5.00	2415	2200	12	9	1
	2010	900	340	113	30	53	51.00	8.00	2368		12	3 本科	3
来安县图书馆	1979	110	60					0.34	2300		5		
	1986	886	180	100									
	1988	886	180	100	40			2.50	1800		8	3	2
	1998	886	280	120	60			4.50			8	3	2
	2008	886	280	120	60	48		5.00			7	2	
	2010	886	264	120	20	48	32.30				5	2	
定远县图书馆	1979	400									4	1	
	1986	900		100							10	4	2
	2007	2260	340	170	40						9	5	2
	2010	2260	340	170	40	50	37.00	4.20	3600		10	9	2
全椒县图书馆	1979	162		50									
	2005	750	410	200	30								
	2008	750	410	200	30						6		
	2010	750	200	108	30	48	58.20	3.00	1250		6		1

续表 1-4-1

图书馆名称	年份	馆舍面积（平方米）	阅览总面积（平方米）	阅览总座位（个）	少儿阅览室座位（个）	电子阅览座位（个）	年总经费（万元）	年购书经费（万元）	年新购各类文献（册）	年新购图书（册）	在职人员（人）	大专以上学历（人）	中高级职称（人）
六安市金安区图书馆	1956	500											
	1978	500						0.50	500				
	1985	780		90				0.50	400				
	2008	780	156	90		30		1.50		1000	24	23	9
	2010	1200	200	160	60	35	120.90	6.00	4000		22		12
寿县图书馆	1978	320	140	60	30			0.06	800	600	8		
	1988	320	140	60	30			0.20	960	700	12	1	2
	1988	320	140	75	35			0.50	1250	900	15	1	3
	2008	630	140	130	40	45		2.00	1420	1000	19	11	5
	2010	630	140	130	40	40	54.10	2.00	1200		19	12	5
霍邱县图书馆	1978	216	72	48	20			0.20		400	5	2	
	1988	216	72	48	20			0.50		800	5		
	1998	216	72	48	20			1.50		1000	5	4	1
	2008	1972	180	110	20	25		5.00		10000	5	4	2
	2010	1972	180	110	32	31	40.40	5.00	2100		7		2
金寨县图书馆	1964	150	75	30							3		
	1979	150	90	30							6	1	
	1988	275	155	80	50			0.50			7	1	4
	1998	275	155	80	50			1.00			7	4	3
	2008	275	155	80	50			2.00			7	4	4
	2010	275	155	80	50		32.30	2.00			6	4	4

续表 1-4-1

图书馆名称	年份	馆舍面积（平方米）	阅览总面积（平方米）	阅览总座位（个）	少儿阅览室座位（个）	电子阅览座位（个）	年总经费（万元）	年购书经费（万元）	年新购各类文献（册）	年新购图书（册）	在职人员（人）	大专以上学历（人）	中高级职称（人）
霍山县图书馆	1988							0.35		2000	7	1	2
	1990	880	400	30							7	1	2
	1998	880	400	30				1.00		3000	8	1	
	2008	880	400	30				1.00		7000	8	7	1
	2010	880	400	400	200	30	42.50	8.00	6068		8		2
舒城县图书馆	1979	148	56	150			0.90	0.30		2000	4	1	
	1988	1500	667	228	150		1.00	0.50		1500	8	3	2
	1998	1500	667	228	150		1.00	0.50		1000	13	3	6
	2007	1200	667	200	120	29	4.10	1.00		600	7	6	2
	2010	1200	410	165	85	49	31.60	4.00	2980		7	6	3
巢湖市图书馆	1956	300	70	20	20			0.20	7978	7868	3		
	1963	450											
	1978	450	80	40	40			0.80	7469	7259	8		
	1983	720											
	1988	720	400	150	60		6.30	1.00	778	558	17	4	6
	1998	1850	466	150	60		25.40	2.00	466	126	24	17	8
	2008	5500	500	220	60		163.00	15.00	3107	2715	24	17	15
	2010	5500	1000	220	80		200.30	25.00	9210		24	17	16
含山县图书馆	1984	960											
	1988	960	229.5		60		3.52	0.80	2160	630	11	2	
	1998	960	229.5		60		13.53	1.00	1920	650	15		3
	2008	960	229.5		60		52.60	2.50	1560	670	15		5
	2010	960			60		56.00	2.00	2000		15		6

续表 1-4-1

图书馆名称	年份	馆舍面积（平方米）	阅览总面积（平方米）	阅览总座位（个）	少儿阅览室座位（个）	电子阅览座位（个）	年总经费（万元）	年购书经费（万元）	年新购各类文献（册）	年新购图书（册）	在职人员（人）	大专以上学历（人）	中高级职称（人）
和县图书馆	1958	100											
	1976	100									4		
	1984	250	122	97				0.80			5		
	2008	305	122	97				2.00			11		
	2010	305	122	127	40	22	33.30	6.00	960		11		1
无为县图书馆	1964	700											
	1978	1450	160	102	30		2.00	1.50	3700	2600	16	1	
	1988	1872	270	132	72		6.00	2.00	4300	3800	16	2	1
	1998	1872	270	132	72		21.00	3.00	7500	3100	16	3	3
	2008	1200	270	132	72	45	63.00	8.00	9360	3600	14	4	5
	2010	1200	270	132	72	40	66.80	8.80	6000		13		5
庐江县图书馆	1988	500	180	100	50						12		3
	1998	400	90	50			5.90	0.90	700		7	4	3
	2008	500	150	50			11.30	0.90	500		5	4	3
	2010	800	250	80		30	38.00	1.00	2747		3		1
芜湖市图书馆	1949	140	100	80	40				4000	2000	4		
	1952	960									9		
	1978	960	600	100				1.98	33600	16800	26	8	
	1988	3500	550								30	7	12
	1998	3500	550	260	80						30	15	
	2002	3500	550	260	80			6.73	3369	1500	29	19	15
	2008	14720	7720	1360	220	100		20.90	8000	4000	24	20	12
	2010	14720	7720	1360	220	100	476.40	150.00	50000		28	15	11

续表 1-4-1

图书馆名称	年份	馆舍面积（平方米）	阅览总面积（平方米）	阅览总座位（个）	少儿阅览室座位（个）	电子阅览座位（个）	年总经费（万元）	年购书经费（万元）	年新购各类文献（册）	年新购图书（册）	在职人员（人）	大专以上学历（人）	中高级职称（人）
芜湖县图书馆	1980	60	60					0.45			2		
	1988	156	26	30			2.23	0.30		1100	9	1	1
	1998	854	61.9	50	20		8.38	4.30		1498	12	5	2
	2008	854	401	91	40	31	46.20	6.00		1430	12	7	3
	2010	854	401	91	40	31	63.80	9.00	2960		9	7	3
繁昌县图书馆	1978	200	50	20	10			0.03	1500	1400	4		
	1988	1060	140	70	30			0.20	1000	860	12	5	
	2008	1060	320	160	50	30	9.20	6.00	1900	1620	10	6	2
	2010	1060	320	160	50	30	134.00	6.00	2342		10	7	4
南陵县图书馆	1984	250		45									
	2008	400	100	40			43.30	3.00		666	6	5	
	2010	400	100	60	20	24	38.00		1000		5		
马鞍山市图书馆	1976	1318											
	1987	2300	1318								30		
	1996	8900	2890	390				6.00			35	7	6
	2008	8900	2890	500	60	50	337.40	100.00	29776	27235	40	33	12
	2010	20000	5428	650	75	150	363.60	100.00	41000		53		13
当涂县图书馆	1959	120	40	20							3		
	1978	280	100	50							5		
	1988	715	240	154	60						11	1	2
	1998	715	240	154	60						11	2	3
	2008	715	240	184	40	36	78.00	8.00	2000	1200	11	8	2
	2010	715	240	184	40	32	64.20	8.00	1500		11		5

续表 1–4–1

图书馆名称	年份	馆舍面积（平方米）	阅览总面积（平方米）	阅览总座位（个）	少儿阅览室座位（个）	电子阅览座位（个）	年总经费（万元）	年购书经费（万元）	年新购各类文献（册）	年新购图书（册）	在职人员（人）	大专以上学历（人）	中高级职称（人）
马鞍山市金家庄区图书馆	2010	2520	1500	200	60	20	29.00	15.00	3000		5		1
马鞍山市花山区图书馆	2010	2400	300	100	24	25	11.60				3		
马鞍山市雨山区图书馆	2010	500	500	110	20	70					3		
安庆市图书馆	1950	620	180						51000	50000	7		
	1978	1700	260	105			4.50	1.00	13000	12500	21	6	
	1988	1700	260	105			14.30	1.00	10000	9000	36	12	5
	1998	4900	490	180	30		72.00	2.20	4300	3300	43	32	18
	2008	6000	490	210	30	30	210.00	11.00	3600	2200	43	26	22
	2010	6000	490	250	50	32	263.40	11.00	5400		33		16
桐城市图书馆	1979		30				0.80	0.20			6	3	
	1982	670	90								6		
	1988	670	90					0.30			8	6	3
	1998	670	90				13.10	0.50			14	10	
	2007	3000	302	120	48	55	112.00	5.00			17	12	7
	2010	3000	350	120	40	50	120.00	10.00	2825		16		6
枞阳县图书馆	1978	40									6		
	1988	530	50					0.80		500	9	9	1
	1998	530	50					0.80		400	10		3
	2008	530	50					3.00		1500	11	10	4
	2010	530	50	70	30	1	2500.00	3.00	3000		17	17	4

续表 1-4-1

图书馆名称	年份	馆舍面积（平方米）	阅览总面积（平方米）	阅览总座位（个）	少儿阅览室座位（个）	电子阅览座位（个）	年总经费（万元）	年购书经费（万元）	年新购各类文献（册）	年新购图书（册）	在职人员（人）	大专以上学历（人）	中高级职称（人）
怀宁县图书馆	1979	200.5	85	50							3		
	1987	200.5	85	50							9		
	1998	200.5	85	50							9	2	3
	2008	750	90	84	50	31		5.00	5000		9	6	2
	2010	2000	100	102	50	31	104.50	2.00	600		11		3
潜山县图书馆	1978	120	60					0.01	80		3	1	
	1988	120	60								5	1	3
	1998	900	80	140	80			1.10	900	600	6	4	2
	2008	900	120	180	80	40		0.55	4000	2800	6	5	5
	2010	900	120	100	40	40	47.00	4.00	2000		10		4
太湖县图书馆	1979	131	40	40							2		
	1988	310	60	80			2.90	0.30	790	570	7	1	
	1998	1547	240	200	80		25.30	3.00	2800	2580	13	7	
	2008	4864	240	200	80	50	60.30	10.00	5100	4580	15	13	5
	2010	4864	240	200	100	51	140.30	10.00	5500		39	13	4
岳西县图书馆	1987	878	160	100									
	2008	878	160	100	30	40		1.00			6	4	2
	2010	878	160	100	30	50	41.00	2.00	3000		6	4	2
望江县图书馆	1984	367		35							2	1	
	1988	367		35				0.04		790	8	1	1
	1997	367		35				0.89		909	8	1	4
	2007	367	270	150	20	86		2.00			7	7	3
	2010	367	270	150	20	45	21.10	3.00	1645		7		3

续表 1-4-1

图书馆名称	年份	馆舍面积（平方米）	阅览总面积（平方米）	阅览总座位（个）	少儿阅览室座位（个）	电子阅览座位（个）	年总经费（万元）	年购书经费（万元）	年新购各类文献（册）	年新购图书（册）	在职人员（人）	大专以上学历（人）	中高级职称（人）
宿松县图书馆	1985	300	75	40							7		
	2003	1500											
	2008	1500	150	160	20	50		4.50		1500	7	7	2
	2010	2500	450	132	30	52	33.70	4.50	2000		7	7	2
池州市图书馆	1988	646	150		25			2.00			8	1	2
	1998	646	150		30			3.00			8	5	2
	2008	2000	245	180	40			3.50		1419	8	6	4
	2010	2000	300	180	40		45.50	3.50	2990		10	6	4
青阳县图书馆	1959	80									4		
	1978	300	200	68							8		2
	1988	300	200	68							8		2
	1998	300	200	68							8		2
	2008	800	300		40	40		4.00	1140	650	8	3	2
	2010	1600	800	140	80	48	89.00	3.00	3335		7		2
东至县图书馆	1979	295		104	40			0.80		200	6		
	1988	620	230	144	40			1.00		300	8		
	1998	620	230	144	40			1.20		410	8		
	2008	1243	560	250	60	40		3.00		800	8	4	
	2010	1243	560	300	150	52	58.00	3.00	1212		7		1
石台县图书馆	1979	123	65	50	20		0.79	0.46	3200		7	1	
	1988	560	120	60	30		1.08	0.14	500	326	5		1
	1998	560	80	40			3.98	0.20	300	200	5	3	1
	2008	560	160	100	60		16.40	3.00	1376	1000	5	2	
	2010	560	270	192	80	40	31.80	6.00	2000		5	3	

续表 1-4-1

图书馆名称	年份	馆舍面积（平方米）	阅览总面积（平方米）	阅览总座位（个）	少儿阅览室座位（个）	电子阅览座位（个）	年总经费（万元）	年购书经费（万元）	年新购各类文献（册）	年新购图书（册）	在职人员（人）	大专以上学历（人）	中高级职称（人）
铜陵市图书馆	1978	68									15		
	1980	670	190	62	20		3.50	1.30	9000	8000	15	1	
	1993	5075	1050	312	90		19.00	3.90	3458	2768	45	16	7
	2003	6460	1248	410	88		159.00	40.00	7583	6195	45	25	19
	2008	8234	1248	410	88	43	346.80	90.00	19950	19540	43	28	18
	2010	8234	1696	418	85	40	289.10	20.00	4835		37	29	20
铜陵县图书馆	1978	250	100	40							3		
	1988	300	100	60							4		
	1998	450	200	80	40						6	2	1
	2008	820	200	120	40	50	40.00	10.00	7000	6000	8	5	
	2010	1000	300	126	30	40	76.10	10.70	5000		9		1
宣城市图书馆	1958	120											
	1988	1330	178	140	60		6.17	0.59	1146	899	7		1
	1998	1330	178	140	60		20.41	4.21	1863	1563	7	1	
	2008	1330	178	180	60	40	46.92	0.97	481	301	7	1	2
	2010	1330	360	140	40	40	91.30	30.00	7314		6		2
泾县图书馆	1978	300	50		40								
	1990	300	50		40			1.10			6		
	1998	300	50		40						6		2
	2008	1000	160	120	60		12.00	2.00		850	5	4	1
	2010	1000	160	120	60	30	13.00	2.00			5		1

续表 1–4–1

图书馆名称	年份	馆舍面积（平方米）	阅览总面积（平方米）	阅览总座位（个）	少儿阅览室座位（个）	电子阅览座位（个）	年总经费（万元）	年购书经费（万元）	年新购各类文献（册）	年新购图书（册）	在职人员（人）	大专以上学历（人）	中高级职称（人）
旌德县图书馆	1984	600						0.89	1000				
	1992	800	80	50	30			1.019	3000				
	2008	800	80	50	30			0.78	500				
	2010	800	200	100	30	45	9.50	1.00	120		9		2
广德县图书馆	1981	150											
	1987	150									12		
	2008	300	150				26.00	1.00			10	10	2
	2010	800				41	94.70	10.00	21000		12	10	2
郎溪县图书馆	1987	720	200	150									
	2008	720	200	150				2.00			10	2	
	2010	720	270	150	40	28	78.00	2.00	20000		10	2	
宁国市图书馆	1986	800						0.80			7		
	2007	1100	521	223	54	88		30.00		20000	7		
	2010	1100	521	206	54	89	100.40		8728		13		2
绩溪县图书馆	1982	552	180	160									
	1988	552	180	160				0.30		3000	8	2	3
	1998	552	180	160				0.30		300	9	1	3
	2008	1200	340	180	60			6.00		30000	9	3	2
	2010	1200	480	180	60	56	54.30	6.70	1000		10		3
黄山市屯溪区图书馆	1989	1160									7	4	
	2008	1160	140	100	50	30	30.00	0.80			8	6	4
	2010	1160	140	100	50	30	45.70	0.80	366		8		4

续表 1-4-1

图书馆名称	年份	馆舍面积（平方米）	阅览总面积（平方米）	阅览总座位（个）	少儿阅览室座位（个）	电子阅览座位（个）	年总经费（万元）	年购书经费（万元）	年新购各类文献（册）	年新购图书（册）	在职人员（人）	大专以上学历（人）	中高级职称（人）
黄山市黄山区图书馆	1981	160											
	1986	581							1740	1500	6		
	2008	1200	300	125	40	44				500	7	7	3
	2010	1200	340	125	40	44	40.00	7.00	5000		9	9	3
黄山市徽州区图书馆	1999	200									3		
	2004	160	100					3.00			3		
	2008	160	100					3.00			3	2	
	2010	1200	500	100		30	15.30	3.00	3000		3	2	
歙县图书馆	1978	320	80	40			1.00	0.12	2600	2500	5	1	3
	1988	1510	470	85	30		3.00	1.00	3200	2900	8	3	3
	1998	2637	680	288	70		25.10	13.00	3600	3500	16	5	3
	2008	2637	680	318	70		68.00	4.00	3300	3100	15	6	3
	2010	2637	680	318	70	40	60.00	4.00	3300		13	6	4
休宁县图书馆	1980	97	40					0.30		3800	3		
	1988	190	40					0.30		2500	3		
	1992	1000	160		20			0.30		139	5		
	1998	1000	160	104	30			0.50		258	8	1	1
	2008	1300	600	156	42			4.00		2000	7	1	1
	2010	1300	520	150	20	44	23.30	4.00	2000		5		1
祁门县图书馆	1988	360	54	48				0.50		556	6		1
	1998	360	54	48	30			0.70		500	6	3	
	2008	1200	90	110	30			1.00		3793	6	3	
	2010	1200	180	175	40	34	32.60	0.50	1187		5		

续表 1-4-1

图书馆名称	年份	馆舍面积（平方米）	阅览总面积（平方米）	阅览总座位（个）	少儿阅览室座位（个）	电子阅览座位（个）	年总经费（万元）	年购书经费（万元）	年新购各类文献（册）	年新购图书（册）	在职人员（人）	大专以上学历（人）	中高级职称（人）
黟县图书馆	1978	40					0.30	0.05			2	1	
	1988	405	140	110	60			0.22	609		4	1	1
	1998	405	140	110	60		4.10	0.50	350	300	4	1	1
	2008	405	140	110	60		7.20	1.90	1208	1006	4		
	2010	2020	460	200	40	42	20.30	1.00	526		4		

图书馆名称	年份	馆舍面积（平方米）	阅览总面积（平方米）	阅览总座位（个）	电子阅览座位（个）	年总经费（万元）	年购书经费（万元）	年新购各类文献（册）	年新购图书（册）	在职人员（人）	大专以上学历（人）	中高级职称（人）
高校图书馆												
中国科技大学图书馆	1984	10000		1366						76		
	2008	31773	20000	3881	104					98	60	60
	2010	31773	20000	3881	104	1500.00	1348.00			84	80	67
合肥工业大学图书馆	1978	6706	1550	500		17.30	17.30	21000	21000			
	1984	15600	5554	1800								
	1988	15600	5554	1800		45.00	45.00	38000	38000			
	1998	21000	6434	2100		130.00	130.00	49000	49000			
	2008	45000	18800	4132	406	900.00	900.00	117000	82000	141	115	73
	2010	45000	18800	4500	406	1121.00	968.00			126	106	67
安徽大学图书馆	1958	1132										
	1961	10350	3026							30		
	1964	10350	3026							43	29	
	1978	10350	3026							50		
	1987	10350	3026							90		
	2002	33734										
	2008	74395		6507	230					121		76
	2010	74395		6507	230	813.88	738.70			118	79 本科	65

续表 1–4–1

图书馆名称	年份	馆舍面积（平方米）	阅览总面积（平方米）	阅览总座位（个）	电子阅览座位（个）	年总经费（万元）	年购书经费（万元）	年新购各类文献（册）	年新购图书（册）	在职人员（人）	大专以上学历（人）	中高级职称（人）
安徽师范大学图书馆	1978	6728		400			3.00			72		
	1988	6728		400			40.00			78		25
	1998	16178		800			43.50			77		20
	2008	46911	13397	2774	380		430.00			100	76	34
	2010	46911	13397	2774	380	610.00	550.00			100	48 本科	53
安徽农业大学图书馆	1994	8360	770							43		11
	2003	8360	770		120	337.40	150.00		55000	41	32	18
	2008	10038	1678	900	200	350.00	200.00		70000	38	25	15
	2010	10038	1678	900	200	400.00	120.00			38	36	16
安徽医科大学图书馆	1984	2130		230						25		
	1987	5804								28		15
	2008	5804		800	110					33		18
	2010	23564		2000	320	283.80	80.00			37	28	16
安徽工业大学图书馆	1978	3150								27	13	
	1985	3150								38	27	24
	2000	6333		1300						68	46	32
	2001	6333		1300	109							
	2007	17000		2700	470					77	67	35
	2010	61000	25000	5100	690	1510.00	750.00			98	57 本科	45

续表 1–4–1

图书馆名称	年份	馆舍面积（平方米）	阅览总面积（平方米）	阅览总座位（个）	电子阅览座位（个）	年总经费（万元）	年购书经费（万元）	年新购各类文献（册）	年新购图书（册）	在职人员（人）	大专以上学历（人）	中高级职称（人）
安徽理工大学图书馆	1980	1090		100						26		
	1989	6200	2600	1012			20.60			45		
	1998	8020	2900	1114			27.00			51	39	
	2008	41356	11046	6442	350					88	65	36
	2010	41356	11046	7221	350	300.00	150.00			89	67	35
安徽财经大学图书馆	1984	4000	1000			6.00		20000		35	16	
	2008	35000	18000	4380	386	300.00		40000		83	67	51
	2010	35000	18000	4380	386	500.00	100.00			70	66	42
淮北师范大学图书馆	1989	7715		867			7.58	7732	6132	38	20	12
	2002	22717		2479	67		84.00	373061	24984	82	67	29
	2008	22717	2458	2830	430		127.32	292190	33159	78	66	34
	2010	22717	2458	2412	430	352.30	279.70			73	63	32
安徽工程大学图书馆	2007	21567	14000	2021	340		364.46		216068	35		14
	2010	21567	14000	2021	340					35	32	14
安徽建筑工业学院图书馆	1986	6584		360						26	8 本科	8
	2007	24000	9000	3500	200		472.00	877206		48	38 本科	22
	2010	24000	9000	3500	200	550.00	400.00			50	40 本科	25
安徽中医学院图书馆	1999	2741										
	2006	7839					63.45					
	2008	15000	1700	800	150		118.44			43	33	18
	2010	15000	1700	800	150	293.80	80.00			43	20 本科	18

续表 1-4-1

图书馆名称	年份	馆舍面积（平方米）	阅览总面积（平方米）	阅览总座位（个）	电子阅览座位（个）	年总经费（万元）	年购书经费（万元）	年新购各类文献（册）	年新购图书（册）	在职人员（人）	大专以上学历（人）	中高级职称（人）
蚌埠医学院图书馆	1958	302	133	52			3.25	10344	9941	5	2	
	1978	2100	460	268			3.95	8698	6644	22	9	
	1988	2100	460	268			9.51	4247	2569	25	19	8
	1998	2100	460	268			21.20	1541	889	19	16	15
	2008	16880	13171	2204	170	200.00	75.32	22751	22070	29	27	17
	2010	16880	13171	2204	170					31		
皖南医学院图书馆	1984	2600		340						18		
	2007	23758		1646	92		216.00			24	19	13
	2010	23758		1646	92					25	16	12
阜阳师范学院图书馆	1988	1300		294			7.50			45	18	12
	2008	11000	3700	1580	120		190.67	104292	54292	68	61	24
	2010	36000	15000	2800	220	775.00	216.00			67	59	30
安庆师范学院图书馆	1980	1800		270								
	2001	7586		598	60					34	13	25
	2006	33846		2022	286					52	42	24
	2010	33846	1800	2022	286	104.00	55.00			53	43	39
安徽科技学院图书馆	1959	220										
	1998	1090	100	80						19		
	2000	5600										
	2008	23564	10000	3564	750					30	30	18
	2010	23564	10000	3564	750					49	49	20

续表 1-4-1

图书馆名称	年份	馆舍面积（平方米）	阅览总面积（平方米）	阅览总座位（个）	电子阅览座位（个）	年总经费（万元）	年购书经费（万元）	年新购各类文献（册）	年新购图书（册）	在职人员（人）	大专以上学历（人）	中高级职称（人）
合肥师范学院图书馆	1991	1851		180			11.13	5435	4654	22	14	15
	1998	4816		268			3.90	681	681	17	11	10
	2008	26599		2102	120		47.20	34626	6779	25	21	8
	2010	26599		2102	314					26	4（硕士）	
皖西学院图书馆	2008	25400	10760	2659	150	200.00				49	37	27
	2010	25400	10760	2659	150	154.40	104.40			49	17 本科	29
合肥学院图书馆	1982	50								2		
	1983	260										
	1987	1500								7		
	2002	6693		760	38							
	2005	12513		1471	127		250.00	74612	51249	29	23	17
	2007	12544		1471	127		230.00	82302	66421	36	29	23
	2008	12544		1471	127		288.00	125849	102087	33	26	20
	2010	41400	3950	2600	144	241.90	211.90			28	23	18
巢湖学院图书馆	1979	800	100	50			0.40	4200	4000	11	5	1
	1989	860	160	70			1.50	6000	5000	14	9	3
	2000	6500	1000	570	5		40.00	22000	20000	20	13	7
	2008	6500	5000	1000	20		70.00	153000	30000	35	27	12
	2010	6500	5000	1000	20					22	14 本科	11
黄山学院图书馆	2008	10094		1000						38	24 本科	26
	2010	38076		2826		150.00	100.00			41	38	28
铜陵学院图书馆	2008	28800	12000	3200	400		300.00	120000	103000	34	29	20
	2010	28800	12000	3200	400					44	36	19

续表 1-4-1

图书馆名称	年份	馆舍面积（平方米）	阅览总面积（平方米）	阅览总座位（个）	电子阅览座位（个）	年总经费（万元）	年购书经费（万元）	年新购各类文献（册）	年新购图书（册）	在职人员（人）	大专以上学历（人）	中高级职称（人）
滁州学院图书馆	1978	210	90	38			0.40		2000	7	1	
	1988	1262	444	131			3.67		9726	25	7	6
	1998	2513	534	402			2.16		960	21	13	10
	2008	8443.8	1521	1872	180		250.26		94480	42	32	11
	2010	20601		2260		200.00	120.00			44	38	13
蚌埠学院图书馆	2005	20500	2200	1600	150	90.00	70.00	32800	30800	30	23	17
	2006	20500	2200	1600	150	440.00	420.00	302000	300000	29	23	17
	2007	20500	2200	1600	150	65.00	45.00	17000	15000	27	23	18
	2008	20500	2200	1600	150	90.00	60.00	28800	26800	29	23	16
	2010	20500	2200	1600	150	90.00	60.00	28800	26800	29	15 本科	18
池州学院图书馆	1992	1000		250						15		5
	2010	19000		2100						41		21
宿州学院图书馆	1978		40							1		
	1988		200									
	1998		400	3000			100.00					
	2001	10300	6000	3700						18		
	2007	24300	3683	3000	200		150.00			56	45	32
	2010	34600	3683	3000	200	259.50	200.00			53	18 本科	10
淮南师范学院图书馆	1978	130				78.00	0.60			5		
	1992	1300	260	100		225.00	3.50	4054	3306	18	14	8
	2000	9010	900	210	130	3341.60	42.00	14000	12000	41	29	19
	2008	10341	1100	1100	180	11000.00	160.00	270500	39000	41	39	25
	2010	37300	2100	1200	300	375.00	108.00			44	42	25

续表 1-4-1

图书馆名称	年份	馆舍面积（平方米）	阅览总面积（平方米）	阅览总座位（个）	电子阅览座位（个）	年总经费（万元）	年购书经费（万元）	年新购各类文献（册）	年新购图书（册）	在职人员（人）	大专以上学历（人）	中高级职称（人）
安徽新华学院图书馆	2008	5000		1200	128					26	26	3
	2010	25318		1880	128	217.00	181.20			31	31	1
安徽三联学院图书馆	2010	20210		1500						16	14 本科	2 高级
马鞍山师范高等专科学校图书馆	2008	4800	1205	974	80		50.00	20700	20000	17	16	5
	2010	4800	1205	974	80					17	16	5
安徽医学高等专科学校图书馆	2008	2000	800	416	64					15		
	2010	2000	800	416	64	70.00	55.00			11	9	2
安徽中医药高等专科学校图书馆	2008	8000					100.00		30000	16	9	5
	2010	19710		1400	500							
桐城师范高等专科学校图书馆	2005	4500	600	300	48							
	2010	4500	600	300	48	20.00	10.00			11	7	5
亳州师范高等专科学校图书馆	2008	2150								12	11	8
	2010	2150								12	11	8
淮南联合大学图书馆	2010	1636	920	744						16		11
安徽职业技术学院图书馆	1991	7000										
	2004	8693	2300	1100	100							
	2008	8693	2300	1200	200					15		6
	2010	19080	3180	1500	200	196.80	144.80			23	23	9
淮南职业技术学院图书馆	1978	1500	750				1.00	600	400	11	3	1
	1988	1500	750				1.00	600	400	12	6	4
	1998	2500	1280				10.00	6000	5000	16	10	4
	2008	8000	3100	1000	350		100.00	40000	30000	27	27	5
	2010	8000	3100	1000	350					27		8

续表 1-4-1

图书馆名称	年份	馆舍面积（平方米）	阅览总面积（平方米）	阅览总座位（个）	电子阅览座位（个）	年总经费（万元）	年购书经费（万元）	年新购各类文献（册）	年新购图书（册）	在职人员（人）	大专以上学历（人）	中高级职称（人）
淮北职业技术学院图书馆	2008	19957		1080	150					33	29 本科	23
	2010	19957		1080	150					33	29 本科	23
安徽警官职业学院图书馆	2007	9449			100		40.00	22000	20000	18	17	8
	2010	9449			100					20	10 本科	
安徽水利水电职业技术学院图书馆	1998	2000	600	360		30.00	20.00	15000	10000	9	9	3
	2008	9000	2500	1202	128	140.00	30.00	19000	13000	16	16	6
	2010	9000	2500	1202	256	160.00	80.00	22000	16000	15	15	6
安徽商贸职业技术学院图书馆	2004	11480		1378	210							
	2008	11480		1378	210					28	21	4 高级
	2010	11480		1378	210					28	20	4 高级
安徽艺术职业学院图书馆	2008	1310		1640	40					25	20	
	2010	1310		1640	40					25	20	
安徽机电职业技术学院图书馆	2000	4500			40					9	4	2
	2008	12056	3000	1600	150	44.40	17.30	11698	5940	24	16	3
	2010	7556	3000	894	110	80.00	40.00	18283	12983	22		8
亳州职业技术学院图书馆	2010	2350		296								
安徽国防科技职业学院图书馆	1978		200				2.00		1000	5	1	
	1988		200				3.00		7500	6		
	1998		400				15.00		8500	14	3	1
	2008	8600	1000		300		30.00		15000	13	9	5
	2010	8600	1000		300					13	4	2

续表 1–4–1

图书馆名称	年份	馆舍面积（平方米）	阅览总面积（平方米）	阅览总座位（个）	电子阅览座位（个）	年总经费（万元）	年购书经费（万元）	年新购各类文献（册）	年新购图书（册）	在职人员（人）	大专以上学历（人）	中高级职称（人）
安徽外国语职业技术学院图书馆	2002	14000		1600	304							
	2010	14000		1600	304							
安徽邮电职业技术学院图书馆	1998	3200	1500	300			5.00			8		
	2008	3200	1500	300		10.00	5.00			7		
	2010	3200	1500	300						8		
安徽工业职业技术学院图书馆	2010			454						10		
安徽审计职业学院图书馆	2006	8950		440								
	2010	8950		440						17	13 本科	
安徽财贸职业学院图书馆	2010	16000		2600						9	6	4
合肥信息技术职业学院图书馆	2010	1200		400								
安徽工商职业学院图书馆	2003	11457		1620	300							
	2010	11457		1620	300							
安庆职业技术学院图文信息中心	2008	14500		660								
	2010	14500		660						24		
安徽电气工程职业技术学院图书馆	2003	5640	1058	616								
	2008	5640	1058	616	49					13	10	6
	2010	5640	1058	616	92	81.85	39.85			12	10	5
安徽冶金科技职业学院图书馆	2010	9000								9		
六安职业技术学院图书馆	2008	11000	6400	1300	800	180.00	80.00			17	14	
	2010	11000	6400	1300	800					17	14	15

续表 1-4-1

图书馆名称	年份	馆舍面积（平方米）	阅览总面积（平方米）	阅览总座位（个）	电子阅览座位（个）	年总经费（万元）	年购书经费（万元）	年新购各类文献（册）	年新购图书（册）	在职人员（人）	大专以上学历（人）	中高级职称（人）
宿州职业技术学院图书馆	2007	7300										
	2010	7300								22		
马鞍山职业技术学院图书馆	2008	8960	2100	400						12		
	2010	8960	2100	400								
安徽交通职业技术学院图书馆	2008	6764		1140	100					14	11	10
	2010	6764		1140	100					14	11	10
安徽绿海商务职业学院图书馆	2006	5100		400	80							
	2010	10000		400	80							
安徽文达信息技术职业学院图书馆	2001	10800										
	2010	10800										
阜阳职业技术学院图书馆	2009			314	40					12		5
	2010			314	40					17		6
芜湖职业技术学院图书馆	2004	17300		2004	100							
	2008	17300		2004	100					24	19	9
芜湖信息技术职业学院图书馆	2005	4000			120		38.00					
	2008	4000			120		100.00			11		
其他图书馆												
中共安徽省委党校图书馆	1977	1000										
	1987	5100										
	2000	5100			14							
	2008	5100			14					18	18	12
	2010	10000	2000	60	24	70.00	20.00			19	10 研究生	14

续表 1–4–1

图书馆名称	年份	馆舍面积（平方米）	阅览总面积（平方米）	阅览总座位（个）	电子阅览座位（个）	年总经费（万元）	年购书经费（万元）	年新购各类文献（册）	年新购图书（册）	在职人员（人）	大专以上学历（人）	中高级职称（人）
中共安徽省直党校图书馆	2008	250								6		3
	2010	250								4		3
中共亳州市委党校图书馆	2008	200			45		5.00			3	2	
	2010	600	200	60	45	10.00	5.00			1	1 本科	
中共宿州市委党校图书资料室	1978		20							4	3	
	1988	700	144	102						6	6	3
	1998	700	144	102	3					7	7	6
	2008	700	144	102	5					5	5	3
	2010	700	144	102	5							
中共蚌埠市委党校图书馆	1984	200	100	30		1.50	1.00	2500	1000	4	1	
	1988	400	150	50		2.50	2.00	3000	1500	6	4	3
	1998	2000	180	80		8.00	7.00	4800	800	6	6 本科	5
	2008	2000	220	90	8	10.00	6.00	4000	400	5	5 本科	3
	2010	918	224	48	8	10.00	3.00			5	5 本科	3
中共淮南市委党校图书馆	1986	800		54								
	2008	800		54						6	6	3
	2010	800		54								
中共淮北市委党校图书馆	2010	1292								5	5	2
中共巢湖市委党校图书资料室	2008	700	50	60			3.00			5	4 本科	3
	2010	700	50	60	32					5	4 本科	3

续表 1-4-1

图书馆名称	年份	馆舍面积（平方米）	阅览总面积（平方米）	阅览总座位（个）	电子阅览座位（个）	年总经费（万元）	年购书经费（万元）	年新购各类文献（册）	年新购图书（册）	在职人员（人）	大专以上学历（人）	中高级职称（人）
中共马鞍山市委党校图书馆	1985	397										
	1996	2400	400	106								
	2010	2400	400	106			8.00					
中共安庆市委党校图书馆	1978	60	10	10		0.50	0.20		1500	2	1	
	1988	600	200	100		1.00	0.45		1100	9	6	7
	1998	1009	300	200	30	2.95	0.75		1000	12	10	9
	2008	1100	300	200	30	4.85	0.85		300	9	9	7
	2010	1100	300	200	30					9	4 本科	7
中共池州市委党校图书馆	2005	1120								2		
	2010	1120								2		
中共宣城市委党校图书馆	2008	2000		150	25					5	5 本科	4
	2010	2000		150	25					5	5 本科	4
中共黄山市委党校图书资料室	1949	60								1		
	1986	600								6		
	2001	900	180							7		
	2008	900	220	120	38	6.00	2.50			8	8	6
	2010	900	220	120	38	6.00	2.50			8	8	6
中共芜湖市委党校图书馆	2008	2100		86		16.00				8		
中共六安市委党校图书馆	1977	300										
	1997	1570										

续表 1-4-1

图书馆名称	年份	馆舍面积（平方米）	阅览总面积（平方米）	阅览总座位（个）	电子阅览座位（个）	年总经费（万元）	年购书经费（万元）	年新购各类文献（册）	年新购图书（册）	在职人员（人）	大专以上学历（人）	中高级职称（人）
解放军电子工程学院图书馆	1986	3145										
	2000	4880	2000	600	60					29	14	
	2008	4880	2000	600	120					29		
	2010	4880	2000	600	120					29	4 硕士	
解放军炮兵学院图书馆	1978	300							20000	20		
	1982	500							3000	15		
	1987	4700								15		
	2000	4700			40					15		
	2008	4700			40			15000		28	28 本科	
	2010	21180		1700	120			15000		30	30 本科	
解放军蚌埠坦克学院图书馆	1984	3400	1300	520						15	6	
	1998	3400	1300	520						18	8 本科	6
	2008	3400	1300	520	160					14	5 本科	5
	2010	3400	1300	520	160					14	5 本科	5
安徽社会主义学院图书馆	1999	350	200	50								
	2008	350	200	50	8					3	3 本科	2
	2010	350	200	50	8	15.00	6.00			3	3 本科	3
安徽省社会科学院图书馆	1983		30	10			6.30			3	1	
	1988	1800	180	20			6.60			5	1	
	1998	1800	180	35			22.20			9	6	3
	2008	1800	230	35	15		14.65			11	10	5
	2010	650	162	12	4	13.00	6.00			10	8 本科	7

续表 1-4-1

图书馆名称	年份	馆舍面积（平方米）	阅览总面积（平方米）	阅览总座位（个）	电子阅览座位（个）	年总经费（万元）	年购书经费（万元）	年新购各类文献（册）	年新购图书（册）	在职人员（人）	大专以上学历（人）	中高级职称（人）
中国科学院合肥物质科学研究院图书馆	2006	400								6		
	2010	400								6		
中钢集团马鞍山矿山研究院有限公司图书馆	1960	64								4		
	1964	630								8		
	1980	850	80	70						4		
	2008	850	80	70						4		2
	2010	850	200	70		8.00	6.00			5	5	5

注:1. 年新购各类文献指当年新购的各类纸质文献和音像资料等,不含电子文献。

2. 在职人员栏为该馆提供的工作人员数据,有些馆提供数据包括在编和聘用人员,有些馆仅提供在编人员数据。

3. 大专以上学历栏系大专及其以上学历人员的数据;学历栏数据中标有“本科”或“研究生（硕士）”系该馆仅提供本科或研究生（硕士）及其以上学历人员的数据。职称栏数据中标有“中级”系该馆仅提供中级其以上职称人员的数据。职称栏标有“高级”系该馆仅提供高级职称人员的数据。

第二篇　文献资源建设

依据服务对象的文献信息需求，系统地规划、选择、收集、组织管理文献资源，建立具有特定功能的藏书体系，是图书馆的重要职能，也是图书馆开展读者服务工作的基础。安徽省内各级各系统图书馆历来重视文献资源建设，将其放在图书馆工作的首要位置。

民国初期，安徽省内有识之士为省立图书馆的成立呼号奔走，并通过购置、搜集与个人捐赠等途径网罗文献资源，成为省立图书馆的基础馆藏。民国2—19年（1913—1930年）间，历任馆长谋求馆务发展，馆藏文献每年都有所增长，但增长幅度不大。民国19年（1930年），陈东原任安徽省立图书馆馆长，各项馆务得以兴盛，购书经费逐年增长，文献资源建设也得到较大发展。根据民国24年（1935年）出版的《全国省立图书馆现状之鸟瞰》一文记载，在全国33所省级图书馆中（有些省份有2—3所），安徽省立图书馆的藏书量排第十四位（年经费排在第六位，购书经费则排在第三位），从中可见其发展态势。

民国26年（1937年），抗日战争爆发，外敌入侵，政局动荡不安，省内各级图书馆历尽世事沧桑，图书馆事业几近停滞，文献资源建设陷入困顿。新中国成立前省图书馆数次辗转迁移，频遭战火损毁，馆藏文献大多丧失殆尽，各项基础工作非常薄弱。

新中国成立之初，图书馆事业作为文化事业的重要组成部分，为政府所重视，省内各馆通过对原有的图书馆进行大力改造，调整藏书结构，扩充藏书资源。在藏书资源建设上，尤其是安徽特色地方文献典籍的收集、抢救和保存方面成绩斐然。

"文化大革命"期间，省内各图书馆除马列和毛泽东著作外，其他得到保存和使用的图书为数甚少，部分重要文献资源甚至遭遇毁灭性灾难。

"文化大革命"结束后，特别是中共十一届三中全会后，安徽省内图书馆事业与社会经济、科学、教育事业齐头并进，得到恢复性发展，并日益呈现出欣欣向荣之势。文献资源建设重新得到重视，图书馆购书经费随着业务经费的增加而相应增加。

1982年12月1日，文化部颁布《省（自治区、市）图书馆工作条例》，要求省级图书馆作为全省（自治区、市）的藏书、图书目录、协作和协调及业务研究、交流的中心，建成具有地方特色的藏书体系，对本省（自治区、市）的正式出版物和有关本地区的地方文献资料尽量收集齐全。条例对本省图书馆地方文献资源建设起到了很大促进作用。

截至1995年底，安徽省已建成的83所县级以上公共图书馆，藏书752万册，其中古籍85万册。截至1998年底，省内83所公共图书馆总藏书736.8万册（件），其中省图书馆藏书217.7万册（件），地级图书馆平均每馆藏书17.4万册，县级图书馆平均每馆藏书4.6万册。按1998年末全省总人口计算，人均图书馆藏书0.12册。

进入21世纪，国家对公共文化事业日益重视，先后颁布多项支持文化事业政策，积极推动和支持公共文化事业的发展。由此，公共图书馆事业得以快速发展，购书经费逐年增加，文献资源的品种数量稳步提升。截至2005年底，安徽省88所公共图书馆总藏量851.7万册（件），其中书报刊836. 1万册。截至2010年底，全省88所公共图书馆，总藏量1306.36万册（件），其中图书946.28万册，古籍63.74万册，善本6.34万册，报刊155.50万册，视听文献、微缩制品13.59万册，其他120.91万册。

由于新中国成立前的连年战火和搬迁，安徽省各高校图书馆藏书散失严重。新中国成立后复校时，安徽大学图书馆馆藏尚存5万册，东南医学院图书馆和安徽工业专科学校图书馆的藏书总量尚不足一万册。新中国成立后，随着国家对科教事业的重视而持续发展，高校图书馆文献资源建设呈现稳固发展态势，初步建成各自完整的藏书体系。截至1978年底，全省已有19所高校图书馆，总藏书量有629万册，已成为安徽高教事业发展的重要支柱，安徽省图书馆事业的一个重要组成部分。

1989年10月，安徽高校文献资源调研课题组对全省7所具备研究级学科规格的高校图书馆进行了调查评估，结果显示，馆藏书刊数量均具备高校馆的规模，其中人均藏书超过100册的有3所馆，人均藏书80—89册的有3所馆，平均人均藏书高达95.67册，具有雄厚的文献资源实力。

截至2009年底，全省高校图书馆入藏的纸质文献合计达5000万册，其中以安徽传统文化以及安徽地方文献特藏见长。中国科学技术大学、安徽大学受赠收藏国家再造善本古籍近万种。各馆均引入电子文献资源，如中国学术期刊网、万方数据、维普数据库等期刊数据库，超星、方正、书生等各类电子图书，网上报告厅等视频资源，中文社会科学引文索引CSSCI、中国科学文献数据库、国研网等。

第一章　文献资源采集

明末清初，徽州、桐城等地的书香门第，都以读书、校书、刻书、印书、“家藏万卷”为荣。故有藏书家安徽第二，徽州为首之说。

民国22年（1933年），安徽省政府通令各县县政府，尽最大努力征集历史民俗资料。电文“案据安徽省立图书馆馆长陈东原呈称：窃查本省为富有历史之区，人物殷盛，著称简册。但省内素无历史博物馆之设立，一任史料散佚，考古无从，殊属可惜！该馆有鉴于此，故拟就馆内增设历史民俗陈列室，为后来建筑历史博物馆之基础。惟关于历史及民俗两方面之资料，必须各县政府，地方人士之赞助，方可期于完善。兹拟请各县政府，力为征采，送馆之件，共凡十项”。文中所提“十项”分别为：拍摄各县古迹的照片；各县先贤的影像；各县往哲的遗迹；各县的远年档案；各县的金石拓片；各县的出土古物；各县出产的历史；各县生活的写真；各县的单行货币；各县的民间娱乐。安徽省立图书馆借助政府的力量，代为收集与本省有关的历史民俗资料，专门开辟历史民俗陈列室。

新中国成立后，省图书馆秉承“征存”遗风，积极收集民间散藏的革命历史文献、古旧图书和地方珍贵资料。1953—1986年在有关单位的大力配合下，该馆组织人员三下江南和安庆等地，四到皖南徽州地区，征得大量版本价值高，存世量稀有的珍贵典籍。

1978年后，省内各图书馆的文献资源主要来源于采购与捐赠，采购量高低随着购书经费多少与书价的涨跌而起落。

1995年后，省图书馆不仅收藏纸质文献，缩微资料、音像资料、电子文献等也逐步从无到有，文献类型日益丰富完善。

2000年后，省内各馆文献开始陆续实行政府采购。省内各馆为更好地履行其社会职能，依据其采访方针，遵守其采访原则，逐步形成馆藏特色，部分馆构建了较为完整的藏书体系。这一时期，省内一些图书馆已不仅注重纸质文献资源建设，也开始注重其他载体的资源建设，特别是数字资源建设，数字资源建设成为文献资源建设重要组成部分。

第一节　文献资源采访方针

安徽省各级图书馆在发展过程中建立起以用定藏、功能明确、特色鲜明、动态调整的文献资源建设方针，指导、调控和规范文献资源建设，并且注重有地域特色的文献资源建设。

公共图书馆

安徽省图书馆　自建馆之初，围绕办馆目的，明确图书采访原则；1930年，该馆对"搜集全国新旧典籍及世界名著之职志，虽不敢承受，然亦无时不力求自勉，以冀达到此项目的万分之一。同时，对于本省文献之搜集，更觉责无旁贷。凡属与此有关者，莫不设法购求，惟力是视"。规范购书方法，"检查新旧各种书目，抄录应购之书；求之于报章杂志上新出版之新书广告；根据书评及提要，录其应购之书；寄发介绍单，请求阅者自动介绍；函请专家另外介绍专门书籍"。严格购书标准，"国内新出图书，求其一出即有；线装书籍，逐渐添置；本省文献，求其充实；新杂志及著名机关出版物，希望其全；维新以来各种重要出版物，力求粗备；添置外国书籍及杂志"。

1994年4月，安徽省图书馆贯彻执行文化部颁布的《省（自治区、市）图书馆工作条例》，汇编《安徽省图书馆业务规章制度》，制定《书刊补充条例》，确定"根据本省政治、经济、教育、科研和生产需要，逐步形成具有安徽地方特色的藏书体系"为文献资源采访方针；2004年又补充了"与兄弟馆、地方馆等统一协调，分工合作，为实现真正意义上的资源共建共享作准备，建立该馆的重点藏书体系"的内容。该馆依据采访方针确立各类文献的采访范围、采访重点及采访策略，以形成其馆藏特色。该馆文献采访方针可归纳如下：

1. 保证重点学科，注重文献来源权威性：在书刊采访方面，要求确保正版，内容健康，在保证藏书结构稳定的前提下，侧重采购重点学科文献；在电子文献采访方面，根据经费、设备有选择地入藏学术刊物和信息含量大的光盘，采购重点为国内著名的文献数据库、电子图书。

2. 注重文献地方特色：2001年，省图书馆制定《安徽省图书馆安徽地方文献征集工作条例》，并于2004年加以修订。征集范围：凡是内容和形式与安徽有关的文献，都视为安徽省地方文献，不论出版年代，均应尽可能全面征集入藏。

3. 注重文献连续性、实用性：省图书馆的报刊以及其他形式的连续出版物采访原则是：遵循连续性、实用性的原则，为保证报刊的完整性、连续性，切忌随意停订；社会科学期刊注重它的史料性、信息含量、收藏价值，自然科学期刊以新技术、新学科、应用科学为主。对重要的工具书、多卷书、丛书等应力求齐全、配套，确保该类图书入藏的稳定性和连续性。

合肥市图书馆　合肥市图书馆在采访文献方面注意处理普及与提高、重点与一般的关系。根据该馆现有藏书和出版发行情况，尽可能满足馆藏图书的完整性、系统性；对重要的丛书、多卷书和其他连续出版物力争配套。根据协调的原则，加强与本系统、本地区图书采购工作的联系与协作，避免资源重复浪费。

合肥市少儿图书馆　该馆坚持以少儿读物为主，其他书刊资料为辅，注重书刊的教育性、知识性、趣味性和通俗性，防止有宣扬反动、暴力、淫秽和封建迷信等严重影响少儿身心健康的书刊流入馆内。注意藏书的完整性和连续性，对于丛书、多卷书和其他连续出版物力争做到配套、补缺。定期开展读者选购图书活动,让读者在该馆采编人员的陪同下,按自己的需求选购新书。

芜湖市图书馆　该馆通过建立普通文献、基础文献和特色文献相结合的藏书体系,满足当前和长远的利用需求。文献采选的总原则是:实用为主,保存为辅;普通文献求多,基础文献与专题文献求精,地方文献求全。特色文献应在选定专题的基础上进一步明确入藏范围。

马鞍山市图书馆　该馆通过建立基藏本和借阅本的分藏制度,划分文献用途,满足当前和长远的利用需求。文献采选注意学科、文种、层次、类型与载体结构,体现藏书的综合性、研究性、多文种、多类型特点;注意该馆已形成特色馆藏的完备性。在注重传统印刷型文献的同时,充分考虑缩微文献、视听文献,特别应加强电子出版物采选。该馆还注意与周边地区各类型重要的大型图书馆进行分工协调,促进资源共建共享。该馆从 1974 年开始侧重于收藏钢铁工业的书刊资料。

芜湖县图书馆　该馆着力采选精品文献,采选种类繁多、读者需求的文献。围绕县级馆“以借为主”的方针,采选中以外借文献为主、资料文献为辅,以畅销的文学类为主、其他类为辅。

宿松县图书馆　该馆规定,藏书采选应遵循思想性、实用性、系统性和分工协作原则;注意学科、层次、文种及类型等方面的结构组配;不能盲目采购、受赠、交换文献。

怀远县图书馆　该馆发放读者调查问卷,并结合该馆实际情况,侧重选购中外文学类目文献及生活科技类,复本量不超过 2 本。

怀宁县图书馆　该馆立足本县,从服务于县域政治、经济、科研、生产、公众文化生活出发,坚持文献的先进性、学术性、综合性、参考性,对信息资源分别采取全面采集、重点采集、适当采集和不宜采集的策略。

天长市图书馆　该馆文献采选的总原则是:实用为主,保存为辅;普通文献求多,基础文献与专题文献求精,地方文献求全。特色文献应在选定专题的基础上进一步明确入藏范围。地方出版的各文种、各类型、各载体文献应全面采集,尽可能保证入藏品种和版本的齐全。

舒城县图书馆　该馆主要以普及科学文化知识、提高国民的综合素质,促进农村经济的发展为原则。有目的、有计划地收藏较为通俗的各科学读物以及一些适合中等文化水平读者的图书资料。力求做到重点与一般相结合,传统出版物与现代出版物相结合,以最大限度地满足不同层次读者需求。

太湖县图书馆　该馆要求充分考虑该馆的性质和服务对象的特点,基础藏书和重点藏书以当前需要为主,尽可能兼顾长远需要,本着实用节约的精神,处理好数量与质量、品种与复本的关系。

霍山县图书馆　该馆采选文献总原则是多品种,少复本。专业性、学术性、资料性较强的图书复本量控制在 1 册(套),实用性、知识普及型图书复本量控制在 2 册(套),

文艺图书是大众性、欣赏性的，复本量控制在3册（套），除地方文献外，非正式出版物一律不采购。

青阳县图书馆　该馆优先采购少儿类图书、期刊报纸。

屯溪区图书馆　该馆文献采访的重点是通俗文学作品。在重视印刷型文献的同时加强音像资料、电子出版物的采访。全面购藏或征集入藏地方文献。

淮南市图书馆　该馆突出建设以《淮南子》学术研究资料中心为目标，广泛收集采购各种与《淮南子》学术研究相关的著作、论文、期刊、影像资料等，并且对淮南豆腐文化和花鼓灯文化、蔡楚文化、淮河文化等相关学术文化成果进行收集与整理工作。

铜陵市图书馆　该馆注重收藏电子、化工、有色金属等文献。

高校图书馆　安徽高等院校图书馆是为教学科研服务的文献信息中心，根据院校的性质、发展方向和教学科研需要，有计划、有重点地采购印刷型书报刊和电子文献，逐步形成具有该馆特色的多学科文献收藏体系。

中国科技大学图书馆　该馆制定了文献采访四原则：（1）针对性原则：针对学校的专业方向及读者的借阅需求、该馆现有的藏书结构、学校各阶段的专业发展重点及未来发展方向，尤其关注学校招收研究生规模和方向，及时补充馆藏图书及调整采购方向。（2）系统性原则：通过补充、组织馆藏图书，使各专业图书保持本学科内在的历史延续性和完整性，并体现最新的研究成果。（3）特色化原则：按照形成特色文献资源的方针采访、组织文献信息资源。（4）经济性原则：严格执行预算计划，合理使用图书经费。

采购方式上，中文图书以订单为主并辅以现场选购、网上订购等方式，电子出版物的采集与全馆其他类型的文献进行协调，注意电子出版物与印刷型出版物内容重复的问题，力争使各种类型文献形成互补。光盘数据库和网络数据库原则上保持连续性订购。

该图书馆每年定期组织各院系老师参与图书馆外出现采图书，经常邀请多家书商来馆内开办书展活动，让广大读者现场选购图书；利用多种方式征求图书采访意见，发动读者推荐新书，从而使图书馆的馆藏更加具有针对性，保证师生的教学、学习用书。

安徽工业大学图书馆　该馆围绕学科建设，在兼顾学校整体学科需要的同时，侧重入藏重点建设学科所需文献资源。结合馆藏实际，在加强特色资源建设的同时，尽量控制数字资源和纸本文献之间的比例。在电子资源方面，采取CALIS集团、省联合采购、单一来源采购等采访模式；在纸质资源方面，采取书目预订、现场采购、函购和网上订购相结合的混合采访模式。

安徽农业大学图书馆　2007年12月，该馆制定了《安徽农业大学纸质图书采购的规定》：中文图书的批量采购通过网上目录采购和现采方式进行，采购图书由采编部组织该校学科和专业带头人或委托人（必须具有讲师以上职称）进行采购，根据专业学生人数和书价以及读者对象，采编部负责对采购目录确定副本量，原则上副本量为3—5册，最多不能超过10册。严格控制散购图书。外文图书的采购根据每年的外文图书目录，通知各学科带头人和专业带头人对学科建设和专业建设必须的外文图书进行讨论并圈定目录，上报图书馆，然后由图书馆通过中国图书进出口公司等书商进行采购。

安徽建筑工业学院图书馆　该馆文献采选基本方针是建设以工为主，土建类特色鲜明，工、管、理、艺、文、法、经等多学科合理配置、纸质文献与电子文献结构合理，满足该校教学科研需要的文献资源保障体系。

安徽理工大学图书馆　该馆藏书以地矿、机电、化工、建筑、材料等专业用书为主，并保证重点学科及科研需要，优先满足新建专业用书，兼顾一般工程技术、自然科学、社科文艺等。图书经费使用的比例原则上为：中文与外文图书经费比例为10:1；科技与社科图书经费比例为3：1。文献资源建设从以印刷型文献资源建设为主体向电子资源印刷型资源并重发展转变。

淮南师范学院图书馆　该馆采访文献坚持各专业专家参与、集体采购，专业图书与通识教育图书兼顾，向新专业倾斜、兼顾老专业，订购与现购相结合等原则。

黄山学院图书馆　该馆采访以该校学科专业的设置及主要科研方向为依据，藏书同该校学科、专业之间形成合理比例，在全面获得有关专业书刊的同时，针对藏书较少的学科和专业重点（重点学科、重点课程、重点实验室、主要科研方向）进行藏书补充；选择性地收集综合性学科、交叉学科、边缘学科的书刊；教学图书的采集要根据学校本科生、专科生的专业设置及课程开设的需要，尽可能收齐专业课及公共课参考书。文献采访坚持科学性、实用性、系统性、完整性、稳定性及时效性原则，采集学术价值高的专业书刊和格调高雅的名著。

阜阳师范学院图书馆　该馆以重点学科和硕士授权学科为主，兼顾其他学科，逐步形成馆藏特色；纸质资源与数字资源并重。

皖西学院图书馆　该馆一方面在保持馆藏特色的基础上扩大文献收藏范围，丰富馆藏，优化数字资源和纸本文献之间的比例，优化藏书结构；另一方面紧密围绕学校重点专业和新专业的建设，及时调整采购重点，加大对重点专业、新专业相关文献的采购，以便更好的满足学校专业发展和教学科研的需要。对于电子资源，采用省联采、单一来源采购模式；对于纸质资源，采用书目预订、现场采购、读者荐购和网上订购相结合的混合采访模式。

安徽新华学院图书馆　该馆以"文献信息资源保障服务"为宗旨，以"服务教学科研"为中心，以"纸质文献建设"为基础，以"数字资源建设"为龙头，以"本科教学合格评估"为契机，纸质文献和电子文献并重发展，构建基于学科的馆藏资源和服务体系。

第二节　文献来源

图书馆馆藏文献来源大致有以下途径：采购、征集、呈缴、接收、捐赠以及文献复制、文献交换等。

采购 图书馆文献资源主要依靠采购获取。各图书馆文献采购数量多少不仅取决于购书经费的多少,同时还受书刊价格的影响。

1998年度全省公共图书馆财政补助收入1817.1万元,其中省图书馆314.7万元,地级图书馆平均每馆59.9万元,县级图书馆平均每馆11.9万元。全省图书馆书刊购置费278.8万元,其中省图书馆102.4万元,地级图书馆平均每馆9.5万元,县级图书馆平均每馆1万元。按1998年末全省总人口计算,人均图书馆购书费0.045元。

2002年度全省公共图书馆财政补助收入3031.3万元,其中省图书馆702.7万元,地级图书馆平均每馆103.2万元,县级图书馆平均每馆16.2万元;全省图书馆新增藏量购置费480.4万元,其中图书购置费369.6万元。省图书馆新增藏量购置费201.8万元,地级图书馆平均每馆新增购置费17.5万元,县级图书馆平均每馆新增购置费1.2万元。

2005年,全国各级公共图书馆平均每馆藏量、平均每馆财政拨款、平均每馆购书费、平均每馆新购图书分别为17.45万册(件)、100.6万元、21.64万元和5558册,而安徽省平均每馆仅有9.68万册(件)、61.77万元、7.04万元和2659册。全国县级馆平均购书费为4.1万元,安徽省只有1.5万元;全国人均购书费为0.46元,安徽省仅为0.10元,在全国位列第27位。全省88所公共图书馆新购藏量28. 5万册(件),仅比上年增加6.5万册(件),全省人均馆藏书刊拥有量为0.13册,远远低于全国人均0.32册的平均水平。全省73所县级馆,全年未购一册图书的有22所。省图书馆、合肥市图书馆两馆的财政拨款为2406.9万元,占全省88所公共图书馆财政拨款总额的44.3%,而73所县级馆的财政拨款仅占全省拨款总额的28.3%,多数县级图书馆财政投入很少。

2006年,全省85所公共图书馆经费总收入为6590.2万元,比2005年增长9.1%,其中财政拨款为5856.4万元,比上年增加420.7万元,增长9.2%,新增藏量购置费为724.4万元。经费投入不平衡问题仍十分突出。省图书馆、合肥市图书馆两所馆的财政拨款为2964.5万元,占全省85所公共图书馆财政拨款总额的44.9%,而70所县级馆的财政拨款不足全省拨款总额的30%,多数县级图书馆财政投入很少,其中有24所县级馆无专项购书经费。

高校图书馆的经费投入则在不断增加,1996年前全省高校馆的经费约为888万元,1998年10月增至1185万元。

随着安徽省图书馆事业的发展,文献资源的采购手段日益完善,文献的采购对象日益丰富。公共图书馆在2002年前,文献收藏类型已向光盘、软盘、硬盘系列等多种载体类型发展。文献收藏类型也由过去单一印刷载体发展到多种载体,形式多样,异彩纷呈。高校图书馆于1998年开始,既收藏印刷载体的文献,也收藏缩微版、音像版、机读磁带版以及光盘版等非印刷载体的文献。

安徽省图书馆 据民国13年(1924年)商务印书馆出版《第一回中国年鉴》的记载,民国13年)的安徽省立图书馆有中文书33281册、日文书276册、西文书258册,共33816册。民国19年(1930年)后,则通过采购、征集、捐赠等手段,馆藏文献每年增幅较大。仅民国19年（1930年），购进儿童读物2700余册，杂志361种，海内外报纸30多种。

20世纪70年代，省图书馆负责采购的人员较少，其采购方式主要是传统的单一地把订单交给新华书店订购。自20世纪80年代开始，省图书馆的图书采访主要以《社科新书目》《科技新书目》为根据，采用书目订购。2003年，省图书馆在继续进行书目采访，确保该馆藏的基础上，辅以现场采购、邮购等方式，及时补充热门图书和畅销图书。2005年，采用以图书采集器现场采购为主，书目订购为辅的方式。除每年参加大型图书展销会外，要求中标书商提供规模大、实力雄厚、图书品种全的书店或图书经销商库房为经常性的采购点，同时以合肥市新华书店和图书供应商合肥本地库房作临时补充采购点。该馆的中文期刊报纸等连续出版物主要是从邮局订购，只有少数由书商代购，外文期刊则全部由书商代购，外文普通图书和音像资料以现场采购为主；地方文献及重要文献除征集和呈缴外，还有通过旧书店和旧书网等渠道予以采购的；对于常规渠道无法购得的图书，大多通过邮购或网购的形式进行；电子资源的采购则是从专业的代理商处购买的。

改革开放初期，省图书馆文献采购数量大幅提高。1979年采购图书53934册，其中中文45676册，外文8258册；1979—1983年，每年采购中外文图书4万—7.5万册，其中1980年采购图书7.5万册，是“文化大革命”以来购书量最多的一年。1983年购置“四库”系列：文渊阁《四库全书》《续四库全书》《四库全书存目》《禁毁四库全书》《未收四库全书》。同年还收集省内大部分市、县的各种地图。1984—2003年，尽管购书经费逐年小幅增加，但由于书价猛涨，年新增书刊品种和复本大大压缩，每年新增中文图书1.4万—1.6万种，3万—4万册左右，年均复本由3本降为1.7本。2004—2010年，购书经费由200万元增至500万元，每年所购中文图书从3万多种增至6万多种，6万多册增至15万多册；中外文报刊采购2500—3000种，3000—4500份。其中2010年，采购中文图书60910种，148363册；外文1580种（册）；中文期刊2681种；外文期刊100种；中文报纸292种。

安徽大学图书馆　1958—1965年，该馆重建初期，入藏图书的数量和质量都很难适应学校教学的需要，为了充实馆藏，满足教学和科研的需要，该馆克服种种困难，筹集资金，组织专人到北京、上海、杭州等地采购大批图书。1966—1976年，安徽大学图书馆处于停滞阶段，仅购入少量书刊。1977年后，文献搜集和积累进入快速发展阶段，馆藏逐步具备大型馆规模。截至2008年底，该馆各种纸质文献约270万册（含院系资料室），其中中文图书约210万册、外文图书20余万册、古籍线装书约11.5万册（其中有善本613部，9743册）、合订本报刊20余万册。中外文报刊9000余种（其中解放前报刊670种，核心期刊约700种）。经过“211工程”文献保障体系的建设，馆藏资源业已形成适合地方综合性重点大学文献需要的显著特点：藏书品种齐全、综合性强，以人文社科、古籍、安徽传统文化及地方文献特藏见长，能较好地满足该校师生的需要。

2008 年以来,该图书馆年进新书量约 7 万—10 万册,年增报刊合订本 7000 余册,年订现刊约 2000 种,现报约 300 种。该校图书馆较早地采取严格的图书采购制度,自 2003 年开始在全省高校中率先采用招标方式。2004 年下半年,学校成立招标工作领导小组、招标工作办公室和若干根据招标对象类型区分的工作小组,出台一系列细致严格的招标管理制度,进一步规范各类招标、采购活动。2006 年开始,该校部分图书采购纳入省政府采购的范围。2007 年该馆首次进行外文期刊的采购招标。自 20 世纪 80 年代以来,图书馆还经常集中使用经费,有计划地购进一批有较高学术水平和收藏价值的重要的大型丛书、套书。

合肥市图书馆　该馆采购的图书数量从 1988 年的 564 种，1686 册,到 1997 年的 1348 种，3840 册,直至 2007 年的 19215 种，40283 册,相比 1997 年增加 10.5 倍,相比 1988 年涨幅达 23.9 倍。2010 年采购图书 31382 种，37699 册;报刊 1800 种。

蚌埠市图书馆　1986 年,该馆入藏图书 7924 册,后逐年下降,降至 1995 年图书报刊总计 884 册,后又逐年增加至 2004 年的 2260 册。

巢湖市图书馆　1956—1965 年,该馆采购图书报刊 5.2 万册，1966—1976 年 0.53 万册，1977—1999 年 5.5 万册，2000—2007 年 3.55 万册。2008 年新购图书 3500 多册,订阅报刊 348 种;2009 年新购图书 4000 册,订阅报刊 361 种;2010 年新购图书 6000 多册,订阅报刊 374 种。

铜陵市图书馆　1978—1988 年,该馆采购图书报刊约 7 万册，1988—1999 年约 9.2 万册，2000—2007 年 12.1 万册。2008 年采购图书 57488 种，181173 册;报纸 175 种,期刊 784 种;2009 年采购图书 14140 种，50983 册;报纸 143 种,期刊 614 种;2010 年采购图书 2308 种，7542 册;报纸 180 种,期刊 722 种。

宣城市图书馆　1981—1995,该馆采购图书报刊 2.4 万册，1996—2007 年约 0.8 万册;2009、2010 年采购图书报刊分别为 6404 册，8229 册。

征集　地方文献征集历来为安徽省各馆文献资源建设的一个重点。地方文献,包括年鉴、统计资料、地方志、家谱和安徽省各出版社的公开出版物等,基本依靠征集获得。

安徽省图书馆　地方志乃一方自然、社会、政治、经济、文化等方面情况的总记录。安徽省图书馆成立之初就充分认识到地方志的重要价值，“不仅在于保存文献,尤在其可以统括地方社会经济情形,以及人民生活状况,而供行政之采访,历史之研究。”因此,对于“本省方志,肆力搜求,思成全秩”。省图书馆对本省方志的征集始于民国 7 年(1918 年)。嗣后,教育厅决定在图书馆增设文献征集股,继续搜集志书。民国 19 年(1930 年) 2 月,对安徽方志存佚情况进行首次系统调查:馆藏本省方志计有通志 1 种、府志 5 种、州志 5 种、县志 29 种,所缺尚多。于是采取重金购买或精工传抄的方式,竭力征集。至民国 24 年（ 1935 年 ）7 月底,除通志仍为 1 种外,府志增至 8 种,州志增至 7 种,以本省府州数计,已经齐全;县志除绩溪、来安等县外,其余各县均各有 1 种。至民国 25 年

（1936年）12月，共获方志80余部，“自《安徽通志》以下，至于各府州县，仅绩溪一县尚待续访外，余均齐全，其中颇多罕见之本，皆为本省重要文献”。民国25年（1936年）后进一步作版本上的征求。民国34年（1945年）编制《安徽方志备征目录》，以便继续访求。所获版本，除民国新修的县志三种以外，还购得清道光九年（1829年）本《来安县志》一种，清康熙三十五年（1696年）本《庐州府志》1部。

新中国成立后，省图书馆秉承征存遗风，1953年、1963年、1986年三下江南，1953年、1963年、1980年、1986年四到徽州，征集古籍1万多部，20万余册。补缺安徽旧期刊《安徽俗话报》《学风》《抗敌》等14部；至1986年底，收集地方古籍文献218部，1275册（包括胶卷），其中地方志91部，皖人著作12部，校对抄本41部。2010年，征集地方文献（图书）859种，2048册。

芜湖市图书馆　早在1949年12月，芜湖市图书馆在报纸刊登启事，搜集各种图书、文物、报刊等文献资料。1957年，收集市文物古书委员会古旧书1.6万册，1969年搜集芜湖市新华书店图书2000余册、市政协1000余册，在单位、个人中收集3000余册。1991年4月，市政府办公室发出《关于收集、整理保存地方文献资料工作的通知》，提出具体的规定与要求。1994年4月向有关单位和个人发出《地方文献征集函》，召开地方文献动员会、座谈会8次，举办地方文献展览6次，举办单位和个人捐赠地方文献仪式3次。1999年9月经批准成立“芜湖文献库”，专门负责地方文献的征集、搜集、整理和保存等工作。

铜陵市图书馆　1991年，铜陵市图书馆制定《地方文献收集条例》，每年都安排专门经费，指派专职人员从事地方文献的征集工作，要求出一种收一种，力求收齐收全。2002年投入1.5万多元，建立地方文献资料专门展厅和专库；同年10月举办“铜陵地方文献资料展”，展出的地方文献资料约250种。加强对地方文献资料的征集：2003年地方文献征集21种，75册；2004年地方文献征集24种，80册；2005年地方文献征集31种，112册；2006年地方文献征集23种，69册；2007年地方文献征集27种，93册；2008年地方文献征集36种，112册；2009年地方文献征集47种，158册；2010年地方文献征集44种，129册。

呈缴　呈缴本制度，是指国家或地区为完整地收集和保存全部出版物，用法律或法令形式规定所有出版机构或负有出版责任的单位，凡出版一种出版物，必须向指定的图书馆或出版主管机关免费缴送一定数量的样本。此样本叫呈缴本或缴送本。呈缴本制度的实行，有赖于当地政府的支持和相关政策的制订与落实。

安徽省图书馆　为建设安徽特色文献资源，省图书馆克服困难，积极争取省委宣传部、省新闻出版局等相关单位支持，建立安徽省地方文献呈缴本制度。1985年，安徽省人民政府办公厅下发了《关于做好地方文献资料征集和收藏工作的通知》，要求相关出版印发单位向省图书馆寄送样本，每种3份。1990年，安徽省人民政府办公厅发布《关于向省档案馆、图书馆赠送志书的通知》，要求各地史志部门将所出版志书赠送安徽省

图书馆两套。1995年7月,省政府下达《关于支持安徽省图书馆做好征集和收藏地方志工作的通知》,支持省图书馆做好征集、收藏文献资料工作。当年即征集地方志205册。此后十多年,该馆主动联系、走访省市县党史办公室、政协文史资料委员会、地方志办公室、地方出版部门,以及地方文献爱好者、研究者及个人收藏家,每年征集地方文献(含地方出版物)约1000种, 2000册,包括图书、杂志、报纸、图片、照片、家谱、书画作品以及各种非印刷型文献。2006年8月1日,省委宣传部通知各报刊、出版社,“为全面、系统、完整地保存皖版文献,为子孙后代留下珍贵的文化遗产。建立安徽省地方出版物呈缴制度,请各报刊、出版社呈缴皖版文献”。通知下发后,得到省内多家出版机构的积极响应,政府相关部门积极协调,促进了省图书馆地方文献呈缴本工作的进展,丰富了省图书馆的地方文献馆藏资源建设,也为以后正式出台安徽省地方文献呈缴制度的地方法规奠定了基础。2008年,有10家出版社按照要求呈缴所出版的有关文献资源,共计1905种, 1444册,呈缴比例为95.88%。2010年,共有174家杂志社呈缴中文期刊,占安徽地区出版期刊的85.7%。

马鞍山市图书馆　1990年3月,马鞍山市图书馆拟经市政府批准《关于向公共图书馆递交图书报刊样本的请示》,全市各单位将公开发行和内部发行的图书、报纸、刊物都向市馆送1—2份样本,并呼吁社会各界向市馆捐赠。

合肥市图书馆　2005年6月22日,合肥市人民政府常务会议审议并原则通过了市文化局(新闻出版局、版权局)草拟的《合肥市地方文献样本缴送办法(草案)》。6月29日,合肥市人民政府将《关于印发合肥市地方文献样本缴送办法的通知》下发到各县、区人民政府,市政府各部门、各直属机构,合肥市地方法规的正式出台,为推动合肥市图书馆地方文献的全面收藏提供有力保障。自2005年8月1日实行呈缴本制度的方案之后,合肥市图书馆陆续接受到本市市民的缴送本。

接收移交　1967年,安徽省社会科学研究所、中共安徽省委党校、安徽省团校等三家单位的图书馆随单位被撤销,安徽省图书馆接收其图书馆移交15万册书刊,其中有不少古籍。1980年,接收省科技情报所移交原版外文书5117册,中文报刊3112种, 4552册。2003年,接收安徽省艺术研究所、省文化厅文艺志办公室移交书刊2000多册;同年,接收高余德个人藏书和音像资料300册(件)。2004年接收班友书图书300多册。2007年,接收省文史馆移交民国书刊和1949年后图书8000多册;1996—2010年,接收与征集安徽方志及年鉴300多种, 600多册,其中接收朱存林安徽方志等117册。截至2010年底,该馆安徽首轮编纂方志收藏率达100%。

接受捐赠　图书馆收藏的文献中有一部分是来自于热心图书馆事业的私人和机构主动赠送,这部分文献虽只占馆藏较小份额,但其价值往往很高,弥足珍贵。

安徽省图书馆　1913—1936年,该馆接受捐赠图书1503种, 1940册。黎怀民捐赠书78种131册,裴明龙49种85册,裴季浩54种490册。1952年,读者周介如捐赠书100册。1993-1995年及1997年,文化书使石景宜4年向该馆赠书4578种, 18893

册。2006年,盲人读者刘春红将收藏的101册盲文图书全部捐赠该馆。2007年,国家图书馆向安徽省公共馆捐赠5万册图书,其中2万册捐给10所县(市)图书馆,3万册给省图书馆;同年,卞国福赠书1600多册;同年12月,省新四军研究会赠书1500册。2008年6月,谢蔚明遗属汪玉兰遵其先生遗愿将3200册藏书捐赠该馆;同年,北京著名俄文军事著作翻译专家温家琦女士,将其夫妇多年参(著、译)的书籍20种,200多册赠给安徽省图书馆、合肥市图书馆、安徽大学图书馆等,其中赠给安徽省图书馆50多册。

该馆除接受批量捐赠外,每年还接受个人零星捐赠文献。由于宣传广泛和社会各界的关心支持,赠书量逐年增加,从20世纪90年代以来,平均每年几百册增加到2008年的5119种,6712册,其中每年受赠新修家谱约50种,500册。2010年,接受捐赠图书956种,2068册。

颍上县图书馆　2005年5月26日,颍上县图书馆开展"颍上籍名人"著作收藏、展览工作;同年12月26日,在图书馆隆重举行"颍上籍名人"著作捐赠仪式。此项工作开展以来,共收藏展览90余位颍上籍名人的著作、作品及电子出版物1000余册(件),这些名人中有中国科学院院士陈国良、中国工程院院士郑守仁、中央美术学院教授常任侠、葛洲坝电厂厂长、总工程师侯广忠、中国作家协会会员阿红、复旦大学教授作家戴厚英、安徽《新安晚报》编辑闫红等。

芜湖市图书馆　该图书馆1987年接收市文明办捐款购书4000余册;1995年香港石景宜先生捐书3500册;1991年王莹爱人谢和庚捐王莹图书资料450册(件);日本高知县图书馆、美国华人黄华生先生、台湾教授谢鸿轩和企业家高余三先生以及相关单位和个人,共计捐赠图书2500余册。1997年举办由美国华人黄华生(黄钺后裔)捐赠的清朝黄钺《壹斋集》接收仪式,中央电视台新闻频道作了相关报道。该馆至2008年底接收赠书3.74万册;至2010年底接受赠书4.38册。

繁昌县图书馆　繁昌籍台胞谢鸿轩先生,自1992年至2004年,六次从自己珍藏的图书中,遴选精品,共2398册,无偿地捐赠给繁昌县图书馆。其中有《永乐大典》(100卷)《古今图书集成》《十三经读本》(该书已为绝版)《四部丛刊》《笔记小说大观》(全450卷)《十通》《册府元龟》《大不列颠百科全书》《二十一世纪彩色百科全书》及先生个人著述《骈文衡论》《鸿轩文存六卷》《近代名贤墨迹》(初编、续编)《千联斋类稿》《千联斋珍藏书法》等典籍。1997年,繁昌县人民政府批准繁昌县图书馆建立"谢鸿轩先生赠书专藏室",1999年11月,繁昌县人民政府又批准繁昌县图书馆设立"谢鸿轩先生捐赠图书、楹联展厅",陈列先生赠书及有关资料,供广大读者阅览和研究。

马鞍山市图书馆　2005年10月8日,马鞍山市图书馆建成吴泰昌捐书阁。2005–2006年,该馆共接收吴泰昌先生捐赠的个人藏书5417册、杂志1000余册,其中有中国现当代作家签名本图书3493册,成为该馆的特色馆藏。

安庆市图书馆　该图书馆1991年底接收秦皇岛海安实业公司捐赠影印精装本巨

著《四库全书》一套，1995年市财政拨款32万元，订购《续修四库全书》与之配套。1997年，北京海军政治部怀宁籍离休干部谢超元先生捐赠200件现代名家书画和200枚印章。1998年，北京文采房地产开发公司捐赠《传世藏书》一套123册，名誉馆长蒋元卿先生捐赠个人藏书905册。2003年石景宜捐赠港台版图书3300册。

安徽大学图书馆 1993年10月27日，该馆接收台湾佛陀基金会净空法师捐赠《四库全书荟要》一套（500册），随后又接收《新修大正大藏经》（102册）。自该校进入百所“211工程”学校以后，综合实力和声誉同时提高，国际上许多有影响的团体和个人纷纷向该馆赠送图书文献，先后接收日本文化领事馆、美国Prentice-Hell工商管理学院、上海外国语大学亚洲基金会、青岛海洋大学和同济大学的美中之桥、香港石汉基先生等国际国内团体和许多个人的赠书。2000年9月25日，著名的美籍华人学者、美国纽约市立大学亚洲学系系主任唐德刚先生将其珍藏的一套600余张故宫文物幻灯片捐赠给该馆。台湾联经出版公司董事长刘国瑞先生捐赠其私人藏书4946册港台书和地方志，具有很高的学术价值和收藏价值。2007年10月，台湾钟鼎文先生将其长期以来珍藏的图书、资料、纪念品等5842册（件）捐赠给该馆收藏。

其他来源

文献复制 在现代复印技术引进之前，传抄是安徽省图书馆获得重要图书资料的手段之一。1980、1981年，安徽省图书馆先后抄写安徽地方志37部、历史文献62部。1994年，安徽省图书馆成为全国缩微中心的成员馆之一。1995年，缩微工作室正式开始拍摄，先后拍摄馆藏古籍善本、安徽省各地市的党政机关报、馆藏民国时期图书。截至2008年底，该馆共拍摄和购买缩微胶卷6364卷。十多年的缩微复制工作不仅使该馆的缩微文献资料从无到有，日渐丰富，也使馆藏文献系统性、完整性得以较大程度的提高。2004年，购置胶卷扫描仪等专业设备，开设缩微品阅览室，增加胶卷扫描、复印、代查、光盘刻录等服务项目。

文献交换 1963年经省文化局批准，省图书馆将馆藏多余复本（残本）古籍与安庆等古籍书店交换馆藏需补缺的古籍品种。20世纪80—90年代，省图书馆与其他省图书馆开展馆际书刊交换业务。

第二章　文献编目

在图书馆传统业务方面，省内各级图书馆基础业务沿袭旧制，主要为文献采访、文献编目（标引与著录）、流通和典藏等基础业务流程。

新中国成立前，省内各图书馆在文献著录方面无统一规范著录标准。解放后，文献著录标准化引起图书馆界的重视。2008年全国图书馆联合编目中心安徽省分中心在省图书馆成立，省图书馆承担联合编目中心的任务，统一提供全省公共图书馆编目数据加工，通过培训和实际工作的开展推进和规范全省公共图书馆的业务工作。

第一节　文献标引

分类标引　自民国18年（1929年）开始，安徽省立图书馆正式采用《杜威十进图书分类法》类分图书。民国23年（1934年），何日章任北平师范大学图书馆馆长期间，与袁涌进一起编制《中国图书十进分类法》，安徽省立图书馆与国内几十家图书馆相继采用，历史文献采用《四库全书》类分。同时，许多新编的图书分类法也在各馆被采用，如休宁县图书馆采用江苏省立教育学院图书馆馆长徐旭所创的《民众图书馆分类法》实行分类。1950—1978年，省内公共图书馆除少数馆仍沿用旧分类法外，大多采用《中国人民大学图书分类法》（简称《人大法》）、《中小型图书馆图书分类表》（简称《中小型法》）等类分图书。1978年后，改用《中国图书馆图书分类法》（简称《中图法》）类分图书。高校图书馆则通常采用《中国科学院图书馆图书分类法》（简称《科图法》），如中国科学技术大学图书馆、安徽大学图书馆等。1978年后，部分高校馆改用《中图法》类分图书。2010年，开始依据《中图法》（第5版）类分图书。

《中图法》和《科图法》出版情况：《中图法》1975年初版，1980年再版，1990年第3版，1999年第4版，2010年第5版。《科图法》1958年初版，1974年和1979年先后出版第2版的自然科学和社会科学部分，1994年第3版。

安徽省内各图书馆在使用什么分类法上没有统一规定，在变更版本上也没有统一的时间表，各馆根据其实际需要而定。

安徽省图书馆　民国18年（1929年）1月，安徽省立图书馆正式采用《杜威十进图书分类法》类分西文图书；中文图书不能全依《杜威十进图书分类法》，因此对之稍加变更，大类中的文学类被合并于语言学类，中国史地、传记、游记类，因书籍繁多另立一类,细类则依刘国钧《中国图书分类法》(1929年出版)进行分类,并酌量增减;还从清华大学图书馆中文书目分类表和北师大图书馆《中国图书十进分类法》中采取适当类目加以扩充,以适合该馆分编需求;历史文献参考《四库全书》类分;儿童读物分类方法由该馆自行编定,分普通、文学、史地三大类,不与普通图书分类相混,每类又分子目九项。民国24年(1935年),《安徽省立图书馆图书分类法》出版。此《分类法》设总表和简表:0总类;1哲学;2宗教;3社会科学;4语文学;5自然科学;6应用科学;7艺术;8地理;9历史·语文合并。

1952—1957年,省图书馆采用《人大法》类分图书;增建读者用的分类目录、公务用的书名目录;1958—1976年,依据《中小型法》分类标引图书。

1970年3月,北京图书馆等36个单位发起编制《中图法》,省图书馆派梁垣祥参加编辑。1973年9月,省图书馆为解决市、县图书馆图书分类工具的迫切问题,翻印《图书分类法》千余册,收入《中图法》(简表)、《中小型法》合订本,提供省内各级公共图书馆选用。1974年7—11月,《中图法》编辑组在京6个单位在广泛征求各地图书馆意见的基础上,对分类法试用本进行修订、补充,于1975年10月由科学技术文献出版社正式出版;10—12月,省图书馆连续举办2期全省市、县图书馆干部培训班,学员90余人,宣传、学习国家编印的《中图法》。

1978年1月1日,省图书馆停止使用《中小型法》,正式使用《中图法》类分图书。

西文、俄文、日文图书与中文图书同步使用《中小型法》《中图法》来类分,报刊的分类标引依据《中图法·期刊分类表》和《报刊部连续出版物分类要求》。

省图书馆依据四部分类法对古籍(–1911年)进行分类标引,整体分为经、史、子、集、丛五部,各部又分类,有的类又分属,属下又依据情况进行复分;依据《中图法》(第4版)分编民国时期图书;民国报纸影印本、民国期刊按《人大法》分类标引。

省图书馆制定有《安徽省图书馆文献分类工作细则》,并规定如遇《中图法》改版,应确定明确的采用新版分类的时间,此前分编过的文献,除连续出版的多卷书外,原则上不作改动;文献分类以尽量详细为原则,但一般情况下,文献分类号不超过11位,包括类号和其他标识符号;分类号中,每隔3位阿拉伯数字后加“·”标识;该馆不采用“( )”“=”“a”“+”“‘’”“<>”之类的标识符号;不采用字母标记法,即不采用数字后再加字母以标示下一级类目的方法;对于套录MARC数据中分类号的使用:套录的MARC数据,不论其来源如何,都应将其中的分类号进行认真核对,入类方法与省图书馆细则有冲突的,应改按省图书馆细则进行入类;取种次号时,各辅助标识符号的使用顺序为:“-”“=”“\”“( )”“:”等。

合肥市图书馆　1978年前,该馆使用《中小型法》,1978年后使用《中图法》(简本),1995年前后使用《中图法》(第3版)类分图书,2002年12月8日开始采用《中图法》(第4版)分类标引图书,2007年6月后参照《中国分类主题词表》(第2版)电子版分类。

合肥市少儿图书馆　自2001年开馆以来，该馆依据《中图法》（儿童图书馆、中小学图书馆版）（第3版）分类标引图书。文献标引体现中图法（儿童版）的系统性和逻辑性，分类级别采用详细级次，即分到最细级次；同时考虑到少年儿童阅读的实际情况，文献的标引结合少年儿童的阅读习惯，把文献归入用途最大的类别；对于丛书的标引，采用分散形式，以求达到准确的类分；对于多卷书的标引，以其整套书的概括主题为标引单位进行标引。

淮北市图书馆　该馆建于1962年，建馆初期，依据《人大法》分类体系进行标引，1981年，依据《中图法》分类标引。

界首市图书馆　该馆1959年建馆，起初书刊采用《中小型法》分类标引，1979年改用《中图法》分类标引。

芜湖市图书馆　该馆建于1949年，建馆初期，图书分类自行制定，即按政治类、文学类、自科类、少儿图书类进行个别登记；1954年开始使用《杜威十进图书分类法》分类；1955年改用浙江图书馆金天游所撰《普通图书馆图书分类法》分类；1971年改用《中小型法》；1985年起凡入藏新书均按照《中图法》进行分类。

枞阳县图书馆　该馆以《中图法》作为图书的分类标准和依据，遵循《中图法》类分图书的原则，同时考虑该馆的实际和分类编目传统。一般图书分类以四级类目为主，原则上不再细分。专业图书若四级类目过于宽泛或者未设置对应的四级类目，则向下扩展一位。文学类图书是该馆的主要馆藏，要根据图书内容分到最详细级。

桐城市图书馆　该馆文献分类标引主要依据《中图法简本》，遇《中图法》改版，应确定采用新版分类法的时间，对此前分编过的文献，原则上不作改编，只用分类法新版本对新文献进行分类标引，并制定出新分类法的“使用本”。

安徽大学图书馆　2002年前，该馆中文图书分类标引一直采用《科图法》，2002年开始，改用《中图法》类分图书。2000年9月前，该馆中外文期刊一直没有进行分类，排架时中刊按刊名首字字顺排列，首字相同再看第二字，以此类推，外刊按刊名字母顺序排列；2000年9月之后，中外刊均采用《中国图书馆图书分类法期刊分类表》进行分类。中刊种次号按到馆先后的刊次号排序，外刊种次号按“字母＋数字”的国别号排序。

合肥工业大学图书馆　2007年前该馆采用《科图法》（第3版），从2008年起改用《中图法》类分图书。

安徽师范大学图书馆　该馆图书分类方面，2000年以前购进的中文文科图书采用《人大法》（增订第4版），中文理科及所有的外文图书采用《科图法》（第2版）；2000年以后购进的所有中外文图书采用《中图法》（第4版）。

中国科学技术大学图书馆　该馆2010年开始使用《中图法》类分文献。文献分类要遵循分类法的规则，同时考虑该馆馆藏体系和学校学科设置、读者使用、流通管理、分类历史等情况，要求文献归类准确，尽量保持前后一致，以便于读者使用和流通管理。

黄山学院图书馆　该馆2010年开始图书分类采用《中图法》(第4版)为分类依据。进行图书分类必须对图书进行主题分析,仔细阅读内容提要,目次导言,了解图书的内容、性质及使用对象,必要时参考有关工具书或集体讨论或请教有关专业教师,给出恰当的分类号。图书分类除必须以图书内容的学科属性为主要标准外,还应考虑该馆的性质和任务,使图书归入最大用途、最能满足馆内读者需求的类目。分类级数最多一般不超过7级(TS97除外),但不允许分类号上有两个点“.”出现,以免分类号过长。A—K类图书原则上按分类表详分,凡交替类目都不用。

书次号　省内大多数图书馆书次号依到馆的先后顺序号,即种次号作为书次号,也有部分图书馆根据出版物责任者的姓名字母与字顺规律特点编写而成的著者号作为书次号。另各馆还有根据自身馆情制订辅助区分号,如不同版次,多个分册,不同译本等。

安徽省图书馆　该馆中、日文书刊依到馆先后顺序号为书次号。各阶段、各类型文献较复杂,所以采用的书次号取法也不尽相同,所采用的书标颜色及横竖贴法也不相同,以示区别。

该馆鉴于《中图法》与《中小型法》藏书组织并存,为便于区分两者,凡以《中图法》类分的图书都在种次号前加“0”以作识别;直至种次号的位数满四位时,则识别号“0”舍去。

安徽省图书馆对不同版本的第×版、增订本、修订本等不同版次的图书在分类号和种次号不变的情况下,在其种次号后加“-”表示,一版不用标示,第二版为“-2”,第三版为“-3”。不同出版社出版的相同图书,在其种次号后用“=”表示。在种次号后用“/”表示的情况有同种书不同书名;编写本、删节本、简本等;与教材配套的教学参考资料等,计算机编目后为方便机器识别改用反斜杠“\”。有些类型文献不需加种次号,如马恩列斯毛的著作单行本,按写作年代顺序排列,保留四位数即年代加月份;凡我国有关国家的会议文献,如党代会、人大会、政协会等,依会议届次或年代取号;不定期连续出版的单行本,有统一报告的编号顺次的,以报告编号取号;新闻、宣传图片,按原图片编号取号。

安徽省图书馆外文图书主要分三大部分,即西文、俄文和日文图书,其分类规则基本参照《中文图书分类规则》执行。

西文图书按《克特著者号码表》取著者号为书次号。分类号、著者号相同的不同图书,用书名第一个字母的小写字母即在著者号后作区分号。

俄文图书按哈芙金娜编的《俄文三位数著者号码表》,取著者号为书次号。分类号、著者号相同的不同图书,用书名第一个字母的小写字母即在著者号后作区分号。

日文图书的种次号,具体仿照中文图书使用种次号的有关规定,与中文不同即是日文图书书次号前不加“0”。

安徽师范大学图书馆　该馆中文图书使用责任者名称的四角号码作为书次号,取号以《四角号码新词典》(1983年版)为准。作者号的取号以图书的第一责任者(包括个人及团体责任者）为取号依据，责任者的名称为两个字时，取这两个字的前两个角的号码；当责任者的名称为三个或三个字以上进，依次取第一个字的前两个角的号码，第二、第三个字的第一个角的号码。图书的索取号由“分类号/作者号(同类书区分号)”构成，收藏的工具书索取号前加“R/”；特藏书前冠“特/”。

黄山学院图书馆　该馆同类图书（分类号相同）按分编图书先后顺序，加种次号1，2，3……；同类同名连续性图书有年代日期特征者，在同一种次号后加斜线“/”，再加年代；续编、补编、索引、习题解答等，或与正、续编有连续关系的抽印本，在原种次号后加斜线及数字表示，如“/2”“/3”……；同类同名连续性多卷集图书，在同一种次号后加“( )”注明卷、册、辑、编数，如（1），（2），（3）……；同类同名连续性图书，既标明年代，又标明月份或卷册，可在种次号后加斜线再注明卷册数，如/78（1），/78（2），/89（1）……；一书在同一卷、编内又分若干分册，在卷、编数后加分册数，用冒号隔开，如（1:2），（1:3），（2:3）……。

安徽新华学院图书馆　该馆图书索书号由分类号、种次号和辅助区分号组成。分类号为根据图书内容、形式等因素将图书依据《中国图书馆图书分类法》归类得出的由字母和数字组成的号码，书次号为同一分类号下由编目系统自动选取的由小到大的数字。索书号组成形式为:分类号/书次号:卷次号（版本号)）。

主题标引

安徽省图书馆　1988年，省图书馆参与《中国分类主题词表》中第一、二卷的编制工作。1994年，《中国分类主题词表》问世。1995年省图书馆开始增加图书主题标引，并制定《安徽省图书馆中文图书主题标引工作细则》。2005年9月，《中国分类主题词表》（第2版）和电子版出版。省图书馆同年开始使用电子版的分类－主题一体化标引和检索工具《中国分类主题词表》，并对《安徽省图书馆中文文献主题标引工作细则》作出修改。《主题标引工作细则》中提倡采用610字段，以增加检索点。对安徽地方文献及地方出版物，自行增加607字段，@a子字段标引为“安徽”，以方便其检索。

合肥市图书馆　该馆主题标引2007年之前参照《中国分类主题词表》，2007年6月之后主要参照《中国分类主题词表》（第2版）和电子版进行主题标引。

第二节　文献著录

20世纪50—80年代中期，安徽省内公共图书馆普遍采用传统的空格分段式著录文献，卡片式目录成为图书馆的主要目录形式。为读者提供的目录通常有分类和书名目录，少数图书馆还有著者目录。同时，自1958年中国人民大学图书馆和中国科学院图书馆及北京图书馆联合编制《中文图书提要铅印卡片著录条例》后，省图书馆采用按书订购铅印卡，以提高编目质量，确保著录标准化。

1984年，国家标准局颁布文献著录国家标准。1985年，安徽省内公共图书馆逐步实现标准化著录，文献著录依据《文献著录总则》（GB37921-84）《普通图书著录规则》（GB3792.2-85）《连续出版物著录规则》（GB3792.3-85）和《中国文献编目规则》，并且为保证著录质量及其连续性，各自制定相应的编目细则。1995 年后，各图书馆相继启动电子计算机 ILAS 书目管理系统和力博管理系统，中文普通图书参照北京图书馆出版社出版的《中国机读目录格式使用手册》（国家图书馆编），著录图书的依据是北京图书馆出版社出版的《中文普通图书统一著录条例》，并参照从国家图书馆联合编目中心套录下载的书目数据进行标引著录。

高校图书馆通常中文图书按照《中国文献编目规则》《普通图书著录规则》著录，西文图书按照《西文文献著录条例》著录。机读目录格式则依照《中国机读目录格式》《中国机读目录格式使用手册》。有些图书馆按照 CALIS（中国高等教育文献保障系统）标准著录。

图书

安徽省图书馆　省图书馆中外文图书著录标准有异，情形不一。中文图书著录方面，1985 年，国家标准局颁布《文献著录条例》和《国家标准书目著录（ISBD）》，使我国文献著录标准化的进程推进了一大步。省图书馆集中举办文献著录标准化讲座、文献著录标准化讲习班，学员包括合肥地区三大系统图书馆在职人员。普通中文图书的著录依据《普通图书著录规则》（GB3792·2-1985）。1995 年以前，馆内文献编目处于手工编目阶段。由于编目条件差，设备陈旧，人力有限，该馆中文图书著录项目仅有索书号（分类号 / 种次号）；书名项 / 责任者项；版本项；载体形态项；丛书项；附注项，而标准书号及有关载体项、提要项，各种用途的排检项均未著录。目录体系设有读者目录与公务目录，每套目录又分为题名目录、分类目录、著者目录。1985—1988 年间，为及时向读者报道到馆新书，还编制书本式的中外文“新书通报”。

1994 年，省图书馆引进深圳图书馆的自动化集成系统软件——ILAS 系统，自 1995 年以后，省图书馆开始建设图书馆自动化管理系统，图书馆遂出现卡片目录和机读目录并用的状态。省图书馆的新书编目开始按照《中国机读目录格式》（CNMARC）、《西文机读目录格式》（MARC21/B）进行计算机编目，并且增加主题、书号（标准书号或统一书号）及条形码号等项目的录入。“新书通报”等亦转为网上浏览模式。同时，对馆藏图书进行回溯建库。在全省率先实现图书采编、外借、连续出版物管理、文献检索等业务自动化管理。

2003 年，该馆开通 OPAC 查询系统，下半年实行网上书目数据套录，与国家图书馆就书目数据资源达成广泛合作。另外，对皖籍作者所著图书，自行增加“607”字段，“$a”子字段为“安徽”，以适应建立“皖人书目数据库”的需要。2004 年起，开展古籍图书和期刊的回溯建库工作。在期刊回溯建库中，将原有的 7 个检索口增加到 10 个，增加的 3 个检索口分别为“并列主题”“主题词”“责任者”，在主题词中特别增加“安徽”这个地名检索词，方便读者对安徽本地报刊的检索。2005 年，正式启动自编书目数据上传业务，向国家书目中心上传书目数据。2007 年，为提高工作效率，在中文图书采购协议中约定，要求投标方提供中文图书编目数据，并提供图书盖章、贴条形码、装磁针等初加工免费服务。

省图书馆在 ILAS 系统编目子系统的不断实践过程中，逐渐形成《安徽省图书馆中文图书著录细则》。

外文图书著录方面，省图书馆西文图书的著录，2005 年前，依据中国图书馆学会编辑的《西文文献著录条例》进行著录。2005 年后，省图书馆西文图书依据《MARC21 书目数据格式使用手册》和《英美编目规则》著录，西文图书编目在 ILAS 系统中进行。对于下载书目或版权页上有美国国会图书在版编目信息源的自编图书，著录主题检索字段；对于未能获得下载数据且版权页上无在版编目信息源的自编图书，限于条件，不著录主题字段，或仅著录非控词语主题字段。

俄文图书著录规则与西文图书基本相同。即：有个人著者的图书，以著者做主要款目标目；无个人著者或团体著者，采用悬行式著录方式。

日文图书著录，参照普通中文图书著录规则，但采用段落空格法，即将所有著录事项分成几个段落，第一段落单起一行，同一著录段落内的不同事项以及同一事项内的小项之间均用空一格表示。

合肥市图书馆　该馆图书分类依据《中国图书馆分类法》（第五版）类分图书，主题词依照《中国分类主题词表》，录入主题词。

2002 年 12 月 8 日开始正式启动电子计算机 ILAS 书目管理系统，中文普通图书由采编部参照国家图书馆编的北京图书馆出版社出版的《中国机读目录格式使用手册》，分别制定了《合肥市图书馆新书著录及回溯建库 MARC 书目数据录入规则》《合肥市图书馆地方文献 MARC 书目数据录入规则》《合肥市古籍图书 MARC 书目数据录入规则》，届时新书严格按照规则录入书目数据，并添加主题标引。

合肥市少儿图书馆　该馆文献著录规则依据《中国文献编目规则（第二版）》和《新版中国机读目录格式使用手册》进行著录。著录级次采用详细级次，各著录项目、著录单元根据文献规定信息源所提供的信息，原则上做到“有则必录”。题名检索点则按照“关于中小学教辅资料选取题名检索点规范模式的意见”在 540 字段著录教辅资料的规范题名检索点。

安徽大学图书馆　该图书馆制定《安徽大学图书馆图书著录细则》，按照规范进行中外文普通图书的著录。著录规则依据 ISBD（M）即《国际标准书目著录（专著）》《普通图书著录规则》（GB3782-85）、CALIS 中文著录原则；机读目录格式部分则是依据《CALIS 联机合作编目手册》（上），并参考《中国机读目录格式》《中国机读目录格式使用手册》《计算机编目技术手册》。在遵照一系列国家和行业标准的同时，结合具体情况、需要和历史沿革制定一些具体的实施细则。

合肥工业大学图书馆　2007 年，该馆中文图书编目根据《中国机读目录格式》

（CNMARC）规则进行著录，外文图书根据《英美编目条例》（USMARC）和我国《西文文献著录条例》进行著录。

安徽工业大学图书馆　该馆中文图书按照《CALIS 联机合作编目手册（上）》《中国机读目录格式》《中国机读目录格式使用手册》《计算机编目技术手册》。西文图书依据 ISBD(M)（《国际标准著录格式》及《西文文献著录条例》，并参照 AACR2（《英美编目条例·第 2 版》）进行著录。

滁州学院图书馆　2009 年 9 月后，该馆按照《中国文献编目规则》、《中国机读目录格式使用手册》及“网信文献集成管理系统”中的图书编目系统的要求，进行详细著录。

淮南师范学院图书馆　该馆按照 CALIS 标准著录文献。

报刊

安徽省图书馆　省图书馆藏有中文期刊、中文报纸和外文期刊。

中文期刊方面，2005 年前，省图书馆中文报刊著录，依据《连续出版物著录规则》（GB3792·3–85）标准，并结合实际情况进行著录。

2005 年后，该馆依据《新版中国机读目录格式使用手册》和 ILAS 系统的连续出版物子系统下进行书目数据著录规程。期刊分类索书号由分类号和刊次号组成，合订期刊的封面、书脊刊名由编目人员手工补写，字迹清楚、工整，装订好的期刊每册分配一个条码号，再在 ILAS 软件系统中连续出版物子系统下进行装订验收。

中文报纸方面，省图书馆中文报纸与期刊在编目时有很多相似之处，中文报纸的索书号即为邮发刊号。

外文期刊方面，2005 年前，省图书馆外文期刊著录，依据《连续出版物著录规则》（GB3792·3–85）标准，并结合实际情况进行著录。其著录项有：原版刊号；题名与责任者项；出版发行项、载体形态项；国际连续出版物号；馆藏情况等。

2005 年后，该馆外文期刊著录依据是《MARC 21（USMARC）机读目录格式及使用手册》，参考《乌利希国际期刊指南（Ulrich’s Periodicals Directory）》。

芜湖市图书馆　中文期刊是从 1980 年 7 月开始按照《连续出版物著录规则》（GB3792·3–85）标准进行著录。设有期刊目录一套，1998 年又建立机读期刊目录。

其他文献　安徽省图书馆古籍按照《中国文献编目规则（第 2 版）》《古籍著录规则》《新版机读目录格式使用手册》及 ILAS 古籍编目子系统规范等录入。

该馆音像资料、地图、图片等文献的著录依据《中国文献编目规则（第 2 版）》《中文图书机读目录格式使用手册》和《安徽省图书馆中文图书著录细则》等录入。

第三节　联合编目

2008 年，全国图书馆联合编目中心安徽省分中心在省图书馆建立，该中心旨在联合安徽省各类型、各地区图书馆和其他文献单位，充分利用现代计算机技术和网络通讯技术，本着统一标准、共同建设、协调管理和循序渐进、逐步发展的原则，优化配置安徽省图书馆界人力资源及物质资源，有效地降低成本，提高工作效率，促进安徽省编目工作的标准化和规范化，逐步建立全省文献资源共建共享体系，并制定《安徽省图书馆联合编目中心章程》《安徽省图书馆联合编目著录细则》，以此作为编目的统一规定和较为规范的参照和依据，规范联合目录中文图书书目记录，从而有效地保证联合目录的数据库质量。该著录细则中机读目录格式部分以全国图书馆联合编目中心、国家图书馆图书采选编目部联合编写的《中文图书机读目录格式使用手册》为蓝本，参考国家图书馆联合编目中心的《中国机读目录格式使用手册》《CALIS 联合编目细则》。著录部分依据 ISBD（M）即《国际标准书目著录（专著）》《普通图书著录规则》（GB3782-85）而制定。

2008 年，安徽省图书馆在力博自动化系统中建立联合编目系统，开通全省内公共图书馆采编数据联合编目。截至 2010 年底，该中心已发展力博联合编目系统成员馆共有 67 所成员馆。各成员馆可通过 Z39.56 协议下载安徽省馆的编目数据，2008 年下载数据 1883 条；2009 年下载数据 137286 条；2010 年下载数据 461480 条。

第四节　目录管理

民国时期直至新中国成立后相当长的一段时期，省内图书馆多采用传统的手工编目，卡片式目录。卡片式目录开始采用纯手工抄写制作，后改为手刻或蜡纸油印，产生多张卡片，现在又发展为计算机直接打印卡片目录，组织成不同的目录体系，省内公共图书馆仍有大部分县级图书馆及少数市级图书馆仍在沿用。同时书本式目录一直伴随图书馆事业的发展，发挥其独特的作用。有的图书馆在建馆之初，因条件限制无法编制卡片目录，采用书本式目录代替，即使发展到联机编目时代，仍有书本式目录，但大多为专题目录。自 20 世纪 90 年代，图书自动化系统开始在省内图书馆得到应用后，馆藏资源检索系统得到不断完善，读者可根据题名、作者、主题词、分类、条形码等各种途径，随时检索所需信息。

书本目录

安徽省图书馆　安徽省图书馆从民国 20 年（1931 年）起编制书本式目录以来，编辑（或出版）100 多种书本式目录。馆藏中外文书刊目录有：《馆藏科学读书目录汇编》（1931 年），《馆藏儿童读物目录》（1931 年），《馆藏方志目录》（1932 年），《安徽省立图书馆新书目》（1932 年），《安徽省图书馆现藏方志目录》《安徽省图书馆藏家谱目录》《安徽省图书馆馆藏．电子计算机书刊资料目录》《安徽省图书馆现藏方志目录 》《中文文史哲工具参考书目》《水产养殖专题书目》《馆藏中国医药目录》（1958 年），《馆藏中文期刊目录》（1965 年），《馆藏外文图书目录》（1979—1981 年），《安徽省古籍善本书目》（20 世纪 80

年代)、《中外文新书通报》(1985—1988年)、《馆藏中文普通图书书名目录》(1985年)、《中文报刊目录》(1986年)、《馆藏外文工具书目录》(1990年)《解放前期刊目录》各上下两辑,共收集字、词典及期刊目录7000余条,《安徽省图书馆中文工具书自然科学部分馆藏目录》(上、下两册,1991年编制)、《有关抗日战争馆藏书目》(1995年)、《安徽省馆藏皖人书目(–1949)》(2003)等。

外文期刊联合目录:《合肥地区科技外文期刊联合目录》(1971年),每年1册的《合肥地区外文期刊联合目录》《安徽省外文期刊联合目录》等。

安庆市图书馆　1962年,安庆市图书馆编印《馆藏古籍目录》,分送各兄弟城市图书馆及有关单位。

芜湖市图书馆　该馆1950年建馆初期馆藏为书本式目录。读者目录是用小木牌写上书名挂在墙上,让读者查看。

铜陵市图书馆　1985年,铜陵市图书馆开始编印《铜陵市科技工具书联合目录》《部分图书馆馆藏报刊联合目录》。

安徽大学图书馆　自1984年以来,编印了一批馆藏书本目录,如《馆藏精选目录》《馆藏西文图书目录》《馆藏俄文图书目录》《馆藏中文工具书目录》《安徽大学教学主要参考书目录》《安徽大学中文报刊馆藏目录》《安徽大学西文报刊馆藏目录》等。

卡片目录

目录设置　安徽省多数图书馆卡片目录按使用对象设有公务目录和读者目录,并各自按不同检索途径设有分类目录、题名目录和著者目录。

安徽省图书馆20世纪50年代设中文图书卡片目录1套(分类目录、书名目录、著者目录,下同),公务和读者兼用。1979年,中文图书公务目录2套和读者目录1套。1989年,中、日文图书公务目录2套和读者目录1套;西、俄文图书公务目录和读者目录分别2和1套(分类目录、著者目录)。中、外文期刊公务目录和读者目录1套(刊名目录、分类目录)。报纸公务目录和读者目录各1套(报名书目、邮发代码目录)。机读目录查询系统开通后,2005年读者卡片目录停用,仅保留中、西文图书分类公务目录与中、西文期刊的刊名公务目录各1套。2012年公务卡片目录停用。

芜湖市图书馆中文图书1954年1月起正式编制分类目录1套,既是读者目录又是公务目录。1971年10月设置公务目录和读者目录各1套(分类目录)。1985年增设题名目录。1998年6月建立机读目录。目前目录设置有公务目录、读者目录、题名目录等。中文期刊是从1980年7月设有期刊分类目录1套。

合肥工业大学图书馆机读目录查询系统开通后,考虑到历史沿革,2010年,仍保留中文图书公务目录1套(分类目录、题名目录、著者目录),并定期整理各套目录,保持目录体系的完整性、系统性、正确性。

目录组织　安徽省各图书馆中外文书刊分类目录组织规则基本相同,先按分类号排序,分类号相同,按种次号排序,分类号、种次号相同,按附加区分号排序,逐项依次排列。字顺目录组织规则各馆略有不同。

安徽省图书馆中文书刊题名目录、著者目录组织规则一样,均采用北京图书馆服务社编印的《笔画笔形字顺目录检字表》笔画笔形字顺组织目录。西文、俄文图书题名目录、著者目录都是按字母顺序排列,西文题名中的冠词一般不排,西文著者是著者姓在前,名在后,先按题名、著者单词首字母排序。日文题名目录组织是日文题名以假名开头,或完全由日文假名组成的,按“五十音图”顺序排列。中文报纸邮发代码目录组织,按邮发代码号顺序排列,邮发代码小的排在前,大的排在后。

蚌埠市图书馆题名目录组织先按题名汉字字顺排列。著者目录组织按笔画排列,笔画少的在前,笔画多的在后。

安徽大学图书馆中文图书书名目录、著者目录按书名、著者姓名按字顺排序。西文、俄文图书题名目录、著者目录都是按字母顺序排列(西文书名中的冠词一般不排),日文题名目录、著者目录按五十音图次序排列。

合肥工业大学图书馆题名目录按照书名的四角号码大小排序。

机读目录　2008年底,安徽省多数图书馆先后开通OPAC目服务。其中有26所高校图书馆都建有自己的馆藏书目数据库,都能在校园网或互联网上提供图书查询、新书通报、图书续借等OPAC服务。各系统图书馆读者可按题名、责任者、主题、标准书号、分类号、索取号等检索途径进行查询馆藏书目数据。

安徽省图书馆　1995年,该馆开始启用ILAS图书馆管理系统著录文献,同时进行回溯建库。2001年12月该馆开通OPAC目录查询系统。

铜陵市图书馆　该馆1999年开通OPAC目录查询系统。。

芜湖市图书馆　该馆1998年6月始,建立普通中文图书书目数据库,2009年6月始,建立报刊书目数据库,并开通OPAC目录查询系统。

安徽大学图书馆　1999年,该馆图书馆自动化集成业务系统投入使用,提供24小时不间断OPAC查询馆藏书目与新书通报服务。

合肥工业大学图书馆　2000年9月,该馆图书馆购买“Libsys图书馆信息管理系统”,开通OPAC目录查询系统,实现网上远程馆藏书目数据。

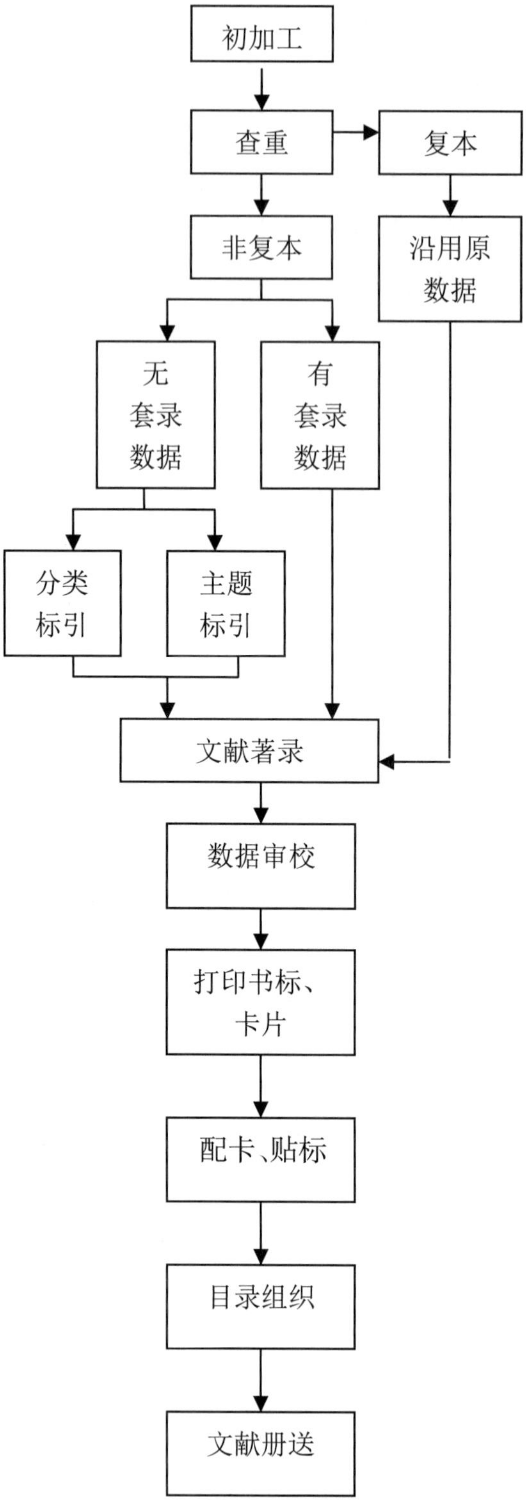

图 1-2-1 文献编目流程图

说明:该流程图适用于中外文图书、音像资料、电子文献、地图、图片等文献编目

第三章　文献收藏与保护

安徽省内各图书馆因其图书馆性质及社会职能的不同,其馆藏结构各具特色,文献的载体也形式多样,异彩纷呈。既收藏印刷载体的文献,也收藏缩微版、音像版、机读磁带版以及光盘版等非印刷载体的文献。

保存和保护文献,是图书馆最基本的职能。控制储藏环境的温湿度,防霉、防虫、防有害气体和灰尘等;对已经破损的古籍进行修复;通过载体转换方式使文献内容得到复制,都是文献保护的重要举措。

第一节　馆藏状况

公共图书馆

安徽省图书馆　清光绪二十七年(1901年)至民国2年(1913年),安徽省内多位官员与名士呼号奔走,通过购置、搜集与个人捐赠等途径网罗文献资源。民国元年(1912年)孙毓筠任安徽都督,他命部下姚孟振率队捡拾民间藏书,特别注意收集辛亥革命之后散失各地的学务公所藏书楼和安庆各地新建的学堂旧藏,集中于安庆育婴堂蒙养院内。后来各学堂又纷纷复课,各学堂散失之书得以从育婴堂返还。育婴堂原藏书楼旧藏和各衙门的藏书便是省立图书馆之基础馆藏。

民国14年(1925年)商务印书馆出版《日用百科全书补编》所记,有藏书44800册。以后每年虽有增加,但为数不多。民国17年(1928年),省教育厅委胡翼谋任馆长,胡拟订《安徽省图书馆规程》(31条),努力谋求馆务发展,藏书规模得以次第增长,民国18年(1929年)该馆曾作过一次统计,共藏书5350种52600册。

民国19年(1930年),陈东原任安徽省立图书馆馆长,各项馆务得以兴盛,教育厅所拨购书经费由民国19年(1930年)之前的最多300元而逐年增长,民国23年(1934年)增至1025元。随着经费逐年提高,省立图书馆藏书建设有了大发展。陈东原就任后,添购新书的同时,亦并重整理馆藏积压。

截至民国23年(1934年)底,该馆馆藏图书、期刊、报纸总计96540册。民国24年(1935年),接收省通志馆移赠合肥、怀宁、泗县等29个县金石拓本、照片461种。民国24年(1935年)馆藏13096种,86165册,其中有《图书集成》《四部丛刊》《大藏经》(后毁于日本侵略军战火)。征得《安徽通志》1种,府志8种,州志7种,县志

29种,馆内特设“文献征存股”,编制《安徽方志备征目》,继续征存。截至民国24年(1935年)7月底,有中文图书15263种,74105册;西文图书397种,397册;儿童读物1385种,3785册;合订本杂志1506种,4759册;合订本报纸50种,721册;共计17657种,94515册,其中古籍3万余册。至此,省立图书馆馆藏文献在全国33所省立图书馆中排至第14位,馆藏特色初露端倪。

民国27年(1938年),抗日战争爆发后,馆长李辛白率员运书经六安迁立煌。首将省立图书馆馆藏善本书及线装古籍3万余册,由馆员张丹九运往桐城罗家岭庋藏。嗣又将普通图书4万余册,由馆员赵筱梅运往六安。赵筱梅到六安后,不辞而去,督运之书大部分散失,残余由伪教育厅拨给第一临时中学使用。6月,学校被敌机轰炸,损毁殆尽,残余部分又运至黄栗杪,由霍立联中保管,后亦全部散失。至于馆藏报纸、杂志合订本、本省教育档案、历年搜集的碑帖拓本、字画及图书等,仍庋藏在书库内,陷入敌手,片纸无存。10余万册图书,绝大部分化为乌有。

民国29年(1940年),省立图书馆在立煌恢复成立,曾接收皖北各中学及区立图书馆的残余图书,又从桐城罗家岭藏书中,选运一批善本及版本较好的图书,馆藏4万多册。1943年1月2日,日寇侵入立煌,全部藏书毁于日寇之火。两次浩劫,省立图书馆几十年的积累,除罗家岭的残余外,皆零落成泥。

民国33年(1944年)5月1日,安徽省立图书馆新建两层小楼,在立煌再度恢复成立,蒋元卿任馆长。接收省教育厅图书室的残存及各处赠送的图书,连同存放流波疃的图书,共约3万余册。民国35年(1946年),图书馆迁至合肥后,图书稍有添购,连同各方的赠送,陆续增至38000余册。民国37年(1948年)12月运回安庆。据2010年底统计,省图书馆收藏民国文献25664种,57154册。其中,民国期刊3900种,16729册;民国报纸影印本37种,1090册。

新中国成立之初,图书馆事业作为文化事业的重要组成部分,为政府所重视,该馆通过对原有的图书馆进行大力改造,确立以马列主义、毛泽东思想为指导原则,调整藏书成分,扩充藏书资源。

1957年,国务院批准颁布《全国图书馆协调方案》,对图书情报部门的藏书建设做出明确部署。全国图书馆加强横向联系与合作,在图书协调采购、图书调拨、统一编目、联合目录、馆际互借等方面,做了大量工作。这一时期,安徽省图书馆藏书数量不断增加,质量不断提高。着重补充了马克思、恩格斯、列宁、斯大林、毛泽东的经典著作,革命文艺作品和各科基础著作。据1957年统计,馆内文献增至452398册,其中中文图书414017册,外文图书38381册。

自1956年至“文化大革命”前,安徽省图书馆每年拨给省馆2万元专款,作为补充外文科技书刊之用,这使省图书馆藏书更为充实起来。至1965年,馆藏已达72万册,是1950年藏书7万册的10倍,其中古籍文献约占全部藏书的三分之一。

“文化大革命”(1966—1976年)期间,安徽省图书馆事业遭遇空前的灾难,除马列和毛泽东著作外，其他得到保存和使用的图书为数甚少，文献资源建设不仅没有发展，而且严重倒退。见于资料记载的，只有接收外单位图书共计约18万册左右，其中旧平装书4万余册，中文书6万册，线装书8万册。幸运的是，在1966年初秋全国掀起的“扫四旧”狂潮中，时年64岁的古籍书库馆员丁宁舍命护书，从“扫四旧”青年的拳头、棍棒下，保护了省图书馆的约30万册古籍。

至1978年，安徽省图书馆藏书共计129万册，其中含古籍30余万册，善本书（明版和少量元版）约3万余册。改革开放初期，省图书馆文献采购数量大幅提高。1979年，采购图书53934册，其中中文45676册，外文8258册；1979—1981年间，购书经费每年约11万—20万元，1982—1990年间，上升为每年20余万元。经多途径大力征集，到1989年，馆藏文献已迅速增至184万册，与1976年的95万册相比，几乎翻倍。此阶段，该馆形成具有鲜明馆藏特色和较为完整的藏书体系。

1991年，安徽省图书馆藏书已达206万册，其中省内出版物、安徽作者的著作、反映安徽政治经济科技文化的书籍较为丰富。1991年后，省图书馆购书经费有较大增长。1991—1993年，购书经费由30万元增至50万元。1995年，购书经费由50万增至130万（其中50万元用于购置《四库全书》)，改写该馆购书经费位列全国落后的记录。当年4月28日，经馆长办公会议研究决定，成立安徽省图书馆藏书建设委员会，并制定《安徽省图书馆购书专项经费管理细则》；同年，省图书馆缩微设备正式投入运行，当年完成拍摄1.5万余拍，并且完成与北京《四库全书》缩委会签订的拍摄古籍善本5000多拍的任务。

2000年，该馆中文图书开始实行政府采购，而且所购文献类型日趋丰富，纸质出版物、盲文资料、音像资料、电子资源等多种文献类型并存。

自2002年起，安徽省图书馆购书经费突破200万元。2004—2008年，购书经费由200万元增至410万元，每年新增中文图书约从3万多种6万多册增至6.4万种13.3万册；自2009年起，购书经费增至500万元，每年新增中文图书6万—7万种，15万册左右。

安徽省图书馆自1953年以来逐年增订报刊。1963年订购期刊1146种，报纸275种。“文化大革命”十年中，因“防修反修”“以阶级斗争为纲”，经费压缩，订购中断。1978年后，购书费增加，订购量上升。1979年订购中外文期刊3792种，中外文报纸225种；1987年订购中外文期刊4200种，中外文报纸285种；2005年订购中外文报刊2963种；2006年订购中外文报刊2711种；2007年订购中外文报刊2871种；2008年订购中外文报刊3094种。

地方文献在安徽省图书馆馆藏文献中占有独特地位。民国时期，省立图书馆对于“本省方志，肆力搜求，思成全秩”，增设文献征集股，搜集志书。2003年，专门设立地方文献征集岗位，重点征集各地（区)、市年鉴、地方志、统计资料和本省各出版社的公开出版物，当年完成全省17个地（区)、市的年鉴，部分地（区)、市的地方志、统计资料以及本省所有出版社公开出版物的征集，共征集地方文献1971种3564册。2004年，通过上门征集、现场购买和接受赠送等形式征集地方文献1272种，2375册。这一时期，因民间编修家谱呈现空前热潮，通过广泛宣传，各地方修谱者纷纷将家谱赠送给该馆收藏，仅2004年收藏家谱87种。2005年，征集地方文献723种，1214册。2006年，征集地方文献974种，1718册。2007年，经过多年努力争取，地方文献建设有新突破，省委宣传部印发《关于呈缴出版物的通知》，加大力度推进本省地方出版物的征集工作。2007年，共征集本省10家图书出版社出版的图书1805种，4258册；征集安徽音像出版社的音像制品301套，728张。2008年，征集1856种，4633册。

外文图书是安徽省图书馆重要收藏文献。"文化大革命"后，外文图书的订购始恢复常态。为节约经费，外文采选原则规定以影印为主，精选原版。70年代中末期到80年代后期，外文图书每年购进数量尚可，1979年购外文图书8258册，1980年接收省情报所外文原版书5117册，1981年购进7835册。其后每年采购约数百册至两三千册不等。1980年1月8—31日，安徽省图书馆和中国图书进出口公司、安徽省外文书店在省馆联合举办"美国约翰·威利父子出版公司""美国时代出版社"出版千余种图书展览。书展结束，1万余册外文原版书无偿赠与省馆充实馆藏。

由于购书经费紧缺和外文影印图书的出版受限，1991年，安徽省图书馆采购外文图书824册后，至1995年，每年所购外文图书数量较少，1995—2006年间，省图书馆外文图书入藏更少，主要原因是购书经费紧缺和外文影印图书的绝迹。

2006年底，安徽省图书馆经多方联络，获取一条重要的国际赠书途径，只需交纳很低的维护费（每册13元）就可获得外文原版图书。2007年，该馆先后两次采选英文图书1200多种，重新启动外文图书的采编工作。2009年始，外文图书的采选被列入《安徽省图书馆文献采访工作条例》，规定外文图书的年采购量应不低于1000种。

2006年，该馆电子资源的采购开始步入正轨，当年采购电子期刊、标准文献、《人民日报》等192部。从2004年到2008年，购书经费由200万元增至410万元，每年新增中文图书从3万多种6万多册增至6.4万种13.3万册；中外文报刊采购2500种3000份增至3000种4500份。

截至2008年底，安徽省图书馆馆藏文献已达280万册，英、法、德、俄、日文图书近20万册；民国期间图书57154册，期刊16729册，报纸1090册；缩微胶片3082种，3182卷；视听资料4174种，5580件；盲文图书300多册；古籍线装书43511部，351692册，其中善本3209部，32682册，国家级善本1004部，8751册。明清至新中国成立前家谱400余种，3200册；徽州文书约2万册件；另还有名人手札若干件；中华再造善本758种。

2010年，该馆入藏中文图书62761种，152479册；外文图书1580种（册）；中文期刊合订本5457册；外文期刊合订本180册；中文报纸合订本1542册。

截至2010年底，安徽省图书馆作为安徽省最大的文献信息中心，馆藏文献已达

315万册（件），涉及各个学科及多语种，其中，报刊28万多册，数字资源总量达35TB。馆藏文献中，包含大量的皖籍先贤著述和安徽省各个历史时期的地方志、谱牒、徽州文书等地方文献，充分展现安徽省独特的地域文化特色和厚重的历史文化底蕴。

合肥市图书馆　该馆自1958年开馆至2002年6月24日以前，共收集中文普通图书262322种，263707册，2002年7月至2007年12月，共增加中文普通图书64733种，163885册。2002年下半年，该馆按合肥市政府的有关文件要求，加入政府采购的行列。截至2010年，该馆共收藏纸质文献779228册，其中普通图书52万余册，古籍7510册，期刊106268册，其他类型文献152400件。

阜阳市图书馆　从建馆之初历经阜阳县图书馆、阜阳市图书馆（县级、市级）三个阶段。

阜阳县图书馆：1956年6月，图书馆从文化馆分出，于人民影院南建阜阳县图书馆，藏书2万余册。到1965年底，藏书达12万册，并建立图书网点20处。"文化大革命"期间，该馆藏书大量流失。1978年，恢复阜阳县图书馆，藏书3万余册（其中包括线装书3100余册）。1985年，藏书增至5万余册。

阜阳市图书馆（县级）：1978年11月开馆时，阅览室仅有报纸17种，期刊48种。1983年，报纸增至37种，期刊增至130种。1985年，馆藏图书达1.9万余册。到1993年初市县合并时，藏书3万余册。

阜阳市图书馆（市级）：阜阳市图书馆和阜阳县图书馆合并后，该馆文献的入藏数量极为有限，文献总藏量增加缓慢。1996年，阜阳由县级市改为地级市，该馆的购书经费尚可，特别是1998年，该馆作为市政府采购试点单位，购书经费较为充裕，1999年却大幅度减少，从2000年起，由于财政紧缩，每年只拨给4万—5万元作为订阅报刊的费用，图书方面几为空白，2006—2007年稍有好转，每年图书购置经费和报刊订购经费均为5万—6万元左右。1998—2007年，该馆文献平均年入藏量约4700册。到2007年底，文献总藏量约为11万册。

淮南市图书馆　该馆建馆时藏书8300余册，1958年迁至淮滨路时，藏书84796册；1986年7月迁至龙王沟路新馆时，藏书189026册；2003年入藏报刊874种，其中地方文献150种，入藏视听文献108件。2004年9月，淮南联合大学图书馆无偿赠送淮南市图书馆解放前的珍贵报纸合订本54本。至2008年藏书214508册，其中线装古籍书8570册。社会科学图书门类居多，科技图书偏重于煤炭、化工、轻工、电子、纺织和机械等，煤炭工业书籍占有一定比例，品种齐全。馆藏文献中较珍贵的有线装书《古今图书集成》《四部丛刊》《四库全书》全套、《百纳本二十四史》《天一阁明代方志》《东北日报》精装本重庆版《新华日报》以及《新青年》等。该馆地方文献有专职人员负责管理，并组织有专门的地方文献目录。由于藏书剔旧、送书下乡、经费短缺、书价上涨等原因，致使淮南市图书馆馆藏增长缓慢。

马鞍山市图书馆　1974年，该馆正式建立后，始设采编组，负责图书的采购、搜集、整理和编目等工作。1974—1979 年间,侧重收藏钢铁工业的书刊资料;1980—1985 年间,侧重收藏社会科学方面的书刊资料,特别注意收藏近现代文学著作,注重地方文献资料的收藏。“一白一黑”是该馆的馆藏特色,“白”为研究李白的文献资料 10000 余册;“黑”为黑色冶金工业的图书、期刊等,专业志基本齐全。1990 年 3 月,经市政府批准的《关于向公共图书馆递交图书报刊样本的请示》中规定,全市各单位将公开发行和内部发行的图书、报纸、刊物都向市馆送 1–2 份的样本,并呼吁社会各界向市馆捐赠。1991 年 3 月,市财政拨出专款 10 万元,为该馆添置新书;同时,专门开设地方文献阅览室,复制清及民国时期《太平府志》《当涂县志》《采石志》等地方史志丛书。2005 年 10 月 8 日,建成吴泰昌捐书阁。2005—2006 年陆续接收吴泰昌先生捐赠的个人藏书 5417 册、杂志 1000 余册,其中有中国现当代作家签名本图书 3493 册。2006 年 10 月,接收国家图书馆捐赠的图书 8000 册。2008 年,为配合新馆搬迁,市政府特批市图书馆 100 万购书专款,组织采编部精心编制采购书目,购置一批精品图书与珍贵古籍。至 2008 年底,市图书馆馆藏纸质图书 33 万余册,电子图书 90342 册,数据库资源 1 种,音像出版物 2000 余种,期刊 564 种,报纸 129 种。

安庆市图书馆 1950 年 3 月成立时,该馆接收原国民党政府安徽省立图书馆和安徽通志馆的部分书籍文献和市法院没收的一些旧书刊共 5 万多册。1951 年、1954 年先后接收桐城李相朴少量捐书和胡子穆代表胡氏明经堂捐献的图书 1.7 万多册。后又从社会上搜集一批图书文物,如《十竹斋画谱》《资治通鉴纲目辑览》等,及从破书废纸中抢救出来的桐城方宗诚等人的手稿本残册。1953 年,移交省图书馆 3.59 万册图书。1954 年底,该馆馆藏总量 5.1 万余册。1956—1958 年,共购书 1.2 万余册;20 世纪 60 年代初自然灾害时期,三年购书 1 万余册;“文化大革命”时期,藏书遭受损失,藏书建设停滞,馆藏比例失调。1967—1969 年,三年入藏图书仅 1500 余册,多为《毛泽东选集》《毛主席语录》、马列著作单行本以及配合“政治运动”“阶级斗争”需要的政治理论书籍。由于大部分期刊停刊,只订有当时中央和部分省市发行的少量党报党刊。这一时期,徐太素教授及社会人士的捐献,安庆市古旧书店撤消移送的一批古旧书刊,充实了馆藏。

1978 年中共十一届三中全会后,购书经费随着业务经费的增加而相应增加。1979 年购书款首次突破 1 万元,购书 1.3 万册;1980 年购书 9000 册;1981—1984 年年均购书 6000 册。据 1984 年 9 月底统计,馆藏总量为 22 万册;1985—1989 年均购书 9000 册,购书费年均 2 万元。1988 年订中外文报刊计 800 余种。1979—1989 年是该馆新增藏书最快的 10 年,这段时期为减轻书库的压力,进行几次剔旧,减少了一些馆藏。1990 年后购书经费维持在 5 万—6 万元的水平,由于书价上涨,购书量逐年减少。1991 年底到齐的影印精装本巨著《四库全书》为秦皇岛海安实业公司捐赠;1995 年市财政拨款 32 万元订购《续修四库全书》与之配套。1997 年,北京海军政治部怀宁籍离休干部谢超元先生捐赠 200 件现代名家书画和 200 枚印章。1998 年,北京文采房地产开发公司捐赠《传世藏书》一套 123 册,名誉馆长蒋元卿先生捐赠个人藏书 905 册。2003 年石景宜捐赠港台版图书3300册。1990—2000年年均新增文献入藏量为图书3300册，报刊580种。其中1998年购书刊用款6.1万元，入藏图书4447册，订购报刊554种。1998年第二次图书馆评估时统计，文献总藏量20万册（件）。2001年后，书价持续大幅上涨，同比20世纪90年代年新增入藏量继续减少。2001—2005年，年均购书经费7万元，年均新增文献入藏量为图书2600册，报刊450种（购书经费未单列，在每年的业务经费12万元中列支，2003年为迎接第三次图书馆评估，当年追加10万元购书费）。2005年，新增文献入藏量为图书2257种，3682册，7.8万元；订购报刊608种，4万元。

安庆市图书馆重视地方文献的搜集、整理和收藏工作，本省、本地志书收藏较为齐全。家谱有清朝宰相张英家族的《张氏宗谱》、吴汝纶家族的《高甸吴氏宗谱》、陈独秀家族的《義门陈氏宗谱》、元末合肥余阙家族的《洪涛山余氏宗谱》等80多部；有关本省、本地文献资料，名人资料，黄梅戏资料、地方报纸和年鉴等比较丰富。2003年，开辟地方文献专室，专门收藏解放后出版或内部发行的地方文献资料，并建有书目数据库。

灵璧县图书馆　1951年至“文化大革命”前，该馆馆藏图书具有大众性、综合性、普及性特色，图书多为通俗读物，另有苏联、东欧社会主义国家历史资料。“文化大革命”期间，在政治挂帅的口号下，藏书多是马列毛著作及宣传资料，1985年底，藏书达30420册，资料14200册。1986—1995年，该馆因经费匮乏，未增加新书，图书室原藏书因房屋年久失修漏雨及借读磨损、图书管理不善等原因，馆藏图书损失大半。1997年，文化大楼建成使用，对图书进行重新登记整理，有图书11000册，资料3000册。1999年以来，馆藏图书通过社会捐赠和购买有所增加，2002年，馆藏文献共计14000册，资料有3500册，地方文献资料245册。这一时期图书馆配合中小学生的素质教育，购进一些科普读物、世界名著、儿童书刊画报，另有科技兴农类图书，如种植、养殖等书籍。专列书架收集地方文献，建立地方文献资料库，收集的主要有灵璧三元文化（钟馗文化、楚汉文化、奇石文化）、家谱、风土人情、歌谣、故事传说、人物传记等书籍及碟片资料。

青阳县图书馆　解放初期，该馆藏书不到800册，持证读者不过200人。1959年，图书馆的业务不断扩大，藏书量也不断增加，达到6000册。改革开放以后，随着图书馆独立建制的确立，该馆的文献建设工作得到较快的发展，1989年，藏书量29875册，其中科学类书籍865册，社会科学类书籍20968册（含文艺书籍12026册），自然科学书籍3993册，综合书籍2876册；常年订阅报刊200余种。2005年，图书馆迁入新址后，为了适应读者的需求，方便借阅管理，该馆对“文化大革命”以前的图书报刊进行清理，对那些过期图书全部下架，经过清架，图书馆藏书量为13605册。到2007年底，全馆文献资源藏量为4万余册，其中图书16030册，报纸杂志1万余册，电子图书2万余册；古籍1173册，善本书43册，地方文献10余种，100余册；订阅报纸40余种，杂志80余种。全年购书和订阅报刊经费约3.5万元。

截至2010年底，全馆文献资源藏量为36252册，其中图书22867册，期刊2250册，电子图书11135册，古籍1140册，善本书40册。

铜陵县图书馆　1972年，该铜陵县图书馆恢复开放，图书种类很少。中共十一届三中全会以后，大批图书获得解放，县图书馆书源得以补充，馆藏图书逐年增多；1972年馆藏图书2244册，1985年增加到36000册，报刊212种。1990年达到39800册，1998年馆藏图书达到47770册，中文期刊80种，2010年馆藏图书更是达到136300册，中文期刊270种。

天长市图书馆　1921年，天长知事张铭筹资建天长县立图书馆，次年秋竣工，初有藏书5000册，1950年，图书馆恢复，归县文化馆管理，1965年，藏书达万册以上。"文化大革命"中，大部分书籍复遭损毁。1979年3月，省文物局批准恢复市图书馆，1981年拨款重修图书馆楼。恢复以后，年均递增图书千册以上。截至2010年，藏书达53720册。

五河县图书馆　1922年，五河民众教育馆设图书阅览室，藏书3000册。20世纪50年代初，县文化馆设阅览室，藏书6000册。至1979年增加到1.1万册。1980年，五河县图书馆成立，截至2010年，有藏书6.5万册

无为县图书馆　20世纪30年代，该馆馆藏图书5000册左右，图书馆对外不开放。抗日战争期间，日机轰炸无为县城，图书馆无人管理，原存书籍大部分散失。直至1946年，图书馆得到恢复，馆内藏书逐渐增至38000余册，但经费比较困难。1949年2月，县人民政府接管了该馆，命名为无为县城区图书馆。图书馆正式对外开放，每月拨款200元，添置图书。图书馆经过广泛征集，至1960年，藏书已达8.6万余册。1974年，增建书库，2010年启动新馆建设。当年藏书达18.7万册，其中古籍书近4万册，有善本书52部，629册，居安徽省县级馆之首。

高校图书馆

中国科技大学图书馆　中国科技大学图书馆的馆藏主要包括数学、力学、物理学、化学、天文学、地球科学、生物学、材料科学、机械工程、动力与电气工程、核科学技术、电子通讯与自控、计算机科学技术等领域。1962年，馆藏图书达到30余万册。1969—1970年，图书馆和学校一起从北京迁到安徽合肥。在迁校过程中，仪器设备和图书资料损失严重。中国科技大学第二次创业，图书馆开始新发展。

1978年，图书馆馆藏的种类和数量有了较大的发展，逐步建立起较为完备的重点学科专业的文献信息资源。

20世纪90年代，图书馆在继续增加印刷型馆藏的同时，大力发展电子资源建设，逐步建立起以自然科学和工程技术科学文献为主体，兼有人文、社会科学及管理科学文献，包括中外文图书、期刊和报纸合订本、音像制品以及计算机文档等在内的多种类型、多种载体的综合性馆藏体系。

该图书馆每年新增中文图书6万—8万余册、新增外文图书2000册；每年订购外文原版期刊400余种、中文期刊3000余种，所有馆藏资源均提供OPAC查询。

截至2010年，图书馆收藏印刷型中外文书刊208万册，其中外文图书22.8万余册

和中文科技期刊3000余种。

合肥工业大学图书馆　1945年,该图书馆成立,在起步的几年里,文献资源极为贫乏。1952年,学校下拨30万元经费用于教学设备与图书资料的购置,大大丰富了图书馆藏。经过几年发展,至1955年,馆藏图书达到20余万册,各种资料1万余种。1958年,合肥工业大学正式成立,图书馆当时的馆藏图书29万多册,“文化大革命”前夕,学校图书馆藏书为54万册,“文化大革命”期间,图书损失4至5万册。粉碎“江青反革命集团”后,特别在恢复高考制度后,图书资源建设进入了快速发展时期,1977—1983年图书购置经费总计104万元,1983年藏书总量达到92万册,中外文期刊300余种。1988年,新馆建成投入使用,藏书总量达到115万册。90年代初期,开始注重电子资源的收集与利用,进入纸质资源和电子资源共同发展的时代。2000年,学校投入图书文献购置专项经费353.4万元。2004—2007年,文献资源建设经费年均约750万元。截至2007年底,该校图书馆拥有藏书180.7万册,其中原版外文图书11.8万册,期刊合订本11万册,古籍图书1.9万册,珍藏善本1800余册,每年订购中外文刊物3300余种;拥有电子图书59.6万种119.4万册,中文电子期刊1.2万种,外文电子期刊2.1万种,每年订购中外文数据库约200个,自建数据库7个。截至2010年底,该图书馆拥有藏书217.6万余册,其中印刷型原版外文图书12.7万册,期刊合订本近13万册,古籍图书1.9万册,珍藏善本1800余册,电子图书131.55万册，71.65万种,约200个数据库。

安徽工业大学图书馆　经过50年特别是近30年来的发展,逐步形成了以钢铁冶金、化学化工、机械工程、电工电子、自动化、计算机技术、经济管理为重点,工经管文法各类文献协调发展,印刷型文献和电子声像文献相互补充的馆藏文献体系。截至2010年底,馆藏印刷型书刊计129.3万册;电子图书64万余种。

第二节　藏书组织

业务流程　各图书馆文献从采访到入藏都要经过一系列工作流程,而流程的繁简依据各馆馆情略有不同,大致有:采访—验收—查重—加工(盖馆藏章、夹磁条、贴条形码)—标引(分类、主题)—著录—审校—贴书标—目录组织—分配—入藏(藏书组织)—借阅等读者服务。

公共图书馆藏书组织　省内大多市县级公共图书馆因馆藏文献不是很复杂,多数会按类排架,每类都会预留出一定的位置,给后来馆藏文献的入藏预留空间,尽量减少由于倒架和倒库等人力物力资源的浪费。

存放书库的文献因不具备开架条件,基本采用闭架排放;阅览室文献为方便读者阅览,多采取开架或半开架阅览。

安徽省图书馆　1963年芜湖路馆舍投入使用,将35万册普通书刊报搬运到新馆收藏与开放服务,义仓巷馆舍仍收藏30多万册古籍与民国书刊。1974年,省图书馆于馆舍北面开建七层书库大楼(地下1层),钢筋混凝土升板结构,1980年11月15日竣工,面积6515平方米,可入藏文献约200万册,主楼与书库楼之间连接处呈“工”字型,由此达彼,传输方便,从此该馆拥有独立书库。将原保存在义仓巷馆舍的30多万册古籍与民国书刊搬运到书库楼5层收藏。其他各层收藏普通书刊报。2005—2006年间,省图书馆利用书库内装修之契机,对原有的书库文献进行大规模调整。这次书库调整遵循“方便图书取还;节省书库空间;布局简单明洁;便于科学管理;着眼未来发展”五大原则。

该馆中外文图书与中、日文期刊按分类索取号顺序排架,西文与俄文期刊按题名字母顺序排架,中文报纸邮发代码顺序排架。1979—2003年,中外文普通书刊借阅室采取闭架、半开架和开架借阅,其中1985—1992年,中文普通图书阅览室6万册图书采取开架阅览。外文现刊始终采取开架阅览。新馆扩建后,从2003年起,省图书馆除古籍、民国书刊和典藏书库文献采取闭架外,其他部室文献一律开架,方便读者阅览或借阅。2010年,该馆开架文献达65万册。

合肥市少儿图书馆　该馆图书排架采取闭架、半开架和全开架相结合的方式。半开架的排架方式按照读者的实际需要,按照基本大类的排列方式;闭架图书的排列按照书目索取号进行排列;阅览室内的书刊采用全开架排列方式。

阜阳市图书馆　该馆馆藏图书采取闭架、半开架和全开架相结合的方式:基本书库(半开架)、参考咨询室(开架)、集体外借室(开架)、阅览室(开架)、过刊阅览室(开架)、少儿书库(开架)、少儿阅览室(开架)、典藏书库(闭架)、特藏书库(闭架)。其中,基本书库、参考咨询室、集体外借室、少儿书库图书实行分类排架,即按分类索书号排架;过刊阅览室按刊名的汉语拼音首字母顺序排架;典藏书库前一部分按分类索书号排架,后一部分(个别登记号在63000之后)按个别登记号排架,古籍按其分类索书号排架。

芜湖县图书馆　该馆馆藏文献管理,基本做到布局合理、排检科学、管理妥善、使用方便;全馆26.22%的图书在基本书库(外借书库),10.10%的资料图书和0.99%专门藏书在资料书库,35.64%利用率不高的图书在下架书库。

安庆市图书馆　该馆分别设有综合书库、文学书库、开架书库、期刊库、地方文献库、特藏资料库、工具书阅览室、少儿书库、线装古籍库、《四库全书》库和书画陈列室等组织管理藏书文献。普通图书和期刊按《中图法》的类号加种次号形成的分类索书号顺序组织排架,古籍文献依据《四库分类法》按经、史、子、集、丛分类,再按著者四角号码进行组织排架。

池州市图书馆　该馆所藏中文书刊,按分类体系排架陈列;特藏文献、珍贵工具书等陈列在有玻璃门的专柜内。

舒城县图书馆　该馆本着有利于保管,方便使用的原则,按照藏书用途与使用方式设置了基本藏书和专门藏书两种。基本藏书实行开架阅览、借阅;专门藏书实行闭架借阅。

高校图书馆藏书组织

合肥工业大学图书馆　该馆根据学校各校区的总体布局和文献需求情况，图书馆藏书组织管理是在南校区设置教师研究生阅览室兼该馆样本书库，学生阅览室主要收藏专业类图书，报刊阅览室主要收藏该馆订购的中外文报刊，文献工具书室主要收藏检索类和工具类图书，过刊阅览室主要收藏过刊合订本，中文借书处主要收藏专业类中文图书，外文借书处收藏该馆外文图书；在翡翠湖校区设置的自然科学阅览室主要收藏公共基础类、专业基础类自然科学图书，社会科学阅览室主要收藏公共基础类、专业基础类社会科学图书，报刊阅览室主要收藏该馆订购的中外文报刊，素质教育阅览室主要收藏文学、历史、人物传记等图书，满足大学生的文化阅读需求；教学参考书阅览室，提供大学生基础类、专业类教材阅览需求等。

安徽大学图书馆　该馆根据图书流通率和新旧情况分为一线和二线阅览室，排架方式、排架密度、开放方式等进行合理区分，同时也根据文献类型进行相应布局。采用分类排架法进行图书排架。2002 年以前的科图法图书和 2002 年以来的中图法图书分区排列。不论采用何种分类法，该馆的种次号均采用书次号，索书号由分类号和书次号组成。

安徽师范大学图书馆　该馆采用分类排架法进行图书排架。由于拆并校等历史原因，造成该馆多种分类法并存。其中 2000 年以前的中文图书社会科学类依照“人大法”分类，中文自然科学类图书、外文图书采用“科图法”分类，2000 年以后的图书统一采用“中图法”分类。不论采用何种分类法，该馆的书次号均采用著者号，索书号由分类号和著者号组成。藏书的排架也根据时段进行陈列，2000 年以前文科图书按“人大法”排架，自然科学图书按“科图法”排架，外文图书按“科图法”排架，2000 年以后图书按照“中图法”排架。

第三节　文献保护

文献保护历来受各级领导重视，经过几代人的不懈努力，尽管受到历史条件或某些因素所限，存在欠缺，但总体有很大的提高与发展。各馆在不同的历史时期、不同的条件下，制定不同的文献保护制度、采用不同的保护措施。在普通文献（图书、报刊）的保护上基本上采用防火、防盗、防潮、防尘、防虫等普通措施，在其他特殊文献保护上，大多数图书馆则利用现有条件，尽可能在“人防”的基础上，再进行“机防”，优化存贮环境，恒温、恒湿，采取抢救性保护（复制、缩微等）措施。

保护制度

安徽省图书馆　该馆建有完善的各类文献保护制度，特别是在 2008 年通过 ISO9001 质量体系认证之后，从文献的出入库记录，到每天的书库温湿度记录，都有严格的规定，如《地方文献部书库管理制度》《报刊部文献保护制度》《报刊部报刊库管理制度》,以及各类调阅单、出入库记录表、温湿度记录表等,全方位规范文献保护。

阜阳市图书馆　该馆制定《阜阳市图书馆文献保护制度》,规定书库管理人员必须经常了解和掌握入藏文献的保护情况,凡出库的文献要严格履行出库手续,每个书库都配有一定数量的干粉灭火器,保持库内整洁并经常检查、清理破损情况,及时修复破损书刊,每年集中进行两次防虫灭鼠工作,通常是在书架上放置樟脑丸,在书库角落放置鼠药。

安庆市图书馆　该馆各书库都制定有管理和安全的规章制度。

枞阳县图书馆　该馆制定严格的《图书馆文献保护制度》,开架阅览室工作人员要随时巡视检查,半开架阅览室不得让读者独自入库取阅;古籍书库未经部门负责人同意,非本部工作人员不得入内。负责借阅的工作人员对每一册还回来的文献要进行严格的检查。

安徽师范大学图书馆　该馆制订了《安徽师范大学图书馆典藏原则》《图书流通管理规定》等条例,对藏书进行组织管理与保护。为比较准确地掌握馆藏情况,及时发现问题,改进工作,克服不足,不断地提高工作效率,该馆定期或不定期地进行藏书清点工作。对各阅览室藏书进行清点,填写清点记录,办理损失图书的注销手续,并及时写出总结,说明实际收藏图书的数字、遗失和损坏图书数字与清单,分析造成藏书损失的原因等,提出今后加强藏书保管工作的意见,并制订相应的措施改进工作。

安徽大学图书馆　该馆藏书组织工作在长期的图书馆发展过程中不断完善,制订了《安徽大学图书馆典藏原则》《图书流通管理规定》《分层次馆藏组织和调整原则及实施细则》等条例,对藏书进行组织管理与保护。

安庆师范学院图书馆　该馆制订严格的图书借阅制度,明确图书遗失赔偿措施,严格执行破损图书修补制度。

安徽农业大学图书馆　该馆规定书刊损坏后要及时进行修补,装订线断了应立即重新装订,封面脱落的应修补增添副页,加盖封面等。

文献原生态保护

安徽省图书馆　民国 19 年(1930 年)起,安徽省立图书馆规定每年中伏两个星期(14 天)为曝书日,曝书期间闭馆,曝书任务由各股具体完成,一直坚持到抗日战争爆发。

1990 年,邀请省职业病防治研究所专家对书库、阅览室等场所进行霉、菌、空气质量等项目的检测分析。2002 年,省图书馆在扩建后的西五楼专门开辟 1300 平方米的古籍专用库房,书库围护结构具有优良的密封性、保温隔热性;空调通风系统具有空气过滤和净化功能;照明系统选用乳白色灯罩的白炽灯;书库装置有富田恒温恒湿空调系统,常年恒温恒湿,系统温度控制在 18—22℃;湿度控制在 55—60%。古籍存放在有锁具的冷轧钢衬樟木板书柜中。

2002—2006 年间,该馆对书库楼进行了内外装修,外装修包括墙面粉刷,加贴瓷砖,与主楼建筑风格保持一致;内装修包括将原有铁窗更换成塑钢窗,增加消防喷淋系统，以及墙面粉刷、铺设强化木地板等，这些举措对书库的环境起到优化作用。

淮北市图书馆　该馆对馆藏文献的保护措施主要包括防虫、防尘、防火、防盗、防潮、防光等。

安庆市图书馆　该馆各书库都制定有管理和安全的规章制度，采取防火、防盗、除尘、防虫、防霉等措施，古籍等重点书库安装空调、报警设备，使用密集型书架和樟木书箱进行保护。

枞阳县图书馆　该馆加强书库（阅览室）的防火、防盗、防尘、防虫（鼠）工作。晴朗无风天气可开窗通风，否则严禁开窗。破损文献要及时统计。

青阳县图书馆　该馆配备文献保护相关设备，避免自然原因引起的文献损坏，做到五防：防火、防盗、防虫、防潮、防尘。

黄山市徽州区图书馆　该馆开架阅览室工作人员要随时巡视检查，并对读者进行文献借阅与保护知识的辅导与宣传；半开架阅览室工作人员对入库读者要做好导引工作，不得让读者独自入库取阅。加强书库（阅览室）的防火、防盗、防尘、防虫（鼠）、防潮工作。晴朗无风天气可开窗通风，否则严禁开窗，同时加强日常清扫；定期检查、更换鼠药与防虫药品；根据书库（阅览室）的实际情况，采取行之有效的办法调节库（室）内的温湿度。

淮南师范学院图书馆　该馆加强图书的防火、防盗、定期除尘。防火方面：实行防火责任制；配置消防设施；工作人员每日进行安全检查。防盗方面：全馆电子监控；各库房设有图书防盗检测仪；加强读者教育。

合肥学院图书馆　该馆为保护文献，在设计书库时，尽量采用大空间（800—1300平方米）、通风、防光，空气较干燥，不易生虫、长霉。书库有防火帘、喷水系统。

文献修复

安徽省图书馆　自建馆以来，该馆就坚持对利用率高、破损严重的普通书刊进行日常修补、更换封面及重新装订等。20世纪80—90年代，每年修补普通书刊1万多册，提供给读者继续借阅。

1984年开始，该馆陆续对破损古籍进行修补、装订。1995年开始利用缩微影象技术对古籍进行再生性保护。本志第三篇有专门记述。

淮北市图书馆　修补破损图书与期刊是该馆馆藏文献的主要保护措施之一。

宿松县图书馆　该馆对于已经老化变质或由于使用过度而造成损坏的文献，根据其价值及损坏程度采取不同处理方式，如通过修复使其恢复体貌，通过载体转换方式只保存其信息内容等，

黄山市徽州区图书馆　该馆要求工作人员经常了解和掌握入藏文献的保护以及文献破损与修复情况，发现问题及时解决并向馆长报告。

安徽农业大学图书馆　该馆规定书刊损坏后要及时进行修补，装订线断了应立即重新装订，封面脱落的应修补增添副页，加盖封面；电子文献的容灾备份等。

馆藏文献统计表

表 2–3–1　　　　单位：册／件

图书馆名称	年份	文献总量	古籍		图书		期刊		电子文献	地方文献	特色文献	其他文献	开架图书	文献学科结构		
			普本	善本	中文	外文	中文	外文						社科	自科	综合
公共图书馆																
安徽省图书馆	1953	203500	27300	2700	144000	8000	4000	3000		7965	22125	1000		162800	38665	2035
	1963	679598	135175	14825	384600	71144	20000	15000		43314	73124	7000		446800	225077	7721
	1979	1320832	285232	29344	738374	80402	50000	40000		86878	165849	13000	10000	869767	437063	14002
	1989	1840080	307348	31031	1103878	110148	90000	70000		101860	190474	29202	50000	1211640	608856	19584
	1999	2248287	312337	32707	1414580	120144	135000	85000	100GB	108962	202376	48222	38000	1488215	736811	23261
	2005	2559535	312337	32707	1680298	123000	160000	90000	564GB	124380	220303	58387	450000	1681172	844803	33560
	2010	3156911	319946	32738	2215887	126000	200000	95000	35TB	144805	244099	167340	650000	2078262	1044338	34311
合肥市图书馆	1958	40000	1575		17186		30 种			60			1200	8549	6058	2579
	1978	300000	1575		85169	11000	400 种			300	380		3000	79532	3600	2037
	2002	540000	1575		263707	13000	1200 种	3 种	500GB	1235	1100		48000	189276	65800	8631
	2008	670000	1575		376481	13737	1500 种	12 种	10T	2303	2439		50864	301460	69876	4645
	2010	780243	1575		520000		106268		17.9T	2669	2439	152400	110000	317309	100885	53478
合肥市少儿图书馆	2001	38000			22040		15000				40	1000	10000			
	2008	105797			81509	9000	10400		5000 种		40	1522	36000			
	2010	120154			102205	11174	6438		8800		40	337	63572			
合肥市包河区图书馆	1984	10000			5600		4360			40			5600	4720	800	80
	1988	11000			6500		4500			80			6500	5400	1000	100
	1998	13600			7400		6050			150			7400	6000	1200	200
	2008	21180			13300		7768			200			13300	10000	3000	300
	2010	22961			14841		8005		115	200			22421			

续表 2-3-1

图书馆名称	年份	文献总量	古籍		图书		期刊		电子文献	地方文献	特色文献	其他文献	开架图书	文献学科结构		
			普本	善本	中文	外文	中文	外文						社科	自科	综合
长丰县图书馆	1979	5550			5000		300			10		240		1050	1000	3000
	1998	30400			15200		5000			200		10000	1000	15000	5400	10000
	2008	73000			42000	200	10000		300	500		28000	5000	55000	5000	13000
	2010	104500			51000		29000		200	500		24300				
肥东县图书馆	1978	26000			20000		6000			100			18000	4000	6000	10000
	1988	38000			30000		8000			120			20000	6000	8000	16000
	1998	62000			50000		12000			140			28000	12000	14000	24000
	2008	105000			85000		20000			200			35000	20000	25000	40000
	2010	150000			120000		30000			200			70000			
肥西县图书馆	1979	30200			30000		200 种									
	1998	50000	542		35458		14000						20000	18000	27000	500
	2008	76600	542		46058		30000						30000	26000	39000	11600
	2010	89000	542		79058		9400						40000			
亳州市谯城区图书馆	1957	10000														
	1978	50000														
	1987	85000	3000		83000		1500			500		500				
	1997	100000					155 种									
	2010	120000			60000		60000			600						
蒙城县图书馆	1979	2510			2500		10 种					10	2500	2000	100	400
	1988	32500			32000		95 种					500	32000	25000	5000	2000
	1998	51000			50000		211 种					1000	30000	40000	7000	3000
	2008	72000			70000		225 种		30000			2000	40000	55000	9000	6000
	2010	115632			75569		40063		30500							

续表 2-3-1

图书馆名称	年份	文献总量	古籍		图书		期刊		电子文献	地方文献	特色文献	其他文献	开架图书	文献学科结构		
			普本	善本	中文	外文	中文	外文						社科	自科	综合
涡阳县图书馆	1978	9798			9314		484			148				6510	1860	944
	1988	23149			18637		512 种			160		4512		13045	3727	1865
	1998	32745			24209		545 种			210		8536		16946	4841	2422
	2008	56190			53500		690 种			340	620	2690		37450	10700	5350
	2010	57335			41400		14935			340	620	1000				
利辛县图书馆	1978	9000			8000		1000						8000			
	1988	12000			10000		2000						10000			
	1998	15000			12000		3000						12000			
	2008	20000			15000		5000						15000			
	2010	44000			39950		4050						39950			
淮北市图书馆	1962	20000														
	1980	30000			29000		400 种					1000				
	1992	100000			95000		450 种					5000				
	2010	150000			100000		40000			2450		10000				
濉溪县图书馆	1963	5000			5000											
	1978	10000			10000											
	1988	36000			36000											
	1998	38000			38000								28000	13000	12000	3000
	2008	47000			47000								36000	17000	14000	5000
	2010	49200			49100		100 种					100	28000			
宿州市埇桥区图书馆	1978	50000														
	1990	75000														
	2008	34000			30000		4000		350	500			30000			
	2010	40600			33000		7000		200	500		600				

续表 2-3-1

图书馆名称	年份	文献总量	古籍		图书		期刊		电子文献	地方文献	特色文献	其他文献	开架图书	文献学科结构		
			普本	善本	中文	外文	中文	外文						社科	自科	综合
砀山县图书馆	1971	84000			80000		4000						8000	40000	30000	10000
	1979	111000			98000		8000					5000	8500	50000	40000	10000
	2000	83500			70000		9000					4500	10000	50000	20000	10000
	2008	92300	100		78000		9800			4700		4400	7000	50000	20000	18000
	2010	78500	100		72400		6000			4700						
萧县图书馆	1978	30000														
	1985	50000														
	2007	31000														
	2010	40000			36000		2000					2000				
灵璧县图书馆	1980	31220			30420		800						28000			
	2008	23200			21000		2200			300			19500			
	2010	32300			30000		2300			300						
泗县图书馆	1980	5000														
	1986	13796			13396		237 种					400				
	2000	9628														
	2009	13762			10484		3278		200				9674			
	2010	13000			11000		1000		200			1000	11000			
阜阳市图书馆	1956	30000														
	1965	130000														
	1978	31800	3000		28800											
	1988	25700			25700											
	1998	86100	3100		68000		15000							50300	24500	8100
	2008	124100	3100		95000		26000		150	1000			28000	73700	35600	11700
	2010	122820	3223		76487		41010		150	1000		2100	70000			

续表 2-3-1

图书馆名称	年份	文献总量	古籍		图书		期刊		电子文献	地方文献	特色文献	其他文献	开架图书	文献学科结构		
			普本	善本	中文	外文	中文	外文						社科	自科	综合
界首市图书馆	1959	6554			6554											
	1978	38500			38000		89 种					500		31000	6500	500
	1988	44000			43000		103 种					1000	2600	34000	7000	2000
	1998	62400	300		60100		120 种					2000	6000	43000	15000	2100
	2010	86000			68000		18000		5TB	320		3500	56000	62000	19000	5000
太和县图书馆	1978	15000			14000		800					200	12000	10000	1600	400
	1988	15400			13000		2000					400	10000	8000	1600	400
	1998	19000			15000		3600					400	17000	15000	1500	500
	2008	18000			15000		2500					500	16000	14000	1500	500
	2010	18000			16000		2000						16000			
临泉县图书馆	1978	5510			5510								5510	3306	1653	551
	1988	24532			23000		1532						24532	14719	7359	2454
	1998	24532			23000		1532						24532	14719	7359	2454
	2008	59000			37000		22000						59000	35400	17700	5900
	2010	69677	134		46622		22921		5TB							
阜南县图书馆	1970	1000			800		200						800			
	1978	1000			800		200						800			
	1988	5000			4500		500						4600			
	1998	8000			7000		1000						7000			
	2008	12000			10500		1500			506			10500			
	2010	49500			40000		9500		500	506			40000			

续表 2–3–1

图书馆名称	年份	文献总量	古籍		图书		期刊		电子文献	地方文献	特色文献	其他文献	开架图书	文献学科结构		
			普本	善本	中文	外文	中文	外文						社科	自科	综合
颍上县图书馆	1979	10000														
	1988	10000			8000		1000			200		1000	3000	1500	1000	7500
	1998	13000			10000		2000			200		1000		2500	1500	9000
	2008	28000			20000		5000			500	1000	3000	20000	5000	3000	20000
	2010	55400	50		32000		22750		450	500	1000	600	28000			
蚌埠市图书馆	1951	6713	391				31 种									
	1978	58893	652		19760		1592									
	1988	72578	8192	471	50321		6365						5360			
	1998	109634	11600	573	79563		1378			83			14792			
	2008	149800	11600	573	95862		21362			335		20403	55342			
	2010	325995	11600	573	187303		126519		20TB	335			174475			
固镇县图书馆	1978	4000			3000		500					500	2000	2800	800	400
	1988	5000			3500		500					1000	3000	3500	1000	500
	1998	8000			6500		1000					500	5000	5600	1600	800
	2008	11000			9000		1500					500	8000	7700	2200	1100
	2010	24000			18000		3000					3000				
五河县图书馆	1979	11000														
	1988	32500			32000		78 种			12		500		31000	300	700
	1998	46300			45000		240 种			35		1300		41000	500	500
	2008	53300			51000		240 种			84		2300	4300	49000	600	1400
	2010	64880			60000		2000			120		2800	57000			

续表 2-3-1

图书馆名称	年份	文献总量	古籍		图书		期刊		电子文献	地方文献	特色文献	其他文献	开架图书	文献学科结构		
			普本	善本	中文	外文	中文	外文						社科	自科	综合
怀远县图书馆	1980	15000														
	1985	26500	1000	30	17753		7717							9144	5495	2847
	2008	35851	1000	30	18783		56 种						18307	15851	10000	10000
	2010	25974	1000	30	21627		56 种			3		3317				
淮南市图书馆	1958	8300														
	1978	84796														
	1988	180276			132276	3000	45000									
	1998	208871			159529	12919	36423		40				5000			
	2008	214508			173382		41126						16000			
	2010	222942			180816		42126		160				20000			
淮南市少儿图书馆	1988	16760			16000		100 种					760		15295	1465	
	2008	30000			29000		140 种					1000				
	2010	38568			36502		2066						36502			
淮南市潘集区图书馆	1998	33686			32686	198	150 种			25		802		170	200	262
	2008	43466			41466	232	150 种			30		1768	40000	258	319	337
	2010	40000			40000											
凤台县图书馆	1984	9600														
	1990	10000														
	2008	30000			30000		20 种						30000	5000	2000	22000
	2010	25880			25799		60 种		75				25799			

续表 2-3-1

图书馆名称	年份	文献总量	古籍		图书		期刊		电子文献	地方文献	特色文献	其他文献	开架图书	文献学科结构		
			普本	善本	中文	外文	中文	外文						社科	自科	综合
滁州市图书馆	1957	17000														
	1978	20000														
	1983	40000			30000		132 种						1000			
	1988	61000			56000		400 种					4000	15000			
	1998	74248			64567		9681						64567			
	2008	96700			75800		20900						75800			
	2010	100730			80480		20250						80480			
凤阳县图书馆	1979	5037			4885		152						5037	3918	895	224
	1988	18234			16924		1078			108		232	16924	8116	6320	2488
	1998	29627			27036		2124			278		467	27036	13340	9576	4120
	2008	92000			88220		3376		297	332	183	404	27362	41925	26297	20003
	2010	93558			89520		3496		100000	332	183	542	31064			
明光市图书馆	1979	27500			27000		500						5000	14750	12000	1000
	1988	43750			42890		860			466			7000	21000	21356	1394
	1998	52000			50820		1180			600			8000	22609	26361	3030
	2008	72000			70580		1420			860			12000	35200	32785	4015
	2010	75300			65300		10000		300	860			13000			
天长市图书馆	1979	35000			27500		7500									
	2008	40000			26000		14000						15000			
	2010	87720			53720		34000						18000			

续表 2-3-1

图书馆名称	年份	文献总量	古籍		图书		期刊		电子文献	地方文献	特色文献	其他文献	开架图书	文献学科结构		
			普本	善本	中文	外文	中文	外文						社科	自科	综合
来安县图书馆	1978	7000			7000											
	1988	33000			32000		1000									
	1998	48500			47000		1500									
	2008	59000			56000		3000			500			20000			
	2010	65128			62000		3128			500			62000			
定远县图书馆	1979	32200			30000		2200									
	1988	46600			40000		6600			210						
	1998	52800			46000		6800			360						
	2008	64233			58000		6233			600						
	2010	86200			73460		12740			700			16800			
全椒县图书馆	1978	26000														
	1990	69000														
	2008	50000			46800		160 种					3200		30000	15000	5000
	2010	53560			50000		160 种					3560				
六安市金安区图书馆	1958	5000					31 种									
	1962	43134					234 种									
	1966	160000														
	1972	30613														
	1977	80000					112 种									
	1986	47578	2300		40478		3500					1300				
	2008	50000	2300		43700		4000									
	2010	50255	2300		45000		200 种		25			2955	20000			

续表 2-3-1

图书馆名称	年份	文献总量	古籍		图书		期刊		电子文献	地方文献	特色文献	其他文献	开架图书	文献学科结构		
			普本	善本	中文	外文	中文	外文						社科	自科	综合
寿县图书馆	1956	6800	200		5580		1000	10						2000	2000	2560
	1978	20000	200		15780		4000	20						6000	6000	7760
	1988	40000	200		32780		7000	20						11000	11000	17760
	1998	50000	200		38780		11000	20					38780	15000	15000	19760
	2008	75560	200		59340		16000	20					59340	20000	20000	29760
	2010	60324	1189	2	56313		2800	20	1007							
霍邱县图书馆	1978	15577	745		12000		2832									
	1988	36353	745		17500		18108						17500	10000	500	7000
	1998	49561	745		21000		27816						21000	12000	1000	8000
	2008	82631	745		47068		34818						31000	13500	2000	15000
	2010	72193	745		41405		30043						30622			
金寨县图书馆	1964	8000														
	1979	20000														
	1991	37000														
	1998	41000														
	2008	49000					100 种									
	2010	47511			42547		4944		20				42130			
霍山县图书馆	1978	5000														
	1985	11000					100 种									
	1988	15000												13570		1430
	1998	17200												12230		4970
	2008	62800												42753		8000
	2010	92748			87612		5136									

续表 2-3-1

图书馆名称	年份	文献总量	古籍		图书		期刊		电子文献	地方文献	特色文献	其他文献	开架图书	文献学科结构		
			普本	善本	中文	外文	中文	外文						社科	自科	综合
舒城县图书馆	1978	18560	360		18200					163				10920	5460	1820
	1988	40785	415		40050		320			300			1560	28035	8010	4100
	1998	42686	567		41500		619			410			2160	29050	8300	4150
	2008	65830	600		64000		1230			620	81		4270	44800	12700	6500
	2010	146000	600		138000		7400		430000	620	81		62000			
巢湖市图书馆	1956	50110			50000		110			100			10000	40000	6540	3460
	1978	80788	570	68	80000		150			210			29000	65000	10090	4910
	1988	112538	570	68	110000		1900			320			35000	94000	11000	5000
	1998	129008	570	68	125000		3370			340			38000	105000	13000	7000
	2008	162438	570	68	149000					620			72000	120000	19000	10000
	2010	163588	638	68	148150		14800		900	620			148150			
含山县图书馆	1978	8000		20												
	1984	20000		20												
	1988	20137	20	20	15957	2000	2160			34	1500		8700	2650	5200	13801
	1994	51910		20	51840	50				34	1500		8700	39200	8550	1070
	1998	27449	20	20	23509	2000	1920			42	1500		8900	2920	8300	17751
	2008	38309	20	20	34709	2000	1560			47	1500		9200	3010	15095	20204
	2010	35351			33751		15 种			47	1500	1600	9200	3010	15095	20204
和县图书馆	1984	45842	805	37												
	1988	55542	805	37												
	1990	59000														
	2008	81842	805	37												
	2010	81941	805	37	68792		12797		7			351	31288			

续表 2-3-1

图书馆名称	年份	文献总量	古籍		图书		期刊		电子文献	地方文献	特色文献	其他文献	开架图书	文献学科结构		
			普本	善本	中文	外文	中文	外文						社科	自科	综合
无为县图书馆	1960	86000														
	1978	162300	37972	628						320			21000			
	1988	116597	37972	628						320			36000			
	1998	178670	37972	628						320			41000			
	2010	203600	37972	628	165000		22000			320						
庐江县图书馆	1978	20147	147													
	1988	40147	147		30000		10000						30000	20000	8000	2000
	1990	42000					243 种									
	1998	39147	147		37000		2000						37000	24000	10700	2300
	2008	42702	147		40555		2000						40555	25000	13000	2555
	2010	60000	147		51853		8000		500				40000			
芜湖市图书馆	1949	2000					45 种					18 种				
	1952	17000														
	1978	261526	26000	2100	214036	100	19160	20		310	3	110	9800	135000	66000	13100
	1988	359790	32300	2200	281000	2100	42000	80		510	6000	110	15000	203000	110000	19000
	1998	403300	32300	2200	304000	2600	62000	120		9300	10000	110	80650	215000	131000	29000
	2008	435650	32300	2200	325800	2850	72250	140	60	10800	20000	110	110000	221400	146000	31000
	2010	469810	32300	2200	328500	30100	74550	160	650	11500	20000	2000	210000	225400	148000	32300

续表 2-3-1

图书馆名称	年份	文献总量	古籍		图书		期刊		电子文献	地方文献	特色文献	其他文献	开架图书	文献学科结构		
			普本	善本	中文	外文	中文	外文						社科	自科	综合
芜湖县图书馆	1980	6763											4350			
	1988	21457	433		19920		1095			231			11140	16092	3218	2147
	1990	28000														
	1998	27884	433		23938		3513			315			14448	20913	3518	3453
	2008	45091	433		37501		7157		81	761			16913	33818	7101	4172
	2010	60435	433		54598		5404		521	761			32052			
繁昌县图书馆	1959	8460			8460											
	1978	9592			7192		2400									
	1988	18900			15300		3600									
	1990	68000														
	1998	35557			30757		4800			750			14175	24889	4268	6400
	2008	69000			63000		6000			1508	2398		24889	48300	8280	12420
	2010	82412			74569		6500		3.2TB	1508	2398	1344	13000			
南陵县图书馆	1984	31560	60		30000		150 种					500				
	1990	44060	60		42000		170 种					2000	30000			
	2010	76060	300		73500		100 种					2260	50000			
马鞍山市图书馆	1974	34215			34000		215									
	1978	80000														
	1988	213100											170000			
	1990	180000			160000		20000						150000			
	2008	350795			339395		11280		90342	1412	5417	120	332566	308712	110255	22050
	2010	526662	5200		430000		90000		90000	1412	5417	1462	280000			

续表 2-3-1

图书馆名称	年份	文献总量	古籍		图书		期刊		电子文献	地方文献	特色文献	其他文献	开架图书	文献学科结构		
			普本	善本	中文	外文	中文	外文						社科	自科	综合
当涂县图书馆	1959	6618	618										6000			
	1978	10618	618													
	1988	30618	618										10000			
	1998	40618	618										18000			
	2008	61618	618		41382		14000					5000	24000			
	2010	65982	712		49450		15820		403000							
马鞍山市金家庄区图书馆	2010	20150	300		15000		150 种					4850	20000			
马鞍山市花山区图书馆	2010	5031			5000		30 种					31	5000			
马鞍山市雨山区图书馆	2010	20030	100		15000		70 种					4930	20000			
安庆市图书馆	1950	51000			51000									46000	2000	3000
	1978	140000	80679	4321	40740		13000	400		1500	4200	860		104000	28000	8000
	1988	220000	80679	4321	109340		23000	1800		2500	4800	860		162800	44000	13200
	1998	210060	80679	4321	80000		31000	2000		3000	7700	1260	33000	157500	42000	12600
	2008	230000	80679	4321	101740		40000	2000	1000	3800	11000	1260	13000	172500	46000	13800
	2010	392400	80679	4321	260295		42845	2000		3800	11000	2260	30000			
桐城市图书馆	1978	20000	9382	1179												
	1988	30000	9382	1179												
	1998	40000	9382	1179												
	2008	86000	9382	1179	67439		8000									
	2010	246986	9382	1179	225525		10900			5600						

续表 2-3-1

图书馆名称	年份	文献总量	古籍		图书		期刊		电子文献	地方文献	特色文献	其他文献	开架图书	文献学科结构		
			普本	善本	中文	外文	中文	外文						社科	自科	综合
枞阳县图书馆	1976	8270	150		8000		120			80			8000	200	2000	1200
	1978	9350	150		9000		200			150			9000	2500	1350	5500
	1988	12750	150		12000		600			200			12000	4000	2000	8000
	1998	21250	150		20000		1100			300			20000	5000	3000	13400
	2008	31114	150		29014		1950			500			29014	6000	4000	21464
	2010	33700	200		31000		2500			500						
怀宁县图书馆	1979	12000			10000		2000						10000			
	1987	23000			15000		8000						15000			
	1998	25000			15000		10000						15000			
	2008	83000			75000		8000						75000			
	2010	82500			76000		6300		1500			200				
潜山县图书馆	1978	3530	470		3000		60 种						3060	1560	1000	500
	1988	8950	470		8000		480 种			100	200		8480	6050	2000	1200
	1998	17270	470		16000		800			150	250		16800	12000	3200	2000
	2008	41970	470		40000		1400		100	1000	1000		44000	34000	5000	4500
	2010	56470	470		53000		3000		400	1000	1000		53200			
太湖县图书馆	1979	4600	436	2	3560		602							3000	500	60
	1988	16378	436	2	12120		2860			160		960	14980	9000	2400	220
	1998	40658	436	2	22130		16090			1800	2	2000	38220	16460	3480	1530
	2008	94798	436	2	64860		25700		300	2200	2	3800	90560	37070	12550	12600
	2010	105578	557	2	100313		4706		1300	2200	2		100313			

续表 2-3-1

图书馆名称	年份	文献总量	古籍		图书		期刊		电子文献	地方文献	特色文献	其他文献	开架图书	文献学科结构		
			普本	善本	中文	外文	中文	外文						社科	自科	综合
岳西县图书馆	1959	4000														
	1964	12500														
	1969	5000														
	1978	10000														
	1985	31189			21249		9040					900				
	1988	8400														
	1999	14013														
	2008	21000														
	2010	42000			30000		12000						30000			
望江县图书馆	1978	15000			13000		2000						1300	11050	1073	354
	1988	24618			17618		7000						3000	14094	1824	1700
	1998	35435			23435		12000						5000	17576	3413	2446
	2008	46821			29670		17151			2000			10000	20769	5934	2967
	2010	53159			34391		18768									
宿松县图书馆	1978	10000														
	1981	15600														
	1985	21432	477	24	20431		78 种					500		11000	70000	3432
	2008	67501	477	24	45000		10000			500	600	12000	45000	23000	15000	8000
	2010	78501	477	24	50000		20000		7TB	500	600	8000	50000			

续表 2-3-1

图书馆名称	年份	文献总量	古籍		图书		期刊		电子文献	地方文献	特色文献	其他文献	开架图书	文献学科结构		
			普本	善本	中文	外文	中文	外文						社科	自科	综合
池州市图书馆	1959	3000														
	1978	30000														
	1988	80000														
	1988	59800	300		54900		4600						32000	39000	11500	4400
	1998	84355	300		77455		6600						45000	55000	17000	5500
	2008	98131	300		89231		8600			150			84000	62461	19630	7140
	2010	88001	300		69167		18534			150			65203			
青阳县图书馆	1978	22190	1100	40	21000		50									
	1988	30085	1100	40	28145		800						25000			
	1998	38055	1100	40	35615		1300						30000			
	2008	24140	1100	40	21000		2000		10000	210			16798	3100	8450	5248
	2010	26257	1100	40	22867		2250		11135	210			25937			
东至县图书馆	1978	25000			23000		2000			1000			4000			
	1988	40000	50		33000		5000			2000		1950	7000			
	1998	60000	50		50000		8000			2000		1950	8000			
	2008	80000	50		64000		10000	4000		2000		1950	12000			
	2010	95370	50		72550		22420	200		2000		150	15800			
石台县图书馆	1979	22500	717											12500	5000	5000
	1988	25500	717										6000	15500	5000	5000
	1998	26000	717										5000	16000	5000	5000
	2008	32416	717		32046								10000	22000	5416	5000
	2010	39737	717		34450		4570						20800			

续表 2-3-1

图书馆名称	年份	文献总量	古籍		图书		期刊		电子文献	地方文献	特色文献	其他文献	开架图书	文献学科结构		
			普本	善本	中文	外文	中文	外文						社科	自科	综合
铜陵市图书馆	1978	84096	1860	658	80200	800	578 种			70 种	1000	1000		48000	24000	6000
	1990	150000					894 种									
	1993	201168	1860	658	168000	200	30450		690	150 种	4000		101500	121800	60900	20000
	2003	302000	1860	658	257282	200	42000		1500	250 种	4000		182000	181200	90600	30000
	2008	383600	1860	658	345882	200	35000		4000	320 种	4000		210000	198000	100000	8000
	2010	415338	1860	658	402723	200	8166		2040	320 种	4000	1731				
铜陵县图书馆	1972	2244														
	1978	3500			3400		60 种			50	50					
	1988	36060			35900		60 种			50	50					
	1998	48000			47770		80 种			50	100					
	2008	62300			61370		110 种		120	200	300	200	20000	30000	20000	12300
	2010	139400			136300		2700		600	200	300	400	105000			
宣城市图书馆	1958	15000					100 种									
	1978	10000														
	1988	47292	1330		36844		160 种						47287	33104	9458	4730
	1990	50330	1330		47000		2000							35000	10000	5000
	1998	68395	1330										58390	47876	13679	6840
	2008	74860	1330							598			64855	52402	14972	7486
	2010	72717	1333		64244		7140			598			61527			

续表 2-3-1

图书馆名称	年份	文献总量	古籍		图书		期刊		电子文献	地方文献	特色文献	其他文献	开架图书	文献学科结构		
			普本	善本	中文	外文	中文	外文						社科	自科	综合
泾县图书馆	1954	10000														
	1978	5000														
	1987	20000					126 种									
	1998	30000			30000								20000	12000	7400	600
	2008	50000			50000				830000	200			35000	21500	11000	2500
	2010	50000			50000		130 种						30000			
旌德县图书馆	1981	20000			15000		500									
	1988	40000	255	25	35000		150 种									
	1998	46000	255	25	42000		150 种									
	2008	50000	255	25	45000		150 种									
	2010	48598	255	25	44388		1620					2310	20000			
广德县图书馆	1981	20000														
	1987	45300	1000		43300		300 种					1000				
	1990	53000														
	2008	63000	1000		50000		10000					2000	20000	20000	10000	5000
	2010	212000			170000		9000					33000				
郎溪县图书馆	1981	33500			32711		227 种									
	1985	15000														
	1990	38000														
	2010	40000			35000		5000						8000			

续表 2-3-1

图书馆名称	年份	文献总量	古籍		图书		期刊		电子文献	地方文献	特色文献	其他文献	开架图书	文献学科结构		
			普本	善本	中文	外文	中文	外文						社科	自科	综合
宁国市图书馆	1960	12000														
	1980	12050					136 种									
	1985	35000					240 种									
	1985	14893			14893											
	1986	17160			16160											
	1997	42500			40500		155 种									
	2008	73160			62295		382 种		10505							
	2010	157253			149033		2220		15000 种			6000				
绩溪县图书馆	1959	5050			5000		10 种									
	1978	18000	7131		10000											
	1988	54000	7131		45000		246 种						40000			
	2008	55000	7131		40000		18 种						40000			
	2010	68153	7131		53669		38 种					7353	44800			
黄山市屯溪区图书馆	1978	30000														
	1988	85200														
	2007	94107														
	2010	95701			89334		6367						89334			
黄山市黄山区图书馆	1980	11000														
	1986	20000														
	2007	31000	34		27000		2200					1766				
	2010	37547	40		34095		3412		1647				10355			
黄山市徽州区图书馆	2007	26000					24 种									
	2010	37600			31700		5900						20000			

续表 2-3-1

图书馆名称	年份	文献总量	古籍		图书		期刊		电子文献	地方文献	特色文献	其他文献	开架图书	文献学科结构		
			普本	善本	中文	外文	中文	外文						社科	自科	综合
歙县图书馆	1966	40000														
	1978	50000														
	1988	80000														
	1998	120000														
	2008	135290	290		133000		1880		352	560		120	53000	75000	40000	20000
	2010	147938	290		145024		2624		352				54000			
休宁县图书馆	1980	36358			36000								36000			36000
	1988	39558			39200								39200			39200
	1998	17308	358		15280	300	1367						40000			17000
	2008	40348	358		35990		4000		10				20000			40000
	2010	59838	358		52980		6500		20				35000			
黟县图书馆	1979	7233					64 种							6664	520	49
	1985	20050					243 种							16798	3058	194
	1988	21186	159										9900	17526	3178	482
	1998	30350	159		28850		1341						6000	24838	3488	524
	2008	33240	159		31538		1543						7000	27327	3594	617
	2010	40708	182		38983		1543						25000			
祁门县图书馆	1978	20000	158													
	1985	42500	158				219 种									
	1988	43736	128		41608		2000			220			37448	24965	10402	4161
	1998	60531	128		56403		4000			348			50763	33841	14101	5640
	2008	66447	129		58318		8000		50	488			56426	34990	14580	5832
	2010	73281	132		72136		1045		100	488			61211			

续表 2-3-1

图书馆名称	年份	文献总量	古籍		图书		期刊		电子文献	地方文献	特色文献	其他文献	开架图书	文献学科结构		
			普本	善本	中文	外文	中文	外文						社科	自科	综合
高校图书馆																
中国科技大学图书馆	1962	300000														
	1987	771370	5527		765852		5153 种									
	1990	1000000			630000	130000	97000	114000								
	2010	2083035	44286	1441	1255226	228692	255372	296018	4559000			2000	200000			
合肥工业大学图书馆	1945	3500														
	1957	200000														
	1959	290000														
	1965	540000														
	1978	266000	4125	1875	207000	28000	12000	13000						73000	171000	16000
	1988	606000	4125	1875	481000	53000	21000	45000					400000	133000	309000	58000
	1990	920000														
	1998	1156000	4125	1875	983000	77000	32000	58000					1035000	316000	738000	96000
	2008	1876000	4125	1875	1633000	120000	48000	69000	1229000		6038		1717000	529000	1234000	134000
	2010	1882800	4125	1875	1619900	127200	59800	69900	1315500		6038					
安徽大学图书馆	1982	950000	90257	9743	630000	170000	2460 种	2700 种			76950	50000		600000	280000	40000
	1987	998497	90257	9743	879500		7511 种									
	1990	1140000	90257	9743	800000	140000	3000 种	3000 种			76950	100000	200000	700000	294000	42000
	2003	1475000	90257	9743	1000000	200000	100000	75000	850000		76950		600000	854000	350000	44000
	2008	2600000	90257	9743	2100000	200000	120000	80000	1200000		76950		1400000	1770000	480000	46000
	2010	2696400	90257	9743	2184000	200400	130000	82000	1300000		76950		1500000	1830000	500000	47000

续表 2-3-1

图书馆名称	年份	文献总量	古籍		图书		期刊		电子文献	地方文献	特色文献	其他文献	开架图书	文献学科结构		
			普本	善本	中文	外文	中文	外文						社科	自科	综合
安徽师范大学图书馆	1937	180000					29 种									
	1972	1000000														
	1978	1515000			1460000		20000	5000				30000				
	1983	1726797			1633694		39125	10464				43514				
	1988	2260499	177455	13044	1900000		80000	30000				60000				
	1998	2640499	177455	13044	2200000		140000	40000			22044	70000				
	2008	2645289	177455	13044	1991000	132900	198100	52790	1179800		22044	80000	1991000	197880	124360	550600
	2010	2652912	177455	13044	2046456	132985	198130	52798	1239846		22044					
安徽农业大学图书馆	1987	462373	3467		458906		3048									
	1994	519445	2455		443000	35000	22000	17000					220000			
	2003	727055	2455		640000	50000	55000	24600	994200				390000			
	2008	996355	2455		850000	55000	58900	30000	1080000				601000	322000	272000	7200
	2010	1098414	8414		950000	30000	60000	50000	1250000							
安徽医科大学图书馆	1978						1586	21501								
	1987	89876					2226 种									
	1988	118809	70		60000	12000	8072	38667								
	1998	152741	70		70000	15000	16151	51520								
	2008	265214	70		160000	20000	27432	57712	300000							
	2010	289032	70		178000	22000	30637	58325	560000							
安徽工业大学图书馆	1978	47066														
	1988	309975														
	1998	507000														
	2007	1242433					2000 种		190549							
	2010	1293000			1090000	48000	130000	25000	640000							

续表 2-3-1

图书馆名称	年份	文献总量	古籍		图书		期刊		电子文献	地方文献	特色文献	其他文献	开架图书	文献学科结构		
			普本	善本	中文	外文	中文	外文						社科	自科	综合
安徽理工大学图书馆	1978	192782	1217													
	1988	494858	1217		422677	43313	14323	12328								
	2003	1091169	1217						352864							
	2008	1441719	1217		1217802	72700	100000	50000	998423							
	2010	1491645	1217						1294559							
安徽财经大学图书馆	1984	230000			200000	10000										
	2008	1777700			1623200	30000	124500		520000							
	2010	1787000	6017	3371	1676139	36049	3151 种	98 种	14000GB			65424				
淮北师范大学图书馆	1989	467707	6259	1258	368749	20345	26366	9861								
	2002	627337	6259	1258	530233	25106	53156	11325	346000				527288			
	2008	1491487	6259	1258	1320170	31490	118993	13317	952699				1317860			
	2010	1642081	6259	1258	1457170	34706	128863	13825	1143600							
安徽工程大学图书馆	2005	498131					1500 种		280000							
	2006	645858					1500 种		280000							
	2007	861926					1500 种		516000							
安徽建筑工业学院图书馆	1988	160000			144000	6000	8000	2000								
	2007	954206			877206	12000	55000	10000	804466							
	2010	1024000			950000	15000	59000	12000	1500000							
安徽中医学院图书馆	1959	22426	295		22131									386	22012	28
	1976	47492	15932	1893	24294		5373							8450	38909	133
	1987	178346	10477		156423		1202 种									
	2000	139362	19361	2753	85112	5501	17351	9284					85112	20910	117319	1133
	2005	540576	19361	2753	473240	7134	28561	9527	630000				473240	290232	861023	19321
	2010	679356	22920	3110	599377	7500	37049	9400	700000				599377	374698	969857	32347

续表 2-3-1

图书馆名称	年份	文献总量	古籍		图书		期刊		电子文献	地方文献	特色文献	其他文献	开架图书	文献学科结构		
			普本	善本	中文	外文	中文	外文						社科	自科	综合
蚌埠医学院图书馆	1958	15059			7473	2715	1138	3733						3091	11730	238
	1978	86421	122		51448	15996	3795	15060						26527	57180	2714
	1988	149827	153		104160	19929	12582	14135					7900	45891	946474	9262
	1998	175835	153		87549	20874	23321	43938						59218	106970	9647
	2008	599463	153		493000	17300	26500	62510	350000				598000	392000	457900	98100
皖南医学院图书馆	1974	51269														
	1984	134909														
	2008	299481			260000		33000	5000	314300			1481				
阜阳师范学院图书馆	1988	301275	22275		255500	13500							255500			
	2008	1379846	22275		1281273	55268	1030种		260000				1281273	416765	60522	16476
	2010	1585235	22275		1512660	12300	38000		381326							
安庆师范学院图书馆	1986	206622	6622													
	2001	486622	6622		420000	30000	47000	3000					420000			
	2008	905622	6622		769500	40500	84550	4450	8TB				769500			
	2010	713471	6622		530615	71779	1354种	4455				100000	530615			
安徽科技学院图书馆	1959	28000														
	1998	259000			236000	2600	20000	1000								
	2008	785000			745000	10000	30000	3000	700000		5000		745000	440000	335000	10000
合肥师范学院图书馆	1991	230781	23837	2631	190322							781				
	1998	265734	23837	2631	213087	6104						6865				
	2008	538979	23837	2631	464332	6104	20797	1203	629420			6865	390908	359665	100593	6715
皖西学院图书馆	1983	152000	6707	3089												
	2008	879543	6707	3089	806147	3600			265000	1200		60000				
	2010	1020943	6707	3089	927547	3600	2000种	14种	270000	1200		80000				

续表 2-3-1

图书馆名称	年份	文献总量	古籍		图书		期刊		电子文献	地方文献	特色文献	其他文献	开架图书	文献学科结构		
			普本	善本	中文	外文	中文	外文						社科	自科	综合
合肥学院图书馆	2003	315715	3013		282332	6027	26042	485				856	282332			
	2005	459476	3013		416931	6761	31310	605	127670			856				
	2006	523225	3013		480360	7081	31310	605	277023			856				
	2008	706306	3013		658539	11637	31582	605	796316			930				
	2010	839768	3013		767789	11637	36034	665	519288			20630				
巢湖学院图书馆	1979	34955			34871		124 种							25136	9056	679
	1989	90419			88883		1536				195			66571	21162	1150
	2000	228742			223458		5284				405		140911	166428	54156	2874
	2008	772676			745720	8760	18086	110	835000		4892		566838	589225	153392	11863
黄山学院图书馆	1983	100000	1000	177	95000		900 种					5000				
	2008	900000	1000	177	850000		1800 种				75000	50000				
	2010	1170000	1000	177	1000000	70000	1839 种		240000		80000	100000				
铜陵学院图书馆	2008	762690			740989	1701	1400 种	11 种	338886			20000	740989	408480	297076	37134
滁州学院图书馆	1978	46985	573	32	46180		61 种					200		36944	8774	46
	1988	199934	573	32	191686	6643	761 种					1000		139800	50784	2510
	1998	265851	573	32	247195	8051	720 种					10000	121972	179851	65333	3229
	2008	830842	573	32	800968	9269	1898 种	22 种	227815			20000	691847	593904	210662	5429
蚌埠学院图书馆	2005	248200			230000	1800	15000	300	250000			1100	230000	160000	67000	3000
	2006	550400			530000	1800	17000	300	250000			1300	530000	380000	145000	5000
	2008	631000			600000	8000	21000	300	261000			1700	600000	415600	180000	5300
池州学院图书馆	1990	100000			80000	8000	350 种	50 种								
	2010	620000			490000	30000	90000	9000								

续表 2-3-1

图书馆名称	年份	文献总量	古籍		图书		期刊		电子文献	地方文献	特色文献	其他文献	开架图书	文献学科结构		
			普本	善本	中文	外文	中文	外文						社科	自科	综合
宿州学院图书馆	1978	37200	200		35000	1000	1000			200			10000			
	1988	67200	200		60000	3000	3500	10 种		300		1000	15000			
	1998	182200	200		160000	10000	10000	16 种		500		2000	20000			
	2007	673200	200		620000	20000	30000	35 种		1000		3000	500000			
淮南师范学院图书馆	1978	3000			3000									2100	900	
	1992	111000			107000		4000						30000	66600	42180	2220
	2000	390000			370000	2000	18000						120000	234000	148200	7800
	2008	754000			712000	2000	40000		936000				600000	1020000	646000	34000
	2010	963000			910000		50000		560000			3000				
安徽新华学院图书馆	2008	185000			170000		800 种		482000			15000				
	2010	354000			334000		1113 种	34 种	27TB			20000				
马鞍山师范高等专科学校图书馆	2008	200100					700 种		216000							
安徽医学高等专科学校图书馆	2008	324000			270000		600 种		275000			54000				
	2010	240000			185000	35000	562 种	17 种	100000			20000				
安徽中医药高等专科学校图书馆	2007	237460	1305		221155		15000									
	2008	301937	1305		284632		16000									
桐城师范高等专科学图书馆	2010	205400			200000	4400	398 种	20 种	370000		1000					
亳州师范高等专科学校图书馆	2008	160000					700 种									
安徽职业技术学院图书馆	2007	333000											333000			
	2010	826450			762600	20100	40150	3600	84100							

续表 2-3-1

图书馆名称	年份	文献总量	古籍		图书		期刊		电子文献	地方文献	特色文献	其他文献	开架图书	文献学科结构		
			普本	善本	中文	外文	中文	外文						社科	自科	综合
淮南职业技术学院图书馆	1978	85100			85000		100 种						85000	35000	40000	10000
	1988	102000			100000		500 种					2000	100000	35000	50000	15000
	1998	150000			140000		1000 种					10000	140000	50000	60000	30000
	2008	404052			369927		34125		150000				300000	177545	147469	3221
淮北职业技术学院图书馆	2008	260000					2000 种		320000							
安徽警官职业学院图书馆	2000	142000														
	2005	241000														
	2007	300000							150000							
安徽水利水电职业技术学院图书馆	1998	300000			290000	10000	100 种		20000				290000	135000	144000	21000
	2008	650000			630000	10000	400 种		890000			10000	630000	275200	294400	70400
	2010	682741			659741	12000	568 种		1200000			11000	659741	302283	315718	53740
安徽商贸职业技术学院图书馆	2008	270000					1400 种		430000							
安徽艺术职业学院图书馆	2008	122138	7712		104468				20000			9958				
安徽机电职业技术学院图书馆	1985	100000					413 种									
	2000	81579			78381	2409	135 种						40463	20100	59454	2025
	2008	203764			190409	2409	954 种		283000				128374	85234	114596	3934
	2010	238847			233706	2409	732 种		283000			2732	161962	113852	118495	4500
亳州职业技术学院图书馆	2010	240000					500 种		270000			55 种				

续表 2-3-1

图书馆名称	年份	文献总量	古籍		图书		期刊		电子文献	地方文献	特色文献	其他文献	开架图书	文献学科结构		
			普本	善本	中文	外文	中文	外文						社科	自科	综合
安徽国防科技职业学院图书馆	1976	31000			30000		40 种						30000	12000	15000	3000
	1978	51500			50000		50 种						50000	13000	15000	2000
	1988	65000			60000		225 种						60000	18000	38000	4000
	1998	110000			100000		225 种						100000	32000	64000	4000
	2008	150000			130000		425 种						130000	49000	76000	5000
安徽邮电职业技术学院图书馆	1962	3000					20 种									
	1998	90000					379 种					61 种				
	2001	100000					379 种					61 种				
	2007	126000					306 种									
安徽电气工程职业技术学院图书馆	1979	38421														
	2003	147409														
	2007	179697					400 种		182141							
	2010	216301			201301		15000		197783							
安徽冶金科技职业学院图书馆	2005				134000		377 种		260000							
六安职业技术学院图书馆	2008	237680			205000		32680		250000							
马鞍山职业技术学院图书馆	2008				150267		260 种		450797							
安徽交通职业技术学院图书馆	2002	68000														
	2008	168700					700 种		339500			8700				
芜湖职业技术学院图书馆	2008	162900							155000							

续表 2-3-1

图书馆名称	年份	文献总量	古籍		图书		期刊		电子文献	地方文献	特色文献	其他文献	开架图书	文献学科结构		
			普本	善本	中文	外文	中文	外文						社科	自科	综合
芜湖信息技术职业学院图书馆	2008	132000					500 种		150000			100 种				
其他图书馆																
中共安徽省委党校图书馆	1978	30000			30000											
	1990	285000	7490		249000	1402	27000									
	2008	300000					1000 种		10000							
中共安徽省直党校图书馆	2008				30000		报刊 200 种		7000							
中共亳州市委党校图书馆	2005	9000														
	2008	20000					45 种					15 种				
	2010	31000	697		30000		60 种		120000							
中共宿州市委党校图书资料室	1978	10500			10000		500									
	1988	33000			30000		3000									
	1998	66000			50000		16000									
	2008	89000			63000		26000									
中共蚌埠市委党校图书馆	1984	26032	335		22097		3600			15	22		21740	24600	597	500
	1988	37470	335		32935		4200			30	22		32578	35200	1100	835
	1998	56159	335		51024		4800			73	22		50667	52800	1700	1324
	2008	70935	335		58600		12000		780	252	22		58243	67084	2016	1500
	2010	45300	200		43100		150 种		10000	252	22	2000				
中共淮南市委党校图书馆	2008	60000			50248		9752									

续表 2-3-1

图书馆名称	年份	文献总量	古籍		图书		期刊		电子文献	地方文献	特色文献	其他文献	开架图书	文献学科结构		
			普本	善本	中文	外文	中文	外文						社科	自科	综合
中共淮北市委党校图书馆	2010	64846														
中共巢湖市委党校图书资料室	2008	53000					245 种					25 种				
中共马鞍山市委党校图书馆	1983	10000														
	2008	85352			62041		16895		10000			6416				
中共安庆市委党校图书馆	1978	15300			15000		300 种							13000	300	2000
	1988	53933	300		41456		330 种					11847		50000	500	2800
	1998	78276	1005		65163		261 种					11847		70000	2510	4500
	2008	106703	1471		75267		29660					305		100000	2500	2427
中共池州市委党校图书馆	2007	49404			45688		2016					1700				
中共宣城市委党校图书馆	2007	120373			94207		16166					10000				
中共黄山市委党校图书资料室	1990	29400			25000		4400									
	2007	61000			50000		10000		38900		800	1000				
中共芜湖市委党校图书馆	2008	63769			48018		13751		20786			2000				
中共六安市委党校图书馆	1965	10000														
	2009	51625			41705	9920										
解放军电子工程学院图书馆	1990	280000														
	2007	350000					1100 种		6T			100 种				

续表 2-3-1

图书馆名称	年份	文献总量	古籍		图书		期刊		电子文献	地方文献	特色文献	其他文献	开架图书	文献学科结构		
			普本	善本	中文	外文	中文	外文						社科	自科	综合
解放军炮兵学院图书馆	1978	25000														
	2008	400000			360000		700 种	6T			100 种					
	2010	430000			390000		700 种	50T			100 种					
解放军蚌埠坦克学院图书馆	2007	200000					800 种		4TB			70 种				
安徽社会主义学院图书馆	2009	6670			6000		650					20				
	2010	8502			7116		1366		3000			20				
安徽省社会科学院图书馆	1983	25786	4203	583	20000		1000									
	1988	64234	4203	583	50000	3500	5000	984								
	1998	98170	4203	583	73900	3500	15000	984					73900			
	2008	115070	4203	583	80790	3500	25010	984					80790	76400	800	3580
中钢集团马鞍山矿山研究院有限公司图书馆	1962	24066			20000		4066									
	2008	96577			49230	19922	10459	16966								
	2010	97830			50915	26095	11000	9820	12000							

注：1. 文献总量即为截至该年份各类文献总量，包括纸质书、刊、古籍及其他文献，不含电子文献。地方文献和特色文献含在书刊文献内。

2. 其他文献包括报纸合订本、连环画、图片、书画、手札、文书、缩微制品、音像资料等。

3. 文献未注计量单位的，其计量单位为册／件；注文献计量单的，即以该计量单位计算。

第三篇　古籍管理

一般而言，古籍是指书写或印刷于民国元年（1912年）以前、具有中国古典装帧形式的书籍。古籍属于不可再生的文献资源，一旦破坏，就无法再生。由于种种自然和人为的原因，历史上对于书籍的破坏十分严重，得以流传至今的古籍百不存一。古籍普查统计数据显示，安徽单位与民间古籍总藏量约121万册。

新中国成立60年来，安徽省地方政府十分重视保护文化典籍，贯彻国家提出的"保护为主，抢救第一，合理利用，加强管理"的总方针，积极主动古籍的采集、编目与收藏，对古籍的合理利用、整理开发、古籍人才培养与保护宣传等工作，使古籍发挥应有的作用。

2007年，为贯彻落实《国务院办公厅关于进一步加强古籍保护工作的意见》文件精神，2007年3月12日，安徽省人民政府转发《国务院办公厅关于进一步加强古籍保护工作的意见的通知》（皖政办[2007]9号），安徽省政府对安徽的古籍保护工作做出部署，健全省古籍保护组织，建立省古籍保护工作机制。省图书馆履行省古籍保护中心职责，实施中华古籍保护计划，开展古籍普查、申报《国家珍贵古籍名录》与"全国古籍重点保护单位"，加强古籍保护基础设施与制度建设、古籍修复与缩微复制等工作，使全省的古籍保护工作日渐走上正轨。

第一章 古籍收藏与编目

第一节 古籍来源

安徽历史悠久,历代官府藏书、私人藏书、书院藏书、寺院藏书构成严密的藏书体系。明清时期,安徽文化繁荣,以徽州地区为代表的丰富的私人藏书成为中国文化史上的一朵奇葩。新中国成立后古籍的存藏状态是集中于公藏单位,各单位古籍来源主要通过以下途径。

接收移交

安徽省图书馆 民国初年,省图书馆接收清末安庆各衙署遗书2000种,33815册;1953年接收省博物馆筹备处图书5万册;1954年,接收安庆市图书馆古旧图书3.59万册;2007年,省文史馆以古籍保护为契机,接收古籍494部,7604册,内容包括经、史、子、集、方志等各大类,其中国家级善本5部,清乾隆以前刻本26部。

安庆市图书馆 该馆1950年3月成立时,接收原国民党政府安徽省立图书馆和安徽通志馆的部分书籍文献和市法院没收的一些旧书刊共5万多册。"文化大革命"时撤消安庆市古旧书店,一批古旧书刊移送到安庆市图书馆。

皖西学院图书馆 六安城区的早期现代教育机构,包括1918年创立的安徽省立第三甲种农业学校、1925年创立的六安县立初级中学、抗日战争胜利后创办的安徽省立六安中学等,以及1950年建立的六安师范学校,后来前三所学校的古籍基本上全部集中到六安师范专科学校图书馆。1962年,安徽省省属高校进行调整,安庆师范专科学校、淮南师范专科学校部分学生合并到六安师范专科学校,这两所学校的部分古籍也随之合并到六安师范专科学校图书馆。六安师范专科学校图书馆即现在的皖西学院图书馆,这些古籍构成皖西学院图书馆古籍藏书的主体。

民间征集

安徽省图书馆 该馆分别于1953、1963、1980、1986年,派张丹九等人深入皖南、安庆等地收集古籍共1万多部,20万余册。如泾县翟氏泥活字版书,《试印初编》《翟氏宗谱》等,即为我国印刷史上珍贵的资料。

无为县图书馆 《四部备要》原系民国时襄川小学校长沈实孚私人藏书,1946年,无为县图书馆征集到该馆。经众多周折,无为县图书馆征集到清代四川总督刘秉璋私人藏书《古今图书集成》。

接受捐赠

安徽省图书馆　1963年,安徽省图书馆馆庆十周年之际,北京图书馆捐赠同治、光绪年间原装官书《清代九朝圣训》《清代六朝御制诗文集》126函990册;1966年,合肥市民丁兴潢向安徽省图书馆捐赠古籍1000余册。更为彰著的是,1986年5月23日,桐城人章伯钧先生（1895—1969年）夫人李健生遵照章先生“来之于民、还之于民”的遗愿,把老人生前所藏珍贵善本330部2562册古籍捐赠给安徽省图书馆。“章伯钧先生捐书仪式”在该馆举行隆重举行,时任省政协主席张恺帆、副省长杨纪珂、中国老年研究会沈建杲、农工民主党安徽省委、省文化厅代表100多人参加仪式。这批珍贵的古籍,包括明刻本277部，2239册;清刻本53部，323册。多为国家级善本,具有极高的价值,如明正德刻本《唐文鉴》21卷,《汉魏诗集》14卷,《纂图互注老子道德经》2卷,明正德9年司礼监刻本《少微通鉴节要》50卷外纪4卷 和《资治通鉴节要续编》30卷,明成化刻本《贞观政要》10卷和《大明成化庚寅重刊改并五音集韵附篇韵贯珠集》23卷以及明刻本歙县汪道昆所撰《副墨》4卷等。

安庆市图书馆　1951年,该馆接受桐城李相朴捐献少量古籍;1954年,胡子穆代表胡氏明经堂捐献1.7万多册;“文化大革命”时期徐太素教授的捐赠一些古籍等,这些图书是安庆市图书馆古籍的重要来源。

芜湖市图书馆　1961年,该馆接受乡贤洪镕捐赠的个人珍藏的古籍1338部,14157册,可以列入全国古籍善本总书目（收录范围）的有113部，2124册,其尤为珍贵的有明成化九年(1474年)内府刻本《资治通鉴纲目》59卷5册,明政德十六年(1522年)《孔子家语》8卷4册,明万历五年(1579年)刻本《史记阅林》30卷20册,以及清康熙十九年（1680年）刻本《通志堂经解》1800余卷等。

无为县图书馆　该馆接受卢捷之先生赠书13140册,多为研究价值很高的线装书,深得版本目录学家顾廷龙先生赞许。

搜集抢救

徽州地区　新中国成立初期,古旧书籍被误认为是封建糟粕,徽州地区(现黄山市)藏书人以2分到2角1斤的价格卖给杂货店、油条包子店等作包装纸使用。乡村农会将收来的图书当作废纸售给纸坊做纸浆,或连同田契而一并付之一矩。1950年,屯溪文化馆派员到隆阜、湖边、闵口、上新等各乡村农会所收来的图书、古玩集中点去查检,单是抄书名、作封存,就化去一个多月的时间。仅从各处收集来的一部分善本线装书,就塞满了一储藏室。1953年,中共屯溪市委宣传部和文化馆作了一次调查,在不到一年的时间内,单是屯溪、歙县两地的私营土特产信托公司收作纸浆的古书就达15000公斤;当时歙县深渡就有造纸作坊51个,收古书作纸浆也达25000公斤以上。另有一次,中共屯溪市委宣传部来电话,要文化馆立即派人去到五六艘满装古籍图书的民船上去检查。因为任务大、时间紧,于是全馆人员出动,验了十多麻袋古书回馆。1956年9月,屯溪市文化馆又奉命前往爆竹合作社,捡出古籍图书400多公斤。

安庆市图书馆　20世纪50年代，时任安庆市图书馆馆长蒋元卿，从收购的破书废纸中抢救出《十竹斋画谱》《资治通鉴纲目辑览》、桐城方宗诚等人的手稿残册，抄本《南诏野史》，还有一些地契、历书、字画等。"文化大革命"后期，该图书馆从民间收集到陈独秀家族《义门陈氏宗谱》等。

购买珍本

安徽省图书馆　民国20年（1931年），安徽省立图书馆以高价购得霍邱裴伯谦《裴氏刻帖》48册。1999年，安徽省图书馆购买徽州黄山市吴先生契约文书1380份、地图113幅和家谱36部，188册。

皖西学院图书馆　1958年，六安师范专科学校成立之初，学校派人专程去上海古籍书店购买了一批古籍，这批古籍基本上都是浙江、上海、江苏、北京等地藏书名家的旧藏，多数都是珍本，他们构成皖西学院图书馆善本古籍的主体。

安徽中医学院图书馆　2009—2011年间，该馆分别到滁州市天长市、黄山市祁门县和休宁县等地购买古籍约3303册，其中善本605册。2010年，中医善本《赤水玄珠》（37卷）入选《国家珍贵古籍名录》。

无为县图书馆　该馆向卢秋浦先生购古籍11000多册。

第二节　古籍收藏

古籍藏量　2007—2008年古籍普查统计数据显示，安徽57家单位古籍总藏量约111万册。其中收藏于公共图书馆约56万册，收藏于高校图书馆约38万册，收藏于博物馆、文物、社科院等单位约17万册。另外中学与民间收藏约10万册。至此，安徽单位与民间古籍总藏量约121万册（不包括契约文书、尺牍和诰命等零散文献）。部分收藏单位古籍藏量详见表3–1–2。

馆藏特色

安徽省图书馆　该馆古籍藏量35万余册，其中善本3万余册，居全省古籍藏量之首，在全国也占有重要地位。所藏古籍中，较为珍贵的有宋刻本王安石撰《临川先生文集》、宋王黼等撰《至大重修宣和博古图录》（元刻本）、清姚莹撰《康卫纪行》（稿本）、清翟金生撰《泥板试印初编》（泥活字印本）等。截至2010年，该馆共有121部古籍入选三批《国家珍贵古籍名录》（以下简称古籍名录）。

安徽师范大学图书馆　该馆古籍藏量19万余册，居安徽省高校古籍藏量之首。尤其以地方志收藏最为见长，拥有全国30个省市自治区的方志19000册。古籍善本600余种、1.3万余册，以明刻本为多，其中《洪武正韵》为国内唯一全本，元刻本《春秋胡氏传》、元刻明递修《通志》、明嘉靖刻本《李太白全集》《杜工部集》均为海内珍本。截至2010年，该馆共有24部古籍入选三批《古籍名录》。

安徽省博物馆　该馆古籍藏量10万余册，其中善本4964册。全省古籍藏量名列第三。该馆收藏有年代久远的写本时代文献,有中国文化史中占重要地位的新安理学、新安医学、徽州文化、安徽科技、地方志和家谱等独具特色的安徽地方文献,有大量历代皖人的著述,有大量的宋元明清时期徽州契约文书资料。所藏古籍文献中,较为珍贵的有北凉神玺三年(399)写本《贤劫九百佛名品》、明程敏政辑录《新安文献志》(明刻本)、清萧云从《太平山水图》、明古之贤撰《新安蠹状》《歙西竹枝词》(清刻本)、元汪炤纂《新安旌城汪氏家录》、宋罗愿撰《罗鄂州小集》,其他如《新安志》《(弘治)徽州府志》《(嘉靖)徽州府志》《(道光)安徽通志》《方望溪先生全集》、姚鼐《惜抱轩全集》及数量可观的稿本、点批本,抄本和信札等。截至2010年,该馆共有46部古籍入选三批《古籍名录》。

安徽大学图书馆　该馆古籍藏量10万册,其中善本9743册。中国古籍保护网善本书目导航收录馆藏珍稀善本135部,代表性的本子有明隆庆二年张氏静山斋刻《新刊性理大全七十卷首一卷》、明天启元年刻三色套印本《苏文忠公策论选十二卷》、明天启元年闵元衢刻朱墨套印本《文致不分卷》、明凌澄初刻朱墨套印本《晏子春秋》等。截至2010年,该馆共有14部古籍入选三批《古籍名录》。

安徽中国徽州文化博物馆　该馆古籍藏量5万册,其中善本5630册。所藏文献地方特色明显,徽州文献数量较大、种类齐全。在已经整理的古籍中,徽州文献有558部部,计经部29部,史部209部,子部158部,集部162部。现存徽州文献涵盖政治、经济、军事、历史、商业、金融、考古、医学、艺术、以及数学、天文、历法等各学科。具有很高的学术价值,徽州素有修志的传统,该馆藏有各种方志108种,包括《新安志》《徽州府志》《黄山志》《齐云山志》以及徽属一府六县各种版本的县志、一些乡志、村志等。截至2010年,该馆共有6部古籍入选二批《古籍名录》。

安庆市图书馆　该馆古籍藏量8.5万册,其中善本4321册,占全馆藏书量的30%,古籍藏量居全省地市级公共图书馆之首。所藏古籍中,较为珍贵的有方宗诚撰《礼记集说补义一卷》《春秋传正谊四卷》《春秋集义十二卷》《辅任录一卷》(清稿本)、孙鑛批点《春秋左传十五卷》(明万历四十四年朱墨套印本)、宋文天祥撰《文山先生全集二十八卷》(明鄢懋卿辑嘉靖刻本)、《古文渊鉴六十四卷》(清徐乾学等辑注康熙刻五色套印本)、《十竹斋画谱》(明休宁胡正言刻版彩印)、《资治通鉴纲目辑览》(明景泰元年魏氏仁实书堂刻本)、清《慈禧出殡图》等尤为珍贵,另有清朝宰相张英家族的《张氏宗谱》、吴汝纶家族的《高甸吴氏宗谱》、陈独秀家族的《義门陈氏宗谱》等80多部。截至2010年,该馆共有9部古籍入选三批《古籍名录》。

安徽中医学院图书馆　该馆古籍藏量26030册,其中善本3110册。该馆收藏大量中医古籍,目前馆藏新安医籍的各类版本已近200部,居全国前列。《医说》《婴童百问》《备急千金要方》3部中医古籍,2008年入选首批《古籍名录》。截至2010年,该馆共有4部古籍入选三批《古籍名录》。

无为县图书馆　该馆古籍藏量3.86万册,其中善本628册。所藏古籍中,较为珍贵的有较多的大型丛书，如《古今图书集成》《四部丛书》《四部备要》、《省身集要》《妙法莲花经》《万有文库》等，有相当数量的历代名家法帖、家谱、古今字画、宗谱、地图等，有大量的无为籍名家学者著作、字画、手稿等。

皖西学院图书馆　该馆古籍藏量9796册，其中善本3089册。所藏古籍中，较为珍贵的有宋元刻本4部55册、明刻本55部697册、清乾隆以前的刻本、活字本、钤印本65部近900册；此外，还有一批抄本、初印本。2009年6—7月，该馆的宋衢州州学刻元明递修、温廷敬题跋的《三国志》作为安徽省高校唯一获邀参展的古籍，参加了文化部主办、国家图书馆承办的国家珍贵古籍特展。截至2010年，该馆共有11部古籍入选三批《古籍名录》。

第三节　古籍编目

图书馆编制古籍目录的过程，就是摸家底的过程，是开展其他各项古籍业务和保护工作的基础

古籍分类

分类标引　馆藏文献分类标引是编制文献目录的前提和重要组成部分。古籍因其本身的特殊性，与一般图书相比，采用的分类法颇有差异。古籍分类法有七分法与四分法两个系统。七分法始自汉代刘歆的《七略》，经南朝的《七录》《七志》等，至南宋郑樵《通志·艺文略》，分类愈加精细。四分法始自西晋荀勗的《中经新簿》，《隋书·经籍志》定型为经史子集四部，至清修《四库全书》而分类大备。整体来看，四分法后来居上，尤其因为《四库全书》的传播而深入人心，当代国内各古籍藏馆多采用四分法而稍加变通。

安徽省图书馆依据《四部分类法》类分古籍，采用阿拉伯数字标示分类号码。1—经部、2—史部、3—子部、4—集部，另设5—方志部、7—丛书部。各部又分子类，有的子类又分属，属下又依据情况进行复分。例如，《四书经正录》分类号为1:705。

芜湖市图书馆1962年6月开始按四部分类法编制古籍图书目录1套。

书次号　安徽省图书馆古籍依分类的先后顺序号为书次号。分类号和书次号组成分类索书号。例如，安徽省图书馆古籍《四书经正录》分类号索书号为1:705/714。书次号714。

古籍著录　安徽省图书馆古籍卡片式目录按照《<全国古籍善本书总目>著录条例》规定的原则、内容、格式、字体等进行著录。20世纪90年代以来，古籍按照《中国文献编目规则（第2版）》《古籍著录规则》著录。

目录设置

书本目录　安徽省图书馆编制古籍书本目录有地方志目录、家谱目录、徽学专题书目和善本书目录等。

卡片目录　安徽省图书馆设置古籍卡片目录有:读者目录和公务目录1套(分类目录、书名目录、著者目录)。分类目录按《四部分类法》数字大小顺序组织目录。书名目录、著者目录采用北京图书馆服务社编印的《笔画笔形字顺目录检字表》笔画笔形字顺组织目录。

机读目录　安徽省图书馆古籍按照《新版机读目录格式使用手册》或《汉语古籍机读目录格式使用手册》及ILAS古籍编目子系统规范等编目。2006年,安徽省图书馆完成古籍43511部，352684册书目回溯工作,建立了完整古籍书目数据库,读者可以通过OPAC查询系统查阅古籍。

安徽师范大学图书馆2007年开始对古籍书目回溯工作。2010年底已完成了善本书目数据库建设建库工作,读者可以通过OPAC查阅古籍。。

编目调查　2008年,安徽省古籍保护中心普查统计数据显示,安徽省图书馆和部分本科高校图书馆的古籍编目情况较好,市县级图书馆和部分高校图书馆则相对较弱。省古籍保护中心普查60家古籍编目,仅有8家完成所藏古籍编目工作;另有4家单位虽已启动该项工作,但进展缓慢;其余诸馆尚未启动古籍编目工作。具体情况见表3-1-1。

部分藏馆古籍编目统计表

表3-1-1

单位名称	古籍藏量(册)	已分编数(册)	所占比例(约)
安徽省图书馆	352684	352684	100%
安徽师范大学图书馆	190499	190499	100%
安徽省博物馆	102763	102763	100%
安徽大学图书馆	100000	100000	100%
安庆市图书馆	85000	42756	50.3%
安徽中国徽州文化博物馆	50000	24660	49.3%
无为县图书馆	38600	675	1.75%
芜湖市图书馆	34500	0	
合肥师范学院图书馆	26468	26468	100%
安徽中医学院图书馆	26030	26030	100%
蚌埠市图书馆	12173	0	
桐城市图书馆	10561	10561	100%
皖西学院图书馆	9697	7822	79.8%
戴震纪念馆	9582	0	
淮北师范大学图书馆	7517	7515	100%
黄山学院图书馆	1177	682	57.9%
青阳县图书馆	1140	0	

普查平台　2010年,国家古籍保护中心委托开发的古籍普查软件——全国古籍普

查平台正式投入使用,各古籍收藏单位所藏古籍均可通过该软件将每一部古籍的有关信息著录到全国统一的平台之上,经过逐级审核之后上报国家古籍保护中心,为全国的古籍普查工作提供了巨大的便利。在国家古籍保护中心和省古籍保护中心的督导之下,安徽省的古籍普查分编工作将会迈上一个新的台阶。

古籍藏量统计表

表 3–1–2

单位名称	古籍藏量（册 / 件）			入选国家珍贵古籍名录（部）			全国重点古籍保护单位与否	馆藏书目编纂出版情况	
	总量	善本	普本	首批	二批	三批			书目名称（时间）
安徽省图书馆	352684	32738	319946	51	43	27	是		安徽文献书目（1961）、安徽省古籍善本书目（1980）、安徽省馆藏皖人书目（2003）
安徽师范大学图书馆	190499	13044	177455	7	13	4	是	数量（部）	安徽师范大学图书馆藏方志目录. 上、下册（1982、1986）、安徽师范大学图书馆善本书目 . 初编（1984）
安徽省博物馆	102763	4964	97799	27	13	6	是	3	安徽省博物馆地方志目录（1982）、明清徽州社会经济资料丛编 . 第 1 集（1988）
安徽大学图书馆	100000	9743	90257	1	8	5	是	3	安徽大学图书馆馆藏善本书录（2003）、安徽大学图书馆馆藏地方志目录、安徽大学图书馆馆藏皖人目录
安庆市图书馆	85000	4321	80679	7	1	1	否	2	安庆市图书馆馆藏古籍目录(1962)、皖人书录(1989)
安徽中国徽州文化博物馆	50000	5630	44370		1	5	是		
无为县图书馆	38600	628	37972				否	1	安徽目省无为县图书馆古籍善本书（1986）
芜湖市图书馆	34500	2200	32300			3	否		
合肥师范学院图书馆	26468	2631	23837				否	1	合肥师范学院馆藏方志目录（1960）
安徽中医学院图书馆	26030	3110	22920	3		1	是	1	中医图书馆藏目录（1985）
蚌埠市图书馆	12173	573	11600				否		
桐城市图书馆	10561	1179	9382	3			否	1	桐城县图书馆馆藏桐城文献书目（1985）
皖西学院图书馆	9796	3089	6707		8	3	否		
戴震纪念馆	9582	335	9247				否		
歙县博物馆	7745	448	7297				否		
淮北师范大学图书馆	7517	1258	6259				否		
安庆师范学院图书馆	6622						否		
合肥工业大学图书馆	6000	1875	4125			4	否		

续表 3–1–2

单位名称	古籍藏量（册 / 件）			入选国家珍贵古籍名录（部）			全国重点古籍保护单位与否	馆藏书目编纂出版情况	
	总量	善本	普本	首批	二批	三批		数量（部）	书目名称（时间）
安徽省社会科学院图书馆	4786	583	4203				否		
合肥市图书馆	1575		1575				否		
安徽中医药高等专科学校图书馆	1305		1305				否		
黄山学院图书馆	1177	177	1000				否		
青阳县图书馆	1140	40	1100				否		

注：本表统计安徽省古籍藏量达千册以上的单位古籍藏量及相关情况。

第二章 古籍保护

安徽省古籍保护中心在国家古籍保护中心的指导下，通过实施中华古籍保护计划，开展古籍普查，加强古籍保存设施与制度建设，古籍缩微与修复等方式，从而使古籍得到有效地保护。

第一节 书库管理

古籍保护的基本方针是“以防为主，防治结合”。加强古籍保存基础设施与制度建设，控制储藏环境的温湿度，防霉、防虫、防有害气体和灰尘，从而使古籍得到有效地保护。

保存状况 2008 年，安徽省图书馆对全省 57 家古籍收藏单位的古籍保存环境调查表数据分析显示，有部分公共图书馆和高校图书馆古籍保存状况较好。但总体来看，安徽省古籍保存状况堪忧，有一半以上图书馆没有特藏书库，没有专用书柜。许多单位古籍目前仍放在书盒与木箱里，甚至堆放在图书馆某一拐角里。甚至有些收藏单位还没有进行认真细致清点与编目整理工作，对自己所收藏古籍数量不清，版本不明，更谈上古籍保护和利用等。古籍调查数据见表 3–2–1 和表 3–2–2。

2008 年古籍保存环境调查表

表 3–2–1

保存环境	数量（家）	所占百分比（%）
书库放在建筑物顶层	10	17.54
书库单独设置	26	45.61
有库房管理制度	31	54.39
有灾害预防应急措施	9	15.79
对文献进行消毒处理	0	0
有防虫、杀虫措施	27	47.37
有防紫外线措施	2	3.51

2008年古籍保护设备与设施情况调查表

表 3-2-2

主要设施	数量（家）	所占百分比（%）
有恒温恒湿空调系统	1	1.75
有普通空调设备	5	8.77
有温湿度监测装置（温度计）	4	7.02
有监控报警设施	11	19.30
有水火灾自动报警系统	6	10.53
有自动灭火系统	3	5.26
有空气净化装置	0	0

设施建设

书库建设 古籍的寿命与其存放环境关系密切，除人为损坏和不可抗拒的自然灾害破坏外，周围环境的物理、化学、生物、灰尘、光线、空气、温度、湿度等因素都会对古籍产生重要影响，逐渐改变其纸张的形态和成分，从而使古籍受损。因此，各收藏单位应当为古籍配备专用库房。文化部2006年颁发的行业标准《图书馆古籍特藏书库基本要求》对古籍专用库房的建设有明确而详细的规定。

安徽地处江淮之间，空气湿度较大，特别是每年6—7月间的梅雨季节，天气阴雨潮湿，是霉菌的高发期，特别要注意抑制虫菌的生长发育，跟北方干燥凉爽的气候截然不同，因此古籍书库一般不能设于地下。建筑物顶层隔热、保温、防水等效果都差，管理起来难度相对来说较大，《图书馆古籍特藏书库基本要求》明确规定“古籍书库不应设置于建筑物顶层和上层”。

从反馈的调查表来看，有关古籍书库是否单独设置的问题，有26家单位填写“是”，但不少单位的实际情况并非是严格意义上的单独设置，有的把民国期间出版的文献和古籍书混放在一起；有的把一些影印古籍放在古籍库房；有的把一个大的书库空间简单地围割成几个小的空间，分别存放古籍、普通图书和报刊等。

书库面积 古籍书库面积最大的单位为安徽师范大学图书馆，有1500平方米，其次为安徽省图书馆和安徽大学图书馆，分别为1300平方米和590平方米，再次为黄山学院图书馆、安徽省博物馆、安庆市图书馆、淮北煤炭师范学院图书馆、戴震纪念馆等，均在200平方以上，蚌埠市图书馆、无为县图书馆、桐城市图书馆、祁门县博物馆等单位古籍书库均在100平方以上。古籍书库面积在20—60平方米的单位在一半以上。

恒温恒湿系统 为求最大限度地延长古籍寿命，古籍书库的温湿度标准为：“温度16—22℃，相对湿度45—60%”，同时“温度日较差不应大于2℃，相对湿度日较差不应大于5%”，这就需要为古籍书库配备独立的恒温恒湿机组。截至2010年底，全省只有安徽省图书馆达到了这个要求。另有安徽大学图书馆、安徽师范大学图书馆等4家单位的库房配有普通空调系统。采用普通空调系统，温度能达标，湿度条件不能保证。其

他单位的古籍都处于自然状态之下。

报警灭火设施　截至2010年底,全省有11家古籍收藏单位配置有监控报警系统,其中有2家公共图书馆、2家高校图书馆和7家博物馆和文物局(所)。有6家单位配置水火灾自动报警系统,这些单位有的是基础条件较好的,有的是新建或扩建的单位。全省只有3家单位配置有自动灭火系统,分别为省图书馆、淮北师范大学图书馆和黄山学院图书馆。

防紫外线设施　各种光线中,紫外线对纸张的危害性最大最强。“特藏书库的照明或采光应消除或减轻紫外线对文献的危害”“自然采光的书库,应采用防紫外线玻璃和遮阳措施,防止阳光直射”。安徽大学图书馆采用防紫外线窗帘,安徽省博物馆采用玻璃窗和灯罩。

消毒杀虫　专门对古籍进行消毒处理(包括入库前、库中和出库),安徽还没有一家单位做过这项工作。防虫杀虫方面,有27家单位使用樟脑精(丸),投放周期一般是1—2年;安徽大学图书馆和安徽师范大学图书馆使用樟木柜;安徽省图书馆在每层古籍书柜里镶嵌了厚约1cm的樟木板。从效果上说,樟木比樟脑精(丸)更好,基本上可以说是一次投入永恒受益,而且没有刺鼻的味道,对工作人员的身体健康没有危害,但新建时费用高投入大。

制度建设　《文化部关于印发〈全国古籍普查工作方案〉等文件的通知》中明确要求,古籍收藏单位应“有专门的古籍保护机构和工作人员,管理制度健全”。从反馈的调查表看,有31家单位有《库房管理制度》,但只有5家是以上级或本单位正式文件的形式发布的(有文件编号)。有9家单位有《灾害预防应急措施》,这些单位主要集中在博物馆和文物局(所)。

安徽省图书馆　该馆制定《安徽省古籍书库房管理制度》,包括库房安全保卫制度、库房管理制度等。历史文献部主任全面负责库房的安全管理工作,管库员负责日常安全管理的具体工作。书库实行双人管理,一人持卡一人持钥匙,坚持同进同出,严禁一人进库调归书或进行其他工作。库房钥匙管理制度:书库实行双人管理,一人持卡一人持钥匙,坚持同进同出,严禁一人进库调归书或进行其工作。查库制度:库管员下班前应做相应的检查,确保书库处于安全状态,并每天检查库内温湿度,做好记录。

芜湖市图书馆　该馆制订《古籍图书管理规定》《古籍图书阅览规定》等制度。2009年书库设置了恒温、恒湿,购置了樟木书橱等设施。

安徽大学图书馆　该馆制定《安徽大学图书馆古籍安全管理制度》,坚持值班制度,责任落实到人。部室主任是部门治安和消防安全的第一责任人,治保人员协助部主任开展古籍安全工作。古籍库房工作人员要尽职尽责,增强古籍安全管理责任观念。2010年上半年为古籍善本库加配了第二道安全防护栏,实现双锁双人管理模式,并将防盗门的锁芯由普通A级锁芯更换为防盗性能更好的超B级锁芯。

安徽师范大学图书馆　该馆将全部古籍放入樟木柜中保管;定期做好防虫、防潮、除尘工作;还建立了一系列古籍管理制度。

第二节 古籍修复与缩微复制

由于流传年代的久远,或是保存条件的不善,古籍破损严重以至影响利用的问题日益凸显,逐渐引起图书馆从业人员的重视。近年来,随着国家古籍保护中心和地方政府投入的加大,专业修复人员的引进与培养,安徽省的古籍修复工作日渐走上正轨。古籍缩微是对古籍进行抢救性保护的有效手段,通过载体转换方式使文献内容得到缩微复制,从而使原件得到更好地保护。

破损定级 由于各种人为和自然的原因,古籍得以留传者十不存一。不同的损害方式会造成不同的破损类型,有关古籍破损类型的详细表述可见表 3-2-3。

古籍破损常见类型及相关描述表

表 3-2-3

破损类型	破损描述
酸化	纸张酸性增强,pH 值降低
老化	受各种自然因素的影响导致的纸张劣化,如纸张变色、焦脆、掉渣或呈粉状等
霉蚀	因霉菌分泌物腐蚀作用所导致的纸张纤维素降解,机械强度降低
粘连	因受潮、霉蚀等原因造成的书叶粘接
虫蛀	昆虫蛀食对书叶造成的损坏
鼠啮	鼠类动物啮食对书叶造成的损坏
絮化	书芯四周因过度磨损或其他原因导致呈棉絮状
撕裂	书叶撕破呈裂损状
缺损	书叶局部残缺
烬毁	书籍因火烧导致缺损
线断	线装书的装订线损坏

上表所列古籍破损大概可分成两类:一类是相对静止型损害,其破损特征非常明显、极易发现,在现代恒温恒湿和降低阅览频率的条件下,此类古籍破损相对稳定。虫蛀鼠啮、撕裂缺损当属此种。一类是动态渐进型损害,其表现形式较为隐蔽、不易发现,但最终将使古籍变成粉末,严重影响古籍保存寿命。酸化、老化皆属此类。比较而言,第二类破损古籍更应当引起我们高度重视。

安徽省破损古籍的数量无法准确计算。2007 以来,全省陆续开展古籍普查工作,其中一项内容就是确定古籍破损级别。待此项工作完成后,我们将会获得准确的古籍破损类型、级别、数量等相关信息。按照业内通行的古籍破损数量估算方法,安徽省古籍约三分之一即 40 万册存在不同程度的破损,其中约三分之一即 13 万余册为重度破损，亟待修复。

为实施“中华古籍特藏保护计划”、配合全国古籍普查工作，文化部委托国家图书馆主持制订并于2006年颁布《古籍特藏破损定级标准》（WH/T 22–2006）。

安徽省正在开展古籍普查工作，其中古籍破损定级是重要的普查项目。古籍定损主要是参照《古籍特藏破损定级标准》，通过全国古籍普查平台，以册为单位对古籍进行定损、并选取破损最高级别作为全书的破损级别。为了方便古籍定损，高效利用《古籍特藏破损定级标准》，根据标准主要起草者张平的说法，可将其浓缩成如下对照表，详见表3–2–4。

古籍破损定级简表

表3–2–4

破损类型	破损级别				
	一级	二级	三级	四级	五级
酸化	特别严重，PH ≤ 4	严重，PH ≤ 5	PH ≤ 5.5		
老化	翻动掉渣、裂口	书叶变色严重	书叶四周变色	有黄褐色斑点	
粘连	面积和数量40%以上	面积和数量30%以上	面积和数量20%以上		
虫蛀	面积50%以上，数量80%以上	面积30%以上，数量60%以上	面积20%以上，数量30%以上	轻度	
霉蚀、鼠啮、烬毁	面积30%以上，数量60%以上	面积20%以上，数量40%以上	面积10%以上，数量20%以上	轻度	
絮化	严重，数量40%以上	比较严重，数量30%以上	数量20%以上	轻度	
缺损	叶面、书脊、书口、书脑各部位严重缺损，需整册揭裱修复	叶面、书脊、书口、书脑等部位缺损比较严重	叶面、书脊、书口、书脑局部缺损		
口开				重、中、轻度	
浆糊失效				重、中、轻度	
撕裂				重、中、轻度	
书衣破损					重、中、轻度
装订线、纸捻断损					重、中、轻度

古籍修复 古籍修复是古籍原生性保护的主要手段。民国时期，安徽图书馆就开展古籍修复工作。20世纪80—90年代，安徽省图书馆又重新启动古籍修复工作。21世纪以来，安徽有3家图书馆开展古籍修复工作。

安徽省图书馆 1933年之前，安徽省立图书馆已设置有图书修理装订岗位，隶属编藏股。该岗位的工作主要是承担新旧书籍的修整和杂志报章的装订事宜，此外还涉及图书的曝晒消毒。修复场地位于藏书楼东间壁。孙荣华先生是当时安徽省立图书馆有明确记载从事图书修整装订的第一人。

20世纪最后20年,安徽省图书馆古籍修复工作迎来了重要发展时期,开始实行古籍修复工作人员的岗位责任制。有两名员工先后于1980、1983年参加古籍修复专业培训,其中一人从事修复工作更是长达10年之久。当时修复工作的主要内容是修复古籍,偶尔涉及新抄本、复制古籍、旧报纸、旧杂志的修补装订。这一时期该馆古籍修复工作的业绩。

2008年,安徽省图书馆重启中断10年之久的古籍修复工作。筹建古籍修复室,招聘修复人员,购置工具材料,制订规章制度。此时的古籍修复室隶属历史文献部(安徽省古籍保护中心),具体位置是在西五楼东侧的第一间,面积约20平米。在古籍修复工具、设备、材料方面,该馆自购了一部分,国家古籍保护中心下发了一部分,20世纪80—90年代还遗留了一部分。在古籍修复工作规章制度方面,该馆制订有《修复古籍出入库记录》和《安徽省图书馆古籍修复档案》。由于人员不足,近几年该馆古籍修复的成果不多,主要有:2009年修复道光五年刻本《建德县志》(虫蛀二级破损)1册,2010年为安徽省颍上县图书馆修复古籍10部59册。具体数据见表3-2-5。

1984—1997年安徽省图书馆古籍修复统计表

表3-2-5

<table>
<tr><th>年份</th><th colspan="2">古籍修复及其他</th><th>数量</th><th>年份</th><th>古籍修复及其他</th><th>数量</th></tr>
<tr><td rowspan="3">1984</td><td rowspan="2">古籍善本</td><td>修补</td><td>30种128册</td><td>1990</td><td>修补装订书刊</td><td>306册2523叶</td></tr>
<tr><td>换面、线</td><td>184册</td><td>1991</td><td>古籍修补装订</td><td>268册</td></tr>
<tr><td colspan="2">普通古籍装订、换线</td><td>2346册</td><td>1992</td><td>古籍修复</td><td>无记录</td></tr>
<tr><td>1985</td><td colspan="2">古籍修补、装订、换面、线</td><td>12181册</td><td>1993</td><td>古籍修补</td><td>19516叶</td></tr>
<tr><td rowspan="2">1986</td><td colspan="2">古籍修补</td><td>1198叶</td><td>1994</td><td>修补古籍</td><td>10203叶</td></tr>
<tr><td colspan="2">古籍换面、装订及解放前书刊修补</td><td>3313册</td><td>1995</td><td>修补古籍</td><td>7047叶</td></tr>
<tr><td rowspan="3">1987</td><td colspan="2">古籍《太函集》修补</td><td>1596叶</td><td>1996</td><td>古籍修补</td><td>3525叶</td></tr>
<tr><td colspan="2">古籍换封面、修补、装订</td><td>3910册</td><td>1997</td><td>古籍修补</td><td>368叶</td></tr>
<tr><td colspan="2">修补用于缩微的旧报纸</td><td>122叶</td><td>2008</td><td>古籍修复</td><td>7部92册</td></tr>
<tr><td>1988</td><td colspan="2">图书修补</td><td>5341册</td><td>2009</td><td>古籍修复</td><td>12部122册</td></tr>
<tr><td>1989</td><td colspan="2">图书修补、装订</td><td>2714册</td><td>2010</td><td>古籍修复</td><td>16部66册</td></tr>
<tr><td>合计</td><td colspan="2">古籍修补、装订、换面等</td><td>2.86万册</td><td></td><td>图书、报纸</td><td>8056册</td></tr>
</table>

安徽中医学院图书馆　2005年3月,安徽中医学院图书馆成立了新时期安徽省首家古籍修复室,隶属该馆古籍部。具体位置是在安徽中医学院东校区图书馆二楼,面积约30平米。该馆制订有修复规章制度,购置了部分修复设备。现有两位专业人员从事修复工作,几年来累计修复古籍近300册。

安徽大学图书馆　2009年5月,安徽大学图书馆成立古籍修复室,隶属特藏部古籍室,位于安徽大学龙河校区逸夫图书馆九楼,面积约50平米。现有一名修复人员,参加过专业培训,能独立从事修复工作。

总之,随着国家以及相关单位的重视,20世纪尤其是2007年以来安徽地区公藏单位古籍修复工作取得了一定的发展。但相对于安徽众多的破损古籍,各图书馆的古籍修复力量还相当薄弱。

缩微复制　1994年,安徽省图书馆引进缩微拍摄机,为该馆古籍和解放前报刊整理、开发和保护提供物质条件。1995年,缩微设备正式投入运行,缩微工作人员对通过对古籍整理、拍摄、冲洗和质检等各环节的工作,当年完成1.5万余拍的任务,另外还完成与北京《四库全书》缩委会签订的拍摄古籍善本5千多拍的任务。1996年完成资料整理66839拍,拍摄50934拍,从1997至2001年每年整理、拍摄文献都超过10万拍,2002年为64000余拍,该馆的缩微拍摄工作虽然起步晚,但取得的成绩却是十分突出的。缩微质量在全国始终名列前茅甚而名列全国第一,为此多次受到全国缩微中心的表彰。2002年,该馆建立缩微品数据库。截至2008年,已收藏各类文献缩微胶卷共6364卷,其中古籍1717卷。安徽省图书馆开始建立"安徽省地方文献缩微胶片库",在各地查找有关安徽的地方文献资料,力求成为收藏安徽地方文献最为全面的单位。

缩微工作室已建有缩微品书目数据3082条,其中古籍590条并提供文本目录,方便读者多种手段查询。另外,为数字图书馆的建设,缩微工作室现已对8种家谱、7种古籍等进行影像扫描,共约1万张图片,并制成光盘,可提供读者直接使用。

第三节　中华古籍保护计划

2007年3月,省古籍保护中心实施中华古籍保护计划,在健全组织、履行职责,开展古籍试点、古籍普查和申报《古籍名录》及"全国古籍重点保护单位"(以下简称"重点保护单位")等方面,做了大量卓有成效的工作。

健全组织

组织建设　安徽省古籍保护中心于2008年3月17日在安徽省图书馆成立。经安徽省机构编制委员会批准,,省古籍保护中心核定事业编制6名。经过积极筹备,9月17日上午,省文化厅在安徽省图书馆举行安徽省古籍保护中心揭牌仪式,该中心设在安徽省图书馆,省古籍保护中心办公室设在安徽省图书馆历史文献部,承担日常业务工作。2007年9月17日,建立了由安徽省文化厅牵头,省发改委、财政厅等九部门组成的全省古籍保护工作厅际联席会议。成立了安徽省古籍保护工作专家委员会,草拟了《安徽省古籍保护试点工作方案》和《安徽省古籍普查实施方案》。

履行职责　安徽省古籍保护中心主要职责是负责组织全省古籍普查工作,启动古籍试点工作,开展古籍普查登记,建立古籍综合信息数据库,开展古籍保护修复培训和古籍保护研究等工作。

古籍普查

古籍试点　2007年8月3日全国古籍试点工作会议上，确定全国有57家试点单位。安徽图书馆与省博物馆分别被文化部确定全国古籍保护试点单位，试点工作为期一年。试点期间2家试点单位按照《安徽省古籍试点工作方案》，围绕普查、申报、培训等方面开展工作，圆满完成各项工作。为安徽省全面开古籍普查工作打下良好基础。

普查登记　2007年8月至10月期间，安徽省图书馆除了做好本馆的古籍普查登记工作外，还积极发挥省中心作用，发动并指导省博物馆、安徽大学图书馆、安徽师范大学图书馆、安庆市图书馆、桐城市图书馆开展普查登记工作。

2008年，安徽省古籍保护中心按照《安徽省古籍普查实施方案》，组织专人对安徽的古籍收藏和保护状况进行全面普查，普查范围涵盖全省公共图书馆、高校图书馆、文博系统和寺庙等古籍收藏单位及民间个人收藏。普查主要采用发放调查表的形式，辅之以电话咨询、网络咨询、当面咨询以及实地考察等方式。编制3种调查表:《安徽省古籍收藏单位基本情况调查表》《安徽省古籍收藏基本情况调查表》《安徽省古籍保存情况调查表》。向公共图书馆、高校图书馆、文物管理局（所）、博物馆和寺庙等收藏单位发放3种纸质调查表200多份，同时将3种调查表在安徽省图书馆网站上发布，用户可以自由下载。对于民间和其它单位如中学图书馆等的古籍收藏情况，委托当地公共图书馆来协助调查。历时一年多的普查，共收到57家古籍收藏单位反馈有效有效古籍普查数据。通过对普查结果的登记、整理分析，基本了解安徽古籍藏量、古籍保存状和保护存在的突出问题。

申报名录　自2007年8月，文化部下发首批申报《古籍名录》与“重点保护单位”通知。2007年8月至10月期间，省古籍保护中心认真履行职责，先做好省图书馆申报工作，逐步向其他古籍收藏单位铺开，积极做好省博物馆、安徽大学图书馆、安徽师范大学图书馆、安庆市图书馆、桐城市图书馆开展申报工作。截至2007年11月，通过省古籍保护中心共申报《古籍名录》248部。2008年6月国务院分年公布首批《古籍名录》，安徽有8家单位109部古籍入选首批《古籍名录》。2009年初，省古籍保护中心组织安徽第二批《古籍名录》的申报工作。2009年6月安徽有9家单位91部古籍入选第二批《古籍名录》和2010年6月安徽有10家单位59部古籍入选《古籍名录》。至此，2008—2010年安徽共有259部古籍入选《古籍名录》。

首批《古籍名录》　2008年6月，国务院正式颁布了首批《古籍名录》，安徽有8家单位109部古籍入选首批《古籍名录》。其中安徽省图书馆51部，安徽省博物馆27部，阜阳市博物馆10部，安徽师范大学图书馆7部，安庆市图书馆7部，桐城市图书馆3部，安徽中医学院图书馆3部，安徽大学图书馆1部。安徽入选名录的109部珍贵古籍中，从内容上看，涵盖了经、史、子、集四大类，具有普遍性和代表性。从版本上看，除出土的10部西汉竹、木简和8部清代安徽人稿本外，绝大多数为明代刻本。明代刻本中，又以浙江吴兴闵氏和凌氏所刻套印本居多。入选各书具体信息见表 3–2–6。

第二批《古籍名录》 2009 年 5 月，国务院正式公布第二批《古籍名录》，安徽共有 91 部古籍入选第二批《古籍名录》，分别珍藏于 9 家单位。其中安徽省图书馆 43 部，安徽省博物馆 13 部，安徽师范大学图书馆 13 部，安徽大学图书馆 8 部，皖西学院图书馆 8 部，阜阳博物馆 3 部，安庆市图书馆 1 部，青阳县图书馆 1 部，安徽中国徽州文化博物馆 1 部。其中有阜阳博物馆所藏的汉简，有省博物馆收藏的北凉神玺三年（公元 399 年）宝贤写本《贤劫九百佛名品第九》，有安徽省图书馆收藏的大量明刻套印本以及明版地方志和家谱之代表。特别值得一提的是，皖西学院图书馆的古籍收藏向来不为人所熟知，但这次申报数量较大，有 8 部入选。其中一部宋衢州州学刻元明递修的《三国志》，在各大型古籍书目中未见著录此家收藏。青阳县图书馆作为县级图书馆，能有古籍入选《古籍名录》，也是此次安徽省申报工作的一大亮点。入选各书具体信息见表 3–2–6。

第三批《古籍名录》 经过专家认真细致地遴选和评审，2010 年 6 月 11 日，国务院正式颁布了第三批《古籍名录》。安徽省共有 10 家单位 59 部古籍入选《古籍名录》。其中，安徽省图书馆入选 27 部，安徽省博物馆入选 6 部，安徽大学图书馆 5 部，安徽中国徽州文化博物馆 5 部，安徽师范大学图书馆入选 4 部，合肥工业大学图书馆入选 4 部，芜湖市图书馆入选 3 部，安庆市图书馆入选 1 部，皖西学院图书馆入选 3 部，安徽中医学院图书馆入选 1 部。入选各书具体信息见表 3–2–6。

安徽入选《国家珍贵古籍名录》详表

表 3-2-6

首批（2008 年）

书名	责任者	版本	收藏单位	入选号
周易十卷易图一卷易说纲领一卷上易五赞一卷筮仪一卷	（宋）程颐、朱熹撰	明正统十二年（1447）司礼监刻本	安徽省图书馆	01272
周易二十四卷	（宋）程颐、朱熹撰	明嘉靖福建建宁府知府曲梁杨一鹗刻本	安徽省图书馆	01274
易学象数举隅二卷	（明）汪敬撰	明嘉靖十八年（1539）汪奎刻本	安徽省图书馆	01288
东坡书传二十卷	（宋）苏轼撰（明）杨慎等注	明吴兴凌濛初刻朱墨套印本	安徽省图书馆	01306
诗集传二十卷诗序辨说一卷诗传纲领一卷诗图一卷	（宋）朱熹撰	明正统十二年（1447）司礼监刻本	安徽省图书馆	01313
周礼句解十二卷	（宋）朱申撰	明刻本	安徽省图书馆	01332
考工记二卷	（明）郭正域批点	明万历四十四年（1616）吴兴闵齐伋刻套印本	安徽省图书馆	01334
檀弓二卷	（宋）谢枋得批点	明万历四十四年（1616）吴兴闵齐伋刻朱墨套印本	安徽省图书馆	01341
乡校礼辑十一卷存九卷（一至三、六至十一）	（明）方可立等辑 屠义英校	明隆庆刻本	安徽省图书馆	01356
孟子二卷	（宋）苏洵批点	明万历吴兴闵齐伋刻三色套印本	安徽省图书馆	01395
通志略五百十二卷	（宋）郑樵撰	明嘉靖二十九年（1550）陈宗夔刻本	安徽省图书馆	01465
续资治通鉴六十四卷	（明）王宗沐撰	明隆庆五年（1571）刻本	安徽省图书馆	01502
国语九卷	（明）闵齐伋裁注	明万历四十七年（1619）闵齐伋刻三色套印本	安徽省图书馆	01522
新刊通鉴纲目策论摘题二十卷	（明）严时泰辑	明嘉靖三年（1524）郑氏宗文堂刻本	安徽省图书馆	01554
新安名族志二卷	（明）汪孟沚等撰	明嘉靖刻本	安徽省图书馆	01564
精忠录三卷图一卷	（明）袁纯辑	明景泰刻本	安徽省图书馆	01588
皇明诏令二十一卷	（明）傅凤翱辑	明嘉靖十八年（1539）自刻本	安徽省图书馆	01628
宋丞相李忠定公奏议六十九卷附录九卷	（宋）李纲撰	明正德十一年（1516）胡文静、萧泮刻本	安徽省图书馆	01637
郑端简公奏议十四卷	（明）郑晓撰	明隆庆四年（1570）项氏万卷堂刻本	安徽省图书馆	01638
康卫纪行十二卷附重订本目录一卷	（清）姚莹撰	稿本	安徽省图书馆	01691

续表 3-2-6

书名	责任者	版本	收藏单位	入选号
東輶纪程二卷	（清）聂士成撰（清）叶存删定	稿本	安徽省图书馆	01692
宣和集古印史八卷	（明）来行学辑	明万历二十四年（1569）刻钤印本	安徽省图书馆	01713
文公先生经世大训十六卷存十二卷（一至十二）	（明）余祐辑	明嘉靖五年（1526）湖广布政司刻本	安徽省图书馆	01738
阳明先生则言二卷	（明）王守仁撰	明嘉靖十六年（1537）薛侃刻本	安徽省图书馆	01759
兵垣四编四卷附四种四卷	（明）闵声编	明天启元年（1621）闵氏刻朱墨套印本	安徽省图书馆	01764
管子二十四卷	（明）赵用贤 朱长春等评	明万历四十八年（1620）凌汝亨刻套印本	安徽省图书馆	01772
重广补注黄帝内经素问二十四卷	（唐）王冰注，（宋）林亿等校正、孙兆改误	明嘉靖二十九年（1550）顾从德影宋刻本	安徽省图书馆	01787
袖珍小儿方十卷	（明）徐用宣撰	明嘉靖十一年（1532）陈琦刻本	安徽省图书馆	01817
皇极经世观物外篇释义四卷	（明）余本撰	明嘉靖青州府刻四十四年（1565）杜思重修本	安徽省图书馆	01830
地理发微论集注一卷	（宋）蔡发撰、（明）谢昌注；附录宋山陵议状一卷，（宋）朱熹撰	明弘治十四年（1501）刻本	安徽省图书馆	01832
中书楷诀一卷	（明）姜立纲撰	明弘治十八年（1505）休邑萃英堂周乐轩刻本	安徽省图书馆	01839
郑弘佑印谱一卷	（明）郑基相篆刻	明崇祯六年（1633）刻钤印本	安徽省图书馆	01846
东坡先生志林五卷	（宋）苏轼撰	明刻朱墨套印本	安徽省图书馆	01867
芸心识馀七卷续芸心识馀一卷	（明）陈其力撰	明嘉靖刻本	安徽省图书馆	01901
南华经十六卷存十三卷（一至二、四至十四）	（晋）郭象注、（宋）林希逸口义、刘辰翁点校、（明）王世贞评点、陈仁锡批注	明刻四色套印本	安徽省图书馆	01982
类笺唐王右丞诗集十卷	（唐）王维撰、（宋）刘辰翁评、（明）顾起经注	明嘉靖三十五年（1556）无锡顾氏奇字斋刻本	安徽省图书馆	02013
唐王右丞诗集六卷	（唐）王维撰、（明）顾可久注	明嘉靖三十八年（1559）洞易书院刻本	安徽省图书馆	02014
孟浩然诗集二卷	（唐）孟浩然撰、（宋）刘辰翁评、（明）李梦阳评	明吴兴凌濛初刻朱墨套印本	安徽省图书馆	02015
韦苏州集十卷拾遗一卷	（唐）韦应物撰	明凌氏刻朱墨套印本	安徽省图书馆	02020

续表 3-2-6

书名	责任者	版本	收藏单位	入选号
增广注释音辩唐柳先生集四十三卷别集二卷外集二卷	（唐）柳宗元撰、（宋）童宗说注释、张敦颐音辩、潘纬音义	明正统十三年（1448）善敬堂刻本	安徽省图书馆	02044
濂溪集六卷	（宋）周敦颐撰	明嘉靖十四年（1535）刻本	安徽省图书馆	02058
苏文六卷	（宋）苏轼撰、（明）茅坤等评	明乌程闵尔容刻三色套印本	安徽省图书馆	02064
欧阳南野先生文集二十卷	（明）欧阳德撰、王宗沐编校	明嘉靖三十七年（1558）商洛梁汝魁刻本	安徽省图书馆	02127
泥板试印初编十一卷	（清）翟金生撰	清道光二十四年（1844）翟金生泥活字印本	安徽省图书馆	02146
仙屏书屋初集诗录十六卷后录二卷	（清）黄爵滋撰	清道光二十七年（1847）泾县翟金生泥活字印本	安徽省图书馆	02149
风雅广逸十卷附录一卷	（明）冯惟讷辑	明嘉靖三十年（1551）上海乔承慈刻本	安徽省图书馆	02192
汉魏诗集十四卷	（明）刘成德辑、何景明、萧海校正	明正德十二年（1517）何景阳刻本	安徽省图书馆	02193
真文忠公续文章正宗四十卷	（明）郑柏辑	明正德十年（1515）建安刘氏日新堂刻本	安徽省图书馆	02204
唐雅八卷	（明）胡缵宗辑	明嘉靖二十八年（1549）文斗山堂刻本	安徽省图书馆	02235
刘子文心雕龙二卷注二卷	（南朝梁）刘勰撰、（明）梅庆生撰	明闵绳初刻五色套印本	安徽省图书馆	02254
韵语阳秋二十卷	（宋）葛立方撰	明正德二年（1507）葛谌刻本	安徽省图书馆	02256
春秋属辞十五卷存十二卷（一至七、十一至十五）	（元）赵汸撰	元至正二十至二十四年（1360—1364）休宁商山义塾刻明弘治六年（1493）高忠重修本	安徽省博物馆	00310
新安旌城汪氏家录七卷存七卷（一至七）	（元）汪照纂修	元泰定元年（1324）刻本	安徽省博物馆	00520
书集传六卷序一卷图一卷	（宋）蔡沈撰、（元）邹季友音释；朱子说书纲领一卷，（宋）朱熹撰	明正统十二年（1447）内府刻本	安徽省博物馆	13067
读风臆评一卷	（明）戴君恩撰	明万历四十八年（1620）吴兴闵齐伋刻朱墨套印本	安徽省博物馆	01324
春秋胡传三十卷	（宋）胡安国撰、林尧叟音注	明成化十五年（1479）徽州府张英退思堂刻本	安徽省博物馆	01356
音点春秋左传十六卷	（战国）左丘明撰，（晋）杜预注	明弘治十五年（1502）徽州陈理刻本	安徽省博物馆	01358
春秋左传十五卷	（明）孙鑛批点	明万历四十四年（1616）吴兴闵齐伋刻朱墨套印本	安徽省博物馆	01370

续表 3-2-6

书名	责任者	版本	收藏单位	入选号
左传文苑八卷	（明）张鼐评选、陈继儒注释	明刻套印本	安徽省博物馆	01371
洪武正韵十六卷	（明）乐韶凤、宋濂等撰	明嘉靖二十七年（1548）衡藩刻蓝印本	安徽省博物馆	01447
[弘治]徽州府志十二卷	（明）彭泽修、汪舜民纂	明嘉靖四十五年（1566）刻本	安徽省博物馆	01662
[嘉靖]休宁县志八卷	（明）宋国华、吴宗尧等纂修	明嘉靖二十七年（1548）刻本	安徽省博物馆	01663
[万历]休宁县志八卷	（明）李乔岱纂修	明万历三十五年（1607）刻朱印本	安徽省博物馆	01664
[正德]武功县志三卷	（明）康海纂修	明正德十四年（1519）刻本	安徽省博物馆	01667
罗氏古今印薮不分卷	（明）罗龙文辑	明钤印本	安徽省博物馆	01713
管子二十四卷	（明）赵用贤、朱长春等评	明万历四十八年（1620）凌汝亨刻套印本	安徽省博物馆	01769
吕氏春秋二十六卷	（汉）高诱注	明嘉靖七年（1528）许宗鲁刻本	安徽省博物馆	01854
世说新语八卷	（刘宋）刘义庆撰、（梁）刘孝标注、（宋）刘辰翁、刘应登、（明）王世懋评	明凌瀛初刻四色套印本	安徽省博物馆	01876
道德经二卷老子考异一卷	（宋）苏辙注、（明）凌以栋批点	明刻套印本	安徽省博物馆	01971
苏长公合作八卷补二卷	（宋）苏轼撰、（明）高启等批点	明万历四十八年（1620）凌启康刻三色套印本	安徽省博物馆	02062
罗鄂州小集五卷附罗鄂州遗文一卷	（宋）罗愿撰	明洪武二年（1369）刻本	安徽省博物馆	02073
茅鹿门文集八卷	（明）茅坤撰、潘洪宸辑并评	明末刻套印本	安徽省博物馆	02122
新安文献志一百卷目录二卷先贤事略二卷	（明）程敏政辑	明弘治十年（1497）祈司员、彭哲等刻本	安徽省博物馆	02149
李杜诗选十一卷	（明）张含辑、杨慎等评	明刻朱墨套印本	安徽省博物馆	02156
唐音十五卷	（元）杨士弘辑、（明）顾璘批点	明刻朱墨套印本	安徽省博物馆	02222
、唐诗品汇八十一卷		明建文三年（1401）刻本	安徽省博物馆	02223
刘子文心雕龙二卷注二卷	（南朝梁）刘勰撰、（明）杨慎、曹学佺等批点、梅庆生注	明闵绳初刻五色套印本	安徽省博物馆	02244
琵琶记四卷附录一卷	（元）高明撰	明凌濛初刻朱墨套印本	安徽省博物馆	02268
周易		西汉竹简，安徽省阜阳双古堆 1 号汉墓	阜阳市博物馆	00052

续表 3-2-6

书名	责任者	版本	收藏单位	入选号
诗经		西汉竹简，安徽省阜阳双古堆 1 号汉墓	阜阳市博物馆	00053
春秋事语		西汉木牍，安徽省阜阳双古堆 1 号汉墓	阜阳市博物馆	00054
年表		西汉竹简，安徽省阜阳双古堆 1 号汉墓	阜阳市博物馆	00055
大事记		西汉竹简，安徽省阜阳双古堆 1 号汉墓	阜阳市博物馆	00056
苍颉篇		西汉竹简，安徽省阜阳双古堆 1 号汉墓	阜阳市博物馆	00057
儒家者言		西汉木牍，安徽省阜阳双古堆 1 号汉墓	阜阳市博物馆	00058
楚辞		西汉竹简，安徽省阜阳双古堆 1 号汉墓	阜阳市博物馆	00059
刑德		西汉竹简，安徽省阜阳双古堆 1 号汉墓	阜阳市博物馆	00060
万物		西汉竹简，安徽省阜阳双古堆 1 号汉墓	阜阳市博物馆	00061
春秋胡氏传纂疏三十卷存二十五卷（二至四、七至八、十至十二、十四至十九、二十二、二十四）	（元）汪克宽撰	元至正八年（1348）建安刘叔简日新堂刻本	安徽师范大学图书馆	00315
大明成化庚寅重刊改并五音集韵十五卷	（金）韩道昭编	明成化六至七年（1470—1471）刻本	安徽师范大学图书馆	01434
洪武正韵十六卷	（明）乐韶凤、宋濂等撰	明初刻本	安徽师范大学图书馆	01443
慈溪黄氏日抄分类九十七卷古今纪要十九卷	（宋）黄震撰	明正德十四年（1519）书林龚氏重刻本	安徽师范大学图书馆	01744
世说新语八卷	（刘宋）刘义庆撰、（梁）刘孝标注、（宋）刘辰翁、刘应登、（明）王世懋评	明凌瀛初刻四色套印本	安徽师范大学图书馆	01884
新安文献志一百卷目录二卷先贤事略二卷	（明）程敏政辑	明弘治十年（1497）祈司员、彭哲等刻本	安徽师范大学图书馆	02150
唐诗绝句类选四卷补总评一卷人物一卷	（明）敖英、凌云辑、敖英等评	明凌云刻三色套印本	安徽师范大学图书馆	02229
礼记集说补义一卷	（清）方宗诚撰	稿本	安庆市图书馆	01349
春秋左传十五卷	（明）孙鑛批点	明万历四十四年（1616）吴兴闵齐伋刻朱墨套印本	安庆市图书馆	01369
春秋传正谊四卷存二卷（三至四）	（清）方宗诚撰	稿本	安庆市图书馆	01379

续表 3-2-6

书名	责任者	版本	收藏单位	入选号
春秋集义十二卷存八卷（一至五、八至九、十二）	（清）方宗诚撰	稿本	安庆市图书馆	01380
文山先生全集二十八卷	（宋）文天祥撰、（明）鄢懋卿辑	明嘉靖三十一年（1552）刻本	安庆市图书馆	02079
辅任录一卷	（清）方宗诚撰	稿本	安庆市图书馆	02135
古文渊鉴六十四卷	（清）徐乾学等辑并注	清康熙二十四至四十九年（1685—1710）刻五色套印本	安庆市图书馆	02215
前汉书一百卷	（汉）班固撰、（唐）颜师古注	明嘉靖刻明清递修本	桐城市图书馆	01469
桐城方宗诚先生文稿	（清）方宗诚撰	稿本	桐城市图书馆	02134
仪卫轩遗书不分卷	（清）方东树撰	稿本	桐城市图书馆	02136
新刊性理大全七十卷首一卷	（明）胡广等撰	明隆庆二年（1568）张氏静山斋刻本	安徽大学图书馆	01752
孙真人备急千金要方九十三卷	（唐）孙思邈撰	明嘉靖二十二年（1543）乔世定小丘山房刻本	安徽中医学院图书馆	01801
医说十卷	（明）张杲撰	明嘉靖二十三年（1544）顾定芳刻本	安徽中医学院图书馆	01803
婴童百问十卷	（明）鲁伯嗣撰	明嘉靖二十三年（1544）陈与音刻本	安徽中医学院图书馆	01816

第二批（2009 年）

书名	责任者	版本	收藏单位	入选号
乐府诗集一百卷目录二卷	（宋）郭茂倩辑	元至正元年集庆路儒学刻明修本	安徽大学图书馆	03165
历代臣鉴三十七卷	（明）宣宗朱瞻基撰	明宣德元年内府刻本	安徽大学图书馆	03914
晏子春秋六卷		明凌澄初刻朱墨套印本	安徽大学图书馆	03957
解庄十二卷	（明）陶望龄撰，（明）郭正域评	明天启元年茅兆河刻朱墨套印本	安徽大学图书馆	04993
楚辞十七卷附录一卷	（宋）洪兴祖，（明）刘凤等注，（明）陈深批点	明万历二十八年凌毓枬刻朱墨套印本	安徽大学图书馆	05069
苏老泉文集十三卷	（宋）苏洵撰，（明）茅坤、焦竑等评	明凌濛初刻朱墨套印本	安徽大学图书馆	05545

续表 3-2-6

书名	责任者	版本	收藏单位	入选号
苏文忠公策选十二卷	（宋）苏轼撰，（明）茅坤、钟惺评	明天启元年刻三色套印本	安徽大学图书馆	05603
选赋六卷名人世次爵里一卷	（梁）萧统辑，（明）郭正域评点	明凌氏凤笙阁刻朱墨套印本	安徽大学图书馆	06277
贤劫九百佛名品第九		北凉神玺三年宝贤写本	安徽省博物馆	02452
五代史记七十四卷	（宋）欧阳修撰，（宋）徐无党注	元刻明嘉靖修本	安徽省博物馆	02672
新增居家必用事类全集十卷		元刻本	安徽省博物馆	02916
妙法莲华经七卷	（后秦）释鸠摩罗什译	元刻本	安徽省博物馆	02999
诸史会编大全一百一十二卷	（明）金燫撰	明嘉靖四年金坛县刻本	安徽省博物馆	03749
[嘉靖]徽州府志二二卷	（明）何东序，汪尚宁纂修	明嘉靖刻本	安徽省博物馆	04154
秋夜读史随笔二卷	（明）邹静长撰	明刻公文纸印本	安徽省博物馆	04392
大学衍义四十三卷	（宋）真德秀撰	明嘉靖六年司礼监刻本	安徽省博物馆	04436
孙子集注十三卷	（汉）曹操，（唐）杜牧等撰	明嘉靖三十四年谈恺刻本	安徽省博物馆	04497
类笺唐王右丞诗集十卷外编一卷年谱一卷，唐诸家同咏集一卷赠题集一卷历朝诸家评王右丞诗画抄一卷	（唐）王维撰，（明）顾起经注	明嘉靖三十五年顾氏奇字斋刻本	安徽省博物馆	05152
苏文六卷	（宋）苏轼撰	明闵尔容刻三色套印本	安徽省博物馆	05598
祝氏集略三十卷	（明）祝允明撰	明嘉靖三十六年张景贤刻本	安徽省博物馆	05961
新刻精选阳明先生文粹六卷	（明）王守仁撰，（明）查铎辑	明嘉靖四十五年泾川查氏里仁堂刻本	安徽省博物馆	05986
三经评注五卷		明万历四十五年闵齐伋刻三色套印本	安徽省图书馆	03200
东坡书传二十卷	（宋）苏轼撰	明凌濛初刻朱墨套印本	安徽省图书馆	03242
春秋穀梁传十二卷考一卷考一卷	（明）闵齐伋裁注	明天启元年自刻三色套印本	安徽省图书馆	03359
四书七十二朝人物考四十卷	（明）薛应旂辑	明嘉靖三十七年刻本	安徽省图书馆	03392
少微通鉴节要五十卷外纪四卷资治通鉴节要续编三十卷	（宋）江贽撰，（明）张光启撰	明正德九年司礼监刻本	安徽省图书馆	03611
资治通鉴节要续编三十卷	（明）张光启撰，李明常跋	明正德九年司礼监刻本	安徽省图书馆	03712
重刊国语七卷	（三国吴）韦昭注	明正德十二年刻本	安徽省图书馆	03798

续表 3-2-6

书名	责任者	版本	收藏单位	入选号
晏子春秋六卷		明凌澄初刻朱墨套印本	安徽省图书馆	03956
程氏贻范集己集十卷存三卷（一至三）	（明）程敏政辑，	明弘治十年刻本	安徽省图书馆	03999
旌川西溪里朱氏家谱五卷旌川西溪朱氏族谱文行一卷	（明）朱真兴纂修	明正德十三年自刻本	安徽省图书馆	04004
清华胡氏统会族谱不分卷	（明）胡用宾等纂修	明嘉靖三十年刻万历增刻本	安徽省图书馆	04005
新安毕氏族谱十七卷附录一卷	（明）毕济川 毕郁等纂修	明正德四年刻本	安徽省图书馆	04007
新安程氏统宗列派迁徙脚注纂一卷	（明）程项纂修	明嘉靖四十二年程时化刻本	安徽省图书馆	04008
泾川水东翟氏宗谱不分卷	（明）翟台纂修	清咸丰七年泾川翟金生泥活字印本	安徽省图书馆	04009
祁门奇峰郑氏本宗谱四卷	（明）郑岳纂修，（明）郑维诚增补，（明）郑维藩，郑维调校正	明嘉靖四十五年郑氏刻本	安徽省图书馆	04011
欧阳文忠公五代史抄二十卷	（明）茅坤辑	明刻朱墨套印本	安徽省图书馆	04094
[弘治]徽州府志十二卷	（明）彭泽、汪舜民纂修	明弘治刻本	安徽省图书馆	04152
[嘉靖]徽州府志二十二卷	（明）何东序、汪尚宁纂修	明嘉靖刻本	安徽省图书馆	04153
吕氏春秋二十六卷	（汉）高诱注	明嘉靖七年许宗鲁刻本（有抄配）	安徽省图书馆	04726
绀珠集十三卷		明天顺刻本	安徽省图书馆	04801
楚辞二卷	（楚）屈原、宋玉、（汉）贾谊等撰	明万历四十八年闵齐伋刻三色套印本	安徽省图书馆	05034
楚辞十七卷附录一卷	（宋）洪兴祖，（明）刘凤等注，（明）陈深批点	明万历二十八年凌毓枬刻朱墨套印本	安徽省图书馆	05050
陶渊明集十卷附录一卷	（晋）陶潜撰，（宋）汤汉等笺注	明弹琴室刻本	安徽省图书馆	05096
陶靖节集八卷附录一卷总论一卷，	（晋）陶潜撰，（明）凌濛初辑评	明凌濛初刻朱墨套印本	安徽省图书馆	05104
陶靖节集八卷附录一卷总论一卷	（晋）陶潜撰，（明）凌濛初辑评	明凌濛初刻朱墨套印本	安徽省图书馆	05105
集千家注杜工部诗集二十卷文集二卷附录一卷		明嘉靖十五年玉几山人刻本	安徽省图书馆	05227
类选杜诗五言律三卷	（唐）杜甫撰，（元）赵汸注	明正德八年鲍松刻本	安徽省图书馆	05256
李长吉歌诗四卷外诗集一卷	（唐）李贺撰，（宋）刘辰翁评	明凌濛初刻朱墨套印本	安徽省图书馆	05279

续表 3-2-6

书名	责任者	版本	收藏单位	入选号
朱文公校昌黎先生文集四十卷外集十卷遗文一卷遗诗一卷传一卷	（唐）韩愈撰,（宋）朱熹考异,（宋）王伯大音释,	明正统十三年书林王宗玉刻本	安徽省图书馆	05316
朱文公校昌黎先生文集四十卷外集十卷遗文一卷传一卷	（唐）韩愈撰,（宋）朱熹考异,（宋）王伯大音释	明刻本	安徽省图书馆	05328
昌黎先生集四十卷外集十卷遗文一卷朱子校昌黎先生集传一卷	（唐）韩愈撰，（宋）廖莹中校正	明徐氏东雅堂刻本	安徽省图书馆	05342
柳文七卷	（唐）柳宗元撰，（明）茅坤评	明刻朱墨套印本	安徽省图书馆	05402
南丰先生元丰类稿五十卷续附一卷	（宋）曾巩撰	明隆庆五年邵廉刻本	安徽省图书馆	05483
欧阳文忠公文抄十卷	（宋）欧阳修撰，（明）茅坤评	明刻朱墨套印本	安徽省图书馆	05533
苏文六卷	（宋）苏轼撰，（明）茅坤等评	明闵尔容刻三色套印本	安徽省图书馆	05591
苏长公小品四卷	（宋）苏轼撰，（明）王纳谏辑并评	明凌启康刻朱墨套印本	安徽省图书馆	05614
空同诗选一卷	（明）李梦阳撰，（明）杨慎评	明闵齐伋刻朱墨套印本	安徽省图书馆	05954
阳明先生文录五卷外集九卷别录十四卷	（明）王守仁撰	明嘉靖二十九年闾东刻本	安徽省图书馆	05975
文选尤十四卷	（梁）萧统辑，（明）邹思明删订	明天启二年刻三色套印本	安徽省图书馆	06245
选赋六卷	（梁）萧统辑，（明）郭正域评点	明凌氏凤笙阁刻朱墨套印本	安徽省图书馆	06278
古文苑二十一卷	（宋）章樵注	明成化十八年张世用刻本	安徽省图书馆	06307
唐文鉴二十一卷首一卷	（明）贺泰辑	明正德六年孙佐刻本	安徽省图书馆	06460
新刻朱批注释草堂诗余评林四卷	（明）李廷机评注	明天启五年周文耀刻朱墨套印本	安徽省图书馆	06536
史记一百三十卷	（汉）司马迁撰，（南朝宋）裴骃集解，（唐）司马贞索隐，（唐）张守节正义	明嘉靖四年汪谅刻本	安徽师范大学图书馆	03479
历代史纂左编一百四十二卷	（明）唐顺之辑	明嘉靖四十年胡宗宪刻本（卷九十五、九十六抄配）	安徽师范大学图书馆	04034
阙里志十三卷	（明）陈镐撰	明正德元年刻增修本	安徽师范大学图书馆	04213
初学记三十卷	（唐）徐坚等辑	明嘉靖十年锡山安国桂坡馆刻本	安徽师范大学图书馆	04849
新增说文韵府群玉二十卷	（元）阴时夫辑，（元）阴中夫注	明弘治七年刘氏安正书堂刻嘉靖重修本	安徽师范大学图书馆	04925

续表 3-2-6

书名	责任者	版本	收藏单位	入选号
分类补注李太白诗二十五卷分类编次李太白文五卷	（唐）李白撰，（宋）杨齐贤集注	明嘉靖二十二年郭云鹏宝善堂刻本	安徽师范大学图书馆	05200
集千家注杜工部诗集二十卷文集二卷附录一卷	（唐）杜甫撰，（宋）黄鹤补注	明嘉靖十五年玉几山人刻本	安徽师范大学图书馆	05238
韩文公文钞十六卷	（唐）韩愈撰，（明）茅坤评	明刻朱墨套印本	安徽师范大学图书馆	05360
河东先生集四十五卷外集二卷龙城录二卷附录二卷	（唐）柳宗元撰，（宋）廖莹中校正	明郭云鹏济美堂刻本（卷二、三有配抄三页）	安徽师范大学图书馆	05385
苏文忠公全集一百十一卷年谱一卷	（宋）苏轼撰，（宋）王宗稷撰	明嘉靖十三年江西布政司刻本	安徽师范大学图书馆	05563
阳明先生文录五卷外集九卷别录十卷	（明）王守仁撰	明嘉靖三十六年胡宗宪刻本（文录卷三配清抄本）	安徽师范大学图书馆	05973
王文成公全书三十八卷	（明）王守仁撰	明隆庆六年谢廷杰刻本	安徽师范大学图书馆	05981
文选后集五卷	（梁）萧统辑，（明）郭正域评	明闵于忱刻朱墨套印本	安徽师范大学图书馆	06290
新刊名教真传拳势体式二卷棍棒体式一卷新刊武学至宝射法捷要一卷		明刻本	安徽中国徽州文化博物馆	04509
古今名媛汇诗二十卷	（明）郑文昂辑	明泰昌元年张正岳刻本	安庆市图书馆	06341
新刊性理集要八卷	（明）詹淮辑	明李廷海刻本	青阳县图书馆	04483
三国志六十五卷	（晋）陈寿撰，（南朝宋）裴松之注	宋衢州州学刻元明递修本	皖西学院图书馆	02691
乐府诗集一百卷	（宋）郭茂倩辑	元至正元年集庆路儒学刻明修本	皖西学院图书馆	03173
史记一百三十卷	（汉）司马迁撰，（南朝宋）裴骃集解，（唐）司马贞索隐，（唐）张守节正义	明嘉靖四至六年王延喆刻本	皖西学院图书馆	03494
汉书一百卷	（汉）班固撰，（唐）颜师古注	明嘉靖汪文盛等刻本	皖西学院图书馆	03531
后汉书九十卷志三十卷	（南朝宋），范晔撰，（唐）李贤注	明嘉靖汪文盛刻本	皖西学院图书馆	03545
史记钞九十一卷	（明）茅坤辑	明泰昌元年闵振业刻朱墨套印本	皖西学院图书馆	04047
李长吉歌诗四卷外诗集一卷	（唐）李贺撰，（宋）刘辰翁评	明凌濛初刻朱墨套印本	皖西学院图书馆	05287
西山先生真文忠公文章正宗二十四卷	宋）真德秀辑	明嘉靖四十三年李豸、李磐刻本	皖西学院图书馆	06364

续表 3-2-6

书名	责任者	版本	收藏单位	入选号
庄子·杂篇		西汉初，竹简	阜阳市博物馆	2398
相狗经		西汉初，竹简	阜阳市博物馆	2399
行气		西汉初，竹简	阜阳市博物馆	2400

第三批（2010 年）

书名	责任者	版本	收藏单位	入选号
三国志六十五卷	晋）陈寿撰（南朝宋）裴松之注	宋衢州州学刻元明递修本	安徽省图书馆	07038
汪氏渊源录十卷	（元）汪松寿纂修	明刻正德十三年（1518）重修本	安徽省图书馆	07892
休宁西门汪氏族谱十一卷附录一卷		（明）明嘉靖六年（1527）刻本	安徽省图书馆	07894
商山吴氏家谱不分卷	（明）吴士信纂修	明抄本	安徽省图书馆	07895
新安张氏续修族谱十卷	（明）张琏纂修	明成化十二年（1476）刻本	安徽省图书馆	07900
新安富溪程氏族谱十四卷	（明）程质纂修	明成化刻本	安徽省图书馆	07901
休宁陪郭程氏本宗谱不分卷	（明）程敏政纂修	明弘治十年（1497）刻本	安徽省图书馆	07906
京兆舒氏统宗谱□□卷	（明）舒应鸾等纂修	明成化刻本	安徽省图书馆	07907
田邻报数结状一卷	（明）程希等撰	明嘉靖八年（1529）祁门抄本	安徽省图书馆	07909
正德三年进士登科录一卷		明正德刻本	安徽省图书馆	07911
隋书八十五卷	（唐）魏征等撰	宋刻宋元明递修本（南京国子监刻本）	安徽省图书馆	07062
古三坟书一卷		明嘉靖四十三年（1564）刻本	安徽省图书馆	07276
九华山志六卷	（明）蔡立身纂修	明万历二十三年（1595）刻本	安徽省图书馆	08040
孔子家语八卷	（明）何孟春注	明正德十六年（1521）张公瑞刻本	安徽省图书馆	08209
刘向说苑二十卷	（汉）刘向撰	明刻本	安徽省图书馆	08237
大学衍义补一百六十卷首一卷	（明）丘濬撰	明嘉靖十二年（1533）宗文堂刻本	安徽省图书馆	08286
性理大全书七十卷	（明）胡广等撰	明嘉靖三十八年（1559）樊献科刻本	安徽省图书馆	08305
韩非子二十卷	王仁俊 黄彭年题识	明万历周孔教刻本 [四库底本]	安徽省图书馆	08357

续表 3-2-6

楚辞十七卷附录一卷	（宋）洪兴祖（明）刘凤等注（明）陈深批点	明凌毓枏刻朱墨套印本	安徽省图书馆	08660
苏文六卷	（宋）苏轼撰（明）茅坤等评	明闵尔容刻三色套印本	安徽省图书馆	08870
类编草堂诗余四卷	（明）顾从敬编次	明嘉靖二十九年（1550）顾从敬刻本	安徽省图书馆	09555
先天集十卷附录二卷	（宋）许月卿撰	明刻本	安徽省图书馆	08957
贞素斋集□□卷	（元）舒頔撰	清抄本	安徽省图书馆	09001
空同先生集六十三卷	（明）李梦阳撰	明嘉靖十二年（1533）慎独斋刻本	安徽省图书馆	09108
涧滨先生文集六卷附集一卷	（明）徐文沔撰	明嘉靖四十四年（1565）何镗刻本	安徽省图书馆	09229
秦汉文四卷	（明）胡缵宗辑	明嘉靖十一年（1532）张舜元刻本	安徽省图书馆	09443
沧海遗珠四卷	（明）沐昂辑	明成化十三年（1477）陈璨刻本	安徽省图书馆	09509
新安黄氏会通谱十六卷文献录二卷外集三卷		（明）明弘治十四年（1501）刻本	安徽省博物馆	07902
礼记集注不分卷	（元）倪士毅撰，许承尧跋	明抄本	安徽省博物馆	07336
春秋左传详节句解三十五卷	（宋）朱申撰	明刻本	安徽省博物馆	07372
太平山水图画一卷	（清）萧云从绘	清顺治五年（1648）褒古堂刻本	安徽省博物馆	08461
酒仙谱不分卷	（明）许茂先编绘，许承尧跋	明万历酣酣斋刻本	安徽省博物馆	08458
古今名媛汇诗二十卷	（明）郑文昂辑	明泰昌元年（1620）张正岳刻本	安徽省博物馆	09396
泗水余氏会通世谱五卷外纪一卷	（明）余瑗纂修	明正德三年（1508）刻本	安徽中国徽州文化博物馆	07896
新安许氏统宗世谱不分卷	（明）许廷辉 许世昭等纂修	明嘉靖十八年（1539）刻本	安徽中国徽州文化博物馆	07898
续修新安歙北许村许氏东支世谱九卷	（明）许可复纂修	明隆庆三年（1569）刻本	安徽中国徽州文化博物馆	07899
左田黄氏孟宗谱七卷	（明）黄应榜等纂修	明嘉靖三十七年（1558）刻本	安徽中国徽州文化博物馆	07905
印隽四卷	（明）梁袠篆刻并辑	明万历三十八年（1610）钤印本	安徽中国徽州文化博物馆	08468
诗外传十卷	（汉）韩婴撰	明嘉靖吴郡沈辨之野竹斋刻本	安徽大学图书馆	07304

续表 3-2-6

古今韵会举要三十卷礼部韵略七音三十六母通考一卷	（元）熊忠撰	明刻本	安徽大学图书馆	07463
先拨志始二卷先拨志始补一卷	（明）文秉撰	清初抄本	安徽大学图书馆	07773
六子书六十卷	（明）顾春编	明嘉靖十二年（1533）顾春世德堂刻本	安徽大学图书馆	08201
文选六十卷	（梁）萧统辑（唐）李善注	明嘉靖元年（1522）汪谅刻本	安徽大学图书馆	09368
金史一百三十五卷目录二卷	（元）脱脱等撰	明嘉靖八年（1529）南京国子监刻本	安徽大学图书馆	07572
资治通鉴二百九十四卷	（宋）司马光撰	明嘉靖二十三至二十四年（1544–1545）孔天胤刻本	合肥工业大学图书馆	07590
资治通鉴考异三十卷	（宋）司马光撰	明嘉靖二十三至二十四年（1544–1545）孔天胤刻本	合肥工业大学图书馆	07597
资治通鉴纲目五十九卷	（宋）朱熹撰	明嘉靖三十五年（1556）赵府居敬堂刻本	合肥工业大学图书馆	07628
通志二百卷	（宋）郑樵撰	元大德三山郡庠刻元明递修本	安徽师范大学图书馆	07018
陈书三十六卷	（唐）姚思廉撰	宋刻宋元明递修本	安徽师范大学图书馆	07052
宋史四百九十六卷目录三卷	（元）脱脱等撰	明成化七至十六年（1471–1480）朱英刻本	安徽师范大学图书馆	07557
御撰资治通鉴纲目三编四十卷		清乾隆内府抄本	安徽师范大学图书馆	07711
赤水玄珠三十卷医案五卷医旨绪余二卷	（明）孙一奎撰	明万历二十四年（1596）孙泰来、孙朋来刻本	安徽中医学院图书馆	08403
金史一百三十五卷目录二卷	（元）脱脱等撰	明嘉靖八年（1529）南京国子监刻万历递修本	皖西学院图书馆	07578
唐陆宣公集二十二卷	（唐）陆贽撰	清雍正元年（1723）年羹尧刻本	皖西学院图书馆	08746
御选唐诗三十二卷目录三卷	（清）圣祖玄烨辑（清）陈廷敬等注	清康熙五十二年（1713）内府刻朱墨套印本	皖西学院图书馆	09498
资治通鉴纲目五十九卷	（宋）朱熹撰	明成化九年（1473）内府刻本	芜湖市图书馆	07618
资治通鉴纲目五十九卷	（宋）尹起莘撰	明内府刻本	芜湖市图书馆	07635
续资治通鉴纲目二十七卷	（明）商辂等撰	明成化十二年（1476）内府刻本	芜湖市图书馆	07656
资治通鉴纲目集览五十九卷	（元）王幼学撰	明景泰元年（1450）魏氏仁实书堂刻本	安庆市图书馆	07639

评选保护单位 自2007年8月，文化部下发首批申报评选“重点保护单位”通知。“重点保护单位”评选标准主要有：收藏古籍的数量一般在10万册以上或善本收藏数量在3000册以上；有古籍专用书库；有专门的古籍保护机构和工作人员，管理制度健全；有专项古籍保护经费。2007年8月至10月期间，省古籍保护中心认真履行职责，组织省古籍保护专家委员会初评后，申报省图书馆、省博物馆、安徽大学图书馆、安徽师范大学图书馆、安庆市图书馆、桐城市图书馆参选“重点保护单位”。2008年6月国务院公布首批“重点保护单位”名单，安徽省图书馆入选首批“重点保护单位”。2009年安徽师范大学图书馆、安徽大学图书馆和安徽中国徽州文化博物馆入选第二批“重点保护单位”，2010年安徽省博物馆和安徽中医学院图书馆入选第三批“重点保护单位”。至此，2008—2010年安徽共有6家古籍收藏单位入选“重点保护单位”。

安徽省图书馆 2008年，该馆入选首批“重点保护单位”。该馆古籍藏量35万余册，现有古籍专用库房1300平方米，配备恒温恒湿系统、电视监控系统、防盗门禁系统、防盗报警系统、水火灾自动报警系统、二氧化碳气体灭火系统等。古籍存放在有锁具的冷轧钢衬樟木板书柜中。书库实行双人专管，管理制度健全。

安徽师范大学图书馆 2009年，该馆入选第二批“重点保护单位”。该馆古籍藏量19万余册，古籍库房配备中央空调、火灾自动报警系统、自动灭火系统、监控报警系统、樟木书柜。

安徽大学图书馆 2009年，该馆入选第二批“重点保护单位”。该馆古籍藏量10万册，古籍书库和阅览室位于逸夫图书馆九楼，配有安防监控报警系统、火灾自动报警与消防联动系统、二氧化碳气体自动灭火系统。

安徽中国徽州文化博物馆 2009年，该馆入选第二批“重点保护单位”。该馆古籍藏量5万册，其中善本5630册。建有古籍库房管理制度。

安徽省博物馆 2010年，该馆入选第三批“重点保护单位”。该馆收藏古籍15676部，102763册，其中善本约1000部。古籍库房专人专管，管理制度健全。

安徽中医学院图书馆 2010年，该馆入选第三批“重点保护单位”。该馆收藏古籍26030册，其中善本3110册。古籍库房安装盾安恒温恒湿中央空调系统；温度监测仪器；湿度监测仪器；空气洁净屏；防紫外线措施；消毒、杀虫设施；水灾自动报警系统；局部火灾自动（联动）报警系统；脉冲超细干粉系统；库房监控报警系统；古籍库房管理制度健全。

第四节 舍命护古籍

保管和守护好收藏的古籍是古籍收藏单位每位员工的神圣责任。安徽省图书馆员工张丹九和丁宁舍命护古籍的事迹和精神，给古籍从业人员树立了光辉的榜样。

张丹九 张丹九（1905—1982年），男，合肥人。1926年就职安徽省立图书馆，从事古籍编藏工作。1937 年 l0 月间，由于日本侵略军占领安庆，时任省立图书馆馆长的李辛白派遣馆员张丹九将馆藏珍贵善本及地方文献 4 万余册，共计装箱 69 只，由安庆用木帆船运至桐城罗家岭张氏祠堂庋藏。1938 年 6 月 10 日日军占领桐城后，张丹九担心存藏古籍被日军发现遭到毁坏，遂于 1939 年 3 月从罗家岭护送古籍运至桐西黄家铺省立第二临时中学附近的璩氏享堂 。1942 年 11 月，时隔 3 年之后，为使藏书免遭焚毁. 他决定再次启程，将这批古籍运往当时国民党安徽省政府临时所在地六安立煌。8 年间，张丹九冒着枪林弹雨，长途百涉，翻山越岭，古籍三次转运，护书千里，历经艰难险阻，以身家性命保护这批珍贵古籍免受毁坏和丢失。1945 年抗战胜利，4 万余册珍贵善本及地方文献再度启程运至合肥，最终归藏安徽省图书馆古籍书库。

丁宁 丁宁（1902—1980 年），女，扬州人。1953 年华东革命大学结业后，分配到安徽图书馆从事古籍编目工作。1966 年秋初，即“文化大革命”初期，合肥市一群红卫兵涌到安徽省图书馆古籍部，要把古籍当作“四旧”来“破”，要求打开书库门锁，库藏近 30 万册古籍面临付于一炬的危险。64 岁的丁宁挺身而出，以身护锁，任凭被砸锁的青年打得鼻青眼肿，也决不松手。僵持之中，她急中生智，来了个调虎离山计，将红卫兵引到家中，她私藏的图书 1000 余册和一些珍贵的字画、书信被付之一炬。丁宁拼着性命，牺牲了自己珍藏的图书、字画和书信，从而保护古籍书库，使近 30 万册珍贵古籍免受损失。

第三章　古籍利用与整理

第一节　读者服务

作为服务于广大人民群众的公益性文化机构，全国各级公共图书馆认真贯彻国家制定的“保护为主，抢救第一，合理利用，加强管理”的总方针，力求在不伤害古籍的前提下，加强和开拓流通，尽量满足读者的合理需求，使古籍存藏得到更好地利用。

阅览服务　安徽省图书馆古籍阅览室每周开放 5 天（星期六、星期天不开放）。

1981 年 11 月下旬至 1982 年 3 月中旬，美国学者周绍明到合肥研究“明代徽州奴隶”课题，该馆向其提供了国家级和省级善本古籍等有关资料。

1982 年 10 月 14 日，向南京大学研究中国近代史的日本留学生户塚谷子提供了徽州地区的有关文献资料。

1983 年 10 月 12 日和 1986 年 4 月 17—20 日，该馆先后两次接待日本富山大学教授夫马进为研究“中国明清时期城市社会问题”查阅相关资料。

1987 年 5 月 20 日，接待了美籍学者海泽顿博士到该馆查阅明清徽州社会族谱、家谱等资料。

1990—2000 年，该馆古籍与地方文献资源建设在为读者服务方面发挥重要作用。省消防总队《火灾大典安徽卷》的编纂过程中，利用该馆 120 种地方志和近 70 种解放前期刊；国家社科基金项目《淮河流域经济开发史》、国家中医管理局重点项目《徽州社会经济史》及省教委《古文观止集注》《徽州书院沿革考》《黄山历代名僧名寺研究》《妇女问题今昔观》《淮系集团研究》《安徽古代畜牧兽医史》《安徽地方史》《安徽文化史》等的写作出版都利用了该馆大量历史文献资料；利用古籍文献编写的《古文观止鉴赏集评》（四册，朱一清主编，安徽文艺出版社）、《五代十国方镇年表》（朱玉龙编著，中华书局）获得相关奖励。

2004—2010 年安徽省图书馆古籍读者服务统计表

表 3-3-1

年份	2004	2005	2006	2007	2008	2009	2010
读者到馆人 / 次	1285	1064	2316	1800	2036	1847	8662
读者调阅册 / 次	5972	88661	10365	9014	13427	2049	14693

信息咨询 安徽省图书馆开展咨询服务是以馆藏1949年以前文献为依据,以读者的需要为线索,以信息载体为纽带,以网络为主平台,利用各种参考工具、检索工具及有关文献为读者检索、揭示、提供文献及文献知识或文献线索,传递文献信息。咨询方式有电话、信函、邮件等,内容多集中于专题咨询。其中2004年39件(信函37件,邮件2件)。2005年24件(信函20件,邮件4件)。2006年83件(信函24件,邮件59件)。2007年121件(信函2件,邮件119件)。

课题服务 安徽省图书馆每年都为高校师生、科研人员等提供专题研究服务,其中包括来自台湾、美国、法国、加拿大、日本等地的专家学者。服务的重大课题主要有:《明代的灾害及其对策研究》(国家社科基金项目)《清史·人物传·妇女传》(国家清史委项目)《徽州工艺的艺术特色及历史价值》《徽州文化与淮河文化比较研究》(教育部项目)《明清鱼鳞图册研究·徽州》《清初历史》《方以智研究》《安徽省出版史》《安徽省印刷史》《清代地方人物传记》《晚清民国戏曲史实与文献》《新安理学》《淮军大型历史记录片》《安徽妇女文学著述研究》《明清气候与灾害》《新安理学》《桐城派研究》《明清时期法律与社会》《科举与国家文学教育》《合肥名人名胜等系列丛书》《徽州文化—徽州工艺—徽州收藏》《明清宗族研究》《淮河流域经济开发史(1840–1949)》《中国气象灾害大典·安徽卷》《新安医学与徽州社会》等。

第二节 整理开发

古籍从业人员不仅保护好保护,而且要了解古籍、研究古籍,加强古籍整理开发工作,对古籍进行加工提炼,编辑书目、索引、专题等二、三次文献等,发掘其蕴藏。同时,利用现代化设备和设施,对古籍资源进行数字化,并通过网络传播,让单本古籍化身千百,使其价值得到最大限度地发挥。

善本总目 遵照周恩来总理的遗愿,20世纪70—80年代,国家组织编辑《中国古籍善本书目》。1978年3月,安徽省图书馆被国家文物局确定为“全国古籍善本书编目”试点单位。随后安徽省文物局批准安徽省图书馆制定的“安徽古籍善本书目编辑计划”。1979年3月,《中国古籍善本书目》草卡著录完成。8月,由全省公共、高校、科研三大系统图书馆承担的安徽善本普查任务完成,随后10月,完成鉴定验收工作。

1983年4月21—28日,《中国古籍善本书目》编委会在安徽黄山召开主任委员扩大会议。副主编潘天祯向会议作《中国古籍善本书目》复审工作报告。7月,在滁县召开“安徽省古籍善本书总目编辑领导小组”成立大会,出席会议的共50余人。9月,确定徽州、安庆、芜湖、六安四地区为古籍善本书普查重点,着手培训干部。开展普查;12月,总结普查结果,全省约有古籍3万余种,120万册,其中善本3211种,4万余册。

20世纪80年代,《中国古籍善本书目》由上海古籍出版社陆续出版。该书共著录古籍善本56787种,其中藏于安徽18家单位的古籍善本计1490种(经种197种,史种 318 种，子种 359 种，集种 596 种，丛种 20 种），占全国善本的 2.7% 左右。藏于安徽的善本中在全国只存 1 种的有 297 种。以《中国古籍善本总目》为基础的“中国古籍保护网”之“善本书目导航系统”收录安徽所藏的善本是 1889 种，其中公共图书馆系统 835 种，文物系统 676 种，教育系统 378 种。

家谱总目 2001—2008 年，上海图书馆主持编纂“十五”文化部重点课题《中国家谱总目》（简称《总目》）。安徽省图书馆确定为《总目》编委单位之一，2001—2003 年负责安徽地区家谱条目的编辑与初审工作。《总目》由上海古籍出版社 2008 年出版，共收录 47000 种家谱，其中安徽家谱 976 种。《总目》中安徽地区收藏家谱主要有安徽省图书馆、安庆市图书馆和安徽师范大学图书馆等 12 家单位。

至今存世家谱，徽州地区占有重要地位。安徽省图书馆利用得天独厚的有利条件，多次到皖南徽州地区搜集家谱，遂使该馆收藏的家谱不仅数量已达 400 余种，而且质量较高，特别是徽州地区家谱颇具特色。家谱《王谢世家》（三十卷）《汪氏世范录》《新安名族志》（二卷）《汪氏渊源录》（十卷）《休宁范氏族谱》（九卷）等 31 种家谱收入《中国古籍善本书目》，其中三分之二为孤本，收入《中国古籍善本总目》中家谱数量仅次于国家图书馆、上海图书馆。

特色书目

安徽省图书馆 1961 年，安徽省图书馆编《安徽文献书目》，安徽人民出版社出版。

20 世纪 80 年代，该馆以《中国古籍善本总目》为基础，编印《安徽省古籍善本书目》。

2003 年，该馆编《安徽省馆藏皖人书目》，黄山书社出版。该书收录了上起春秋，下至 1949 年中华人民共和国成立这几千年中安徽省人的著作 8656 种，主要以安徽省图书馆的收藏为主，兼顾安徽省博物馆、安徽大学图书馆、安庆市图书馆、桐城市图书馆等单位的收藏。是对现存皖人著作的一次大汇总，对于认识安徽、研究安徽，具有一定的借鉴作用。

安庆市图书馆 安庆市图书馆早在 1962 年就整理编印了《安庆市图书馆馆藏古籍目录》。1989 年，时任该馆长蒋元卿编纂《皖人书录》，黄山书社出版。这部历时四十多年，凝聚了蒋元卿先生一生心血的皖人著作目录，收录上起春秋，下迄民国 8 年（1919 年）安徽人著作 17000 种，著者 6600 多人，基本上反映了安徽文化学术发展面貌。该书以著者为纲，按著者姓名四角号码顺序排列，且对每位著者列一小传，书后附书名索引。

安徽师范大学图书馆 1984 年，该馆编印《安徽师范大学图书馆古籍善本书目》（初编）；编印《安徽师范大学图书馆馆藏方志目录》（上册，1982 年；下册，1986 年）。

安徽大学图书馆 该馆 1977 年编印《安徽大学图书馆馆藏地方志目录》；1989 年编印《安徽大学图书馆古籍丛书目录》；2003 年编印《安徽大学图书馆馆藏善本书录》。

另外，桐城市图书馆、安徽中医学院图书馆和皖西学院图书馆等也编印该馆馆藏古籍目录。

专题文献 20世纪30年代,安徽省立图书馆整理编辑出版《淮南耆旧小传》(初稿)。该馆1931年编印《<四库>著录皖人著述篇目》。

安徽省图书馆立足该馆馆藏,近年来整理编辑出版《安徽省图书馆馆藏古籍珍本丛书》系列,目前已经公开出版的有:

丛书之一:红楼梦图咏,1函2册,2001年黄山书社出版;

丛书之二:馆藏历史人物手札选,1函2册,2003年西泠印社出版;

丛书之三:中国历代帝王翰墨选,1函3册,2005西泠印社出版;

丛书之四:米芾书法精粹,1函3册,2006年中华书局出版;

丛书之五:包公故里遗踪,1函3册,2008中华书局出版;

丛书之六:新安画派精品选,1函3册,2008中华书局出版;

丛书之七:徽派版画菁华,1函2册,2009年中华书局出版;

丛书之八:观世音菩萨三十二相大悲心忏,1轴,2010年中华书局出版。

由专家学者申报古籍整理课题,将馆藏底本点校出版。仅安徽省图书馆来说,有与安徽省地方志办公室合作的课题《皖政辑要》、与徽学中心合作的课题《徽州名人年谱合刊》、与安徽省古籍整理办公室合作的《歙纪》等。

安徽省图书馆与全国文献缩微复制中心联合影印出版《徽州名族志》;与法国远东学院合作,编辑《徽州家谱中纂修、印刷史数据库与研究》安徽省图书馆与安徽大学和国家《清史》项目组合作,完成《清史图录》图片的拍摄与整理。作为国家《清史》项目,安徽省图书馆整理点校出版《慎宜轩日记》。

古籍数据库 古籍数据库包括书目数据库和专题数据库,安徽省图书馆书目数据库有:

安徽省历代皖人书目数据库 该数据库可提供查询该馆收录的上起春秋、下至1949年新中国成立这几千年中安徽省人的著作9833种的书目记录,主要以安徽省图书馆的收藏为主,兼顾安徽省博物馆、安徽大学图书馆、安庆市图书馆、桐城市图书馆等单位的收藏。该数据库以馆藏为主,集中整合现存皖人著述,汇总现存皖人著作,基本上反映了安徽文化学术发展的概貌,对于认识安徽、研究安徽,并从中汲取丰富的营养具有一定的借鉴作用。不仅为广大读者和专家学者提供查询,对安徽地方文化的建设与总结也具有积极的意义。

安徽省善本书目数据库 该数据库可提供查询宋、元、明、清时期的刻本、稿本、抄本、批校本等共6216种古籍善书目记录。此数据库的最大特点是收录范围广,他涵盖了安徽省公共图书馆系统、安徽省高校图书馆系统和安徽省博物馆系统等。此数据库基本反映了安徽省古籍善本书的收藏情况,每条数据记录了古籍善本的外部特征、版本情况、内容信息等,具有较高的使用价值。

普通古籍书目数据库 可提供查询馆藏30余万册各类古籍的书目数据100574条。该数据库揭示了馆藏古籍书目全貌,为使更多的读者、专家研究和利用安徽省图书馆馆

藏提供了方便。检索点有题名、责任者、出版项。

谱牒文献数据库 安徽省图书馆收藏明清至新中国成立前家谱400余种,3200册。以徽州地区居多,部分收入《中国善本书目》,多为明代所刊,具有较高的价值。如《汪氏渊源录》,元泰定年间修,明正德十三年刻本,全国仅存两套,内载“黄山”“西湖”等大量艺文,版心存刻工姓名,十分珍贵;休宁《商山吴氏家谱》,为海内孤本,抄写字迹工整秀丽,“艺文”中所载大量诗文,是研究当地风土人情的重要史料;《休宁戴氏宗谱》,刻“隆阜村居之图”,规模宏大,刻印精美,堪称版画精品。馆藏家谱中亦包括如包拯家族《合肥包氏支谱》,李鸿章家族《合肥李氏宗谱》,龚氏所修《合肥龚氏宗谱》等名人名谱。“家谱数据库”是在“谱牒文献”专题的基础上,收录包括部分新修谱在内的共计900余条数据,其检索功能更完善,检索途径更丰富。

徽派朴学数据库 徽派朴学是清代中期乾嘉学派的一脉,影响广泛。在时间上,徽派朴学求实考证的质朴学风渗透并融入百年之后的思想及学术领域,学术成果更是可圈可点。在地域上,徽派朴学兴起于徽州,之后进入京畿,遍及山东、河北,直至西南边陲之地,并迅速扩大到国内的一些重要地区,形成一个全国性的著名学派,广为传布。徽派朴学家的著作数以百计,学术研究成果涉及中华传统学术文化中的经、史、子、集各部乃至天文、历算诸多领域,涵盖了文字、音韵、训诂、目录、版本、校勘、辑佚、辨伪各个学科。该专题数据库总容量为159 MB,现已经全部完成链接与调试,读者可在网上浏览检索。

安徽刻书数据库 安徽刻书是安徽传统文化演进的一个重要阶段。安徽历代所刻之书深邃而广博,几乎涉及社会生活和文化生活的所有领域,既有供文人操觚射鹄的经史文集,又有供平民日常应用的医卜之书。不仅流派纷呈、成绩斐然,而且英才辈出,影响深巨。安徽省图书馆古籍书库珍藏的地方刻书文献,见证安徽刻书的兴盛与发展,从一个侧面反映安徽地区在印刷史、科技史、经济史、社会学史等诸多方面的流变与发展。该数据库为多学科专家学者的研究提供了翔实可信的史料依据。查找、扫描书影1201幅,编制相关款目,整理相关文档,共为212MB。

桐城文派数据库 桐城文派是纵贯整个清代的著名散文流派,其影响之大与波及范围之广为历来所罕见,因其代表人物方苞、刘大櫆、姚鼐三人皆为桐城籍,因而得名。该数据库搜集整理了902位桐城派名家资料,其中200人资料按规定格式录入CM数据库。读者可在网上检索。

安徽先贤传记数据库 该数据库收集71位安徽先贤人物资料共81540字,书目700余条,并进行分类整理上网发布。

安徽地方志数据库 该数据库收集整理数据446条,以CM方式制作在网上发布。该数据库分3级页面,11个字段,可以提供名称、年代、版本、关键词等检索点。读者可以在网上进行检索。

第三节 人才培养与古籍宣传

人员结构 针对安徽古籍从业人员情况，2008年省图书馆做了专题调查。调查显示，安徽26家古籍收藏单位有工作人员48人。县市级收藏单位工作人员数量一般为1人，其他古籍较多的单位一般为2人。省图书馆最多，为11人。古籍收藏较多的单位，特别是高校，工作人员数量较多，并且专门从事古籍工作，专业素养也较好。安徽古籍工作者中，有本科及其以上学历的工作人员26人，高中以下学历的人没有；职称方面，有研究馆员1人、副研究馆员17人、馆员10人。

总体来看，古籍从业人员的相对素质较高，一般都是该单位的高学历、高职称人员在从事这项工作。但年龄偏大，50岁以上的人员居多，35岁左右的骨干偏少。有些人有较高的职称，但专业素质偏差，专业结构不合理，甚至不能胜任古籍工作岗位。客观来看，无论是是在岗人员的数量、能力、综合素质、职业态度，还是单位领导的理念等，安徽省的现实状况都落后于古籍工作的实际需要。

业务培训 古籍管理工作是一项系统工程，为提高安徽古籍从业人员专业知识和业务技能，一方面省古籍收藏单派员工外出培训，有针对性地培养专业人才，另一方面省图书馆（省古籍保护中心）积极主动承办各种古籍业务培训班，使古籍工作薪火相传，持续发展。

派出培训 1980—2010年，省古籍收藏单先后有17人参加7期古籍业务培训班学习。

1980年7月21日，受国家文物局委托，上海图书馆举办为期半年的“古籍图书修复训练班”，安徽省图书馆1人参加了学习。

1983年9月，文化部图书馆事业管理局委托上海图书馆、浙江图书馆分别举办为期一年的“古籍修复训练班”，安徽省图书馆1人参加上海图书馆参加了学习。

2007年5月，省古籍保护中心派安徽省图书馆2人参加国家图书馆举办的第1期“全国古籍普查培训班”学习。

2008年2月26日至5月15日，省古籍保护中心派安徽省图书馆1人参加在国家图书馆举办的第2期“全国古籍修复技术培训班”学习。

2008年5月12—19日，派安徽省图书馆1人参加国家古籍保护中心在国家图书馆举办的“古籍鉴定与保护高级研修班”学习。

2008年8月，省古籍保护中心派安徽省图书馆2人参加“全国古籍普查平台”应用软件系统登记培训班学习。

2010年9月12日—17日，省古籍保护中心派安徽省图书馆1人参加在湖北武汉华中师范大学图书馆举办的第2期“全国古籍普查平台审核人员培训班”学习。

2010年10月11日至2010年12月24日，省古籍保护中心派阜阳市博物馆1人、芜湖市图书馆1人、颍上县图书馆1人、安徽中医学院图书馆1人、黄山市戴震纪念馆1人和祈门县博物馆1人,共6人参加在云南省图书馆举办的第14期“全国古籍修复技术培训班”学习。

2010年10月13日至10月27日,省古籍保护中心派安徽师范大学图书馆魏雪苑、安徽中国徽州文化博物馆程乔2人参加在广西桂林图书馆举办的第3期“全国碑帖鉴定与保护研修班”学习。

办班培训 2008—2010年,省古籍保护中心举办全省乃至全国古籍业务培训班3期,参加培训学员达202人。通过办班,安徽省古籍从业人员提供更多的培训和交流机会。

2008年5月,由安徽省古籍保护中心主办的第1期“安徽省古籍普查培训班”在合肥举办。来自全省有关公共馆、博物馆、高校馆、科研院馆、宗教系统以及其他古籍收藏机构计23家单位的34人参加学习。

2009年10月13—28日,由国家古籍保护中心主办,安徽省古籍保护中心承办的第10期“全国古籍普查培训班”。来自全省公共馆、高校馆、博物馆、档案馆及科研院馆5个系统59家单位的93人参加了学习。

2010年5月4—14日,由国家古籍保护中心主办,安徽省古籍保护中心承办的第5期“全国古籍鉴定与保护高级研修班”。来自22个省、自治区、直辖市公共馆、高校馆、科研院馆、文博和古籍办等5个系统57家单位的75人参加学习。

交流指导

学术交流 1978年7月3日,省文化局在滁县召开“全省善本书编目会议”,成立安徽省善本书总目编辑领导小组。全省有50人出席,南京图书馆应邀到会学习交流。

1979年6月19日,省古籍善本书鉴定验收小组在合肥组成,成员:安大图书馆、安师大图书馆、安庆市图书馆、芜湖市图书馆、省图书馆和徽州地区博物馆,即日召开第一次会议,上海图书馆馆长、版本学专家顾廷龙到会指导。

督查指导 2007年9月17日至20日,国家古籍保护中心办公室主任陈红彦为组长的全国古籍保护工作督导组分别对省图书馆、省博物馆、九华山藏经阁进行了督查指导。

2008—2009年,安徽省古籍保护中心派专人先后5批次到黄山市、歙县、无为县、安庆市、桐城市、九华山藏经阁、亳州市、阜阳市等地就古籍保护工作进行现场调查和交流,以督查和指导各有关古籍收藏单位切实抓好古籍普查、保护与利用等工作。

古籍宣传 加强古籍工作的宣传,可以让更多的人了解古籍,亲近古籍,使古籍工作为社会广泛认可。

讲座宣传 2004年3月,安徽省图书馆结合馆藏家谱资源丰富的情况,主办主题为“血脉相连——从家谱看炎黄子孙的寻根情结”的讲座,主讲专家王鹤鸣结合当时家谱的修纂情况对馆藏家谱做了充分的揭示,当地新闻媒体安徽电视台、安徽人民广播电台、新安晚报、安徽日报等都用大量篇幅对该项活动进行的报道,社会反响强烈。2005年5月,省馆聘请社科院专家朱玉龙研究员作题为“安徽历史文化的演变、特点及其影响”的公益讲座;2008年5月31日,“新安百姓讲堂”题为“中华古籍保护计划解读”专题讲座,对中华古籍保护计划的出台背景、中华古籍保护计划的主要内容以及安徽省古籍保护工作的进展情况等向听众作了介绍。

2006年2月,安徽省图书馆与姜夔文学研究会合作举办“又是元宵—姜夔研究会省图雅集”专家研讨活动,各路文学爱好者们云集该馆,对宣传省馆起到了很好的作用。

专架宣传　为更好地宣传赠书,体现捐赠文献的价值,安徽省图书馆开辟章伯钧赠书专室、中华再造善本专架。

展览宣传　1987年,无为县图书馆历时四十天的“无为县图书馆馆藏拓片展览”,展出历代名家碑刻拓片77幅;1987年11月举办“馆藏文物,字画、拓片、古籍书展览”展出各种文物、字画100余件(幅),拓片30多幅,古籍书20多册;1988年11月历代名家法帖鉴赏,展出自魏至清50多位约70多册不同书体法贴原件,1992年参加国际版权贸易博览会和全国书展。2007年全国公共图书馆服务宣传周期间,安徽省图书馆举办“中华再造善本”专题展览,为期一周的展览期间,观众络绎不绝。2008年,在公共图书馆服务宣传周和第三个“中国国家文化遗产日”期间,安徽省古籍保护中心以“亲近古籍,传承文明”为主题,于5月底至6月初举办“安徽省图书馆藏首批《国家珍贵古籍名录》图片展”。展览分明前期刻本、明中期刻本、稿本、活字本、套印本、钤印本等6块内容,对省图书馆入选的51部珍贵古籍作了简要介绍,并配备图片,具有较强的学术性、艺术性和观赏性。

新闻宣传　2005—2010年,省城合肥各大媒体《新安晚报》《合肥晚报》《江淮晨报》《中安在线》等对安徽省古籍保护工作做全方位多角度的报导。省古籍保护中心(省图书馆)编辑出版《安徽省古籍保护工作简报》10期,分发到文化部、文化厅、全国各省级古籍保护中心和省内各系统古籍收藏较多的单位,对安徽省古籍保护工作进展情况进行介绍。

网络宣传　安徽省图书馆网站开辟有“古籍保护”专栏,及时发布古籍保护工作的各种动态消息,普及古籍保护的法律法规制度、相关标准以及各种专业知识等。同时,安徽省图书馆机读目录已经全部上网发布,读者在互联网上也可以享受检索服务。

第四篇　信息化建设

以计算机技术和互联网技术为标志的现代化技术在图书馆的应用,使安徽的图书馆事业的发展突破了原有的限制,在工作手段、工作方式、文献载体、读者服务等图书馆工作的各个环节都产生了质的飞跃。安徽省公共图书馆信息化建设始于20世纪90年代,从传统图书馆逐步向数字图书馆方向迈进,初步形成以安徽省图书馆为中心,连接市、县图书馆自动化、网络化、数字化的格局。21世纪,全省各公共图书馆陆续购买计算机、打印机、复印机、服务器、交换机等设备,组建馆内局域网,引进业务自动化系统,建立公共电子阅览室,开通图书馆网站。读者通过登录图书馆的主页,进行书目信息查询、下载数字资源。2002年7月,安徽省文化厅、安徽省财政厅联合发文,安徽省文化信息资源共享工程建设正式启动。 全国文化信息资源共享工程进一步推动了全省公共图书馆信息化建设进程,特别是为县级图书馆信息化建设提供了资金保障和技术支持。依托文化共享工程,全省公共图书馆购置服务器、存储设备、应用软件、卫星设备、网络设备等,兴建了一批中心机房和电子阅览室,加强了人才队伍建设。

高校图书馆方面,在国家大力发展教育事业的背景下,各图书馆依托本校的资金、技术及人才支持,借评估、晋级之东风,加强图书馆事业建设,在自动化、网络化和文献资源建设等方面都取得前所未有的成绩。

依托中国数字图书馆安徽省分馆、CALIS安徽省文献信息服务中心、安徽省高等学校文献信息保障系统（ALISA）等,安徽各图书馆的数字图书馆初见雏形,并形成一定的服务能力。

第一章 自动化建设

从20世纪90年代起,安徽省各级各类图书馆陆续运用现代信息技术手段加强现代化建设,利用计算机技术与网络通信技术,对图书馆的图书采访、编目、期刊管理、流通管理、书目检索及行政管理等各项业务实行自动化控制,并提供的相应服务。

第一节 基础设施建设

公共图书馆 1993年,计算机信息管理系统和现代技术服务系统在安徽省公共图书馆界应用。全省各县市级馆陆续购买了计算机、打印机、复印机、网络设备等现代化设备。安徽省图书馆、铜陵市图书馆、太湖县图书馆、无为县图书馆、芜湖市图书馆引进业务自动化系统,在图书馆馆内实现文献采购、编目、流通等业务工作及其他管理工作实现自动化。

安徽省图书馆 1994年,该馆从省财政厅争取到50万元的专项经费,购置大容量的服务器HP586及无盘工作站,引进深圳图书馆开发研制的图书馆自动化集成系统软件(ILAS系统),在全省率先启动图书馆业务自动化管理,开创省图书馆计算机自动化管理的新时期。

1995年,省图书馆相继购置8台无盘工作站及条码,磁卡阅读设备各2套,省图书馆期刊、采访、编目、流通部分业务环节实行自动化管理。

1996年,省图书馆添置COMPAQ586服务器和UNIX操作系统软件,完成计算机管理ILAS系统4.0升级到5.0,成功地将采、编、流、检等子系统软件及数据的移植工作。

1999年,面对计算机的“千年虫”问题,省图书馆购置服务器(惠普HP—LG3)、PC机联想逐日2000(586)、HP BRIO(686)机和交换机并进行网络改造,在硬件技术上采用服务器双机镜像互为备份,在系统软件上,将UNIX3.2版本,更换SCO Open SERVER5.0版本。

2001年,省图书馆完成IIAS5.0版本向IIAS Ⅱ的升级,系统采用UNIX系统环境,客户机/服务器模式,较好地实现书刊采、编、流、检索 等业务工作的自动化管理,2001年12月开通书目查询系统 。

2002—2003年,随着新馆扩建,省图书馆结合文化共享工程省级分中心建设,对网络、服务器、存储和安全防护等系统进行设备招标和集成;为构建高速局域网,添置2台千兆主交换机，4台百兆楼层交换机，提高网络系统运行的效率与可靠性；新添3台IBM小型机，采用双机热备系统，分别承担ILAS业务自动化系统、信息整合检索系统和视频点播系统服务。网站、电子阅览室一卡通、资源加工、资源发布、网络监控系统、防病毒、域控、DNS等应用系统服务选用曙光服务器。为提高各系统及数据备份的效率和安全性，添置光纤SAN存储（EMC cx600）和数据备份恢复系统(VERITAS)；机房增加UPS不间断电源和专业机密空调设备，确保各系统正常运行和网站常年不间断的服务；在网络安全上采用了防火墙设备（cisco PIX515）、入侵检测、漏洞扫描及熊猫网络杀毒软件、网管软件，实现网络路由管理和跨VLAN的网络连接，为网络安全提供保障，形成一个真正意义上的可管理智能化馆域网。在西楼办证大厅安装电子显示大屏幕，以醒目的文字让读者了解实时新闻、动态信息。触摸屏导航系统，为读者提供直观的人机界面，搭起图书馆与读者的桥梁。

2008年，省图书馆增添无线上网路由及计费系统，免费试开通无线上网。截至2008年，省财政的资金共为省图书馆的信息化建设投入1870多万元。主要包括小型机4台，服务器共有35台，存储总容量56T，数字资源总量17T，共享工程总量13T，主交换机2台，18台楼层交换机，计算机终端285台。

2010年，省图书馆计算机机房存储扩容，增加同有存储设备一台，专用于国家共享工程中心下载资源使用，总计容量10TB；原有存储扩容2个盘柜，新增存储裸容量为8.4TB。购入2台APABI读报机和2台九星读刊机，读者可以直接在安徽省馆办证大厅欣赏电子的报纸和期刊。

合肥市图书馆 1998年，该馆建立合肥市图书馆网站和自己的电子信箱，引进ILAS图书馆自动化管理集成系统。2003年，该馆新馆开放时，拥有170多台计算机，各种类型服务器十几台，通过交换机、路由器、防火墙的连接，图书馆业务工作完全进入计算机管理，读者可以使用OPAC检索系统查询合肥市图书馆的书目信息。

铜陵市图书馆 1996年10月，该馆在全省地市级图书馆中率先实现图书馆业务工作计算机管理，开通图书采访、编目、流通3个子系统，一次性铺设27条终端线，为图书馆全面起动计算机管理系统打下基础。

芜湖市图书馆 1998年，该馆购进计算机2台、终端4台、打印机2台和图书外借系统软件。

淮北市图书馆 1999年，该馆由市财政拨出专项资金建立业务自动化管理系统。

安庆市图书馆 1999年，该馆以市政府拨款6万元启动自动化建设，购置3台服务器（IBM Netfinity5000、HP350G3和方正圆明LT200A），49台PC机，3台交换机，3台打印机，以及UPS不间断电源等设备。2000年使用图书馆自动化集成管理系统ILAS。2001年4月完成主机房建设和综合布线工程，开始对馆藏书刊回溯建库，录入馆藏书目数据3万条，开通采访、编目、流通、期刊和公共检索子系统。2002年以ADSL方式接入互联网，并建立电子阅览室向读者提供互联网信息和馆内电子资源浏览查询。

2003年6月光纤接入互联网。2004年4月加入国家图书馆联合编目中心，并将系统由ILAS Ⅱ 1.0升级至ILAS Ⅱ 2.0，提高用户权限数并增加Web查询服务接口。同年5月，自筹资金购置卫星接收站、服务器、投影仪等设备，加入“全国文化信息资源共享工程”成为市级支中心。

马鞍山市图书馆 2001年，马鞍山市政府拨款23万元建设该馆自动化系统。11月，该馆完成全馆11万册图书的数据加工，正式使用ILAS Ⅱ系统，对读者进行图书借还的业务自动化。同期，购买13台计算机作为业务工作计算机，完成综合布线。2003年，添置共享工程专用的资源接收服务器及资源加工软件、光盘刻录机、卫星接收等价值人民币2万余元的设备。拥有服务器30台、核心交换机2台、其它入交换机28台、防火墙设备2台、计算机235台、网络系统管理软件及业务应用软件共18个，数据裸存储82TB。

蚌埠市图书馆 2008年，该馆通过政府采购完成一期工程78万元总投资的采购，加载地面卫星接收器，安装了56台计算机，设有未成年人电子阅览室和共享资源中心机房。2009年4月蚌埠市新馆面向社会开放。

无为县图书馆 1998年，该馆在全省县级馆中率先使用图书馆自动化系统。

太湖县图书馆 该馆自动化于2003年5月正式启动，采购双核64位联想服务器，配置千兆核心三层交换机及终端PC机6台等相关自动化设备，并选购深圳ILAS自动化管理软件，该馆采编、图书、期刊、少儿等对外服务窗口全部实行自动化管理，提供计算机书目检索功能。2008年9月，该馆自动化系统升级购进力博图书管理系统。

繁昌县图书馆 2007年1月，该馆自动化系统正式启动，先后完成服务器、磁盘存储阵列、交换机、路由器、防火墙、UPS可持续稳压电源、PC机、投影仪、光盘刻录机等系列设备的招标采购、安装、运行，完成中心机房及110报警系统建设，资源存储总容量达8TB，建成30台PC机电子文献阅览室，60坐视频文献播放厅，开通繁昌县图书馆网站和技术交流平台QQ群。

宁国市图书馆 2007年4月，该馆新馆配置80台计算机、3台服务器，配备ILAS图书馆自动化集成系统，实现图书馆业务自动化。

高校图书馆

中国科学技术大学图书馆 该馆建立了Web服务器、汇文服务器、多个数据库镜像服务器，并自行开发了电子期刊导航系统、多媒体教学点播系统、随书光盘系统等。拥有18台高性能PC机服务器，5台塔式服务器和16台普通PC机服务器，8个磁盘阵列的总容量为50TB。

安徽建工学院图书馆 该馆配备独立主控机房，共拥有数字资源服务器18台，总存储容量达48TB以上。信息点约500个，其中无线信息点22个。拥有计算机252台。

安徽医科大学图书馆 该馆业务工作标准化的基础上，以计算机为主体，与通信技术、高密度存储技术相结合，实现了对图书馆的各项业务工作自动化管理。

安徽农业大学图书馆 该馆配置了精密空调、温湿度监控设备。核心机房拥有硬件防火墙、入侵检查、中高端核心交换设备、服务器14台，全光纤存储设备2套，容量达30TB。

合肥学院图书馆 该馆拥有15台服务器，4台磁盘阵列，网络存储容量达30TB。工作用机25台、公共检索机20台，校园网100M到桌面，各阅览室校园无线网络全覆盖。配备了图书检测系统，采用分借统还的借阅模式。四通道门禁系统，为读者身份验证提供了保障，还配了12组24门电子存包柜系统，极大地方便了读者。

安徽工业大学图书馆 该馆拥有各类服务器29台，4套基于SAN架的存储系统，总存储空间达到70TB。拥有各类型计算机750余台，实现图书借还、办公、信息检索、书目查询计算机化、网络化。拥有各类型交换机58台，千兆主干交换、百兆到桌面，万兆与网络中心联接，无线网络全馆覆盖。建有9套弱电系统，引进了基于Solaris的汇文管理系统、电子阅览室学生用机管理系统、博云非书资料管理系统、电子报刊阅读系统、统一检索系统等多个先进的软件平台。

安徽财经大学图书馆 该馆拥有20台服务器，分编、借阅、典藏全部实现计算机管理。

安徽理工大学图书馆 该馆从20世纪80年代中期开始自动化建设。2010年，自动化建成了千兆骨干网络，百兆到桌面，部分网络千兆到桌面。核心交换机NORTEL 8010具有256GB的背板带宽，汇聚交换机iSpirit 4504具有64GB的背板带宽，接入层交换机iSpirit 2924G具有13.5GB的背板带宽。设置了硬件防火墙一台（东软4016-FE4），该馆网络划分为业务集成管理的内网和办公自动化及电子阅览室的外网两部分。全馆网络采用AVAYA超五类线布置，双线冗余，部分主干使用光纤或六类线联接，为了使三校区的信息共享，购置了Fujitu PP450，对汇文业务集成系统进行信息发布与管理。为了图书馆的安全运行，设置了20个闭路电视监视点和58个红外防盗报警点。主机房还配备了美国产APC在线式不间断电源UPS两台，一台5KVA，一台10KVA，能在8小时内保证供电安全。新馆设有有线电视系统；电话程控交换机（48门）和背景音乐系统。2007年6月，该馆老馆重新装修，学校投入约17万元对老馆的弱电系统进行了改造。2008年9月1日开通“一卡通”借书功能。2009年11月，学校投入28.6万对北区图书馆B区进行了弱电改造，使AB区都纳入了该校本部的自动化管理。

皖西学院图书馆 1998年，该馆开始自动化建设，目前已全面实现了自动化、网络化管理，拥有各类服务器15台，存储空间达到10TB。拥有各类型计算机300余台，实现图书借还、办公、信息检索、书目查询计算机化、网络化，提升了图书采编、流通服务和读者查询一体化管理水平。

淮南师范学院图书馆 该馆有工作有计算机50余台，检索机36台，电子阅览室配置近300台。

第二节 图书馆自动化系统的应用

公共图书馆 图书馆自动化系统的应用主要是指现代化技术在图书馆业务上的应用。安徽省公共图书馆主要选用 ILASII2.0 图书馆自动化系统和力博图书馆自动化系统。

安徽省图书馆 1994 年,该馆引进深圳图书馆的自动化集成系统软件(ILAS 系统),1996 年 1 月,完成 ILAS 系统由 4.0 到 5.0 的升级。

2001 年,该馆完成 IIAS5.0 版本向 IIAS Ⅱ的升级,成功转换中央书目数据 38 万条,实现书目查询、图书采编、外借、连续出版物管理、文献检索等业务自动化管理。2003 年,完成 ILAS Ⅱ -GB2.0 系统到 IBM 小型机的移植和系统维护,规范业务部门数据录入规则和工作流程,制定书目控制号分配方案、信息开发与参考咨询系统参数设置分配规则,实现现刊、过刊外借自动化,并实现书刊借阅一证通。该馆提供 18 台计算机,为读者利用 OPAC 检索系统查询书目信息。

2005 年,该馆开通 ILAS 电话语音续借功能,实现读者 24 小时电话挂失、电话续借、预借服务。2005 年,图书馆自动化 ILAS 系统过渡至 AIX5.3 系统。2007 年电话语音系统服务读者人 20678 次,2008 年电话语音系统服务读者 61371 人次,2009 年电话语音系统服务读者 45443 人次,2010 年电话语音系统服务读者 41648 人次。

合肥市图书馆 1998 年,该馆建立了合肥市图书馆网站,积极引进 ILAS 图书馆自动化管理集成系统。该馆采用深圳 ILASII 自动化业务管理系统,功能涵盖了图书采访、编目、连续出版物管理、参考咨询、网上信息查询、读者服务、信息开发、流通及网上业务等各个业务模块。2003 年新馆开放时,图书馆业务工作完全进入计算机管理,读者可以利用 OPAC 检索系统查询该馆的书目信息,以高速快捷的管理系统和局域网络支持,向读者提供了一个内容丰富、功能强大的数据资源检索和网络浏览的综合性服务平台。该馆还开通了局域网,实现了办公自动化。电话系统采用的是集团式数字电话,员工出勤管理也使用了指纹考勤系统。

马鞍山市图书馆 该馆自动化系统有用户认证管理、网络信息资源采集、文献数字化、新媒体服务等。用户认证管理有用户统一认证管理平台,自己开发,与该馆 intelrib 做业务对接。购买清华同方 TPI 资源加工软件用于加工自建特色资源。

安庆市图书馆 2000 年 5 月,该馆选用 ILAS 图书馆自动化管理系统,并建立馆藏普通图书和期刊书目数据库。2004 年 4 月,该馆加入国家图书馆联合编目中心,直接从全国图书馆联合编目中心套录下载书目数据,同月将系统由 ILAS Ⅱ 1.0 升级至 ILAS Ⅱ 2.0,提高用户权限数并增加 Web 查询服务接口。

繁昌县图书馆 2006 年 11 月,该馆选用力博图书馆业务管理系统,逐步完成图书馆自动化、网络化建设工作,实现图书馆业务计算机管理,开通读者网上业务咨询、书刊续借等项功能。

合肥市少儿图书馆 2006年12月,该馆采用ILAS II图书馆业务自动化管理系统,所有的图书管理、借还、读者信息管理、财务管理等都由图书馆自动化管理系统完成。2007年8月,开通网上续借服务,读者只需登录该馆网站进行相关操作,自行完成图书续借手续。2007年,网站进行全面改版升级,读者续借、荐购、查询等均可通过互联网完成,大大方便读者。

高校图书馆 20世纪90年代以来,安徽省高校图书馆自动化系统应用水平不断提高。截至2008年底,安徽省26所高校图书馆都建有自己的馆藏书目数据库,都能在校园网或互联网上提供图书查询、新书通报、图书续借等OPAC服务。都能在校园网或互联网上提供图书查询、新书通报、图书续借等OPAC服务。高校图书馆分别引进6家不同软件厂商提供的图书馆管理系统,其中有7家图书馆采用江苏汇文图书馆管理系统;6家图书馆使用大连网信的妙思文献管理系统;4家采用清华大学新洋图书管理系统;4家采用北京金盘管理系统(GDLIS);3家采用重庆图腾管理系统;2家采用深圳朗思管理系统(IALS)。除业务管理自动化外,部分图书馆还实现了办公自动化、财务管理自动化、安全保卫自动化等。

中国科学技术大学图书馆 该馆于2000年开始采用江苏汇文系统,回溯建库,并在年内完成全面图书馆自动化建设。通过Z39.50进行数据共享,为读者提供所有中外文馆藏书刊的OPAC查询。

安徽大学图书馆 1999年,该馆使用大连网信muse6.5系统,根据业务需求进行必要的升级。

安徽师范大学图书馆 1999年,该馆引进ILAS图书馆管理系统,书目数据24小时提供WEB查询。

合肥工业大学图书馆 该馆采用汇文管理系统和德赛数据加工系统。

安徽建工学院图书馆 2000年9月,该馆管理系统建于2000年7月,采用SULCMIS Ⅲ系统。SULCMIS Ⅲ系统支持多种网络传输协议和联网方式,具有采访、编目、典藏、流通、期刊、检索、图书馆自动化系统管理与读者信息查询(OPAC)模块,支持远程机读编目数据交换,实现书目数据共享等功能。

安徽农业大学图书馆 该馆采用清大新洋6.2版图书馆通用集成系统建成77余万条书目信息的图书书目数据库和7万多条期刊书目数据库。

安徽理工大学图书馆 该馆书目数据库建设采用Dbase Ⅱ,开发了图书馆西文检索系统,受到原煤炭工业部的好评。1994年,采用深圳图书馆的ILAS5.0系统,对全馆的《中图法》图书进行了书目数据库的建设工作。2004年改用江苏汇文文献信息服务系统。2006年,图书馆外文书库和该校本部馆期刊实行了计算机管理,使图书馆中外文书刊全面实现自动化管理。北区图书馆A区建成开放,新馆配置了视频监控系统、防入侵系统、网络系统、触摸屏系统,北区图书馆自动化系统正式运行。4个馆舍的防盗监控、图书监测等,全部都实现智能化管理。2005 年 12 月,西区新馆建成开放,配置了 54 座的电子阅览室、视频监控系统、防入侵系统、网络系统、触摸屏系统,西区馆自动化系统正式运行。

合肥学院图书馆　该馆采用大连博菲特公司的图书馆集成管理系统,于 1999 年暑假完成回溯建库,初步实现图书的采购、验收、编目、典藏、流通和读者馆藏检索。在此基础上,软硬件不断完善,完成了连续出版物、外文图书和港台书的回溯建库,以及 3 校(合肥联合大学、合肥教育学院、合肥师范学校)合并后原教院和师范学校图书馆文献的入库建设,并在图书馆主页上开通了书刊的 OPAC 检索服务。

淮南师范学院图书馆　该馆采用汇文文献管理系统实现采访、编目、流通、期刊管理的自动化。与校园卡一卡通对接,实现了学生门禁刷卡入馆、图书用卡借还的一卡通服务利用校园卡电子政务系统,实现无纸文件分发等办公服务。

安庆师范学院图书馆　1999 年该馆从重庆图腾软件开发公司引进图腾图书馆自动化管理系统,建立图书馆书目数据库。2002 年,购买了汇文文献信息服务系统。

皖西学院图书馆　该馆建有 8 套弱电系统(综合布线系统、防盗报警系统、视频监控系统、背景音乐与广播系统、门禁闸机系统、多媒播放系统、全彩大屏系统与双基色条屏系统、多媒体会议系统)。引进了妙思图书管理系统, RFID 智能管理系统,电子阅览室学生用机管理系统、博云非书资料管理系统、电子报刊阅读系统等多个软件平台。

安徽中医学院图书馆　该馆采用金盘图书管理系统、金盘电子阅览室管理系统。

安徽电气工程职业技术学院图书馆　于 2003 年 5 月采用基于校园网络环境下的 GSLINS 园丁图书管理系统,并为此配置了曙光天阔 I210 型服务器。2010 年 1 月正式采用高校图书馆主流文献管理软件妙思文献管理集成系统 V6.5。馆内各项业务工作,包括纸质图书期刊的采购、编目、典藏、流通、公共查询等全部实现计算机软件管理,实现了馆藏书目数据 MARC 化和网络化,公共查询系统也实现了互联网查询。

安徽医学高等专科学校图书馆　该馆采取大连妙思系统实现文献资源及读者管理自动化。

其他图书馆

中共安徽省委党校图书馆　该馆于 1996 年引进 ILASS.0 图书馆自动化管理软件,进行期刊回溯建库。1998 年自主开发大潮图书馆自动化软件, 2003—2004 年引进清大新洋 8.0 版图书馆自动化管理系统软件,与 2005 年完成了全部馆藏回溯建库。

中共蚌埠市市委党校图书馆　该馆于 2007 年采用清大新洋图书馆管理软件, 2008 年完成回溯建库工作。

中共亳州市委党校图书馆　该馆采用清华大学新洋图书管理系统。

中共淮北委党校图书馆　采用汇文文献管理系统,实现采编、流通、阅览等自动化管理。

解放军蚌埠坦克学院图书馆　1996 年 12 月,该馆采用图书管理系统(MILINS),

实现采访、分编、流通、读者书目检索、期刊、馆务等业务自动化。

力博联合编目系统公共图书馆成员馆代码表

表 4–1–1

序	图书馆名称	简称	馆代码
1	繁昌县图书馆	繁昌	FCLIB
2	合肥市少儿图书馆	合少图	HSTLIB
3	潜山县图书馆	潜山	QSLIB
4	芜湖县图书馆	芜湖	WHLIB
5	铜陵县图书馆	铜陵	TLLIB
6	桐城县图书馆	桐城	TCLIB
7	黄山区图书馆	黄山	HSLIB
8	望江县图书馆	望江	WJLIB
9	青阳县图书馆	青阳	QYLIB
10	宿松县图书馆	宿松	SSLIB
11	宁国市图书馆	宁国	NGLIB
12	绩溪县图书馆	绩溪	QYLIB
13	歙县图书馆	歙县	SXLIB
14	屯溪区图书馆	屯溪	TXLIB
15	休宁县图书馆	休宁	XNLIB
16	东至县图书馆	东至	DZLIB
17	祁门县图书馆	祁门	QMLIB
18	肥西县图书馆	肥西	FXLIB
19	亳州市谯城区图书	亳州	BZLIB
20	利辛县图书馆	利辛	LXLIB
21	宿州市埇桥区图书馆	宿州	SYQLIB
22	濉溪县图书馆	濉溪	SXXLIB
23	涡阳市图书馆	涡阳	GYLIB
24	临泉县图书馆	临泉	NQLIB
25	凤台县图书馆	凤台	FTLIB
26	定远县图书馆	定远	DYLIB
27	来安县图书馆	来安	LALIB
28	金安区图书馆	金安	JALIB
29	全椒县图书馆	全椒	QJLIB
30	舒城县图书馆	舒城	SCLIB
31	霍邱县图书馆	霍邱	HQLIB
32	无为县图书馆	无为	WWLIB
33	岳西县图书馆	岳西	YXLIB

续表 4-1-1

序	图书馆名称	简称	馆代码
34	长丰县图书馆	长丰县	CFLIB
35	枞阳县图书馆	枞阳县	ZYLIB
36	当涂县图书馆	当涂县	DTLIB
37	砀山县图书馆	砀山县	DSLIB
38	肥东县图书馆	肥东县	FDLIB
39	凤阳县图书馆	凤阳县	FYLIB
40	阜南县图书馆	阜南县	FNLIB
41	固镇县图书馆	固镇县	GZLIB
42	广德县图书馆	广德县	GDLIB
43	含山县图书馆	含山县	HSLIB
44	和县图书馆	和县	HXLIB
45	怀宁县图书馆	怀宁县	HNLIB
46	怀远县图书馆	怀远县	HYLIB
47	霍山县图书馆	霍山县	HSLIB
48	界首市图书馆	界首市	JSLIB
49	金寨县图书馆	金寨县	JZLIB
50	旌德县文体局	旌德县	JDXWTJ
51	郎溪县图书馆	郎溪县	LXXLIB
52	灵璧县图书馆	灵璧县	LBXLIB
53	庐江县图书馆	庐江县	LJXLIB
54	明光市图书馆	明光市	MGSLIB
55	南陵县图书馆	南陵县	NLXLIB
56	石台县图书馆	石台县	STXLIB
57	寿县图书馆	寿县	SXLIB
58	泗县图书馆	泗县	SXSLIB
59	太和县图书馆	太和县	THXLIB
60	天长市图书馆	天长市	TCSLIB
61	五河县图书馆	五河县	WHXLIB
62	萧县图书馆	萧县	XXLIB
63	黟县图书馆	黟县	YXLIB
64	颍上县图书馆	颍上县	YSXLIB
65	合肥市图书馆	合图	HT
66	安徽大学图书馆	安大图	ANUL
67	巢湖市图书馆	巢湖	CHSLIB

安徽省图书馆使用主要计算机应用系统一览表

表 4-1-2

序号	使用年份	软件名称	主要功能
1	2001	丹诚系统	图书 MARC 数据编目、采访、典藏
2	2003	图书馆业务管理系统（64 用户，UNIX 平台）	ILASII2.0,馆际互借服务系统、网上流通服务系统、联机编目服务系统、Z39.50 网管服务系统
3	2003	QMAIL 电子邮件软件	邮件收发
4	2003	数字全文检索软件	整合各个资源库,实现跨库、跨媒体的统一的用户界面实现资源加工和强大的检索功能;能运行于 UNIX 操作系统
5	2003	一卡通工程、门禁系统	图书馆一卡通工程、门禁安全系统
6	2003	数字 VOD 点播系统（200 用户并发）	基于 UNIX 系统,支持各种视频压缩格式,和流媒体格式文件,能与全文检索系统相挂接,点击检索结果即可播放。能实现卫星电视或有线电视的以流媒体的方式及时点播
7	2003	网上读书系统	在线图书浏览器、对象数据装载、元数据导入和应用服务器四个子系统;
8	2003	文献数字加工系统	扫描前期整理及扫描功能;数据整合功能;图像编辑和图像处理功能、批量图像数据转换功能;刻盘及清理、装订和还书;OCR 识别,纠错
9	2003	电子阅览室管理系统	读者管理、数据管理、运行各种数字资源;读者管理;与一卡通挂接;(已停用）
10	2003	国图应用软件与硬件监控系统	对应用系统和硬件系统进行实时监控,并自动报警
11	2003	网站发布系统	将所有信息整合后统一发布在 WEB 平台,并发布至全文检索系统
12	2003	CISCO WORKDS2000 LMS 网管软件	管理网络设备
13	2003	图书馆电子大屏系统	LED 双基色显示屏,用于发布图书馆公共信息、读者公告等
14	2003	图书馆触摸查询系统	使读者通过触摸查询图书馆相关信息内容
15	2003	考勤管理信息系统	统计管理员工出勤情况
16	2003	万方数据库管理系统	标准数据库和法律数据库电子版的网上查询和下载
17	2003	超星电子图书系统	电子图书的网上查询和阅览服务
18	2004	入侵检测系统(金诺网安）	硬件（攻击性检测、流量异常检测、监控事件日志、内部网路资产监控、报表统计）
19	2004	漏洞扫描	硬件（漏洞扫描并形成统计报表）
20	2005	方正网管系统	自动生成网段拓扑图、虚拟视图定制、定制各种监控方式、自动报警相应、软件自动分发、7*24 监控、日志库管理功能、IP 管理等功能;
21	2005	档案管理软件	员工档案资料的管理、查询、录入
22	2005	数字资源发布管理系统	数字资源的加工和发布
23	2005	安全技术防范系统	监控、采集图书馆各视频点的读者使用情况,有效保障了读者安全

续表 4-1-2

序号	使用年份	软件名称	主要功能
24	2006	ILAS 语音服务系统	ILAS 语音模块、更新读者密码、办理读者续借、借阅书籍查询、读者证挂失、
25	2006	智能互联网信息采集系统	网络资源收集加工、资源建设平台、语义分析平台、资源存储平台、资源检索平台、网络资源资产管理、资源提交、资产管理、外部服务、网络资源检索导航;读者检索管理、外部系统接口、导航检索管理、系统配置管理
26	2006	VERITAS 备份系统	DB2 数据库备份、WINDOWS 环境系统恢复、AIX 数据恢复
27	2006	电子教学软件	广播教学、窗口教学、语音教学、分组讨论、快速辅导、学生示范、快速通话、锁定学生、学生发言、快速考试、电子白板、转播教学、文件传输、远程命令、两人对讲、重新启动、监视、遥控;200 个用户以上
28	2006	共享工程网站建设平台	安徽省文化信息共享工程网站建设、扩展安徽省图书馆网站
29	2006	专业条码软件	可设计标签,支持 TrueType 字体和全部通用条形码码制,全面满足图书馆要求
30	2007	办公自动化	内部通讯、信息发布、协同工作、知识管理、辅助办公
31	2007	机房监控系统	UPS 监控、精密空调监控、温湿度监控、门禁系统接入和电话语音报警功能
32	2007	报刊索引系统	电子报刊索引网上查询
33	2007	人民日报系统	电子人民日报网上阅读
34	2007	锐捷无线认证系统	实现来馆读者的无线上网、具有认证、计费、无线覆盖功能
35	2002 2006 2009	防病毒软件	1、熊猫 2、卡巴 3、趋势
36	2008	全国古籍普查平台	普查平台由业务处理系统、发布系统组成,业务处理系统主要用于古籍普查工作,发布系统主要用于将通过的普查数据发布给工总检索和浏览。
37	2008	阿帕比电子图书系统	电子图书的网上借阅服务
38	2008	力博图书管理系统	图书的采访、编目、流通、典藏、联合编目
39	2008	办公 OA 系统	员工内部通讯、邮件系统
40	2009	残障人阅览室专用设备及应用系统	残障阅览室使用
41	2010	点点书库数字资源	少儿阅览室使用
42	2010	APABI 读报系统和九星读刊系统	读者服务区

第二章　网络化建设

在自动化建设的基础上,各级各类图书馆借助局域网和互联网,建立本馆服务平台,让读者随时随地享受到图书馆的服务。利用网络,读者可以查阅该馆的书目信息,可以了解该馆的最新动态,可以阅读该馆的数字资源,也可以了解整个图书馆的行业动态。图书馆也真正实现从传统到现代的转变。

第一节　图书馆局域网建设

公共图书馆　从20世纪90年代末开始,安徽省内大部分市县级公共图书馆,相继购置服务器、路由器、交换机、存储设备,完成主机房建设和综合布线工程,建成不同规模大小图书馆局域网, 接入互联网,安装和调试WWW服务器,开始提供网上信息服务。

安徽省图书馆　该馆于2001年初步建成1100个信息点(冗余1100)馆内局域网。2002年,选购服务器、路由器、交换机,建立部门工作站,与安徽电信签订合作协议,10M光纤接入互联网,安装和调试WWW服务器,提供网上信息服务。2003年,对局域网、广域网进行升级改造。馆内网络系统采用VLAN技术及网络中心交换机的3层交换技术,将整个网络分为核心层、SAN存储区域、接入层、防火墙、远程访问层。核心层由2台核心路由交换机、3台小型机和高端服务器构成,是整个系统的网络核心和数据中心。在接入层选用了2台思科千兆以太网交换机Catalyst 6500作为核心交换设备和1台Catalyst 7507路由器,以及1台PIX 515防火墙。数据传输上馆内构建千兆以太网,馆外电信百兆接入,实现国内外网络互联互通。2004年,为确保网络系统安全高效运行,新增2台千兆楼层交换机。

安庆市图书馆　2001年,安庆市图书馆该馆建成局域网,按千兆以太网标准设计,采用星型、树型混合拓扑结构,配备不间断电源UPS供电,楼内主干信息节点40个,局域网速率100M,通过2台交换机与服务器、PC机连接。备份采用磁盘镜像技术RAID,确保数据安全。

马鞍山市图书馆　2001年,该馆在综合布线系统中部署2台48口2层交换机,选用超五类双绞线作为信息传输线路,有48个信息点。

合肥市图书馆　2002年12月8日,该馆新馆开放时,组建局域网系统,全馆有各类网络信息节点 1500 个,信息节点 564 个,宽带接入为电信 100M 光纤。

合肥市少儿图书馆　2004 年,该馆在全馆范围组建局域网。电信 10M 光纤接入,实行网络化管理,同时也为读者提供网络信息资源服务。

蚌埠市图书馆　2008 年,该馆完成网络平台的建设, 10 兆宽带接入,存储总资源量达到 24TB。配置网络安全防火墙,建立网络安全管理监控系统。

太湖县图书馆　2003 年,该馆采用星形网络拓朴结构,全网布线采用 UTP 类线缆,实行内网 IP 地址规划,对不同的部门实行划分 VLAN 技术,图书馆局域网系统覆盖整幢建筑物,可以通过防火墙、路由器接入互联网。

繁昌县图书馆　2007 年 5 月,该馆与电信 100 兆光纤接入,并以 1 台防火墙实现网络路由和内外网隔离。局域网以 1 台核心交换机锐捷 RG-S3760 为主交换机,拥有 24 端口 10/100M 自适应端口, 4 个 SFP 接口, 4 个复用的 10/100/1000M 电口。2009 年,对中心机房进行升级改造, 增加服务器 1 台,核心交换机 1 台,扩容磁盘阵列 5.5TB。截至 2010 年,繁昌县图书馆初步完成网络平台建设, 建立起相对完善的县、镇、村(社区)三级运行网络 。

高校图书馆

中国科学技术大学图书馆　该馆通过 211 工程和 985 工程的重点支持,网络化、数字化建设取得了长足进展。2010 年,图书馆有 2 个千兆网络接口连接校园网,利用路由划分技术,建成了虚拟图书馆子网,用于管理和控制分布在 3 个校区的文献资源、计算机设备和业务流程,并在图书馆的 3 个馆舍阅览区安装无线网,为读者提供无障碍上网服务。

安徽大学图书馆　2002 年 8 月,安徽大学逸夫图书馆建成,采用美国西蒙全 6 类综合布线系统,建成高性能图书馆局域网,整个逸夫图书馆预设了 739 个 6 类信息点线路和 120 个超 5 类语音点线路,信息点与语音点功能可灵活互换,局域网由一台 AVAYA P580 交换机和 16 台 AVAYA P133 交换机组成,共有 8 个光纤接口, 16 个千兆电口, 384 个百兆电口, AVAYA P580 与各分配线间通过光纤实现千兆连接。

2007 年 7 月,安徽大学文典阁图书馆建成,采用了瑞士德特威勒全 6 类综合布线系统,预设了信息点和语音点 1100 多个,均采用六类线路,可灵活互换,主配线间通过 CISCO3750 连接校网络中心和各分配线间,各分配线间通过 H3C E328 交换机与 CISCO3750 实现千兆光纤连接, H3C E328 再通过双绞线连接各接入层交换机 H3C 1026 — SI,文典阁局域网络系统具有良好的性能价格比和可靠性。

安徽医科大学图书馆　1997 年,该馆就着手建立自己的局域网,经过十多年的不断建设,已经形成了整体规模,拥有信息接点 200 个,其中读者服务工作站信息点 160 个,业务工作站信息点 40 个,基本满足当前工作需要。

安徽理工大学图书馆　2005 年 8 月,安徽理工大学新图书馆建成开放。新馆自动化建成了千兆骨干网络,百兆到桌面,部分网络千兆到桌面。核心交换机 NORTEL 8010

具有256GB的背板带宽，汇聚交换机iSpirit 4504具有64GB的背板带宽，接入层交换机iSpirit 2924G具有13.5GB的背板带宽。设置了硬件防火墙一台（东软4016-FE4），图书馆网络划分为业务集成管理的内网和办公自动化及电子阅览室的外网两部分。全馆网络采用AVAYA超五类线布置，双线冗余，部分主干使用光纤或六类线联接，为了使三校区的信息共享，购置了Fujitu PP450，对汇文业务集成系统进行信息发布与管理。

安徽工程大学图书馆　该馆于1999年组建了局域网。目前，图书馆局域网以思科光纤交换机为主交换，以D-link交换机为二级交换，网速100MB。

蚌埠学院图书馆　该馆主机房核心层选用一台全光纤千兆核心高端多业务交换机，选用两台光纤千兆三层以太网交换机作为整个图书馆的服务器集群的汇聚接入交换机，各服务器均通过光纤千兆以太网交换机连至全光纤千兆核心高端多业务交换机；考虑到这里信息点的访问量会逐渐增大，为防止形成网络瓶颈，每台全光纤千兆三层以太网交换机均可分别通过2条千兆链路高速连到全光纤千兆核心高端多业务交换机上。可以实现图书馆主干网光纤千兆，到面桌100M的能力。

皖西学院图书馆　该校本部中心馆各库室及其公共区域设有校园网有线上网接入点并提供校园网无线上网服务。依托校园网，通过图书馆使用的妙思文献管理集成系统，不同校区的读者可以共享信息资源。各类型交换机14台，千兆主干交换，百兆到桌面，万兆与校网络中心联接。

其他图书馆

中共安徽省委党校图书馆　1999年，该馆建成局域网，2000年建立了14个座位的电子阅览室，使图书馆不仅能为读者提供传统的书刊文献阅览、查寻、参考咨询服务，而且还为读者提供了利用大型电子、网络社科数据库开展专题咨询、数据库检索、网络检索、数据库培训的服务，提高为本校教研人员，本省领导干部决策服务的能力，增强了现代化情报服务的功能。2004年建立了图书馆网站，引进了专题数据库建设与检索平台，建立了具有党校图书馆特色的专题数据库群。

中共淮北市委党校图书馆　该馆通过馆内局域网实现图书馆管理自动化和馆藏书刊目录检索自动化。通过计算机管理系统，实现书刊采编、图书借还、文献检索、读者管理等业务的自动化。

第二节　电子阅览室建设

公共图书馆

安徽省图书馆　该馆电子文献阅览室建设起步于2002年，配置2台管理机和28台读者用机，采用美萍管理系统，每日开放12小时。2003年10月15日，随着新馆建设的完成，电子文献阅览室面积大幅增加，设备更新换代。2009年，电子阅览室面积扩至580平方米，计算机浏览区和视听区独立分开，互不影响。计算机浏览区配备计算机

141 台,以百兆宽带接入 INTERNET,每台计算机都能高速访问互联网。为更好地保护未成年人,将浏览区分为成人上机区、少儿区及学习培训区。安装了内容监控软件,有效地抵制了儿童接触网上黄毒及其他一些不健康内容和游戏。多年来,电子阅览室针对未成年人、老年人、农民工、弱势群体等主动开展活动,直接参与人数达 361902 人次。2010 年,该电子阅览室接待读者 35435 人次。

合肥市图书馆　2003 年,该馆电子阅览室向公众开放,配有计算机 70 台。随着合肥市图书馆网络化建设起步,先后分批更新计算机 46 台,保证电子阅览室的硬件水平能够满足当前信息化建设硬件的基本要求。该馆电子阅览室为读者普及计算机网络知识,举办形式多样的计算机网络知识的培训、讲座及知识竞赛等活动。

淮南市图书馆　2003 年 10 月,该馆电子阅览室建成,配有 35 台读者用机, 1 台管理主机, 2 个百兆交换机,为读者提供互联网访问服务。

马鞍山图书馆　2004 年 5 月,马鞍山市图书馆该馆电子阅览室对外试运行,提供读者阅览计算机 40 台,出口带宽 10M。2009 年 10 月新馆电子阅览室配备 148 台 21 寸液晶彩显对读者开放。

蚌埠市图书馆　2000 年 10 月,该馆配置 12 台计算机,设立省内第一家市级图书馆电子阅览室。截至 2010 年底,该馆电子阅览室共配置计算机 120 台,为读者提供网上阅读服务。

太湖县图书馆　2000 年,该馆建立电子阅览室, 配置 30 台计算机,通过电信 ISDN 接入互联网。2006 年对电子阅览室硬件升级更新。2007 年通过 10M 光纤接入互联网。2009 年 7 月,添置 20 台计算机组建未成年人电子阅览室,为未成年人提供绿色上网服务。截至 2010 年底,共配置计算机 50 台,共接待成人读者 712800 人次,接待少儿读者 35800 人次。

繁昌县图书馆　2007 年 5 月,该馆建立电子文献阅览室,配置 30 台计算机,购买容量为 10GB 的有声数字图书馆 1 套。2009 年更换 30 台读者使用 19 寸液晶彩显计算机,年接待读者 25854 人次。电子阅览室长期开展各类公益培训,免费为老年读者、未成年少儿读者、农民及农民工承担相关服务。在电子阅览室管理机上安装了电子阅览室计费管理软件及行为监控软件,及时进行读者上下机计时管理,并实时跟踪监控上网机器行为,发现非法行为可立即报警。

高校图书馆

合肥工业大学图书馆　该馆在两校区共建设 3 个电子阅览室,总面积 2400 平方米,总座位 380 多座。采用哈尔滨新中新电子股份有限公司的开发的电子阅览室管理系统,该系统是该校数字化校园一卡通系统的一个组成部分。该馆以 1000 兆宽带接入 INTERNET,每台计算机都能高速访问互联网。每周开放时间达到 103.25 小时。年下载电子文献 174 万篇。

安徽大学图书馆　该馆在两校区共建设 2 个电子阅览室,配置 230 台计算机。

2004上半年,逸夫图书馆电子阅览室正式投入使用,配置计算机80台。2007年11月初,文典阁电子阅览室投入使用,配置150台微机,通过学校一卡通机房管理系统自动管理读者上下机,与逸夫馆电子阅览室一样,配备了硬盘保护和网络对拷管理系统,具有良好的系统安全性,管理和维护工作也比较方便。为广大读者提供了非常优越的数据库使用平台和电子信息阅览环境。

安徽建筑工业学院图书馆　2000年9月,该馆北校区电子阅览室建成,拥有电子阅览席位80个。2007年10月,新校区电子阅览室建成,拥有电子阅览席位120个。建有电子阅览室管理系统,读者自主刷卡上机,免费浏览、下载馆藏电子资源及网络信息资源;利用各类应用软件进行自主学习。

安徽医科大学图书馆　该馆电子阅览室共有计算机320台,采用噢易机房BOSS系统管理,包括服务器、管理机、刷卡机和客户端四个程序。此系统形成了一套以资源分配、环境部署、上机管理和服务、数据统计为主要工作环节的自动化操作流程。

安徽工业大学图书馆　该馆建有3个电子阅览室,其中该校本部佳山校区图书馆电子阅览室1个,面积近1000平米,机位300个;东区秀山校区图书馆电子阅览室2个,面积近2000平方米,机位390台。采用电子阅览室管理系统,为实施全开放管理模式奠定了物质基础。

安徽电气工程职业技术学院图书馆　该馆电子阅览室于2007年8月建成,配置了第一批49台方正文祥E350型计算机、1台戴尔PE2950型服务器。电子阅览室建成后对读者全天开放。随着上机量的增加, 2009年8月,又配置第二批42台方正文祥E520型计算机。2011年1月,购置光纤存储系统,满足读者数字文献资源下载需求。电子阅览室为在校生提供上网和数字文献检索、浏览、下载等多方位数字化服务,同时是学院信息检索、上机操作等相关课程的教学场所。

其他图书馆

中共黄山市委党校图书资料室　2001年8月,该室开设40平方米6台计算机的电子阅览室,专供学员查资料用,另开设70平方米32台计算机的教学与电子阅览两用的场所,互联网升级到100M光纤接入。为读者提供网络信息资源检索服务。

解放军电子工程学院图书馆　为满足广大读者对于电子文献的利用,该馆于1990年开设当时只有7个台位电子阅览室,室内建立小型局域网,提供国防科技信息中心BDSIRS联机数据库检索、因特网浏览、各种电子出版物利用等功能。1999年搬入图书馆现址后,建立了30台位军事训练信息网电子阅览室,读者可以在电子阅览室内利用该馆网站及军网其它网站提供的各种数字信息资源。2000年,为满足广大教、学员对因特网信息资源的利用需求,图书馆又建立了30台位的中国教育和科研网电子阅览室,通过校园网接入教育科研网,读者可以利用学院图书馆电子阅览室通过多种方式提供的中国数字图书馆数字图书、超星数字图书、EBSCO数据库等多种中外文信息资源。2006年图书馆对电子阅览室计算机进行了更新和扩展,电子阅览检索台位总体扩展到

120台位,为读者提供了良好的数字化文献信息资源利用环境与工具。

第三节 图书馆网站建设

图书馆网站既是图书馆传统功能的拓展,也是向读者宣传和推介图书馆的一个重要的窗口。截至2010年底,安徽省公共图书馆共有28个图书馆建成自己的网站,其中省级1个,市级10个,县级17个。各高校图书馆也积极争取学校的支持,建立了自己的门户网站。

公共图书馆

安徽省图书馆 2000年,该馆与中国科学技术大学讯飞信息科技有限公司合作,开始着手安徽省图书馆网站建设。2002年5月底,安徽省图书馆网站试运行对外发布,2003年,专门配置网站服务器、域名服务器,升级网站平台软件,申请独立域名,正式开通安徽图书馆网站,确保网站24小时运行。2005年,省图书馆对网页进行全面改版,增加了资源共建共享、安徽特色资源、少儿天地、病毒防御中心等栏目,对视听服务、培训讲座等进行重点推荐。2007年,再次升级网站服务能力,将馆内所有数据库重新调整,为读者提供有序的数字化信息服务、个性化服务、网上书目查询,以及预约、预借服务。2010年,省图书馆对网站进行了第3次改版。该馆网站访问量情况:2004年677402人次,2005年928044人次,2006年273185人次,2007年220578人次,2008年738540人次,2009年913612人次,2010年2062514人次。

合肥市图书馆 1998年,该馆建立合肥市图书馆网站,2002年网站升级,并在该馆服务器上搭建网站平台。截至2010年底,网站访问量达89万人次。网站内容包括信息公告、新闻展示、交流论坛,网络留言等。

马鞍山市图书馆 该馆网站于2003年4月上线投入使用,经过2次改版升级。2009年9月改版升级为马鞍山市图书馆暨马鞍山市数字图书馆网站,设有共有读者服务、馆藏资源、读者园地、新闻资讯、参考咨询、培训会展、学会工作、馆员之家、馆情介绍、我的图书馆、新书推荐、友情链接等12个板块,涉及各类栏目62个,其它网站链接80个。图书馆网站向社会及时发布该馆各类资源及服务的信息。2010年访问量68400次。

芜湖市图书馆 该馆于2005年建立网站,开设了读者服务平台、数字资源平台、流媒体平台、移动数字平台,实现内容发布、图书检索、数字资源统一检索等功能。所有数字资源免费向广大读者开放。

安庆市图书馆 该馆网站于2003年9月8日正式开通,共升级改版4次。开辟有馆情概览、最新公告、新闻动态、读者指南、书目查询、数字资源、共享工程、新书推荐、网上读书、安庆大讲坛、馆藏精品、图林聚合、信息公开等栏目,年均访问量6万人次。另在互联网设有安庆市图书馆官方微博(新浪)、安庆市图书馆学会网易博客等互动新媒体。

宁国市图书馆 2008年8月,该馆网站正式对外发布, 2009年为提升数字图书馆的服务水平,在网站上开通《数字资源》和《第二课堂》。2010年, 通过网站实现了与读者,支中心与基层点的互动。截至2010年底,网站的累计浏览人数22万人。

太湖县图书馆 2006年,该馆开始筹建网站,配置网站服务器,搭建网站平台。网站设有新闻资讯、读者指南、共享工程等多个板块。2010年,进行网站升级,风格更加简约,使用户能方便的查找到所需功能。日平均访问50余人次,累计访问量8万余人次。

繁昌县图书馆 2006年底,该馆网站正式开通,主要模块有读者提供网上续借、提供馆藏资源查询、图书馆活动信息发布等。2009年根据图书馆发展的需要,对网站进行升级和改版,并新增部分特色栏目,如与县司法局合作的法制宣传栏、信息摘要、读者园地网培课堂、文化繁昌、少儿天地等。

高校图书馆

合肥工业大学图书馆 该馆网站以校园网为依托,加强图书馆存储系统建设,实现信息导航,为广大从事教学科研的高层次读者提供更加便捷的文献检索服务,为网络用户提供数字视频节目、多媒体学习光盘等多种多媒体点播服务。所有师生员工可以很方便地在图书馆和校园网内各个终端在线浏览和下载资源。

安徽师范大学图书馆 1998年,该馆开始建设自己的网站, 2006年进行了网站改版,网站内容主要包括该馆概况、电子资源、参考咨询、信息检索、服务传真及帮助信息等栏目。

安徽建筑大学图书馆 该馆网站自2000年7月建成以来,历经4次改版,从单纯的静态网站到目前的具有3层结构功能的动态网站。

安徽农业大学图书馆 该馆网站自1999年建设以来,先后经历了8次改版。网站建设将依据数字图书馆的建设框架,不仅对图书馆的资源进行了整合,而且注重中外文资源知识发现功能,整站提供搜索功能、文献传递和参考咨询等功能。

合肥学院图书馆 该馆网站始建于2003年, 2006年对网站进行了第3次改版,突出了"地方性、应用型、国际化"的办学定位,在"厚德博学,善思致用"院训的指导下,营造良好的数字资源环境,积极宣传图书馆的馆藏资源,充分体现为教学和科研服务的办馆宗旨。截至2010年底,总访问量超过155万人次。

安徽工业大学图书馆 该馆自主开发图书馆主页,利用ASP.NET、jequery及web2.0等新技术,在注重网页美观的同时,侧重于页面的检索和使用。

安徽理工大学图书馆 该馆网站主页于2001年建成并投入使用, 2009年进行了第四次改版。

淮北师范大学图书馆 该馆网站采用jsp+apache架构,具有一定的后台管理功能。电子文献资源实现24小时对外开放。与因特网实现了高速连接,通过校园网为全校师生提供高效的文献信息服务。

安庆师范学院图书馆　该馆网站于2006年建立,并在2010年进行整体改版。网站系统采用微软的IIS服务器利用PHP语言和MySQL数据库设计开发。主要内容有该馆概况、书刊统一检索平台、馆藏书目及读者信息查询、电子资源、资源导航、在线服务、图书馆通迅、全站搜索、下载中心和读者留言、网站后台管理等11个模块组成。真正实现网站所有内容通过后台管理页面分权限进行更新管理,方便管理员安全高效的管理网站。

皖西学院图书馆　该馆采用自主开发与联合挂接相结合方式,图书馆主页外网访问使用学校网站群系统,内部检索利用ASP等技术,在注重网页美观的同时,侧重于页面的检索和使用。

安徽医学高等专科学校图书馆　该馆通过VPN校外登录方式,实现校内外读者利用馆藏资源。

其他图书馆

中共安徽省委党校图书馆　该馆于2005年建设了门户网站，2006年网站升级扩展并导入校园网站群E-site建站和后台管理软件，2005年拥有独立域名。

中共蚌埠市委党校图书馆　该馆于2006年,建成图书馆网站,开辟《数字资源》《党校文库》《蚌埠市情》《读者服务》等栏目。馆内设有19个信息点,共12台计算机。

第三章　数字图书馆建设

在自动化建设和网络化建设的基础上，各级各类图书馆依托本馆网站，积极建设数字资源，开展网上服务，建立传统图书馆和现代图书馆相结合的复合型图书馆，并走向数字图书馆。安徽省图书馆数字资源建设起步于1994年。1995年，购入《中文社科和自科报刊篇名》《中国科技成果》《中国企业及产品目录》《中国专利文摘》等4种光盘数据库，为读者提供查询服务。2003年，购买近10万种电子图书建立安徽省内首个数字图书馆。2003年11月12日，中国数字图书馆安徽省分馆在省图书馆成立，并在安徽省图书馆网站上专门开辟"安徽省数字图书馆"栏目，提供超星数字图书馆、读秀学术搜索、阿帕比数字资源平台、中国知识资源总库、维普信息资源系统、万方数据、博看期刊数据库、爱迪科森、视频文献数据库网上报告厅服务。安徽省数字图书馆的开通，标志着安徽省的公共图书馆服务方式由传统的以印刷型文献为主的，向以提供数字化信息与印刷型文献并行的服务方式转变。

从建设方式来看，数字资源可分为自建数字资源和外购数字资源两部分。自建资源需要依托本馆实际，除财力保障外，更需要人力的支撑。自建数字资源的数量和质量是衡量办馆水平和办馆效益的重要标志。外购数字资源是指通过专项经费购买的商业数据库。

第一节　自建数字资源

随着图书馆自动化技术的发展，读者越来越习惯于计算机检索数字资源，数字资源建设成为图书馆的一项重要的业务工作。书目数据库是图书馆计算机信息管理的重要数据库，在图书馆自动化建设中，对于馆藏文献量较大的大中型馆来说，书目数据的回溯建库工作是一项艰巨的任务。书目回溯建库工作主要是通过图书馆业务自动化系统的编目功能来完成的。

公共图书馆

安徽省图书馆　该馆从1995年开始自建数据库，主要包括馆藏书目数据库，地方特色数据库，专题文献与二、三次文献编制、网页制作、网络资源导航、电子简报制作等。

从1995年开始，安徽省馆馆藏书目数据库逐步开始回溯建库，录入MARC数据，截至2010年底，安徽省图书馆馆藏书目数据库共完成数据约98.4万条，容量

758.75MB。其中中文图书数据约81.4万条,容量624MB;西文图书数据约17000条,容量12.89MB;中文期刊数据约15200条,容量11.25MB;西文期刊数据约1600条,容量1.21MB;古籍数据106790条,共计79MB,其中古籍善本数据6216条,容量3.47MB;民国图书数据25664条,容量17.89MB;民国期刊数据3900条,容量2.92MB;皖人书目数据9833条,容量5.17MB;视听音像数据3964条,容量3.42MB;缩微制品数据254条;谱牒文献数据929条。

2007年,省图书馆制订《安徽省图书馆"十一五"地方特色资源数据库建设规划》。该规划确定的安徽特色数据库建设以"安徽记忆"为主线,通过不同主题特色资源的建设,将安徽悠久灿烂的历史文化全方位多角度地整理和展示出来,为宣传安徽、推介安徽地区人文资源,为人们研究安徽、了解安徽、关注安徽提供一个重要的窗口。省图书馆在信息资源建设过程中,立足特色馆藏文献,收集网上各大门户网站和专业网站网上资料,向有关文化单位和机构征集,同时组织专职人员实地采集等途径,来确保数据的质量。截至2010年,省图书馆建设的数据库分别有图文数据库和视频数据库。图文数据库有安徽美术数据库、安徽徽派建筑数据库、安徽省地方志、桐城文派等。视频数据库有安徽戏曲视频数据库等。截至2010年底,该馆自建各类书目数据及图文,视频等数据共2.3TB。

马鞍山市图书馆　该馆利用麦达光盘管理系统加工随书光盘近2500张。利用TPI软件加工马鞍山地方图书100册。利用外购的"远古多媒体发布平台"构建马鞍山市图书馆多媒体视频点播平台,自行加工与发布共享工程类视频2300集,地方特色视频近100集。

蚌埠市图书馆　该馆建立电子资源期刊数据库2个,地方戏曲200多部。

宣城市图书馆　该馆自建专题数据库有宣城掌故、宣城名人著述、宣城名人录等资料数据库。

宿松县图书馆　该馆自建电子图书4TB、视频数字资源3TB,并安装了冰峰VPN1000-F-P及资源信息导航系统,在全省率先与省图书馆数字资源对接。2006年,成立宿松图片资料库,专门搜集、拍摄、整理全县政治、经济、文化、教育等各行领域图片,图片资源1TB。

繁昌县图书馆　截至2010年,该馆完成馆藏6.5万册书目数据建设,自建地方文献数据库2G,二次文献摘要数据库资源1G。

高校图书馆

中国科学技术大学图书馆　该馆自建数据库4个,拥有中科院标准文献检索系统、国防科技信息服务系统、国际核信息系统INIS、火灾科学学术资源网、Metalib学术资源门户等特色资源数据库。

安徽大学图书馆　该馆立足本校师生需求,建设了安徽大学学位论文、徽学论文全文数据库、徽学题录数据库等8个特色数字资源。

合肥工业大学图书馆　2003年,完成中文图书回溯建库工作,加入"安徽省高等学校文献信息保障系统建设工程"。同时,积极组织力量进行特色资源开发,创建具有该校特色和安徽地方特色的数字资源数据库,利用德赛（DESi）制作系统,建设了合肥工业大学硕博学位论文全文数据库和安徽地方特色数据库,主要包括李鸿章专题数据库、陈独秀专题数据库、徽商专题数据库。目前,已建成该校博硕学位论文数据库近8000篇。安徽地方特色数据库已基本形成规模,其中陈独秀专题数据库已建约2000条目,李鸿章专题数据库已建481条目,徽商专题数据库已建572条目。积极参与安徽省人民政府科技文献数字化资源共建共享项目。

安徽建筑工业学院图书馆　该馆自建《徽派建筑数字图书馆》《建筑节能数据库》《智能建筑数据库》《学位论文管理系统》《科研成果管理库》等特色数据库6种。

安徽农业大学图书馆　该馆自建博士硕士学位论文库和安徽农业大学"大别山道路"特色数据库。

合肥学院图书馆　该馆自建专题数据库3个,分别是外语学习、庐剧和李鸿章,主要是依托超星读秀个人用户平台构建。

安徽理工大学图书馆　2004年,该馆建成本校学位论文提交与发布系统,首期录入论文数据170篇。2006年3月和10月,自主开发研制的"随书光盘发布系统"和"本科专业教学参考书推荐书目系统"分别投入使用。自建了中外文书刊等3个馆藏书目数据库,参与"矿业工程数字图书馆"特色数据库的建设。

淮北师范大学图书馆　该馆自建数据库1种。安庆师院图书馆1种自建特色馆藏数据库。

滁州学院图书馆　该馆自建吴敬梓研究资料、滁州学院教职工专著特色数据库。

其他图书馆

中共安徽省委党校图书馆　该馆自建区域协调发展数据库、学科教研参考数据库、安徽省委党校数字报刊平台、安徽省情、科学发展观、中部崛起、党史党建、安徽党校文库等累计62800条。

中共亳州市委党校图书馆　该馆建设了多媒体资料数据库、市委党校文库、地方特色文库、市情数据库。淮北党校图书馆建设有5个一级数据库。

中共蚌埠市市委党校图书馆　该馆自建专题数据库35个。

解放军炮兵学院图书馆　该馆数字资源涵盖了通用、军事和自建数据库等近50T。

第二节　外购数字资源

公共图书馆　安徽省公共图书馆外购全文数据库的图书馆有安徽省图书馆、合肥市图书馆、芜湖市图书馆、马鞍山市图书馆、安庆市图书馆、铜陵市图书馆、宁国市图书馆、繁昌县图书馆、无为县图书馆等,在公共图书馆在线阅览的全文数据库有方正数据库、万方数据库、同方数据库、维普数据库、超星图书、全国报刊索引数据库、龙源期刊数据库、人民日报图文数据库、慧科新闻等。

安徽省图书馆　截至2010年底,该馆外购数字资源总容量为14207.73GB。其中APABI的数据容量为1358G,图书册数为105646条,共61471种。万方数据库数据容量为332GB,其中法律法规164787条,标准为100000条。同方数据库总容量为5981GB,总计6326337篇,总访问145674人次;期刊全文5922976篇,硕士论文372106篇;维普期刊数据库数据库容量为5415GB,共有2845.552万篇;超星电子图书数据容量为814GB,共161082篇;《全国报刊索引数据库》含自1857—2006年的报刊文献篇名,数据量1178.2465万条,数据容量7.73GB;人民日报图文数据库收录1946—2007年,计148.6594万条,数据容量300GB。

合肥市图书馆　该馆购买的数字资源主要有CNKI期刊全文数据、报纸全文数据、年鉴、硕博论文全文,万方数据,随书光盘镜像,网上报告厅,中国学术期刊(CNKI)、万方数据和Emerald回溯期刊数据库,龙源期刊、博看电子杂志,方正中华数字书苑电子书和超星读秀电子书。

芜湖市图书馆　该馆购买的数字资源主要有CNKI期刊全文库、CNKI会议论文库、CNKI报纸全文库、CNKI国学宝典库、方正Apabi电子书库、方正Apabi工具书库、方正Apabi年鉴库、点点少儿动漫电子书、万方视频数据库、上业百科视频库、爱迪科森就业视频库、爱迪科森网上报告厅、爱迪科森少儿图书馆、新东方多媒体学习库、读秀学术搜索、自建视频库。远程包库有CNKI博硕论文库、万方地方志数据库、维普科技期刊数据库、龙源期刊网、博看期刊网、典藏古籍数据库、奥鹏教育网、新东方多媒体学习库、读秀学术搜索。

合肥市少儿图书馆　该馆与美国明德图书馆基金会合作建立的明德英文图书馆是全省首创公益性少儿英文图书馆,2007年7月7日正式对外开放,开通电子图书阅读平台,首批电子资源为方正电子图书约5000种。2009年7月,创建全省首家“电子漫画馆”,推出数字漫画2000余册,内容涉及国学、幽默、侦探、体育、神话等类别,可保证20人同时看同一本书,最大程度满足读者的需求。2009年10月,建立了“科教视频资源点播系统”,读者可在馆内电子阅览室或家中通过网站观看丰富的科教类视频或儿童电影,资源可即时更新。建立“光盘数据库”(该馆现有馆藏各类动画片、儿童电影光盘达1300余张,此外还有大量随书光盘,读者可进行借阅,也可以在电子阅览室在线观看。

马鞍山市图书馆　该馆拥有数字资源平台、流媒体点播平台和读者远程访问数字资源平台,本地镜像(合15T)。购买CNKI期刊全文库、CNKI法律知识总库、重庆维普期刊总库、方正Apabi四库全书电子书库、上业百科视频库、爱迪科森就业视频库、爱迪科森网上报告厅、易学计算机视频资源库、读秀学术搜索等。

蚌埠市图书馆　2008年,该馆投资购买电子图书13万册,建立电子期刊特色库2

个,数据库 5 个,地方戏曲 200 多部,共计 20TB 的数字资源。

宣城市图书馆　该馆购买维普全文电子期刊、龙源有声期刊、阿帕比电子书、乐考网考试平台、墨香华文数字报纸平台、乐儿科普教育动漫等数字资源供读者使用。

宁国市图书馆　2008 年 8 月,该馆网站正式开通,适时新购电子图书 10505 册。2009 年先期投入资金 3 万元购买北京校园科技之星有限公司开发的教育资源网,后投入资金 8 万元采购上海万方数据有限公司的期刊库和视频讲座库。2009 年累计新购电子期刊 6000 种,视频讲座 9000 部。

繁昌县图书馆　截至 2010 年底,该馆接收文化共享工程卫星传输资源 2 TB,加载文化共享工程国家中心下发资源 1.2TB,阿帕比数字图书(含《阅读中国》及辞海等部分大型工具书)564 种 704 计 12GB,点点秀软件一套和《国学》动漫数字图书 2080 册计 20GB,有声读物 100000 篇计 10GB;农科专题数据库 1TB,视频资源 0.65TB,春谷讲坛数据库 4G,文化共享工程视频点播数据库资源 1.5TB。

界首市图书馆　该馆数字资源总量 5TB,包括县级数字图书馆推广计划 1TB,电子图书与电子期刊 2TB 等。

泾县图书馆　该馆购买了 80 万册电子图书、3000 种电子期刊。

舒城县图书馆　该馆采购超星公司电子图书 38 万种 40 万册,博看期刊数据库电子期刊 3500 种。

宁国市图书馆　该馆于 2010 年购买方正电子图书 1 万余册,万方学术期刊 6 千种,万方视频 9 千部。

当涂县图书馆　该馆购买电子图书 40 万册、电子期刊 3000 册并,与省图书馆数字资源平台对接,实现与省馆的数字资源共享。

临泉县图书馆　该馆数字资源总量达 5TB,其中文化信息资源共享工程 2TB,县级数字图书馆推广计划 1TB,电子图书与电子期刊 2TB。

凤阳县图书馆　该馆采购电子图书 10 万册。

高校图书馆

中国科学技术大学图书馆　该馆拥有各种文献数据库 61 个,其中包括 SCI、CPCI、JCR、INSPEC、Ei Compendex、SciFinder Scholar、Beilstein/Gmelin、ACS、Elsevier、Springer 等国外优质文献资源。中国学术期刊网、万方数据资源、超星电子图书、方正电子图书、EI、SCI、ISTP、ELSEVIER SDOS、IEL、John Wiley 等。可以使用的电子资源还包括 63 万册中文电子图书、20 万册外文电子图书、外文电子期刊 29215 种、中文电子期刊 9000 种,国际硕士博士学位论文 21 万份、国内硕博士学位论文 140 万份,以及标准、专利等。

安徽大学图书馆　该馆入藏中文电子图书 56.2 万种 112.4 万册,外文电子图书 4000 多种。外文全文电子期刊 7000 多种,中文全文电子期刊 9000 多种,国内外数据库系统 30 多种。大型数据库主要有 Elsevier、EBSCO、Springer-Link、PQDD、部分美国学协会数据库和John Wiley数据库、OCLC基本组数据库、BA、中国学术期刊网、万方数据、维普数据库、超星电子图书、中文社会科学引文索引CSSCI、中国科学文献数据库、国研网等。

合肥工业大学图书馆　该馆与20世纪90年代初期就注重电子资源的收集与利用，建立了光盘数据库检索系统，收集了国内主要的光盘数据库，包括“经济信息数据库”、“百万家光盘数据库”“全国会议论文数据库”“全国高校图书馆数据库”等，开始了纸质资源和电子资源共同发展的时代。1999年，CNKI知识网络管理服务中心合肥工业大学一级中心及电子阅览室在工大图书馆建成，万方数据信息服务中心在该校图书馆设立。该馆订购各种与该校学科相关的文献信息数据库，包括中国学术期刊网、维普电子期刊、万方数据资源等大型中文数据库，尤其是自2003年以来陆续引进了多种我校用户急需的外文数据库，如SCI 、EI 、ISTP三大索引数据库和IEEE/IEE Electronic Library数据库 、ELSEVIER电子期刊、John Wiley电子期刊等。该馆年均订购各类中外文数据库约200个，订购中文电子期刊约1.2万种，外文电子期刊约2.1万种，万方学位论文20万篇，会议论文18万篇，标准2.5万篇。

安徽师范大学图书馆　该馆购买中外文数据库22种，其中中文数据库12种，外文数据库10种；购买中外文电子图书近130万册，部分数据库采用镜像站形式，占用存储空间共30T。安徽建筑大学图书馆购买CNKI、SD等中外文数据库24个。

安徽农业大学图书馆　该馆引进了中外文数据库27个。

安徽医科大学图书馆　该馆购买的中文数据库有e线图情、读秀知识库、超星数字图书馆、书生之家数字图书馆、中国数字图书馆、中国知网、·维普信息资源系统、万方数据库、·CBM(中国生物医学文献数据库)·、博看中文电子期刊 、方略学科导航系统；购买的外文数据库有SCIE、JCR数据库；SpringerProtocols实验室指南；·Biosis Previews；ELSEVIER ScienceDirect（SDOS）数据库；Wiley Online Library；·Springer Link数据库；Nature Press Group；LWW医学核心期刊数据库；牛津期刊现刊库；EBSCO公司数据库；济南泉方本地PubMed。多媒体资源有医学教学素材库、爱迪科森就业培训库、网上报告厅视频等。

安徽中医学院图书馆　该馆购买的数字资源有Springer外文全文数据库、中国药学文摘数据库、中国中医药数据库、中国生物医学文献数据库、读秀学术搜索平、银符考试题库、清华同方全文数据库、万方数据、“文化大革命”期间中草药实用手册全文数据库等以及70多万册电子图书。

安徽工业大学图书馆　该馆订购中外文数字库43个，其中中文数据库15个，外文数据库28个。试用数字资源28个。

安徽财经大学图书馆　该馆拥有24个数据库。

安徽理工大学图书馆　该馆于2003年参加中国煤炭工业协会科技文献信息咨询专业委员会“矿业工程数字图书馆”的建设，并安装特色电子书3万册。2005年起引进“煤炭暨安全生产数字图书馆”,形成了具有该馆专业特点的特色电子资源。2006年订购爱迪科森《网上报告厅》,电子资源建设开始向多媒体方向发展;同年订购“国研网”专题数据库,资源类型扩展至统计数据等参考工具类信息;2009年订购“超星”名师讲坛,视频资源进一步高端化。

合肥学院图书馆　该馆拥有5个图书数字资源库和6个电子期刊数据库。

淮南师范学院图书馆　该馆有电子图书56万余种,建有15个网络教学资源数据库数，5个中外文期刊数据库数,建设有读秀学术搜索平台、汇文查询系统和非书管理系统。

淮北师范大学图书馆　该馆购买有中国知网、万方、网上报告厅、起点考试、超星学术视频等各类数字化资源30种。

安庆师范学院图书馆　该馆购买12种中文和5种外文数字资源数据库。

宿州学院图书馆　该馆拥有12个中外文数据库。

皖西学院图书馆　该馆订购中外文数字库23个,其中中文数据库20个,外文数据库3个（WSPC外文数据库、美国芝加哥大学出版社UCP、Springer外文数据库、socolar oa一站式检索平台、Ebsco外文数据库、）以及超星图书馆、中国数字图书馆等。另外还拥有爱迪科森网上报告厅、图书馆VOD点播、第二届国家珍贵古籍特展、博云随书光盘系统、正保（会计、建筑）多媒体、超星学术视频、机械工业出版社实训视频数据库。

安徽新华学院图书馆　该馆拥有CNKI、维普中文期刊、超星数字图书馆、网上报告厅、读秀学术搜索、EBSC0、SpringerLink等10余个中外文电子资源数据库。2010年新增“龙源电子期刊”和“新东方多媒体学习库”,电子图书新增4万种,取得10个数据库的试用权。

安徽医学高等专科学校图书馆　该馆拥有书生电子图书、中国知网医学相关数字化期刊论文及博硕论文库、超星电子图书和万方数字化期刊等。

安徽电气工程职业技术学院　该馆图书馆从2007年开始启动数字文献资源建设项目,先后购置重庆维普中文科技期刊全文数据库、常州维库电子图书、慧科新闻数据库等数字文献。2008年起购买CNKI、圣才学习网视频资源库、银符考试模拟题库等。

桐城师范高等专科学校图书馆　该馆购置清华同方和中国知网数据库。

其他图书馆

中共安徽省委党校图书馆　该馆的数字资源主要有中国知网、人大复印资源全文数据库、国研网数据库、龙源电子期刊。

中共亳州市委党校图书馆　该馆采购电子图书12万册,购买视频资源1500种。

安徽社会主义学院图书馆　该馆订购中国知网和国研网,购买数字图书。

第三节 资源共建与共享

公共图书馆数字资源共享 2010年2月8日,安徽省“县级数字图书馆推广计划”在省图书馆正式启动。共享工程安徽省分中心为太湖县、繁昌县、蒙城县、黟县、宁国市、青阳县芜湖县、凤阳县、五河县、怀宁县等10个首批推广县支中心,安装国家数字图书馆提供的容量达1TB的数字资源,相当于25万册电子图书或926小时视频节目,以丰富县级图书馆数字资源,使其能普遍开展数字图书馆服务,更好地满足基层群众日益增长的信息需求,丰富人民群众的文化生活。截至2010年底,全省105个县级支中心的读者都能使用到国家数字图书馆和安徽省数字图书馆的资源。

2008年11月12日,合肥市数字图书馆对外开放,党政机关、企事业单位、科研机构、广大科研工作者以及合肥市民足不出户即可通过平台访问到合肥市数字图书馆数字资源,让数字资源的理论成果为科研和城市建设规划设计提供信息咨询服务。

高校文献信息保障系统 安徽省高等学校文献信息保障系统(The Academic Library and Information System of Anhui),简称ALISA,是由安徽省人民政府教育厅2001年底投资建设的全省高等教育总体建设规划中的重要公共服务体系,起着为全省高校人才培养和科学研究提供网上在线电子文献资源服务及其他辅助信息保障功能的作用。2002年12月,在安徽大学召开了全省图书馆工作会议,全省高等学校共有62所院校的分管校长、图书馆长参加了会议。经过5年的建设和运作,已初步形成共建共享的文献保障体系和资源协调环境加强标准化建设。

高等教育文献信息中心 安徽省高等教育文献信息中心成立于2004年11月,经安徽省教育委员会审批并下发文件,由原"安徽省高校数字化图书馆建设管理中心"改建成立的实体单位。中心于2004年经CALIS批准成为CALIS安徽省文献信息服务中心,负责组织安徽省的文献信息建设和服务工作,负责CALIS国家“十一五”项目“中国高等教育数字图书馆”安徽共享域(即安徽省高等教育数字图书馆)建设与服务。中国科学技术大学图书馆被省教育厅任命为“安徽省高校数字图书馆”总馆,引领安徽省数字图书馆发展。2010年安徽省下拨经费140万元,主要用于省数图公共平台建设。通过博云非书资料管理系统,共享安徽省高校数字图书馆提供的服务。

第四章　文化信息资源共享工程

文化信息资源共享工程是由文化部、财政部联合牵头的一项文化工程，启动于2002年。该工程的目的是充分利用现代技术，对信息资源进行加工和整合。工程依据各级分中心及基层服务网络，通过互联网和卫星传输等手段，将信息资源传输到基层群众中去，为广大群众提供信息资源服务，从而构筑公共文化服务体系。同年7月，安徽省文化厅、安徽省财政厅联合下发《关于实施全省文化信息资源共享工程的通知》，并成立领导小组和办事机构，设立分中心，正式启动安徽省文化信息资源共享工程建设。安徽省级分中心设在安徽省图书馆。

2007年4月10日，全国文化信息资源共享工程会议在安徽召开。这次会议大大地推动了安徽地区共享工程的建设。9月29日，省政府副省长任海深、省文化厅厅长杨果与文化部签署了责任书，进一步明确2007—2010年文化共享工程基层服务网络建设的任务。2007年，省文化厅与省财政厅联合转发了《文化部财政部关于进一步推进全国文化信息资源共享工程的实施意见》（皖文计〔2007〕362号）。《意见》确定了各级支中心、乡镇、村基层服务点的建设目标，提出“突出重点，整体推进”的工作思路和“加强合作，共建共享”的建设模式。同年11月，省委组织部、省文化厅、省财政厅联合会签《关于加强全省党员干部现代远程教育与文化信息资源共享工程资源整合工作的通知》下发全省。2008年，安徽省文化共享工程被列入省委常委工作要点。

经费投入上，在中央财政补助50%的基础上，安徽省省级财政和县（市、区）财政对县级支中心、村级基层点建设经费各配套25%。2007年，中央财政扶助安徽省建设的30个县级支中心配套510万元，对448个村级点配套60万元建设经费。30个县级财政也能基本保证配套25%的建设经费。2008年，在中央财政补助地方建设资金下达后，省级财政又随即落实了配套资金，共2898.5万元（其中，32个县级支中心544万元，17658个村级点共2354.5万元）。此外，省级财政还安排了40万元文化共享工程工作运转经费。

制度建设上，在安徽省文化共享工程的实施与推进过程中，省文化厅本着建设与管理并重的原则，加强管理，建立健全规章制度，先后印发《全国文化信息资源共享工程安徽省县级支中心管理暂行办法》和《全国文化信息资源共享工程安徽省乡镇（街道）、村（社区）基层服务点管理暂行办法》，明确工作职责，并对设备维护和开展服务工作等提出明确要求。

第一节 省级分中心资源共建与共享

设施建设 安徽省依托安徽省图书馆计算机网络中心,具体行使全国文化信息资源共享工程安徽省级分中心职能,负责与国家管理中心以及全省各支中心、基层服务点联系,开展各项业务工作。安徽省图书馆计算机网络中心安排专兼职员工10人进行数字资源加工。2002—2008年,结合新馆建设需要,共享工程省级分中心建设投入资金800多万元,分四步实施,逐步完善共享工程硬件、软件平台建设。主要硬件设备有交换机、存储设备、卫星接收服务器、资源加工服务器、共享工程资源服务器、FTP服务器、流媒体点播服务器、WEB服务器、杀毒网络版服务器和数据备份服务器、资源加工专用扫描仪、资源加工专用工作站、非线性视频加工等。主要软件平台有数字资源加工发布软件、视频点播、备份软件、网管软件、存储管理软件、非线性编辑软件等。新建录音、摄像室,升级了共享工程视频点播系统、图书馆网上联合编目系统等。SAN存储上预留了20TB的空间用于共享工程资源存储及备份。数据传输上,馆内构建了千兆以太网,馆外实现电信宽带百兆接入和政府外网光纤千兆接入。同时,省级中心拥有与国家中心数据传输的全部接口。

网络建设 安徽省共享工程是依托国家骨干通讯网络,通过互联网、卫星宽带网、资源镜像和光盘、移动存储播放器等,上下联通省、市、县各级中心、基层服务点,实现资源共建共享。其基本内涵包括5个方面:第一,图书馆内部局域网网络体系。第二,国家中心与各级支中心、基层服务之间的卫星专用网络体系,主要接收国家中心投发的资源。第三,国家中心与各级中心之间的专网网络体系。目前,主要是运用电子政务城域专用网络体系,通过省公务外网和市、区县政务外网开展资源的加工、传输和共享。第四,各级中心广域网网络体系。由各级支中心依托互联网建设面向公众的网站,形成相互沟连的文化资源信息网站群。第五,各级中心、基层服务点与农村远程教育之间的IPTV电视网络体系。依托电信,通过网络机顶盒和普通电视机,完成接收视频点播节目、视频广播等。

资源建设 按照国家中心的要求,省级中心承担本省特色资源建设任务。根据《全国文化信息资源共享工程"十一五"发展规划》,省级中心组织制定了《安徽省图书馆"十一五"地方特色资源数据库建设规划》。通过征集、自建、购买等方式建设了一批集文本、图像、音频、视频于一体的多媒体数字资源库。经过几年的建设和积累,截至2012年底,安徽省图书馆的数字资源56.56TB。

征集与接受数字资源 一是注重安徽各地方剧团的资源征集。2006年,省中心组织专人,定任务,定目标,积极争取文化厅的支持,走访省黄梅学院、省杂技团、省群众艺术馆、省艺术研究所等省直各有关文化单位,征集一批安徽优秀地方戏剧。2007年,向国家中心报送资源507部,745.3 GB,1107.4小时。内容涵盖黄梅戏、儿歌、泗州戏、庐剧、

推剧和皖南花鼓戏等。2008 年,从省话剧团、戏缘和海马征集视频资源,共计 206 部,912.54GB。二是充分利用图书馆公益讲座品牌,建设讲座资源。主要是通过主讲人的授权,拍摄安徽省图书馆与新安晚报社联合举办的“新安百姓大讲堂”。截至 2010 年底,省中心共接受国家中心下发数字资源 18.23TB,其中 2009 年接受 3TB。

建设徽文化数字资源库　2006 年以来,自建“安徽路桥”“安徽文化概览”“安徽徽派建筑”“安徽家谱”等专题文献库。截至 2008 年底,完成安徽地方志、安徽家谱、桐城文派等具有“安徽文化”特色的文化信息资源库群。建成了“淮河纪事”“安徽红色旅游”“廉政文化”“安徽卫生”“安徽发展改革”“安徽商务”“信息参考”等 12 个专题文献,共计完成 427MB 的数字化加工任务。2007 年,成功申报了《徽州建筑》《安徽红色记忆》《安徽历史文化名城》专题视频数据库建设项目。2008—2011 年拍摄的 5 部电视专题片制通过由全国文化信息资源建设管理中心组织的专家验收。分别是:《徽州建筑》(共 14 集 9 个篇章,总计 432 分钟,21.03GB)《安徽历史文化名城》(14 集,总计 435 分钟,21.03GB)《安徽红色之旅》(11 集)《安徽民间传统工艺》(8 集)《安徽花鼓灯》(8 集,2.4TB)。

购买数字资源　2005—2010 年,购置万方数据、电子图书、维普科技期刊、清华同方等电子版书刊数据库共 15TB。另购经典电影 500GB,音频 150GB。整合后,通过共享工程网站供广大读者利用,初步实现文化信息资源共享。省文化厅多次与省党员干部现代远程教育中心会商,达成共识,利用远程办建点的技术模式“电视机 + 机顶盒 +ADSL”,实现共建共享。省中心具体履行职能:一是利用党员干部现代远程教育“先锋在线”平台,开设文化信息资源共享工程专栏。二是负责文化信息资源加工、整合、内容审核和格式转换,提供给“先锋在线”平台播出。省级分中心先后加工视频资源 461 部,448 多个小时,容量 412.99GB,提供省党员干部现代远程教育中心。三是所有建在乡镇、村和街道、社区的远程教育终端接收站点,同时作为文化信息资源共享工程的基层服务点,加挂文化共享工程基层网点标牌。四是为所有建在村级服务点的远程教育终端接收站点配发文化共享工程村级服务点设备。2008 年 10—12 月,利用 2007 年中央财政下拨的经费和省财政配套经费,通过政府采购招标途径,购置 448 台计算机配送金塞、太湖、繁昌、蒙城等县 448 个文化共享工程村级服务点。2008 年底,购置 17658 套投影设备,配发到全省 17658 个村级基层服务点。2009 年 8 月,在全省范围组织开展“文化共享惠农,信息助推致富”为主题的文化信息资源共享工程宣传服务活动。

资源共享

资源传输与发布　资源传输主要是通过人网、天网、地网 3 种方式。人网是通过光盘、移动存储播放器,按照国家中心—省级中心—市级中心—县级中心—乡镇—行政村模式进行资源传输。天网是通过卫星网,由国家中心向省级中心、市级中心、县级中心、乡镇、行政村发送资源。地网是通过互联网、政府外网实现国家中心与各级支中心上下互通资源,通过局域网实现各支中心自身资源服务,通过 IPTV 电视网实现各级支中心与农村党员远程教育网互联资源。省级中心另拉专线接入政府外网。资源发布的基本做法:一是针对国家中心接收资源,结合地方特色加以细分、归类,建成具有地方特色的专题29个,通过省级中心共享工程发布平台为各个基层点服务。二是专门购置了VOD点播系统,将国家中心共享工程的音视频资料统一规划,向各个基层点提供个性化的视频点播服务。三是在发展乡镇、村服务点的时候,积极利用农村党员远程教育平台,通过IPTV途径发布共享工程资源。资源服务上,采用“三网合一”的特色方式。省级中心利用从国家中心的接收到的数字资源整合后,通过馆内有线局域网、无线局域网、卫星电视网,将接收下来的内容发布到馆内外。

信息服务　省级分中心服务窗口主要是电子文献阅览室。电子阅览室分为计算机浏览区和视听区两大块。为满足儿童读者的需求,电子阅览室单独开辟少儿上网天地,提供全国知名儿童网站推荐、电子阅读、儿童文献资料书目数据查询、网上信息浏览、网上VOD点播服务等。电子阅览室还安装了内容监控软件,有效地抵制了一些不健康内容和游戏。

利用省图书馆报告厅,依托新安百姓讲堂,邀请专家学者走进共享工程中心,开展各种讲座活动。以电子文献阅览室、网站为平台,利用现有资源开展丰富多彩的活动。为省委组织部远程办提供共享工程视频资源课件,实现文化信息资源和远程教育资源共建共享。组织开展“文化资源下乡”活动,为村民送去共享工程配套资源,帮农民致富增收。在网站增设了保持共产党员先进性教育、学习党章之我见等栏目,参与“保持共产党员先进性教育活动”等。以省馆电子文献阅览室为阵地,结合重要纪念日组织开展读者活动。每年六一儿童节,举办“少儿网络寻宝”大赛活动,丰富少儿节日文化生活,引导未成年人正确利用网络。

第二节　县级支中心及支中心站点建设与服务

试点县支中心　2006年,太湖、繁昌和蒙城被列为试点县。3个试点县均成立了由分管副县长为组长,各相关部门为成员单位的工程领导小组,签定县级支中心与基层站点的工作协议,统一制定基层站点的工作规划、规章制度、技术人员培训以及活动方案。经过考察和验收,3个试点县硬件设备、人员配备、运行经费、开放时间和服务人次等都达到了标准。试点县级支中心通过共享工程配置的设备,实现了图书馆日常业务工作的自动化管理,实现了读者对共享工程资源的个性化浏览,实现了对资源的统一观看。县级支中心还走向基层,以实现对全县乡村基层站点的有效管理和服务。

太湖县支中心　该支中心对各基层服务点的管理人员培训采取一对一的教学方式,让基层点所有的管理人员掌握操作技术。基层管理人员经过考试合格后,支中心发给结业证书。该支中心在县人大、政协两会期间,免费为人大代表、政协委员放映影视大片。带着精神食粮走进老年大学、老年公寓、武警中队、消队中队、太湖小学,乡镇基层点利用移动硬盘开展流动服务。农民家有喜事,如娶媳妇、嫁闺女、子女升学,他们就去放电影。

蒙城县支中心　该支中心对已建成的基层服务点积极督查辅导,每月实地走访培训一次,每半年做一次集中学习培训,对基层点遇到的困难以最快的速度给予解决。该支中心和各乡镇、村基层点也结合镇村中心工作,放映计划生育、土地管理等政策法规宣传片。开展“关爱留守儿童,文化传递献爱心”活动,为留守儿童播放经典影片,丰富留守儿童的精神文化生活,促进他们健康成长。

繁昌县支中心　该支中心完成与各基层点的培训协议签定,组织开展基层点技术培训工作。繁昌县支中心组织开展“文化共享工程视频资源倾情为繁昌县人民播放”系列活动,利用文化共享网络资源和省级中心下发资源及自购资源,带着投影设备深入乡镇,为回乡大学生、中小学生及城乡居民免费播放,让老百姓享受免费文化大餐。共享工程资源——“国粹京剧”让京剧爱好者在县级支中心视频文献播放厅流连忘返。繁昌县支中心以行业协会组织观看农业科技片,向农民推荐实用光盘和科技图书。利用网络资源,常年编印《信息摘要》向农户赠阅。

市县支中心站点　2003 年 1 月,太湖县图书馆率先安装了“天网通”卫星接收设备,建立了安徽省第一个县级支中心。随后,池州市东至县图书馆、马鞍山市图书馆基层分中心建成。2004 年,铜陵市图书馆、安庆市图书馆、合肥市图书馆、淮南市图书馆、歙县图书馆、合肥市少儿图书馆、肥西县图书馆、淮南市少儿图书馆等支中心相继筹建。2004 年 4 月 10—11 日,在南京召开的全国文化信息资源共享工程工作会议中,太湖县图书馆被评为“全国文化信息资源共享工程先进基层分中心”。2005 年 5 月底,完成中央文明办“百县千乡宣传文化工程”安徽省共享工程 5 个基层示范点的建设。同年,完成了青阳县支中心的建设。2005 年底,完成中央文明办“百县千乡宣传文化工程”安徽省共享工程 10 个基层示范点的建设以及文化部财政部共享工程安徽省 20 个基层示范点的建设。2007 年,新增基层站点 62 个。2008 年,新增基层站点 30 个。截至 2010 年底,安徽省共建立省级分中心 1 个、市级支中心 9 个、县级支中心 105 个、乡镇基层服务点 1337 个、村基层服务点 20488 个(其中 44 个自建站点,20444 个站点与农村党员远程教育共建)、街道基层服务点 280 个、社区基层服务点 15641 个。

基层服务点　2007 年 11 月,省委组织部、省文化厅、省财政厅会签《关于加强全省党员干部现代远程教育与文化信息资源共享工程资源整合工作的通知》,印发全省。截至 2010 年底,实现安徽省共享工程全覆盖。

第三节　技术培训与指导

技术培训　通过集中培训、现场培训、重点培训等方式,省中心培养了一批共享工程专业人才。集中培训方面,2004—2008 年,免费对市、县、乡镇技术人员进行集中培训6次,培训人员450多人次。2008—2009年,举办文化共享工程建设现场会2次,227人参会学习。培训教材为省中心组织专家自行编写,授课老师为省中心专业技术人员。现场培训方面,通过到现场维护设备,采取面对面的教学方式,让技术管理人员掌握操作技术。2008年,省中心到县级支中心现场培训4次共计60人,到共享工程与党员干部远程教育终端共建站点现场进行指导培训2次12人。重点培训方面,主要是重点培训试点县技术人员。省级分中心专门搭建了共享工程网络环境,以培训试点县基层点技术人员及相关负责人独立掌握共享工程全部软件的安装及使用等方面的技能。

技术指导 一是拟定县级支中心建设方案,进行政府采购招标。2007年,对3个试点县设备招标采购给予指导。参与繁昌县支中心的评标。2008年,协助省文化厅拟定2007年度文化信息资源共享工程县级支中心建设方案和设备参数。协助省文化厅完成中央财政扶助我省30个县级支中心和448个村级点设备的政府采购招标、机房装修、设备集成等建设任务。2008年,协助省文化厅完成中央财政2007年扶助安徽省的17658个村级基层服务点设备的政府采购招标工作。二是走出中心扶持基层点建设。2007年,派技术人员参与合肥市文化信息资源共享工程一期验收工作。2007年4月初,中心领导带队分赴桐城市和五河县,加班加点建设基层点。2007年,中心技术人员到岳西县支中心进行检修。2008年上半年,省中心技术小组先后赴休宁县商山乡、黄村、海阳镇、盐铺村、齐云山镇、岩前村进行党员干部现代远程教育"先锋在线"平台共享工程资源演示及IPTV现场技术指导。下半年,省中心分2组赴30个县支中心进行机房工程现场技术指导和培训,并对各县支中心机房工程建设提出整改意见。按照国家中心下发的市支中心建设设备配置标准,2008年为蚌埠市、马鞍山市等共享工程市支中心建设提供技术指导及方案。

"文化信息资源共享工程"各级中心和基层服务点自建表

表4-4-1

编号	地区	单位名称	年份	备注
1	安徽省	安徽省图书馆	2002	共享工程试点省级分中心
2	合肥市	合肥市图书馆	2004	
3		合肥市少儿图书馆	2004	
4		庐阳区文化馆	2010	
5		瑶海区文化馆	2010	
6		蜀山区文化馆	2010	
7		包河区文化馆	2010	
8		合肥市包河社区基层服务点	2004	
9		长丰县庄墓镇宣传文化站	2004	中央文明办基层示范点

续表 4-4-1

编号	地区	单位名称	年份	备注
10	合肥市	肥西县图书馆	2004	
11		肥东县图书馆	2009	
12		长丰县图书馆	2009	
13		长丰县双墩镇宣传文化站	2005	中央文明办基层示范点
14	亳州市	亳州市谯城区图书馆	2005	
15		涡阳县图书馆	2008	
16		利辛县图书馆	2008	
17		蒙城县图书馆	2005	共享工程试点县支中心
18		立仓镇文化站	2006	共享工程试点县基层站点
19		双涧镇文化站	2006	共享工程试点县基层站点
20		白杨林场文化站	2006	共享工程试点县基层站点
21		马集镇文化站	2006	共享工程试点县基层站点
22		岳坊镇文化站	2006	共享工程试点县基层站点
23		小辛集文化站	2006	共享工程试点县基层站点
24		楚村镇陈桥村	2006	共享工程试点县基层站点
25		乐土镇乐土村	2006	共享工程试点县基层站点
26		城关镇富园社区	2006	共享工程试点县基层站点
27		许坛镇许坛村	2006	共享工程试点县基层站点
28		板桥镇白元村	2006	共享工程试点县基层站点
29		王集乡移村	2006	共享工程试点县基层站点
30	淮北市	濉溪县图书馆	2008	
31		相山区文化馆	2010	
32		杜集区文化馆	2010	
33		烈山区图书馆	2010	
34	宿州市	埇桥区图书馆	2008	
35		砀山县图书馆	2009	
36		萧县图书馆	2009	
37		灵璧县图书馆	2009	
38		泗县图书馆	2009	
39	阜阳市	颍州区文化馆	2010	
40		颍泉区文化馆	2010	
41		颍东区文化馆	2010	
42		界首市图书馆	2005	
43		临泉县图书馆	2008	
44		太和县图书馆	2009	
45		阜南县图书馆	2009	
46		颍上县图书馆	2009	
47		颍泉区伍明镇梁营村妇代会	2005	全国妇联基层示范点

续表 4–4–1

编号	地区	单位名称	年份	备注
48	阜阳市	蚌埠市图书馆	2008	
49		龙子湖区文化馆	2010	
50	蚌埠市	蚌山区文化馆	2010	
51		禹会区文化馆	2010	
52		淮上区文化馆	2010	
53		五河县图书馆	2007	
54		怀远县图书馆	2009	
55		固镇县图书馆	2009	
56		固镇县任桥镇任桥村	2006	
57	淮南市	淮南市图书馆	2004	
58		淮南市少儿图书馆	2004	
59		田家庵区文化馆	2010	
60		谢家集区文化馆	2010	
61		大通区信息中心	2010	
62		八公山区文化馆	2010	
63		潘集区图书馆	2010	
64		凤台县图书馆	2009	
65	滁州市	琅琊区文化馆	2010	
66		南谯区文化馆	2010	
67		明光市图书馆	2009	
68		天长市图书馆	2009	
69		定远县图书馆	2005	
70		来安县图书馆	2005	
71		明光市泊岗乡老窑村	2006	
72		全椒县图书馆	2008	
73		凤阳县图书馆	2009	
74	六安市	裕安区文化馆	2010	
75		裕安区狮子岗乡	2006	
76		金安区图书馆	2005	
77		金寨县图书馆	2005	
78		寿县图书馆	2009	
79		霍邱县图书馆	2009	
80		霍山县图书馆	2009	
81		舒城县图书馆	2008	
82		舒城县南港镇宣传文化站	2004	中央文明办基层示范点
83		舒城县杭埠镇宣传文化站	2004	中央文明办基层示范点
84		舒城县舒茶镇宣传文化站	2005	中央文明办基层示范点
85		舒城县千人桥镇宣传文化站	2005	中央文明办基层示范点

续表 4–4–1

编号	地区	单位名称	年份	备注
86	六安市	舒城县龙河镇宣传文化站	2005	中央文明办基层示范点
87		舒城县五桥镇宣传文化站	2005	中央文明办基层示范点
88	巢湖市	居巢区文化馆	2010	
89		无为县图书馆	2008	
90		无为县刘渡镇宣传文化站	2004	中央文明办基层示范点
91		庐江县图书馆	2009	
92		含山县图书馆	2009	
93		和县图书馆	2009	
94	芜湖市	芜湖市图书馆	2009	
95		镜湖区图书馆	2010	
96		三山区图书馆	2010	
97		弋江区文化馆	2010	
98		鸠江区文化馆	2010	
99		繁昌县图书馆	2005	共享工程试点县支中心
100		芜湖县图书馆	2008	
101		南陵县图书馆	2009	
102		繁昌县繁阳镇泥蚌村	2005	全国妇联基层示范点
103		繁阳镇文化站	2006	共享工程试点县基层站点
104		繁阳镇文化中心	2006	共享工程试点县基层站点
105		繁阳镇新港办事处	2006	共享工程试点县基层站点
106		孙村镇文化站	2006	共享工程试点县基层站点
107		荻港镇文化站	2006	共享工程试点县基层站点
108		平铺镇文化站	2006	共享工程试点县基层站点
109		峨山乡文化站	2006	共享工程试点县基层站点
110		荻港镇姚冲村	2006	
111	马鞍山市	马鞍山市图书馆	2003	
112		花山区图书馆	2010	
113		雨山区图书馆	2010	
114		金家庄区图书馆	2008	
115		当涂县图书馆	2009	
116	安庆市	安庆市图书馆	2004	
117		迎江区文化馆	2010	
118		大观区文化馆	2010	
119		宜秀区文化馆	2010	
120		太湖县图书馆	2003	共享工程试点县支中心
121		太湖县寺前镇宣传文化站	2005	中央文明办基层示范点
122		太湖县弥驼镇文化站	2006	共享工程试点县基层站点
123		太湖县牛镇镇文化站	2006	共享工程试点县基层站点
124		太湖县城西乡文化站	2006	共享工程试点县基层站点

续表 4-4-1

编号	地区	单位名称	年份	备注
125	安庆市	太湖县汤泉乡文化站	2006	共享工程试点县基层站点
126		太湖县晋熙镇刘羊村	2006	共享工程试点县基层站点
127		太湖县新仓镇惠民村	2006	共享工程试点县基层站点
128		太湖县江塘乡江塘村	2006	共享工程试点县基层站点
129		太湖县大石乡大石岭村	2006	共享工程试点县基层站点
130		太湖县牛镇镇天桥村	2007	
131		太湖县城西乡幸福村	2007	
132		太湖县汤泉乡候六村	2007	
133		太湖县晋熙镇晋湖村	2007	
134		太湖县晋熙镇龙安村	2007	
135		太湖县新仓镇同兴村	2007	
136		太湖县江塘乡五星村	2007	
137		太湖县大石乡棠林村	2007	
138		太湖县大石乡棠林村	2007	
139		太湖县天华镇朱河村	2007	
140		太湖县百里镇吴畈村	2007	
141		太湖县小池镇方兴村	2007	
142		太湖县徐桥镇好汉村	2007	
143		太湖县北中镇吴俊村	2007	
144		太湖县刘畈乡清平村	2007	
145		太湖县晋熙镇	2007	
146		太湖县新仓镇	2007	
147		太湖县江塘乡	2007	
148		太湖县大石乡	2007	
149		太湖县天华镇	2007	
150		太湖县百里镇	2007	
151		太湖县小池镇	2007	
152		太湖县徐桥镇	2007	
153		太湖县北中镇	2007	
154		太湖县刘畈乡	2007	
155		岳西县图书馆	2009	
156		岳西县菖蒲镇宣传文化站	2005	中央文明办基层示范点
157		岳西县姚河乡宣传文化站	2005	中央文明办基层示范点
158		望江县图书馆	2005	
159		宿松县图书馆	2008	
160		桐城市图书馆	2008	
161		桐城市龙眠街道城郊社区	2007	

续表 4-4-1

编号	地区	单位名称	年份	备注
162	安庆市	潜山县图书馆	2008	
163		枞阳县图书馆	2009	
164		枞阳县横埠镇宣传文化站	2004	中央文明办基层示范点
165		枞阳县陈瑶湖镇宣传文化站	2005	中央文明办基层示范点
166		怀宁县文化馆	2009	
167	池州市	贵池区文化馆	2010	
168		东至县图书馆	2003	
169		青阳县图书馆	2005	
170		石台县图书馆	2009	
171		石台县七里镇宣传文化站	2005	中央文明办基层示范点
172	铜陵市	铜陵市图书馆	2004	
173		铜官山区文化馆	2010	
174		狮子山区文化馆	2010	
175		郊区文化馆	2010	
176		铜陵县图书馆	2008	
177		铜陵县顺安镇东垅村	2008	
178		铜陵县钟鸣镇九榔村	2008	
179		铜陵县天门镇蟋龙村	2008	
180		铜陵县东联乡复兴村	2008	
181		铜陵县西联乡老观村	2008	
182		铜陵县胥坝乡红庙村	2008	
183		铜陵县老洲乡民主村	2008	
184		铜陵狮子山区西湖镇农林村	2008	
185		铜陵郊区大通镇和悦村	2008	
186		铜陵郊区铜山镇显化村	2008	
187	宣城市	宣州区文化馆	2010	
188		广德县图书馆	2005	
189		宁国市南山办事处杨山村	2005	全国妇联基层示范点
190		宁国市图书馆	2005	
191		绩溪县图书馆	2008	
192		泾县图书馆	2010	
193		旌德县图书馆	2009	
194		郎溪县图书馆	2009	
195	黄山市	黄山区图书馆	2005	
196		屯溪区图书馆	2005	
197		休宁县图书馆	2005	
198		徽州区图书馆	2010	

续表 4-4-1

编号	地区	单位名称	年份	备注
199	黄山市	歙县图书馆	2004	
200		歙县徽城镇金山村	2006	
201		歙县深渡镇定潭村	2006	
202		歙县深渡镇绵潭村	2006	
203		歙县深渡镇棉溪村	2006	
204		祁门县图书馆	2008	
205		黟县图书馆	2009	

注:1. 备注中“中央文明办基层示范点”全称为:“中央文明办系统计划内基层示范点”。

2. 备注中“全国妇联基层示范点”全称为:“全国妇联“美德在农家”系列基层示范点”。

3. 备注中“共享工程”全称为:“文化信息资源共享工程”。

信息建设统计表

表 4-4-2

图书馆名称	年份	电脑总量（台）	服务器（台）	自动化系统名称	信息点（个）	存储容量（TB）	年访问量（万次）	网站建设	网络带宽（M）	电子阅览室			
										建设情况	面积（平方米）	电脑（台）	年接待读者（万人次）
公共图书馆													
安徽省图书馆	1995	8	1	ILAS									
	2001	16	2	ILAS									
	2002	70	3	ILAS	1100			建站	10	开设	30	28	
	2004	200	10	ILAS	1100		67.74		1000	扩充	580	150	
	2006	200	10	ILAS	1100		92.80	改版	1000		580	150	8.6
	2007	200	10	ILAS	1100		22.06	升级	1000		580	150	8.7
	2008	258	35	ILAS	1100	56	73.85		1000		580	155	6.2
	2009	258	35	ILAS	1100	56	91.36		1000		580	155	3.61
	2010	391	35	ILAS	1100	56	206.25	改版	1000		580	155	3.54
合肥市图书馆	1998			ILAS				建站	10				
	2002			ILAS				升级	10				
	2003	170	10	ILAS	1500				100	开设	500	70	
	2008	243	12	ILAS	1500				100		500	73	
	2010	255	12	ILAS	1500		89		100		500	73	
合肥市少儿图书馆	2004	44	4	ILAS				建站	10	开设	30	20	
	2010	57	4	ILAS					10		30	20	
长丰县图书馆	2007	20		力博	60				10	开设	140	18	
	2009	43		力博	60			建站	10		140	40	
	2010	48		力博	60				10	调整	125	40	
肥东县图书馆	2006	63		力博	51				10	开设	120	60	
	2010	72		力博					10	调整	90	60	

续表 4-4-2

图书馆名称	年份	电脑总量（台）	服务器（台）	自动化系统名称	信息点（个）	存储容量（TB）	年访问量（万次）	网站建设	网络带宽（M）	电子阅览室			
										建设情况	面积（平方米）	电脑（台）	年接待读者（万人次）
肥西县图书馆	2004	65		力博					10	开设	156	60	
	2010	65		力博				建站	10		156	60	
亳州市谯城区图书馆	2004	63		力博	63			建站	光纤	开设	400	60	
	2010	43		力博	63				光纤	调整	130	43	
蒙城县图书馆	2005	33		ILAS				建站	100	开设	300	30	
	2010	20		ILAS					100		300	20	
涡阳县图书馆	2006	33		力博				建站	10	开设	60	30	
	2010	35		力博					10		60	35	
利辛县图书馆	2006	4		力博					100	开设	120	4	
	2008	50		力博				建站	100		120	46	
	2010	60		力博					100	扩充	200	55	
淮北市图书馆	2000	12	1	ILAS					ADSL				
	2003	49	3	ILAS				建站	光纤	开设		40	
濉溪县图书馆	2008	42		力博						开设	80	40	
	2010	45		力博				建站	10	调整	80	42	
宿州市埇桥区图书馆	2007	5		力博									
	2009	40		力博				建站	10	开设	80	40	
	2010	53		力博					10	调整	80	44	
砀山县图书馆	2009	38		力博					20	开设	100	38	
	2010	39		力博					20		100	36	
萧县图书馆	2009	20		力博				建站	10	开设	100	20	
	2010	22		力博					10	调整	200	20	

续表 4-4-2

图书馆名称	年份	电脑总量（台）	服务器（台）	自动化系统名称	信息点（个）	存储容量（TB）	年访问量（万次）	网站建设	网络带宽（M）	电子阅览室			
										建设情况	面积（平方米）	电脑（台）	年接待读者（万人次）
灵璧县图书馆	2003	1		力博									
	2009	50		力博				建站	100	开设	180	50	
泗县图书馆	2010	1		力博									
界首市图书馆	2008	1		力博									
	2010	90	1	力博				建站	20	开设	350	80	
太和县图书馆	2010	25		力博						开设	50	20	
临泉县图书馆	2010	56	3	力博				建站	50	开设	336	55	
阜南县图书馆	2010	1		力博									
颍上县图书馆	2005	6		力博									
	2009	6		力博				建站					
	2010	6		力博						开设	145	6	
蚌埠市图书馆	2000	12		ILAS					20	开设		12	
	2001	12		ILAS				建站	20			12	
	2009	56		ILAS		24			20	扩充	100	41	
	2010	128	1	ILAS		24			20	扩充	300	120	
固镇县图书馆	2009	30		力博				建站	100	开设	100	30	
五河县图书馆	2007	30		力博					100	开设	120	30	
	2009	50		力博				建站	100	扩充	120	50	
	2010	45		力博					100	调整	120	40	
怀远县图书馆	2007	10		力博						开设	35	10	
	2009	45		力博				建站	10	扩充	80	45	
淮南市图书馆	2003	40		ILAS					10	开设	80	35	
	2010	40		ILAS				建站	10	调整	80	29	

续表 4-4-2

图书馆名称	年份	电脑总量（台）	服务器（台）	自动化系统名称	信息点（个）	存储容量（TB）	年访问量（万次）	网站建设	网络带宽（M）	电子阅览室			
										建设情况	面积（平方米）	电脑（台）	年接待读者（万人次）
淮南市少儿图书馆	2004	30		ILAS					10	开设	100	29	
	2010	30		ILAS				建站	10		100	28	
淮南市潘集区图书馆	2010	43		ILAS				建站	10	开设	100	41	
凤台县图书馆	2008	48		力博				建站	10	开设	100	45	
凤阳县图书馆	2009	50		力博				建站	20	开设	120	48	
明光市图书馆	2007	42		力博					10	开设	120	40	
	2010	57		力博					10		120	50	
天长市图书馆	2010	60		力博				建站	100	开设	350	53	
来安县图书馆	2008	50		力博				建站	100	开设	120	48	
定远县图书馆	2008	56		力博				建站	10	开设	80	50	
全椒县图书馆	2010	50		力博				建站	100	开设	100	48	
六安市金安区图书馆	2006	32		力博				建站	10	开设	104	30	
	2010	45		力博					10	扩充	104	35	
寿县图书馆	2007	40		力博					10	开设	80	40	
	2008	45		力博					10		80	45	
	2010	55		力博				建站	10	调整	60	40	
霍邱县图书馆	2008	25		力博				建站	10	开设	50	25	
	2010	40		力博					10	扩充	60	31	
金寨县图书馆	2010	1		力博									
霍山县图书馆	2009	30		力博				建站	10	开设	100	30	
	2010	38		力博					10	扩充	200	30	

续表 4-4-2

图书馆名称	年份	电脑总量（台）	服务器（台）	自动化系统名称	信息点（个）	存储容量（TB）	年访问量（万次）	网站建设	网络带宽（M）	电子阅览室			
										建设情况	面积（平方米）	电脑（台）	年接待读者（万人次）
舒城县图书馆	2007	29		力博					10	开设	100	29	
	2010	56		力博				建站		扩充	100	49	
巢湖市图书馆	2007	4						建站					
	2010	23		力博									
含山县图书馆	2010			力博				建站					
和县图书馆	2009	30		力博				建站	10	开设	70	26	
	2010	28		力博					10	调整	25	22	
无为县图书馆	2008	45		力博				建站	20		150	45	
	2010	48		力博					20		70	40	
庐江县图书馆	2010	35		力博				建站	10	开设	100	30	
芜湖市图书馆	1998	6		ILAS									
	2005	40		ILAS				建站	100	开设		40	
	2008	142	10	ILAS	300	20			100	扩充	720	100	
	2010	226	10	ILAS	300	20			100		720	100	
芜湖县图书馆	2008	31		力博				建站	10	开设	141	31	
	2010	45		力博					10		141	31	
繁昌县图书馆	1999	1		力博									
	2002	3		力博									
	2007	39	4	力博		8		建站	10	开设	84	30	
	2009	39	4	力博		8		升级	10	更新	84	30	2.59
	2010	47	4	力博		8			10	更新	84	30	
南陵县图书馆	2009	24		力博				建站	10	开设	30	24	
	2010	31		力博					10		30	24	

续表 4-4-2

图书馆名称	年份	电脑总量（台）	服务器（台）	自动化系统名称	信息点（个）	存储容量（TB）	年访问量（万次）	网站建设	网络带宽（M）	电子阅览室			
										建设情况	面积（平方米）	电脑（台）	年接待读者（万人次）
马鞍山市图书馆	2002	13		ILAS	48								
	2003	50		ILAS	48			建站	10				
	2004	50		ILAS					10	开设	100	40	
	2009	235	30	ILAS	200	82		改版	ISDN	扩充	700	148	
	2010	360	30	ILAS	200	82	6.84		ISDN	扩充	891	150	
当涂县图书馆	2008	36		力博				建站	100	开设	80	36	
	2010	44		力博					100	调整	80	32	
马鞍山市金家庄区图书馆	2010	30								开设	500	20	
马鞍山市花山区图书馆	2010	25								开设	100	25	
马鞍山市雨山区图书馆	2010	70								开设	140	70	
安庆市图书馆	1993	1											
	2001				40								
	2003	30		ILAS	40			建站	100	开设	90	30	
	2005	70	3	ILAS	40		6.00		100		90	30	
	2010	86	3	ILAS	40		6.00		100	调整	40	32	
桐城市图书馆	2008	60		ILAS				建站	100	开设	80	55	
	2010	69		ILAS					100	扩充	150	50	
枞阳县图书馆	2010	10		力博						开设	200	1	
怀宁县图书馆	2007	31		力博				建站	15	开设	60	31	
	2010	43		力博					15		60	31	

续表 4-4-2

图书馆名称	年份	电脑总量（台）	服务器（台）	自动化系统名称	信息点（个）	存储容量（TB）	年访问量（万次）	网站建设	网络带宽（M）	电子阅览室			
										建设情况	面积（平方米）	电脑（台）	年接待读者（万人次）
潜山县图书馆	2006	40								开设	70	40	
	2010	45		力博				建站			70	40	
岳西县图书馆	2007	43		力博				建站	10	开设	80	40	
	2009	53		力博					10	扩充	90	50	
	2010	50		力博					10		90	50	
太湖县图书馆	1998	43	3										
	2001	43	3	ILAS									
	2002	43		ILAS					ISDN	开设	100	30	23
	2006	46	3	ILAS				建站	10		100	30	24
	2008	60		ILAS					10	扩充	100	50	25
	2010	65	3	ILAS			1.83		10			51	74.86
望江县图书馆	2006	30		力博					100	开设	60	30	
	2007	86		力博					100	扩充	100	86	
	2010	52		力博				建站	100	扩充	200	45	
宿松县图书馆	2008	59		力博				建站	20	开设	90	50	
	2010	59		力博					20	扩充	250	52	
青阳县图书馆	2006	44		力博	47			建站	10	开设	60	40	
	2010	48		力博	47				10	扩充	105	48	
东至县图书馆	2003	1		力博									
	2007	6		力博					10	开设	120	6	
	2009	42		力博				建站	10	扩充	120	42	
	2010	55		力博					10	扩充	140	52	

续表 4-4-2

图书馆名称	年份	电脑总量（台）	服务器（台）	自动化系统名称	信息点（个）	存储容量（TB）	年访问量（万次）	网站建设	网络带宽（M）	电子阅览室			
										建设情况	面积（平方米）	电脑（台）	年接待读者（万人次）
石台县图书馆	2010	50		力博				建站	10	调整	110	40	
铜陵市图书馆	1996			ILAS	26								
	2004	53		ILAS	50			建站	50	开设	180	43	
	2010	87		ILAS	50				50		198	40	
铜陵县图书馆	2009	50		力博					20	开设	80	50	
	2010	50		力博					20		100	40	
宣城市图书馆	2007	70		ILAS					10	开设	120	70	
	2010	45		ILAS					10	调整	120	40	
泾县图书馆	2010	35						建站	20	开设	80	30	
旌德县图书馆	2009	40		力博				建站	10	开设	100	40	
	2010	46		力博					10		100	45	
广德县图书馆	2010	41		力博				建站	10	开设	100	41	
郎溪县图书馆	2009	28		力博				建站	10	开设	120	28	
	2010	34		力博					10		120	28	
宁国市图书馆	2007	90	3	ILAS				建站	100	开设	192	88	
	2010	105	3	力博			10.00		100		192	89	
绩溪县图书馆	2009	65		力博				建站	20	开设	170	65	
	2010	61		力博					20	调整	160	56	
黄山市屯溪区图书馆	2007	30		力博				建站	100	开设	80	30	
	2010	61		力博					100		80	30	
黄山市黄山区图书馆	2008	44						建站	20	开设	130	44	
	2010	51		力博					20		130	44	

续表 4-4-2

图书馆名称	年份	电脑总量（台）	服务器（台）	自动化系统名称	信息点（个）	存储容量（TB）	年访问量（万次）	网站建设	网络带宽（M）	电子阅览室			
										建设情况	面积（平方米）	电脑（台）	年接待读者（万人次）
黄山市徽州区图书馆	2010	30		力博				建站	10	开设	100	30	
歙县图书馆	2009	40						建站	10	开设	60	40	
	2010	44		力博					10	扩充	80	40	
休宁县图书馆	2009	50		力博				建站	10	开设	150	50	
	2010	56		力博					10	调整	120	44	
黟县图书馆	2009	40		力博				建站	10	开设	110	40	
	2010	60		力博					10		110	42	
祁门县图书馆	2009	33		力博				建站	50	开设	60	33	
	2010	44		力博					50		60	34	
高校图书馆及其他图书馆													
中国科技大学图书馆	2000			汇文				已建	1000	开设	403	104	
	2008		39	汇文					1000		403	104	
	2010		39	汇文		50			1000		403	104	
合肥工业大学图书馆	1999							建站	1000	开设	403	89	
	2000			汇文					1000		403	89	
	2004			汇文				改版	1000	扩充	2400	380	
	2005	606	14	汇文	1800	21	59.1		1000		2400	380	
	2006	606	14	汇文	1800	21	60.4	再版	1000		2400	380	
	2010	690	14	汇文	1800	21			1000		2400	406	

续表 4-4-2

图书馆名称	年份	电脑总量（台）	服务器（台）	自动化系统名称	信息点（个）	存储容量（TB）	年访问量（万次）	网站建设	网络带宽（M）	电子阅览室			
										建设情况	面积（平方米）	电脑（台）	年接待读者（万人次）
安徽大学图书馆	1986	1		ADTSG									
	1998	12								开设	20		
	2003	213		妙思	860			建站	1000	扩充		80	
	2004	213		妙思	860				1000			80	
	2005	213		妙思	860		47.13		1000			80	
	2007	400	11	妙思	1860	21	311.75		1000	扩充		230	
	2008	400	11	妙思	1860	21	405.65		1000			230	
	2010	400	11	妙思	1860	21			1000			230	
安徽师范大学图书馆	1999			ILAS				建站	100				
	2000			ILAS					100	开设		30	
	2001			ILAS					100	扩充		70	
	2004			ILAS			19.65		1000	扩充		120	
	2006			ILAS			96.57	改版	1000	扩充		170	
	2007	453	45	ILAS	1300				1000	扩充	1440	380	
	2010	453	45	ILAS	1300				1000		1440	380	
安徽农业大学图书馆	1999							建站					
	2000	65	1	清大新洋					光纤	开设	100	45	
	2003	173		清大新洋					光纤	扩充		120	
	2005	173	9	清大新洋		12			光纤			120	
	2007	260	14	清大新洋		30			光纤	扩充	200	200	
	2010	260	14	清大新洋		30		8 版	光纤		200	200	

续表 4-4-2

图书馆名称	年份	电脑总量（台）	服务器（台）	自动化系统名称	信息点（个）	存储容量（TB）	年访问量（万次）	网站建设	网络带宽（M）	电子阅览室			
										建设情况	面积（平方米）	电脑（台）	年接待读者（万人次）
安徽医科大学图书馆	1997			金盘	210								
	1999			金盘				建站					
	2002			金盘	1050				1000				
	2007	150	20	金盘	1710	8			1000	开设		110	
	2009	370	31	金盘	3000	20		4 版	1000	扩充		320	
安徽工业大学图书馆	1990			自主开发									
	2000			自主开发				建站					
	2001	109		汇文					ISDN	开设		109	
	2003	538	33	汇文	500	13		升级	1000	扩充	2000	390	
	2004	538	33	汇文	500	13			1000		2000	390	
	2008	538	33	汇文	500	13			1000		2000	390	
	2010	750	33	汇文		70			1000	扩充	2800	690	
安徽理工大学图书馆	1994		1	ILAS									
	1999		2	ILAS						开设		1	
	2001	60	2	ILAS				建站		扩充		50	
	2004	250		汇文					1000	扩充		216	
	2008	428	14	汇文					1000	扩充	1175	350	
	2009	428	14	汇文			60.00	4 版	1000		1175	350	
	2010	428	14	汇文		30			1000		1175	350	
安徽财经大学图书馆	2007	456	20	√		30				扩充	1100	386	
	2008	456	20	√		30		已建			1100	386	

续表 4-4-2

图书馆名称	年份	电脑总量（台）	服务器（台）	自动化系统名称	信息点（个）	存储容量（TB）	年访问量（万次）	网站建设	网络带宽（M）	电子阅览室			
										建设情况	面积（平方米）	电脑（台）	年接待读者（万人次）
安徽工程大学图书馆	1999			清大新洋				建站					
	2004	400	7	清大新洋	450	17			光纤	开设		340	
	2006	400	7	清大新洋	450	17	18.54		光纤			340	
	2007	400	7	清大新洋	450	17	36.66		光纤			340	
安徽建筑工业学院图书馆	2000	100		SULCMIS				建站		开设		80	
	2002	100		SULCMIS				2 版				80	
	2005	100		SULCMIS				4 版				80	
	2007	252	16	SULCMIS	522	10		改版		扩充	1000	200	
	2010	252	18	SULCMIS	522	48					1000	200	
安徽中医学院图书馆	2000	15	2	金盘				建站					
	2001	35	3	金盘									
	2002			金盘					1000	开设		20	
	2003	107	4	金盘			10		1000	扩充	145	90	
	2004	206	5	金盘			11	更新	1000	扩充	455	150	
	2008	220	6	金盘		5.7	13				455	150	
淮北师范大学图书馆	2007	508	11	汇文	1000				1000	开设	987	430	
	2008	508	11	汇文	1000			已建	1000		987	430	
蚌埠医学院图书馆	1995	5	1	南邮									
	1997	5	1	鑫盘									
	1999	9	2	鑫盘					100				
	2003	9	3	鑫盘					100				
	2006	300		鑫盘				建站	100	开设	1840	170	
	2008	400	7	鑫盘	800	4.5			100		1840	170	2.9

续表 4-4-2

图书馆名称	年份	电脑总量（台）	服务器（台）	自动化系统名称	信息点（个）	存储容量（TB）	年访问量（万次）	网站建设	网络带宽（M）	电子阅览室			
										建设情况	面积（平方米）	电脑（台）	年接待读者（万人次）
皖南医学院图书馆	1999			√									
	2000			√				建站					
	2002			√				升级	光纤				
	2005			汇文					光纤				
	2007	100	7	汇文		12			光纤	开设	72	92	
阜阳师范学院图书馆	1998			图腾									
	2004			图腾			156	建站					
	2007	210	12	图腾					光纤	开设	1000	120	
	2008	210	12	图腾	290	18	166	改版	光纤		1000	120	
	2010	310	12	图腾	700	18			光纤	扩充	1000	220	
安庆师范学院图书馆	2001	70		图腾				建站		开设	120	60	
	2002	70		汇文							120	60	
	2004	200		汇文						扩充	440	180	7
	2006	340		汇文				改版			440	286	10
	2007	340		汇文		8				扩充	740	286	12
	2010	340		汇文		8		改版			740	286	
安徽科技学院图书馆	2000			清大新洋				建站					
	2008	780	22	清大新洋		74		改版		开设		750	
合肥师范学院图书馆	2002			妙思				建站	1000	开设		120	
	2008	160	7	妙思	1000	5			1000			120	
	2010	370	7	妙思	1000	5			1000	扩充		314	

续表 4-4-2

图书馆名称	年份	电脑总量（台）	服务器（台）	自动化系统名称	信息点（个）	存储容量（TB）	年访问量（万次）	网站建设	网络带宽（M）	电子阅览室			
										建设情况	面积（平方米）	电脑（台）	年接待读者（万人次）
皖西学院图书馆	1998			妙思									
	2008	239		妙思	700			已建	100	开设	1300	150	
	2010	300	15	妙思	700	10			100		1300	150	
合肥学院图书馆	2000	30	2	妙思						开设		20	
	2001	60	3	妙思						扩充		38	
	2003	170	7	妙思		12	155	建站	100	扩充		127	5.66
	2006	170	7	妙思		12		3 版	100			127	8.50
	2008	170	7	妙思		12			100			127	
	2010	185	15	妙思		30			100	扩充		144	
巢湖学院图书馆	1999			图腾					教育网				
	2001	54		图腾	80			建站	教育网	开设		20	
	2008	54	7	图腾	80	6			教育网			20	
黄山学院图书馆	2005			图腾				建站	1000				
	2010	78	11	图腾		35.6	116.50		1000				
铜陵学院图书馆	2002	450		妙思					1000	开设		60	
	2008	450		妙思	730			已建	光纤			400	
蚌埠学院图书馆	2005	220	9	妙思	850	7		建站	1000	开设		150	
	2008	220	9	妙思	850	7			1000			150	
滁州学院图书馆	1998			√									
	2001	65		√				建站		开设		46	
	2003	200		√					100			180	
	2006	200		√	256	10.2			100	扩充		180	15.38
	2007	268	7	√	256	10.2			100			180	14.44

续表 4-4-2

图书馆名称	年份	电脑总量（台）	服务器（台）	自动化系统名称	信息点（个）	存储容量（TB）	年访问量（万次）	网站建设	网络带宽（M）	电子阅览室			
										建设情况	面积（平方米）	电脑（台）	年接待读者（万人次）
宿州学院图书馆	2001			ILAS									
	2002	110	2	ILAS						开设		100	
	2003	110	2	ILAS				建站	100		460	100	
	2006	240	8	ILAS		10		改版	100	扩充	460	200	
	2008	300	8	ILAS		10			100		460	200	
	2010	300	8	ILAS		10			100		460	200	
淮南师范学院图书馆	2000	140		汇文					教育网	开设		130	
	2008	200		汇文				已建	教育网	扩充		180	
	2010	320		汇文					教育网	扩充	1200	300	
安徽新华学院图书馆	2005	140		√			60.00	建站	教育网	开设	300	128	
	2008	140		√		11	60.00		教育网		300	128	
马鞍山师范高等专科学校图书馆	2004	100						建站	100	开设	195	80	
	2008	100							100		195	80	
安徽医学高等专科学校图书馆	2008	80						建站	教育网	开设	200	64	
	2010	80		√					教育网		200	64	
安徽中医药高等专科学校图书馆	2000			华厦									
	2006			清大新洋				建站					
	2010	520	5	清大新洋		15				开设		500	
桐城师范高等专科学校图书馆	2005	55								开设	300	48	
	2010	55									300	48	
安徽职业技术学院图书馆	2004	120	2	清大新洋				建站	教育网	开设		100	
	2008	220	2	清大新洋					教育网	扩充	3180	200	

续表 4-4-2

图书馆名称	年份	电脑总量（台）	服务器（台）	自动化系统名称	信息点（个）	存储容量（TB）	年访问量（万次）	网站建设	网络带宽（M）	电子阅览室			
										建设情况	面积（平方米）	电脑（台）	年接待读者（万人次）
淮南职业技术学院图书馆	2003	370		华夏				建站	教育网	开设		350	
	2010	370		华夏					教育网			350	
淮北职业技术学院图书馆	2003	180		汇文				建站	教育网	开设		150	
	2010	180		汇文					教育网			150	21.9
安徽警官职业学院图书馆	2000			清大新洋					教育网				
	2006	120		清大新洋	240			建站	教育网	开设		100	
	2008	120		清大新洋	240		4.8		教育网			100	
安徽水利水电职业技术学院图书馆	1998	2	1	园丁	6	0.5	3		教育网				
	2008	200	2	妙思	20	10	8	建站	教育网	开设		128	
	2010	300	3	妙思	20	10	10		教育网	扩充		256	
安徽商贸职业技术学院图书馆	2004	236	18	清大新洋	250	2		建站	1000	开设		210	
	2008	236	18	清大新洋	250	2			1000			210	
安徽艺术职业学院图书馆	2007	48	2	奥龙	10			已建	教育网	开设		40	
安徽机电职业技术学院图书馆	2000	60	2	清大新洋	50				局域网	开设	160	40	
	2005							建站	局域网				
	2008	180	4	清大新洋	170	6			1000	扩充	400	150	
	2010	150	4	清大新洋	140	6	5.9		1000	调整	240	110	
安徽国防科技职业学院图书馆	2001	320		北大息洋	500			建站	教育网	开设		300	
	2008	320		北大息洋	500				教育网			300	
安徽外国语职业技术学院图书馆	2010	320		√					教育网	开设		304	

续表 4-4-2

图书馆名称	年份	电脑总量（台）	服务器（台）	自动化系统名称	信息点（个）	存储容量（TB）	年访问量（万次）	网站建设	网络带宽（M）	电子阅览室			
										建设情况	面积（平方米）	电脑（台）	年接待读者（万人次）
安徽邮电职业技术学院图书馆	1996	9	1	北邮软件									
	2006	16	1	妙思									
	2007	16	1										
安徽电气工程职业技术学院图书馆	1998			MILINS									
	2003	51	1	GSLINS					光纤				
	2007	51	2	GSLINS				建站	光纤	开设	189	49	
	2010	110		妙思					光纤	扩充	189	92	
六安职业技术学院图书馆	2003	820		妙思	900			建站	100	开设		800	
	2010	820		妙思	900				100			800	
安徽交通职业技术学院图书馆	2007	120	3	GSLINS		3.6		已建		开设		100	
阜阳职业技术学院图书馆	2009			妙思						开设		40	
芜湖职业技术学院图书馆	2004	130	8	图腾				建站	教育网	开设		100	
	2008	130	8	图腾					教育网			100	
芜湖信息技术职业学院图书馆	2005	140		√				已建	光纤	开设		120	
	2007	140		√					光纤			120	
中共安徽省委党校图书馆	1996		1	ILAS									
	2000	20	1	自主开发						开设		14	
	2005	20	1	清大新洋				建站				14	
	2006	20	1	清大新洋				升级				14	
	2008	20	1	清大新洋								14	
	2010	30	1	清大新洋						扩充		24	

续表 4-4-2

图书馆名称	年份	电脑总量（台）	服务器（台）	自动化系统名称	信息点（个）	存储容量（TB）	年访问量（万次）	网站建设	网络带宽（M）	电子阅览室			
										建设情况	面积（平方米）	电脑（台）	年接待读者（万人次）
中共亳州市委党校图书馆	2005	2											
	2010	47		清大新洋				建站		开设	100	45	
中共宿州市委党校图书资料室	1997	1											
	1998	5								开设		3	
	2006	9	1	√	15			建站				5	
	2008	9	1	√	15							5	
中共蚌埠市委党校图书馆	2006	12	2		19			建站		开设	132	8	
	2007	12	2	清大新洋	19						132	8	
中共巢湖市委党校图书资料室	2008	32								开设		32	
中共安庆市委党校图书馆	1998	35							10	开设		30	
	2007	35	2					建站	10			30	
中共宣城市委党校图书馆	2006	31	2	丹诚						开设		25	
中共黄山市委党校图书资料室	2001	38	2		85				100	开设	110	38	
	2005	38	2		85			建站	100		110	38	
中共芜湖市委党校图书馆	2003		1	清大新洋	20			建站	100				
	2008		1	清大新洋	20				100				
解放军电子工程学院图书馆	1990	20								开设		7	
	1995	20		MILINS				建站	军网			7	
	1997	20		MILINS					军网			7	
	1999	45		MILINS					军网	扩充		30	
	2000	75		MILINS					军网	扩充		60	
	2006	150	5	MILINS					军网	扩充		120	
	2008	150	5	MILINS		6			军网			120	

续表 4-4-2

图书馆名称	年份	电脑总量（台）	服务器（台）	自动化系统名称	信息点（个）	存储容量（TB）	年访问量（万次）	网站建设	网络带宽（M）	电子阅览室			
										建设情况	面积（平方米）	电脑（台）	年接待读者（万人次）
解放军炮兵学院图书馆	1996	42		MILINS	600			建站	民网	开设		40	
	2008	42		MILINS	600				民网			40	
	2010	130		MILINS	600				民网	扩充		120	
解放军蚌埠坦克学院图书馆	1996			MILINS				建站	军网				
	1998	300	2	MILINS					军网	开设		160	
	2008	300	2	MILINS					军网			160	
安徽社会主义学院图书馆	2009	11		春晖				已建		开设		8	
安徽省社会科学院图书馆	1998	8	1	金盘				建站					
	2005	27	1	金盘	30			升级	100	开设	48	15	
	2008	27	1	金盘	30				100		48	15	
	2010	15	1	金盘	15				100	调整	10	4	

注:1. 电脑总量包括该馆当年的工作用机、读者检索用机和电子阅览室用机等。

2. 自动化系统名称，是指各图书馆采用的自动化系统软件名称，有的图书馆未提供自动化系统名称，本表用“√”表示“已采用图书馆自动化”。

3. 网站建设栏目中，“建站”表示网站开始建设并使用年，有些图书馆对网站进行升级、更新、再版等都作了相应年份表示。有的图书馆未提供建站年份，本表用“已建”表示“该馆已建网站”。

4. 电子阅览室栏中，“开设”表示电子阅览室开始使用的年份；依次其他年份表示电子阅览室面积扩大、电脑扩充和网络升级等。

第五篇　读者服务

安徽图书馆的读者服务经历了从封闭到开放，从仅提供一次文献到兼提供二、三次文献服务的漫长历史过程。读者服务情况客观反映了全省公共图书馆在不同时期、不同政治背景、不同社会环境、不同经济条件以及不同管理者运营下的变化过程，也反映了图书馆人对图书馆服务认识逐步提高的过程。

民国 17 年（1928 年）以前，安徽省立图书馆在建馆初期，图书只供馆内阅览，很少对外开放服务。到民国 19 年（1930 年）8 月，安徽省立图书馆设立图书出纳处，读者可取保借书，馆藏图书正式对外开放。

新中国成立后，为适应国家政治经济形势的发展，安徽省各级公共图书馆不断调整读者服务政策，图书馆服务方式和服务手段日益多样化，服务范围和服务内涵也日益扩大和深化。1963 年 5 月 1 日，安徽省图书馆芜湖路新馆对外开放，确定了“以外借为辅，侧重馆内阅览”的办馆理念。合肥市图书馆在 20 世纪 50 年代，陆续与 54 个单位建立集体外借合同。“文化大革命”期间，图书馆事业受到极大破坏，读者服务工作基本处于停滞状态。

中共十一届三中全会召开以来，安徽省各级图书馆事业逐渐走上健康有序的发展轨道，读者服务工作的广度和深度得到进一步的拓展。各级图书馆除了为读者提供普通的借阅服务外，同时为他们提供文献检索服务、信息咨询服务、专题信息服务，并进行文献资源的开发与利用。

随着信息技术的发展，信息处理实现数字化、网络化、自动化，读者服务的效率大大提高，服务形式也更加多样化。图书馆咨询服务工作也逐步由传统方式向现代方式转变。安徽省图书馆于2002年5月底，开通网上在线咨询服务，开辟了与读者互动新途径。

在做好面向普通读者服务的同时，还将特殊读者群体也纳入服务范围，服务对象不断扩大。1986 年 10 月，安徽省第一家独立建制的少儿图书馆——淮南市少儿图书馆建馆。2001 年 6 月 1 日，合肥市少儿图书馆开馆。2003 年 7 月，安徽省图书馆设立少儿阅览室，2010 年 7 月成立少儿部。2009 年，安徽省图书馆设立残障人士阅览室。

在做好阵地服务的基础上，全省许多公共图书馆还实行“走出去”的发展战略，在部队、学校、机关、社区、贫困山区、监狱、特教中心等处开辟了图书服务点。

第一章 基础服务

新中国成立后,安徽省内各级公共图书馆根据文化部制订的图书馆条例中的有关规定,通过阅览、外借、开架借阅、馆际互借及复制等方式,广泛地为读者服务,为经济建设发展服务。2006 年 3 月,中共中央、国务院在颁布的《国家“十一五”时期文化发展规划纲要》中明确指出,要拓宽公共文化服务领域,创新服务方式,提高服务质量。安徽省各级图书馆打破传统保守的服务理念,服务对象、服务内容、服务方式都发生巨大变化。除做好外借和阅览等阵地服务外,还通过开展一系列活动,加大读者服务的力度。在馆内,增设阅览、展览场所,开设普通图书阅览室、儿童阅览室、参考阅览室,修改阅览规则,延长开放时间;在馆外,开拓新的服务领域,建立新的服务网点,延伸服务范围,以送书上门,建立流动服务点为主要服务手段,与社区、乡镇、军营共建图书室,同时以“知识工程”为载体,积极开展送书下乡、送书进社区、创建乡村图书室活动,使距离图书馆较远的读者也可获得图书馆服务,发挥图书馆服务社会、文化惠民的作用。

2009 年,安徽省图书馆在全国图书馆行业率先实行 ISO 质量认证,外借、阅览等对外服务部门都推行规范化服务,取得良好的社会效果,受到广大读者的赞誉。

第一节 借阅服务

外借服务

安徽省图书馆 民国 17 年(1928 年)以前,该图书馆图书只供馆内阅览,每本书上都盖有“不准携出”的戳记。到民国 19 年(1930 年)8 月,设立图书出纳处,读者可取保借书。借书方法是:借书人先填一张申请书,声明本人姓名、职业、住址、学历及借书的种类,审查合格发给一张保证书;自觅商店或个人作保,经对保无讹后,再发给借书证,凭证借书,商店作保者有效期一年,个人作保者半年。少儿读者外借则于每学期开始之时发放保单,自寻保人,领证借书,规定与该馆借书室出借书籍办法类同。馆内书籍除善本书、参考类书、寄存书、杂志、报纸外,一律外借。由于这一新措施,借书者十分踊跃。借出图书的种类,绝大部分是章回小说,尤以武侠小说最受欢迎。1930 年,该馆发借书证 1069 份,此外还规定未办理借书证者,可临时请人担保或交押金借书,当年外借书刊 27220 册。1931 年发借阅证 1726 份, 1932 年发借阅证 1562 份。

1952 年,该馆在合肥市南土街设借书处,发展借书小组 425 个、个人读者 3952 个;1953 年,迁入义仓巷新馆,环境改善,阵地扩大。1956 年,发放科技借书证 300 个。

1957年，馆长及阅览部门主要负责人被划为“右派”，外借一度中断。1958年，“大跃进”运动，提出“开门办馆”口号，建立图书流通站900个，大批图书下放，结果得不偿失。1961年，根据“调整、巩固、充实、提高”方针，整顿图书流通工作。除保留农业生产合作社、合肥矿山机器厂、汽车修理厂、拖拉机厂等15个图书流通站外，其余880多个全部撤销，收回滥发借书证1000多个，外借转为正常。1966年，“文化大革命”开始，人员下放，借书处无书可借，有书不敢借，古籍书库常年上锁。

1976年，“江青反革命集团”被粉碎后，根据国务院批转的《国家文物事业管理局关于图书开放问题的报告》，图书全面解禁，省图书馆开放中文借书处、外文借书处、集体借书处。

1985年，该馆向在职人员敞开发放借书证。1993年，打破只准在职人员办证的框框，社会青年、在校大中专学生也可办证。

2003年11月12日，扩建后新馆正式开放，安徽省图书馆读者服务的模式发生了很大的改变：外借、阅览实行一体化开架服务；中文期刊、少儿图书正式开展外借业务。同时，进一步扩大读者服务对象，6周岁以上所有有阅读能力的社会人凭身份证或户口本即可办理借阅证，采取年注册制。因此，接待读者数量大幅度上升，2006年，接待读者137.7万人次，书刊外借101.2万册次，接待人次与外借册次首次突破百万大关。2010年，该馆外借书刊591237人次，1182474册次。

合肥市少儿图书馆　自2001年开馆以来，该馆在各方面事业都取得了快速发展。至2010年，馆内设有中小学生阅览室、明德英文图书馆、图书外借处、盲童阅览室、期刊快借部、电子阅览室、声像服务部、汽车图书馆、馆外服务部、办证处等服务部门，实现了自动化借阅和网上阅读等现代化手段的服务；持证读者由开馆之初的百余人增长到1.27万余人，年接待读者由以前的不足万人次增长至2010年的35.9万人次，年书刊流动量达62万册次。市少儿图书馆以一个小型馆的人力物力，达到了中等以上公共图书馆的读者接待量，成为了全市孩子们心目中的最喜爱的课外阅读场所。

蚌埠市图书馆　该图书馆于1986年改变了传统的借阅方式，发放期刊外借证，馆藏期刊资料合订本予以外借；1987年，开辟文学图书开架书库；1995年开放保存本书库，发放外借证；1997年增设少儿阅览室。

芜湖市图书馆　该馆自1953年开始建立集体“整借整还”制度，20世纪70年代“整借整还”借书方式达到高潮，据1977年统计，“整借整还”参与单位达88家，一次借书量达1万余册。1980年之后，这种集体借阅方式逐渐减少和停止。2003年12月，该馆与上海图书馆签订“馆际互借文献传递合作书”，实现文献资源共享。2009年开始在全省率先实施免费开放，免除了办理阅览证、借阅证的工本费、手续费、注册费、修补费。新馆借阅大厅、视障人士阅览室、报纸借阅室等全部面向社会公众开放，并免费为读者提供存包、饮用水、检索等人性化服务，每周开馆时间不低于69小时，全年无休。在服务方式上，该馆打破传统的服务模式，开展了馆际互借、电话续借、邮寄借书、预约借书、闭馆还书、送书上门、书吧休闲阅读等服务。

合肥工业大学图书馆　早在20世纪80年代后期,该馆就实行全开架借阅的先进服务手段。现在,图书馆所有书库和阅览室均实行全开架借阅。近年来,该校图书馆的所有阅览室开放时间均从周一至周日早8点至晚10点,开放时间达到98小时/周;图书借还服务也增加到每周7天;网上数字资源24小时不间断服务。通过汇文系统,开展多校区图书通借通还服务,实现了读者在所在校区对异地馆图书的借阅,从而缓解了各馆区文献资源布局的不均衡,使现有的图书资源得到充分合理的利用,最大限度地方便读者。

阅览服务

安徽省图书馆　民国17年(1928年)以前,省立图书馆大门"闲人免进"的牌子高悬,加之古书多新书少,日阅览者只有一二十人次。民国19年(1930年)后,图书馆开始向外开放,加之有寿县出土文物陈列,读者大增,最多一天发出"阅览券"500多张。民国20年(1931年)后,相继设立普通阅览室、杂志阅览室、中学生阅览室等;还在临江和菱湖公园开辟两个阅览点,其中有《东方杂志》《教育杂志》《国闻周报》等名贵刊物,读者争阅。民国24年(1935年)年,进馆读者36万,时人称"海内罕出其右""已由旧式藏书楼,臻于海内新式图书馆之林"。

民国26—32年(1937—1943年)抗战期间,安徽省立图书馆迁馆立煌(今金寨),屡遭日军战火,读者服务工作陷入停顿。抗战胜利后,图书馆迁往合肥,只是租房囤书而已。1951年,合肥图书馆在南土街(宿州路18号)设第一阅览室、安庆路134号设第二阅览室;1953年,安徽省图书馆在逍遥津公园西侧新馆一楼设综合阅览室,原第一阅览室改设儿童阅览室,年均阅览9万人次。1956年,省委文教部拨专款20万元订购科技书刊,增开科技阅览室;在1957年反右斗争和1958年"大跃进"运动中,提出"开门办馆",增加开放时间,阅览室除中小学生外几无成人;三年经济困难时期,连中小学生也少见了。1963年,国家提出"调整、巩固、充实、提高"方针,馆务随之好转。1965年阅览人次5.2万。1966—1976年"文化大革命"期间,总阅览人数不到7万人次。

1978年中共十一届三中全会以后,省图书馆设社会科学阅览室、自然科学阅览室、外文书刊阅览室、古籍阅览室,拥有阅览座位300多个;1982年增设中文报刊阅览室、历史文献阅览室,座位增至400个,1984年增设青年自学室,1985年,中文图书阅览室由闭架改为开架阅览,虽图书破损严重,也有丢失情况,但读者阅览人数明显增加,1987年馆内阅览人次达60万。

2003年11月12日扩建后的新馆正式开放,安徽省图书馆外借、阅览实行一体化开架服务,增加阅览室和阅览座位,少儿阅览室也正式对外开放,接待读者数量比往年大幅度上升。2010年,该馆各书刊阅览室馆内阅览1084788人次。

合肥市图书馆　该馆前身为合肥县立中和图书馆。开馆之初,设有图书报刊阅览室,有书刊数千册,供民众阅览,日阅览读者约40人次。民国17年(1928年),该馆分设图书、报纸、期刊3个阅览室，备有报纸10余种，杂志600余册，图书5000余册及少许古籍线装书，日接待读者约100多人次。其后建立的民众教育馆及合肥解放初期建立的合肥市文化馆、皖北合肥图书馆，设有图书阅览室，对读者提供阅览服务。

1965年，该图书馆阅览室有经济、科技类报刊、报纸82种，期刊230种，供读者调阅。1985年，全市设有少儿图书室2个，面积180平方米，座位315个，机构隶属市图书馆领导。该室共藏书88061册，有报纸12种，期刊46种，开展多层次服务，是合肥市少儿藏书、阅读、业务技术、指导阅读服务中心。

20世纪90年代初，该图书馆的阅览室面积为505平方米，座位250个。2003年新馆建成后，阅览布局大为改观，阅览室增至12个，阅览室面积3008平方米，已开放阅览室7个，阅览面积2400平方米，座位524个。

马鞍山市图书馆　1982年2月，该馆率先在全省实行图书开架阅览。1996年，外借部实行全开架借阅。

蚌埠市图书馆　2000年10月，该馆设立省内第一家市级图书馆电子阅览室。

借阅证办理　高校图书馆在做好为该校人员读者借阅服务工作的同时，有些图书馆还尝试向社会开放，允许校外读者办理借阅证。

安徽省图书馆　1958年，该馆废止“简易借书卡”。办证需到馆填写“读书登记卡”、出示单位证明、照片1张，缴押金(1987年以前是3元，1987年为6元，1992年为12元、1995年工本费5元，押金根据借阅内容不同，分别为50元和100元)；2003年扩建后的新馆开放，办证需到馆填写“读书登记卡”、出示本人有效证件，缴工本费和押金(2003年根据借阅内容不同，分别为工本费12元和15元，押金100元和200元；2006年根据借阅内容不同，分别为工本费15元和20元，押金100元和200元)。

合肥市图书馆　20世纪90年代初，该图书馆逐步扩大了办证的范围，但新馆开放前，合肥市图书馆借阅证比较单一，只有两种借阅证，分别是借书证和期刊借阅证。随着新馆馆舍条件的根本改善和藏书的增加，读者日益增多，合肥市图书馆逐步扩大了办证的范围。根据不同读者的不同需求，及时推出了临时借阅卡、中学生假期套餐卡、家庭套餐卡等多种借书和阅览证件，并为离休老干部、老年证的持有者、荣誉军人、残疾军人、现任市级以上人大代表、政协委员、全国劳模、“五一”奖章获得者、“全国三八红旗手”、二院院士办理免费报纸阅览卡。为更方便读者办证，又开办集体办证业务，对象是全市各机关单位工作人员。2007年6月合肥市图书馆又推出“电子期刊阅览卡”，开展网上远程阅览服务。2003—2008年累计办证人数近4万人。2009年发放有效借书证6824个，2010年6900个，两年累计发放有效借书证13724个。

巢湖市图书馆　2007年以前，该馆除了借书证外，还有阅览证、过刊借阅证、妈妈借书证等。2008年换发新证时，实行一证通服务，统一为借阅证。

芜湖市图书馆　该馆读者借书证发放凭单位介绍信办理，并缴押金，1989年5月取消单位介绍信，凭个人身份证随时可以办理借书证。读者进馆内阅览，不需要办证。

繁昌县图书馆　1999年1月,该馆实行读者借阅一卡通服务,同时开始试行市民免证阅报;同年5月,实行离退休老同志免费借阅服务,离休老同志凭本人离休证办理免证借阅卡;60岁以上退休老同志凭本人退休证或身份证办理借阅卡。

安徽财经大学图书馆　2007年10月,该馆开始对校外读者开放,蚌埠市居民、在蚌埠就读的大学生、在蚌埠工作的外地居民,凭身份证均可申请校外读者借书证。对于具有在蚌埠所属单位中级及其以上技术职称、处级及其以上行政职务者,持有单位担保书的在蚌所属单位其他人员,持有院系一级担保书的在校大学生、研究生,可申请外文图书的外借。

安徽科技学院图书馆　该馆为充分发挥院图书馆文献信息资源优势,为地方经济和文化建设服务,允许校外读者办理该馆借阅证。

淮北师范大学图书馆　该馆规定校外读者有该校教职工担保,可办理借阅证。

开放时间　为了更好地满足读者借阅需求,为读者提供更好的借阅服务,使馆藏得到更为充分的利用,省内许多公共图书馆不断延长开放时间。

安徽省图书馆　省图书馆于民国19年(1930年),夏季半年每日上午8时至晚间9时半,共开放13.5小时;冬季半年每日上午9时至晚间9时,开放时间达12小时。民国21年(1932年),全年除伏暑曝书停馆两星期、每周一休息外,全年开馆296天。民国22年(1933年),每日上午8时至下午6时开馆。民国24年(1935年),自头年10月至次年3月:每日午前9时至午后5时,共8小时;自本年4月至9月:每日午前8时至午后6时,共10小时。

从1979年每周48小时延长到1983年冬季开放56小时,夏季开放70小时,中午不闭馆,周日不休息,周一休息,每周开放6天。1996年,为每周7天开放。自1998年5月1日起,该馆实行全年365天开放的工作制度,开放时间10小时/天,70小时/周。2002年增设的电子阅览室开放时间达到12小时/天,84小时/周。

马鞍山市图书馆　该馆从1996年开始实行每周6天全天开放,开放时间延长至晚9点。

铜陵市图书馆　该馆从2001年4月起实行两班制,延长开放时间,由原来的每周开放48小时,增加到每周开放66小时。

屯溪区图书馆　该馆从1998年起取消休息日,实行天天对外开放,2006年7月,电子阅览室及“全国文化信息资源共享工程”基层站点建成,实行每天14小时开放。这些举措都方便读者利用休息时间到馆借阅。

舒城县图书馆　1979—1983年,该馆每天开放10小时(其中晚间开放2小时),每周开放60小时;1984—2002年,2004—2008年每周开放48小时,星期天、节假日正常开放;2009—2010年每周开放56小时,星期天、节假日正常开放。

合肥工业大学图书馆　2007年起,该图书馆所有阅览室开放时间均从周一到周日早7:30到晚22:15,开放时间达到103.25小时/周;图书借还服务也由三年前的每周5

天增加到现在的每周 7 天；网上数字资源 24 小时不间断服务。

皖西学院图书馆　近年来，该图书馆不断延长开放时间，强化内部管理，努力提高服务质量。各主要阅览室的开放时间达到 67 小时 / 周左右，部分阅览室的开放时间达到了 119 小时 / 周，电子资源实行 24 小时网上免费服务。

馆际互借　1957 年国务院批准颁布《全国图书协调方案》，倡导以纸质载体文献为对象，开展馆际互借的资源共享活动。

安徽省图书馆　1981 年，该馆开展馆际互借工作，并发放“通用阅览证”。1986 年，省图书馆学会草拟“安徽省公共图书馆馆际互借章程”。1987 年，向合肥市各公共图书馆正式发放“馆际互借通用证”，实现全省图书资料资源共享，促进馆际互借。20 世纪 80—90 年代，安徽省图书馆阅览部两个借书处设专人兼职负责馆际互借工作。该馆与省内外数十所图书馆建立馆际互借关系，每年借阅图书约 100 人次，1000 册次。

蚌埠市图书馆　该馆馆际互借对象：蚌埠地区图书馆学会理事馆（高校、军校、高等专科学校、三县图书馆、教育、科研单位等）。目前该馆与安徽省兄弟馆均有馆际互借关系，与国家图书馆也保持着馆际互借关系。

马鞍山市图书馆　该馆 1986 年开始发放通用借书证与阅览证，组织全市 11 所较大图书馆实行馆际互借，同时该馆与安徽省兄弟馆均有馆际互借关系。

太湖县图书馆　自 20 世纪 80 年代以来，该馆外借处与省、市图书馆开展馆际互借业务，以帮助用户解决燃眉之急。

中国科学技术大学图书馆　该馆与中国科学院文献情报中心 (CSDL)、中国高校人文社会科学文献中心 (CASHL)、清华大学图书馆、国家图书馆、上海图书馆建立了馆际互借的合作关系，可以通过这些文献系统获取馆外各种文献。

安徽医科大学图书馆　该馆主动开展馆际互借服务，已先后与中国高校文献保障系统 (CALIS)、协和医科大学图书馆、中国科技大学图书馆等国内诸多知名大学图书馆建立了良好的馆际互借服务，目前馆际互借服务量达到读者需求量的 60% 以上。

第二节　为特殊群体服务

为少儿读者服务　安徽省各级公共图书馆积极贯彻落实《中共中央国务院关于进一步加强和改进未成年人思想道德建设若干意见》的精神，把少儿读者纳入重点服务对象范围。

安徽省图书馆　该图书馆为少儿读者服务的历史由来已久。早在 1930 年就开始专为少儿服务的中学生阅览室和少儿阅览室，并针对少儿读者阅读兴趣和爱好的培养，专门成立儿童读书会。

1981 年，该馆增设少儿阅览室，1982 年 6 月 1 日，省图书馆将万余册儿童读物移赠给合肥市少年宫，撤销少儿阅览室。1993 年，阅览部开设儿童图书专架，供暑假期间家长带孩子来借阅。

2003年7月,安徽省图书馆设立少儿阅览室,隶属借阅部;2010年7月,少儿阅览室从借阅部划分出来,设立少儿部。省图书馆利用少儿阅览室这个主阵地,结合少儿特点,举办“评选读书小明星”“好书伴我成长”“争当小图书管理员”“少儿书法绘画”比赛、“读优秀书刊 讲爱国故事”比赛、“经典诵读”比赛等有利于少儿身心发展的活动,使图书馆成为孩子们的第二课堂。

该馆在电子阅览室专设“少儿上网区”,规定上网内容和时间。少儿部与安徽人民广播电台“快乐起跑线——小书迷俱乐部”栏目组合作,举办各种读书活动,增强小读者的口语表达能力和阅读理解能力;参与安徽电视台“映山红”行动、《安徽商报》的“爱心一日捐”活动,把读者捐赠的图书送给偏远农村学校,帮助那里的学校建立爱心图书室,圆孩子们的读书梦。

芜湖市图书馆　1950年5月,该馆建立了少儿阅览室,日均接待少儿阅览达200人次。1958年因少儿阅览室拆迁停办,每周日在成人阅览室开放1日少儿阅览。1985年6月少儿在烟雨墩恢复开放。少儿室藏书3万余册,年均接待少儿阅览1万余人次。2009年新馆开放,少儿室面积220平方米,并配备多媒体设备和学习机等设施。

马鞍山市图书馆　2003年4月,该馆启动“金钥匙行动——全市青少年走进图书馆”读书活动,成立了“青少年新世纪读书俱乐部”,丰富少年儿童课外文化活动,使图书馆成为中小学生的第二课堂。

舒城县图书馆　该馆举办诗歌朗诵会、故事会、少儿读书夏令营、小学生作文培训、讲座等活动。由于服务工作成绩显著,1982年,该馆少儿工作受到中央文化部的表彰。

青阳县图书馆　该馆将少儿作为重点关注对象,不仅优先采购少儿类图书、报刊,还连续每年举办“红领巾少儿读书系列活动——演讲征文”比赛,截至2010年,已举办8届,成为该馆的特色服务。

淮南市少儿图书馆　该馆建立于1986年,为安徽省第一个独立建制的少年儿童图书馆。自建馆以来,就注重小读者的素质教育,开展演讲比赛、讲故事比赛、书法绘画比赛、经典诵读等形式多样的活动。多年来,该馆从一个形式单一的图书馆发展成集图书、报刊、电子读物、网络信息资源、少儿课外教育、心理辅导于一身的多功能现代化的少年儿童图书馆。

合肥市少儿图书馆　该馆于2001年6月1日局部开馆,正式对外服务。该馆致力于少儿读书实践活动和道德教育活动的工作。建馆以来,开展了大量的讲座、读书报告会、征文比赛、网络安全和网络道德教育活动及读书实践活动。团市委、市少工委在合肥市少儿图书馆设立合肥市首个“红领巾体验教育基地”,营造有利于未成年人健康成长的良好环境。

为老年读者服务

安徽省图书馆　2003年,省图书馆对持有老年证、离休证的读者,凭有效证件免注册费办理阅览证。在合肥市老年公寓和五里墩街道七里塘社区建立流通网点，丰富老年人的晚年生活，社区居民称图书馆“改变了老人单调乏味的生活，使夕阳红生活丰富起来”；每逢重大节日，该馆免费为合肥市老年公寓和部分社区退休党员播放红色经典影片；新安百姓讲堂举办老年保健系列讲座，受到老年读者的欢迎。

合肥市图书馆　该馆电子阅览室经常举办针对老年读者的培训服务，例如举办合肥市图书馆“夕阳红”老年免费计算机培训班。

阜阳市图书馆　该馆向银河老年公寓、市老年活动中心、市福利院多次赠送图书、期刊，丰富老年人的文化生活。

安徽师范大学图书馆　自2005年起，该馆为全校年龄超过65岁的离退休教职工开通了“绿色通道”服务，即为老年教职工提供科研所需图书的借阅、期刊文章的复印、电子资源的下载等服务，并由“志愿者”及时送至退休教职工家中，从而大大方便和满足了该校离退休教职工从事科研的需要，受到了很好的评价。

为残障读者服务　残障读者需要图书馆提供特殊的关怀和服务。公共图书馆作为公益性的社会文化事业机构，服务和帮助残障群体是其义不容辞的责任。这不仅有利于缩小不同群体的知识鸿沟，也有利于凝聚共识，促进和谐社会建设。省各级公共图书馆近年来对此已经有较为清醒的认识，并作出有益尝试。

安徽省图书馆　为方便残疾人来馆看书学习，该馆在各阅览室设立残疾人专座，由工作人员为他们提供周到的服务，免费为残疾人办理阅览证，并增加外借册数和延长借期。对于不便来馆借书的残疾读者，开展送书上门等服务。2004年5月8日，来自合肥市庐阳区、包河区、蜀山区、瑶海区的近60名残疾人，在省、市残联的负责同志带领下，前来安徽省图书馆办理免费借阅证，并借到了自己喜爱的图书。2008年，该馆先后举办了高位截瘫人士座谈会和盲人读者座谈会。座谈会为更好地服务残疾读者提供了有价值的信息。2008年8月，安徽省残联、安徽省图书馆、安徽商报社共同发起“爱与和谐——残障人士读书文化日”活动，旨在进一步加强残健文化交流、增进残健理解信任、促进残健和谐共存。至2010年底，“残障人士读书文化日”活动已成功举办了20期，每期一个主题，如：“蓝天下，我们共享爱”“迎残奥，为中国健儿加油”“牵手残疾人，走进图书馆”“祖国在我心中”征文比赛、“特奥冠军访谈会”等等。由于“残障人士读书文化日”活动的影响力越来越大，残障读者每周五、周六下午自发组织两次到馆交流学习，形成了固定的读者群体。2009年“全国助残日”，该馆筹建的残障人士阅览室、活动室正式对外开放，该室配备700余册盲文书籍，并购置了视频助视器、盲文刻印机、盲文点显器等硬件设备及盲文读屏软件等可供残障人士使用的设备。

马鞍山市图书馆　该馆开辟了视障人阅览室，阅览室主要面向盲人读者及弱视读者，可同时容纳100多位读者入室阅读。新馆开放后，在市委、市政府的大力支持下，该馆购置了多台阅读辅助设备及数百种盲文图书，方便盲人读者及弱视读者阅读。目前共有盲文图书300多种1000多册，助视器2台，还配有多功能收录机，盲人点读器，此外,图书馆还根据盲人读者的需求,为盲人读者送书上门服务。

合肥市图书馆 2004年5月8日,该馆在第14个全国助残日来临之际,合肥市图书馆盲人阅览室开放,这是全省首家为盲人提供的专门阅览室,并坚持送书到聋哑学校。

芜湖县图书馆 该馆每个阅览室都设有"残疾人阅览专席",有专人为残疾读者服务,还免费赠送借书卡。为了方便他们进入图书馆读书学习,新馆特铺设了"盲道"和无障碍设施,并设立了盲人阅览室,专门采购了盲人图书和盲人计算机。

为农民工服务 安徽省图书馆为了保证农民工的文化权益,提高农民工的文化素质,安徽省图书馆在2005年芜湖路改造期间,晚上免费为进城务工人员播放文化共享工程视频资料;2008年春节期间,为因雪灾不能回家过春节的进城务工人员提供到馆免证阅览服务。2009年联合省、市人力资源和劳动保障部门,充分利用馆内宣传栏为进城务工人员提供各类就业务工信息,在短短两个月内,共编发9期,提供就业务工信息2456条,直接服务人次达6000人次左右。2009年、2010年春节期间,为不能回家过春节的民工及子女提供到馆免证阅览服务。

为服刑人员服务 在特殊群体中,监狱服刑人员是公共图书馆延伸服务的服务对象之一,一些公共图书馆与各地监狱合作,建立监狱流通服务点或分馆。

2004年,安徽省图书馆组织党团员和要求入党的积极分子,到安徽省戒毒所接受禁毒教育,开展社会帮教活动。团支部精心挑选近千册各类书刊赠送给戒毒学员。2009年4月,安徽省图书馆联合安徽省司法厅团工委、安徽商报社,在全国首创媒体搭建平台、社会帮教服刑劳教人员的新模式,共同发起"2009暖风行动——走进高墙建立'青年爱心图书室'"活动,捐赠新书1000册,并在白湖监狱建立流通网点。2010年,安徽省图书馆再次联合省司法厅团工委、安徽商报社,在省女教所举办"暖风行动——走进女教所 建立'青年爱心图书室'"捐赠活动。在省女教所建立"青年爱心图书室"和省图书馆图书流通网点,安徽省图书馆为图书室捐赠图书、期刊近2000册。

第三节 延伸服务

全省各级公共图书馆在坚持做好阵地服务的同时,不断拓宽服务领域,开辟新的服务渠道,采取新的服务措施,从省情出发,利用各馆丰富的图书文献资料优势,面向农村提供服务,开设服务点,开展送书上门、送书下基层、送书下乡、送书进社区、送书进部队等服务。同时积极拓展图书馆社会教育功能,为青少年服务、为特殊群体和弱势人群服务(含为残疾人、进城务工人员等服务)以及特色服务。

流通服务点

安徽省图书馆 该馆最早的流动服务,可以追溯到民国19年(1930年)的巡回文库、菱湖公园图书流通处。民国23年(1934年),在安庆旧接馆厅成立临江分馆。

新中国成立以后，先是流动书箱下乡，下厂，下部队，后来是建立流动站，成立图书室。例如，1957年，建立了各种图书流通站86个。1958年，提出“开门办馆”口号，建立图书流通站100余个。1954—1963年，图书流动站接待阅览读者512993人次，约占该馆接待读者总量（1784031人次）的29%。1975年7月，与共青团合肥市委联合开展“激光知识”“天文气象”“青少年保健”等宣传活动，在市内设立4个科学书刊阅览点。

20世纪80年代，该馆就开始在基层图书馆（室）设立流通服务点，此后一直坚持流通服务，定期向服务点提供图书资料，指导他们开展读书工作，为当地读者服务，提高该馆图书利用率。

1986年，该馆在岳西、颍上、泾县等图书馆设基层流通服务点。1990年，与六安、长丰、肥西、青阳等地图书馆建立图书流通关系，流通图书2417余册。1993年，在六安苏家埠新建图书流通服务点。1995年，设置基层流动服务点6处，组织捐赠、送书下乡5464册。1996年，抽送图书近2万册支援市县图书馆。1998年，在合肥消防二队建立图书流动服务点。进入21世纪，图书流通服务点建设力度加大，先后在合肥老年公寓、肥东县白龙镇中心学校、合肥市蜀山区青阳路社区、江仪厂子弟学校、省军区政治处等图书馆（室）建立图书流通服务点。截至2010年底，该馆共有服务点39个。为便于管理和沟通，建立了安徽省图书馆服务点QQ群，使服务点真正成为图书馆为广大读者服务、弘扬社会和谐文化的前沿阵地。

合肥市图书馆　新馆建成后，该馆就积极拓展馆外服务内容，在工厂、学校设立服务点，开展流动服务，送书到聋哑学校等特定读者和用户手上。进入21世纪，馆外服务逐步规范化、规模化。2009年6月，书香门第社区分馆授牌，这是合肥市图书馆面向社会提供文化服务的第一个社区分馆和全省第一家实行计算机联网管理、实现通借通还的图书馆分馆，同时也是省内首家社区数字图书馆。2010年5月，市馆又在经济开发区开设第一家分馆——芙蓉社区分馆，在一定程度上缓解了“偏远地区”市民对图书阅读的渴求，也为市馆的办馆模式探索了一条新路。

阜阳市图书馆　该馆采取在市区内辅导中小学图书馆，帮助创建社区图书室，在市区外选取条件稍好的乡镇图书室，大力扶助他们。至2008年，与十多所中小学及专科学校保持业务联系，并帮助新建6个社区图书室；在农村，帮助建立了17个乡镇图书室。

蚌埠市图书馆　该馆不断扩大图书馆服务面，设立馆外服务点，先后在李楼乡汪圩村、小蚌埠镇山香村、金台村、燕山乡金圩村、郊区二十一中学、武警三支队、消防支队、天地人社区、张公山八村一居、勤俭里居委会、治安拘留所、省劳教所、市戒毒所、市福利院等地设立14个馆外服务点，将馆藏图书向服务点流动借阅，将图书馆的服务送到农民、学生、军人、社区居民，甚至治安拘留人员的身边，取得良好的社会效益。

巢湖市图书馆　该馆早在1958年合作化高潮期间，在烔炀坞梁、南河方等乡村建立11个图书流通服务点，实地辅导、推动农村读书活动。1966年，农村图书服务点发展到72个，读书小组43个，年图书流通量8000册。同期在城镇厂矿建点39个，在图书馆的辅导下开展业务工作。到1972年农村图书流通点增至126个，厂矿、学校辅导点42个。1975年，为适应农村图书室发展需要，专设农村书库，藏书12000册，由专人负责此项工作，并经常举办农村图书室管理员培训班，印发各种资料，较系统地传授业务知识，农村图书流通点发展到133个。1980年前后，由于农村普遍推行生产责任制，打破原有的集体经济格局，农村图书室逐渐减少，图书流通工作逐步萎缩。1990年，原农村书库易名资料室，对农村图书流通点的服务工作完全停止。1991年以后，随着改革开放的逐步深入，广大农民的精神文化生活和对科技信息的需求日益高涨。根据农村的新特点，图书馆选择以乡镇文化站为对象，建立新的农村图书服务点。1999年划为地级馆后，服务范围也随之扩大，并向行政村图书室延伸。截至2007年底，已在居巢区柘皋、烔炀、槐林、银屏、夏阁、苏湾等乡镇文化站及居巢区槐林镇三垅行政村，无为二坝镇文化站，和县沈巷文化站，含山清溪镇文化站，建立9个图书交换服务点，定期交换图书，辅导借阅活动。2008—2010年又新建8个流动图书点。

繁昌县图书馆　该图书馆一直坚持建立和扶持基层图书室工作，从2005年开始，该馆实行建点挂牌，重新规划和建立基层服务网点，制定了统一的基层图书室服务网点规章制度，签订扶持协议，从形式上和组织上规范基层网点的管理工作。2007年12月，已建立基层图书室服务网点25个，基层服务网点分乡镇文化站图书室、村级图书室、部队图书室、机关图书室、学校图书室、农民自办图书室等等，年流通书刊万余册。

舒城县图书馆　2000—2007年，该图书馆已在舒城县镇、村逐步发展建立了图书服务流动点5处，2008—2010年在乡镇、村级、社区及企业建立图书服务流动点8个，每半年上门换书一次，每次送书300—500册，为基层部分群众阅读需求提供了方便服务。

宿松县图书馆　该馆于2007年开始建设图书馆图书流通点，该图书馆图书流通点建设延伸至九成检察院、凉亭派出所、县老干局、博雅中学、实验小学及工路管理局等单位，截至2010年有17个服务点。

铜陵市图书馆　从2001年9月开始，该馆走出馆门，面向社区，通过与街道、社区联办的形式，建立社区图书阅览室。该馆为每个图书室提供书架、报架、期刊架、订阅报刊，定期更换图书，上门开展业务指导。同时，经常对各社区图书室的开放情况、借阅情况进行检查分析。至2006年底，全市社区图书室普及率达90%以上。2007—2010年普及率100%。

淮南市少儿图书馆　该图书馆在全市六区一县设立少儿图书馆分馆和流通站，初步建成以市少儿图书馆为中心，以流通站为网点，形成面向全市少年儿童的图书流通网络。

合肥市少儿图书馆　该图书馆在2002年与市内部分小学、幼儿园开展图书借阅工作，先后在市政府直属机关幼儿园、省军区幼儿园设立流动图书借阅站，每周安排半天,定时送书上门,开展借阅服务。同时该馆还利用社会资源,合作性地开办三所分馆,2006年6月,在市文明办牵头下,该馆与三里街街道办事处合作创办的“民工子弟图书馆”,这是全省首家专门为民工子弟创办的图书馆。该图书馆免费为分馆进行技术上培训和辅导,定期更换书刊,保障分馆的日常开放。为了建成遍布全市的少儿图书借阅服务网络,把书籍和服务送给贫困农村和边远地区的孩子们,该馆于2005年着手筹建“汽车图书馆”,在完成布点策划工作后,于2007年11月正式投入使用。之后在枞阳路街道和江河社居委先后成立了两个图书借阅点。该馆计划在全市各区以及边郊农村设立多个“汽车图书馆”分馆,定时上门服务,让图书走进社区、走进学校、走进农村,方便孩子就近阅读。

芜湖县图书馆 1999年2月,该馆开始建立流动阅览点,送书到城关小学、乡村小学、消防队、社区,服务学生、军人和居民;建立“帮教点”和“助残点”,送书到福利院、敬老院、残疾人家庭、残疾人企业、离退休家庭、老年大学、看守所、消防大队,为特殊群体服务;建立“集体借阅点”“流动服务点”为乡镇文化站、社区、企业职工和有关中学实行定点服务。先后建立服务点、流通点14个。

送书下基层 为支持基层图书馆事业,丰富基层文化生活,促进农村精神文明建设,安徽省各级公共图书馆在设立馆外服务点的同时,积极响应中宣部等部委的号召,开展送书下乡活动。

安徽省图书馆 该图书馆在1982年向凤阳县图书馆提供图书1000册;1987—1990年,该图书馆向金寨、颍上、巢湖、望江、阜阳等市县图书馆(室)赠送书刊6万册左右。1991—2006年,向太湖、金寨、颍上、黄山、舒城、巢湖、望江、阜阳、萧县、潜山、明光、淮北等数十所市县图书馆赠送书刊40万册左右。2007年,将国家图书馆向该馆捐赠的图书,除部分留存外,转赠颍上、舒城、歙县等10所县级图书馆2万册。2007年9月5日,省图书馆组织党团员携带1000余册书刊到“南京路上好八连”在定远县的野战训练营地,为“好八连”官兵们送去精神食粮。

合肥市图书馆 1993年前,该馆先后将15000册科技图书送到三县一郊15个乡镇,1995—2010年,该馆响应文化部建设“万村万册图书馆”的号召,坚持每年扶持一个农村图书室,先后向郊区骆岗镇王卫村、长丰县高塘乡、肥东、肥西农村等捐赠图书,共计50000册。2002年该馆与73832部队达成了“军民共建”协议,定期为广大官兵送书。2004年该馆坚持定期为武警部队的图书室更换各类图书,开展流动服务。截至2010年底,该馆的流动服务点还包括:解放军73832部队阅览室、三河四子阅览室、琥珀北苑社居委阅览室、义城监狱阅览室、天鹅湖大酒店阅览室、芙蓉社区分馆、庐阳区三十岗乡阅览室、市总工会分馆、市幼儿师范分馆等28处。

繁昌县图书馆 20世纪90年代,该馆与驻繁舟桥旅二营四连、县消防中队建立军民共建单位。2002年,该馆以“建设军营文化”为主题主动与驻繁部队、县消防大队、武警中队再续军民共建,共建内容从送书到部队延伸到帮助部队建立基层图书室、开展新春“灯谜”有奖竞猜、军营电影晚会、数字图书进军营等内容；2007年，借助文化共享工程设备在3个共建单位建立文化共享工程繁昌县级支中心基层服务点。

青阳县图书馆 20世纪60—80年代，青阳县图书馆工作人员就挑着图书箱，下基层，进校园，到农村。90年代以后，随着送文化下乡的不断深入，该馆积极组织送图书下乡活动，每年都有新的形式，新的内容。1993年在“边山行”送文化下乡活动中，图书馆与文化馆、剧团、电影公司同行，把戏剧、图书、电影送到深山，开展图书阅览、科技咨询、读书心得交流等活动。2003年，与县消防队开展“军民共建”，主动送书下连队，为官兵提供精神食粮。

铜陵县图书馆 该馆先后帮助73843部队、73849部队、武警消防总队一中队、三中队、六中队等组建图书阅览室，并在业务方面进行辅导。该馆因此被省委宣传部授予2000—2001年度“三下乡”活动先进集体。

第四节 特色服务

特色服务也可以说是创新服务，目的在于为用户服务过程中应用新思想、新理念和新管理、新技术来改善和变革现有的服务流程和服务项目，提高现有的服务质量、服务水平、服务效率，更新服务内容，扩大服务范围。它是一个图书馆有别于其他图书馆的亮点。

安徽省图书馆 该馆在全省公共图书馆开展规范服务一体化建设，组建全省公共图书馆讲座联盟、公益性展览基地以及筹建全省公益性电视专题片制作中心等四个拓展方向，并在深化优质服务的基础上，着力打造“助困爱心一日捐”“优秀书刊漂流行”“读者英语沙龙”“残障人士文化活动日”和“少儿假期主题阅读”等五个服务品牌，取得了不俗的成效，这在图书馆行业也是绝无仅有的。

淮南市少儿图书馆 该图书馆的小百灵京剧学校被国家评为全国少儿京剧培训基地，有多名小学员在多项比赛中取得了优异的成绩，并向各大艺术院校输送了一批艺术人才。

合肥市少儿图书馆 2007年7月7日，由美国明德图书馆基金会与合肥市少儿图书馆合作建立的公益性少儿英文图书馆正式对外开放，这是全省首家全英文少儿图书馆。该馆馆藏原版英文读物全部为美国明德图书馆基金会无偿捐赠；该馆的工作人员由在国外工作多年、精通英语的专门人才担任，采用英文作为服务语言，同时还不定期邀请外籍义工共同开展少儿英语沙龙、原声影视欣赏、英文歌曲比赛，英语大联欢等孩子们喜闻乐见的读者活动，为孩子们搭建展示自己英语听、说、读、写能力的舞台。它作为合肥市文化事业发展的一张“新名片”，将为全市少年儿童提供一个学英文、说英文的快乐课堂和了解世界文化的宽广平台。

从2007年7月8日起，该馆每周日下午为读者免费播放儿童影片（包括英文原声电影),并开展“小读者影片预约”活动,让读者点播自己想看的电影。“小影院”的开放受到了读者和家长的热烈欢迎,场场爆满。为了使馆藏图书更贴近孩子的需求,同时丰富孩子们的假期生活,培养孩子们的小主人翁意识,每年的寒暑假组织开展“义务小馆员购书活动”,届时孩子们将在工作人员的带领下,来到新华书店挑选自己喜爱的新书,每名小馆员可以任选5种图书,这些书被采购回馆后,经过加工处理,将优先提供给选购者借阅。

2009年7月,该馆建立了全省首家“电子漫画馆”,首次推出数字漫画2000余册,内容涉及国学、幽默、侦探、体育、神话等类别;2009年10月,建立了“科教视频资源点播系统”,读者可在馆内电子阅览室或家中通过网站观看丰富的科教类视频或儿童电影。

芜湖市图书馆　1989年4月,该馆创办“镜湖读书社”,以文艺书刊为主,采取会员交费制度,交费用于购书,“取之读者,用之读者”。该馆建立的“文化名人藏书室”,坐落在芜湖市中心风景区镜湖烟雨墩上,面积1700余平方米,四周环水,绿树成荫,曾为宋朝状元张孝祥读书处,分别建有藏书室,个人生平事迹展览厅和捐书纪念雕塑。其中包括1987年6月,建立由原中共中央副主席陈云题写的“阿英藏书陈列室”等。

宿松县图书馆　2006年,该馆成立宿松图片资料库,专门搜集、拍摄、整理全县政治、经济、文化、教育等各领域图片。图片资源已达1TB,约3万余张。为读者提供地方图片展览和查阅服务。

怀宁县图书馆　2010年4月6日,该馆“法制图书园地”正式挂牌。11月10日,“独秀小学课外阅读基地”在县图书馆建成。联合普法、书香育人,形成了倾向性阅读沙龙。

第二章 信息服务

信息服务是指向用户按一定方式提供信息的过程。图书馆是信息服务业的一个重要组成部分。安徽省各级图书馆信息服务的内容和手段,随着时代的发展,不断发生着变化。从开始的利用该馆资源,为读者提供答复咨询、书目参考、信息检索、情报研究、用户教育等传统参考咨询服务,到之后综合运用网络手段,提供数字资源,完成信息咨询、文献检索、文献针对性挖掘加工等服务。20 世纪 90 年代之后,随着知识经济的提出和信息技术的发展以及互联网的迅速普及,社会信息环境发生了极大的变化,传统信息服务已不能满足社会需求。各级图书馆主动采用现代信息技术手段,引进了业务自动化系统,开通图书馆网站,建成公共电子阅览室,为读者提供多层次、多渠道、多品种的信息化服务。

第一节 传统信息服务

编制书目索引

安徽省图书馆 该图书馆信从民国 8 年(1919 年)编印书目,为读者服务开始。民国 23 年(1934 年),正式设立咨询处。该馆建馆以来,编印(或出版)书本式目录、专题资料及其索引一百几十种。其中书本式目录在本志第二篇第二章第四节已记述,在此不赘述。

该馆编印的专题资料及其索引有《安徽近代教育沿革与统计资料选辑:1840—1949》《馆藏解放前中文报纸目录索引:1903—1949》《经济效果目录索引》《节约能源图书资料索引》《荣获斯大林奖金文艺作品介绍》(1954 年),《共产主义教育参考资料》(1958 年),《增产节约报刊资料索引》(1963 年),《创伤治疗专题资料索引》之一(1976 年),《制止动乱、平息反革命暴乱资料索引:1989 年 6—9 月》《安徽省图书馆外文工具书馆藏目录字典、词典. 上册,西文部分》(1990 年),《安徽省图书馆外文工具书馆藏目录字典、词典. 下册,俄、日、中外对照部分》等。2010 年,该馆编辑徽学专题书目 1 期和新书通报 140 期。

合肥市图书馆 1986 年,该馆为配合在全国开展普法教育,编制《馆藏法律图书专题目录》,寄赠全国各地市图书馆;1987—1988 年,编制《信息汇萃》,收录有关经济、文化、时事、农业等专题资料,为市委、市政府办公室、市文化局、市土地规划局、市农委等有关单位提供信息服务。此后又编制了《馆藏农业图书目录》《馆藏食品图书目录》《馆藏城建图书目录》等6种目录索引,发放有关单位和个人。

芜湖市图书馆　2000年以前,该馆不定期地编制过各类书目参考、篇目索引共20余种。2000年开始,每年编制书目参考或篇目索引12期，2000—2010年编制132期书目参考或篇目索引。其中有《农业技术书目》《科技书目》《青年自学书目》《为振兴中华而读书书目》《对外开放专题书目》《邓小平理论书目》等。

信息咨询　新中国成立前,安徽省各级图书馆就积极信息咨询工作,新中国成立后有进一步发展。1984年,安徽省各级图书馆响应邓小平“开发信息资源,服务四化建设”的号召,为配合“星火计划”的实施,开展了信息咨询服务。近年来,信息咨询服务工作正逐渐向深层次、个性化方向迈进,越来越受到社会各方的重视。

安徽省图书馆　1934年,该馆设立咨询处,并制定五条咨询办法:1.读者可按“咨询办法”进行咨询。2.咨询内容包括调阅书刊、研究课题。3.咨询方式口头、书面均可。4.本馆解答不了的问题请人代为解答,不愿请人解答者,谢绝。5.有价值之学术咨询可在馆刊《学风》上发表。

1956年7月,该馆制订为科学研究服务的计划,8月,成立参考组。1957年9月,开设参考阅览室。1983年,在目录厅设立“目录咨询处”,确定专人指导读者使用目录,帮助读者利用图书馆,检索他们所需要的图书。1984年,改书目参考部为典藏部和参考咨询部,并开设咨询检索室。面向科学研究、文化教育、工矿企业等企事业单位以及“两户一体”(农村专业户、重点户和经济联合体)开展代编、代译、定题服务等。1985年编印《安徽省图书馆读者指南》。1987年,利用读者咨询登记表、读者单位证明、读者图书调阅单组建“读者参考咨询档案”。

1989年图书馆宣传周期间,建立街头咨询服务点,接待读者约500人次。同时与省科技外语研究会联合开展咨询服务月活动。1990年图书馆宣传周期间,在合肥市中心地段设立咨询服务点,为社会公众介绍图书馆服务内容和有关文献检索知识、解答读者各种咨询。

1993年,启动专题情报检索服务,之后曾为一系列重要课题提供专题查阅服务。1996年,为省委书记卢荣景提供有关叙利亚的资料。1999年,为省重点课题《徽州文化全书》、省电视台的“台湾女作家李碧华专访录”、省科技馆的历代科技发明伟人及其事迹、省电视台的新中国成立50周年献礼节目《安徽之最》、省社科院历史研究所的新四军研究、合肥电视台的大型专题片《合肥五十年》等著述和专题片的摄制提供大量的文献资料和专题查阅服务。2000年,为省政府外事办公室提供有关“美国政府与政体情况”资料,为省电视台拍摄电视剧《戏缘》提供资料。2003年,参考咨询部改名信息咨询部,信息咨询服务从传统参考咨询服务向数字信息咨询服务迈进。2005年12月初,该馆开通网上在线咨询服务,开始利用网络平台为读者提供咨询服务。2010年,为省文化厅人事处提供“新世纪日本公务员改革制度及启示”的相关资料,为文化共享工程黟县支中心提供油菜、茶叶的栽培技术以及桃树种植技术。每年6—7月,针对大学生毕业后自主择业的需求,集中调阅有关企业的资料,最大限度地满足了应届毕业大学生的需求。

芜湖市图书馆　从20世纪50年代开始,该馆为工厂、农村提供科技信息咨询服务。20世纪60年代前半期,着重开展课题和跟踪服务, 1962年1—12月,为解决生产技术上的问题而跟踪服务项目达91个。20世纪80年代以来,随着改革开放的深入发展,特别是"科学技术是第一生产力"的提出,课题和跟踪服务力度逐渐加大。1987年8月,成立参考咨询部,专门开展书目、咨询服务。1988年1月,举办"经济技术信息交流会",会上发布信息1030条。

2005年以来,随着该馆电子文献的采购以及网站的建设,他们围绕新时期读者的阅读需求、信息需求、文化需求以及知识需求,有针对性地开展了电话咨询、网上咨询服务,开展网上信息站点导航、资源导读服务等各种形式的信息咨询服务活动。

合肥市图书馆　20世纪80年代,合肥市图书馆在加强为自然科学研究服务,为工农业生产服务的同时,加强了为党政军领导机关服务,为社会科学研究服务,成立了"中文资料室",该室收有数千种各类工具书、数十种 "人大复印报刊资料",设有馆藏图书分类目录、馆藏线装书目录、"四库全书" 影印本的书名目录。新馆建设之初又设8间研究室,到2010年12月8间全部对外开放。研究室里配有计算机、电话和工具书,可以直接上网或查询图书馆所有文献信息,并提供信息咨询服务。该图书馆根据读者的不同要求,充分运用各种参考工具书以及有关书刊资料、检索文献,提供服务。

马鞍山市图书馆　该馆除了为读者提供联合参考咨询、信息咨询外,还与企事业单位展开多种形式的馆际互借、参考咨询、资源共享、信息推送合作,为科研与经济建设提供信息服务。为市委市政府提供各类专题数据库、国内外大事要事的查阅,并为马鞍山市文明城市创建、李白诗歌节举办、文化产业发展提供政策查询,信息支持。

巢湖市图书馆　该馆认真开展大众信息咨询服务,通过资料调阅、馆际互借、网上查询等方式及时地给他们提供帮助。

太湖县图书馆　该馆从20世纪80后代起,非常重视农村、农民科技咨询服务工作。该馆经常抽调工作人员翻山越岭深入到用户家中进行调查研究,为进一步完善科技咨询服务提供决策依据。该馆的科技咨询服务工作成绩卓著,受到各级表彰奖励20多次,曾荣获全国 "文明图书馆" 称号。《人民日报》《中国文化报》等进行过专题报道。《安徽日报》还发表过《好一个办活了的县级图书馆》的专题评论文章。

中国科学技术大学图书馆　该馆由学科馆员领头,深化信息服务,实现主动服务向"渗透式服务" 的转型,参与学科专业课程教学,进行学科态势分析与前沿热点追踪,为课题组、实验室提供深度服务,为用户提供专业学习的文献指导,促进科研创新。

安徽师范大学图书馆　该馆根据学校的专业设置、学科分布和教学科研发展的需要,图书馆于1979年设立了参考咨询部。信息咨询服务是图书馆整体服务工作中的一个重要环节，积极开展信息咨询服务，对提高图书馆的整体服务水平，促进图书馆服务层次的提升具有重要的作用。负责日常的读者咨询工作及图书馆资源利用指导工作。包括口头、电话、E－mail、QQ群咨询等，并建立网上常见问题解答库。2003年还设立了总咨询台为读者答疑解惑。同时充分利用高校图书馆的信息资源，通过中心数据库收集、处理和分析读者的需求信息，并将分析报告提供给图书馆相关部门，以供决策时参考，真正为读者提供富有个性化和人性化的服务。

安徽财经大学图书馆　该馆设有专门的信息咨询人员，该馆为提供深层次信息咨询，推出双向学科馆员制度。

专题文献服务　省内部分公共图书馆开展专题编制工作，取得了较好的社会效益。

安徽省图书馆　该图书馆利用丰富的馆藏文献资源，以读者服务为中心，进行多种形式的文献整理与开发。1961年，编辑出版与科技有关的《美国高等院校简介》《节约能源资料索引简目》等，提供开发利用书刊资料的新途径。

自2003年始，该馆为省委省政府等十几家决策机关和一般读者编制专题文献，每年少则四五种，多则二十余种，如《关注三农》《种植与养殖》《安徽文化概览》《构建和谐社会》等，受到相关领导的肯定和重视；2006年，开始编制《信息参考》，每年6—8期；2007年2月，创办了《文化剪报》，每月一期，每期四个版面，挖掘丰富的报刊和网络资源，为各级领导和普通读者提供文化政策、法规、文化解读以及文化休闲方面等信息。2010年，该馆编辑《文化剪报》11期、《企业专题文献》11期和“抗日战争胜利65周年”“安徽民生工程”“村官沈浩”“唐宋文学欣赏”“胡适文萃”“孝文化”“低碳排放”等专题文献30多期。

合肥市图书馆　1987—1988年，该馆应广大中小学生、教师、企业家要求，编著了《中学文言文古今词义异同手册》《作文百病》《大潮扬帆》《一代宗师》等6部二次文献，在全国发行。1997年《合肥市图书馆图联网讯》开办，主要是为市委、市政府及其他领导机关及时提供各种信息，供领导机关决策参考，到2009年，共编印156期，70万字。1998年9月，接受了市委政治研究室“农业现代化”的课题服务。

舒城县图书馆　自1979年单独建馆以来，该馆采用多种形式开展了传递科学情报服务和读者读书辅导活动。主要形式：（1）编办墙报《图书之窗》。1979—1985年计办84期，计8400份，每月末刊出，主要介绍图书、开展书评、选载有关自然科学、社会科学的文章，并油印成册、分发全县。（2）摘编《信息介绍》，计办26期，介绍种植业、养植业、社队企业、商业市场信息，并油印成册，分发各有关单位。后因经费困难，于1985年停办。（3）2001—2008年摘编《决策参考》《科技信息》两刊，总计129期，主要内容有思想道德建设、市场经济、法律知识、科普知识、农业科技、医药保健、生活百科、历史知识等。每月一期，每期两刊合计200份，免费分送该县党政机关和农村有关科技用户。由于很受用户欢迎，2003年元月被县政府信息中心采用通过网络对外宣传。后因经费紧张，人员缺乏，两刊于2009年停办。

巢湖市图书馆　从1980年开始,该馆每年编印《科技简讯》1—2期,并印发《科技跟踪》《科学咨询》多期,重点推介农业科技,为农业生产服务。1991年起,向市、县(区)领导和有关职能部门提供信息服务,及时收集整理一些针对性很强的信息资料,编印了《决策参考》。截至2010年底,先后编印《决策参考》小报98期。1993—1994年与中国科技大学、巢湖行署乡镇企业管理局联合开办"巢湖星火信息服务中心",由中国科技大学提供最新科技信息、巢湖行署乡镇企业局组织用户、巢湖市图书馆印发反馈信息,这样一个"三位一体"的信息服务网,为企业发展提供最新科技信息。

太湖县图书馆　该馆将为农业、农村、农民提供科技服务作为该馆独具特色的工作,从1982年开始,利用馆藏文献资料二次加工编印《科技参考》小报,提供信息咨询服务。其服务对象为专业户、科技户、扶贫户等,截至2010年底服务对象达1500户,累计编印《科技参考》277期,计246800份。同时为这些科技户建立了电子服务档案,实行跟踪服务。2007年文化共享工程在太湖县全面实施,为提升图书馆的服务能力和水平,该馆推出"科技咨询、农村图书室和文化共享工程工作一体化"新的服务模式。

和县图书馆　1989—1996年间,自办《信息参政报》20期,将这丰富的信息资源发布到政府有关部门和农村专业养殖户手中,充分发挥了参谋作用。2002年5月,为纪念中共中央关于《公民道德实施纲要》发表两周年之际,翻印省委宣传部、省文明委、省新闻出版局编写的《公民道德歌》300份,散发给读者和沿街群众。

繁昌县图书馆　自1984年开始,不定期编辑印发农业技术摘要《星火信息》送发至农村,同时免费帮助农民查找资料。1996年,《星火信息》改名为《农家顾问》。1998年6月《农家顾问》改名为《信息摘要》,内容由单一的农业生产、科学生活常识向综合性、专题性发展,发放面至全县城乡居民及各机关企事业单位,印数从1998年的10期2000册发展到2007年20期8000册。2008—2010年《信息摘要》每年22期10000册,始由印刷厂制版、印刷。

铜陵市图书馆　该馆利用馆藏文献资料和网络资源,多渠道地为读者提供信息服务,开展课题服务。1987年,编辑《信息文摘》小报,传递到工厂、矿山;从1996年7月起,到2010年底,共编辑《决策参考》352期,内容涉及政治、经济、文化等各方面最新信息,每期分别送到党政机关、企事业单位等30多家,为决策、科研、经济建设提供信息服务。另编有《经济剪报》《二次文献》,每期免费发送给市主要党政机关和企事业单位。

阜阳市图书馆　从1995年开始,该馆编印《农技参考》《决策咨询》等二次文献,为读者提供信息服务。

怀宁县图书馆　1982—1986年间,该馆曾一度不定期编印《图书之窗》,2008—2010年间不定期编印《图书馆工作》,散发至县内相关单位并用于市内兄弟馆间的信息交流。

安徽师范大学图书馆　该馆充分利用馆藏文献资源为教学科研开展专题服务,包括为一些教授的重点研究提供信息咨询、文献服务等;为本校教师承担的省部级课题提供专题目录及文献服务；为省内外研究者的专题研究提供原始资料等。如祖保泉教授的《文心雕龙》研究，校发展与规划办公室有关校史的撰写，复旦大学、中国社科院等有关学者的专题研究等，该馆都为其提供了专题服务。

解放军电子工程学院图书馆　近30年来，该馆积极追踪和收集国内外专业文献资料信息资源，翻译、编印有学术、参考价值的专业资料、研究报告和专题汇编等，对专业文献进行深层次开发利用。对学院的重点学科、重要科研项目进行定题服务和跟踪服务。该馆编制《资料文选》《最新信息资讯》《文汇》《题录》《图书馆园地》定期分发给全院各单位。

文献传递

安徽大学图书馆　该图书馆依托省内、国内等各协作机构，为该校读者提供馆际互借与文献传递服务。

淮北师范大学图书馆　该馆已经与清华大学图书馆、中国科技大学图书馆、中国高校人文社会科学文献中心 (CASHL)、台湾朝阳科技大学等单位建立了合作关系，可以委托他们在国内外查询并获取相关文献；同时，也向一些与其有互借协议的图书馆提供该馆收藏的文献。

安徽师范大学图书馆　2005年，该馆开始实行文献传递服务。一方面，为该馆读者向国内外的院校图书馆或文献提供机构请求提供原文文献复制及原文传递服务。另一方面，为馆外与该馆有馆际互借协议的图书馆读者复制及传递该馆的原文文献，为校外教师（主要是 CALIS 成员馆读者）代订 PQDD 博硕士学位论文等。

安徽医科大学图书馆　该馆主动原文传递服务，已先后与中国高校文献保障系统(CALIS)、协和医科大学图书馆、中国科技大学图书馆等国内诸多知名大学图书馆建立了良好的原文传递服务，目前原文传递服务量达到读者需求量的60%以上。

科技查新

中国科学技术大学图书馆　该图书馆有省内高校第一个具有院部级授权的省科技查新机构。查新范围包括科研立项、科技成果鉴定、评估、验收、转化、奖励等。

合肥工业大学图书馆　该图书馆有安徽省教育厅授权的省内高等院校查新机构。2005—2007年，通过全体工作人员的共同努力，完成查新项目1500余项。

安徽大学图书馆　2007年，该馆根据查新委托人提供的需要查证其科学技术内容的新颖性，按照科技查新规范操作，有偿提供科技查新服务。该馆还提供查收查引服务，即收录以及被他人引证情况的检索服务，是证明其科研能力和水平而开展的一项信息服务，也深受用户欢迎。

安徽师范大学图书馆　2001年开始，该馆每年都承担并圆满完成校科研处委托的全校范围的科技查新工作；2003年起该馆被省教育厅正式确认为定点查新工作站，承接人文社科和自然类各学科的查新业务，面向本校、芜湖周边地区及皖南片从事科学研究的教师、研究生及科研人员提供查新服务。查新服务是针对校内外教师和科研人员、团体机构,对其进行研究、开发科研项目所必须进行新颖性查证而提供的一项新型的科技信息服务业务。近年来,图书馆通过全体工作人员的共同努力,为校内外提供课题查新服务 1000 多项。

安徽理工大学图书馆　该馆从 2001 年起面向校内外用户开展科技查新服务,2005 年经授权成为煤炭信息研究院科技查新咨询站。2001—2010 年完成科技查新项目 683 项。先后有 5 人分别获得“全国科技查新员和审核员资格证”。

安徽医科大学图书馆　2004 年,该馆被省教育厅确定为“全省生物医学定点查新单位”,开始对全省进行生物医学科技查新。2004 年以来完成查新课题 1000 多个,年接待咨询人次 1.2 万。

读者培训

安徽省图书馆　2003 年后,该馆为了读者掌握查检数字资源技能,该馆多次请相关数据库专家来馆现场培训。

中国科技大学图书馆　该馆开设有三门检索开放课程,每学期组织针对不同院系的本科生和研究生新生培训;举办“读书文化周”活动和图书馆服务月活动,长期开展了一系列报告和专题培训。

合肥工业大学图书馆　20 世纪 80 年代,该馆成立了“文献检索教研室”,2007 年前开设文献信息检索、图书馆利用等 10 门课程,负责对全校学生讲授文献检索与利用,进行读者培训;为新生开设“图书馆利用”讲座;为毕业设计开设文献检索专题培训;为青年教师和研究生开设文献检索和利用培训。该馆还利用电子阅览室,定期举办讲座,承办课程实习和培训。

安徽大学图书馆　该图书馆于每年 9 月初安排馆员组织新生入馆教育活动,将图书馆各类资源、服务和设施归类整理,提供清晰明了的解说和指引,让学生尽快结识图书馆这位良师益友。

安徽农业大学图书馆　该图书馆通过开展新生入馆培训、检索方法和技巧的教学与实践,培养学生的信息素质和终身学习能力。2006 年开设了研究生《文献检索》选修课程。

安徽师范大学图书馆　该图书馆自 20 世纪 80 年代初开始,每年对全校新生进行“入馆教育培训”讲座。在新生入学时,对其进行“怎样利用图书馆”教育。由图书馆教师分期分批搞讲座,就图书馆的组织结构、工作职能、历史变迁、文献分布、馆藏特色、目录体系、规章制度等,逐一介绍,以帮助读者熟悉、利用图书馆。2001 年还录制了《走进图书馆》VCD 光盘,编印了《安徽师范大学图书馆读者指南》小册子,2006 年又自主研发了专门的测试软件,考核学生对图书馆知识的掌握程度。规定只有通过测试者方能领取借书证借阅图书,其目的是让学生尽快的、更多的了解图书馆,走进图书馆,更好的利用图书馆丰富的馆藏资源。

安徽理工大学图书馆　该馆每年举办“信息资源检索与利用”系列讲座,向读者传授检索方法和技巧，宣传馆藏各类文献信息资源，结合读者的学科特点提供有针对性的培训服务。2008年以来，每年都举办10多场较大规模的培训讲座和专题辅导，接受培训的读者超过4000人次。

淮北师范大学图书馆　该图书馆定期或不定期推出一系列的读者培训活动，主要包括：新生入馆教育、电子资源使用的各种讲座、《信息检索与利用》全校公共选修课。

安徽财经大学图书馆　该馆每学期开展新生入馆培训，深入各学院开展电子资源使用培训。

解放军电子工程学院图书馆　自1985年以来，该馆面向高年级学员开设《文献信息检索与利用》课，讲解各种文献信息检索工具的使用方法。2006年，根据学院信息检索专业教学需要，在历年教案基础上，编制了学院文献信息检索课程教材《军事电子工程信息检索》。该教材能有效结合学院所开设专业进行内容体系设计，在使用过程中受到了读者欢迎。

第二节　网络信息服务

在网络环境下，安徽省各级公共图书馆越来越多地利用网络建立起自己的网上服务平台，信息服务网络化已成为图书馆的发展趋势。图书馆网站不仅仅是图书馆传统功能的拓展，更是一种根本性的变革；图书馆网站，已经成为向读者宣传和推介图书馆的一个重要的窗口。建立网上图书馆，开展网上宣传服务是图书馆适应网络社会发展的必然趋势。截至2010年底，安徽省公共图书馆已有27所图书馆建成自己的网站。高校图书馆也基本上有自己的网站。

网上书目检索、预约与续借　随着网站的建成，各馆纷纷利用自己的网站，检索该馆书目数据，开通了网上续借、预约借书服务，部分图书馆还提供图书到期提醒、图书荐购等服务功能。

安徽省图书馆　2002年5月底，开通安徽省图书馆网站，读者足不出户就可以检索该馆馆藏书目数据和全文数据，还可通过该馆网站查询个人借阅情况及网上预约、续借图书。网站开通不仅方便了读者，也为数字图书馆建设奠定了基础。

合肥市图书馆　新馆开放后，该馆开通了远程服务：网上续借、电话续借、网上预借等。

合肥市少儿图书馆　2007年8月，该馆网站进行全面改版升级，读者续借、荐购、查询等均可通过互联网完成，大大方便了读者。

马鞍山市图书馆　该馆图创短信平台是一个连接图书馆INTERLIB业务系统，它能够实现图书到期自动催还，接收读者手机短信续借等功能。

青阳县图书馆　该馆2010年建成图书馆网站，实现图书馆网站与馆内自动化系统的链接，可以在网上进行馆藏资源查询、续借、预约和推荐图书。

繁昌县图书馆　2007年7月,该馆利用网站开通了网上续借、预约借书。

宁国市图书馆　开通网上服务,包括检索馆内图书、图书续借、网上荐书等服务项目。

芜湖县图书馆　该馆网站一直提供预约借书服务,读者不仅可以预约借书,还可以提供馆藏中没有的书目,图书馆定向购买;读者也能自行购书,拿发票到图书馆来办理报销、登记、借阅等手续。

淮南师范学院图书馆　该馆通过校园网进入到图书馆主页,可进行书目查询、电子文献检索、图书预约、图书续借、读者图书荐购、与图书馆互动交流等。

安徽工业大学图书馆　该馆在网站上开设了OPAC公共目录查询、网上图书的续借、预约、图书催还提醒,网上图书荐购、新书通报、读者信息查询等服务。

安徽农业大学图书馆　该校园网内的每一台终端用户,都可进入图书馆网站"书刊查询系统"(OPAC),接受书刊书目查询服务。不仅如此,图书馆还以学校青禾BBS、图书馆网站互动平台、馆长信箱等开展读者荐书服务。

安徽建筑工业学院图书馆　该馆采用先进的"图书馆自动化信息管理系统(SULCMIS Ⅲ)",不仅实现采访、编目、典藏、流通、借阅等自动化管理和网上24小时的馆藏书刊目录检索、新书报道,也实现了网上续借、网上预约、图书荐购等服务功能。

安庆师范学院图书馆　该馆自2002年11月使用"汇文管理系统"进行自动化建设以来,已完成了图书馆自动化、网络化建设,读者可以在网上进行馆藏查询、续借、预约和新书征订等。2006年网站建立,并于2010年进行整体改版,有该馆概况、书刊统一检索平台、馆藏书目及读者信息查询、电子资源、资源导航、全站搜索、下载中心等内容。

安徽理工大学图书馆　2004年7月,该馆改用江苏汇文文献信息服务系统。该系统具有图书采编数据网上套录、三校区信息共享等功能,具有新书通报、读者查询、过期催还、网上预约、书刊借阅等功能。

数字资源检索与查阅

安徽省图书馆　从2003年到2010年,该馆信息检索服务的资源从纸质馆藏资源为主向电子资源、数字资源拓展。2004年,该馆对已购的同方、万方和维普数据库进行调整和扩充。此后不断扩大对电子资源的采购力度,信息咨询工作也从文献资源检索向课题代检代查方面拓展。

合肥市图书馆　合肥市数字图书馆远程访问平台是由合肥市图书馆自主独立研发的综合性数字资源远程访问和资源整合平台。是安徽省第一家对公众开放的数字图书馆平台,在国内图书馆行业中处于技术领先水平。2008年11月12日,合肥市数字图书馆对外开放,党政机关、企事业单位、科研机构、广大科研工作者以及合肥市民足不出户即可通过平台访问到合肥市数字图书馆数字资源。

马鞍山市图书馆　2007年,该馆免费开通了龙源期刊数据库,方便了市民查找文献资料，受到了网上读者的好评。

怀宁县图书馆　2007年2月，该馆电子文献阅览室建成，开始有了网上服务项目，利用馆电子文献阅览室为读者提供电子图书阅览、网上信息查询和休闲娱乐服务。2009年8月，图书馆网站建成开通。

在线咨询　图书馆开通网上在线咨询服务，实时协助、指引读者利用图书馆内外各种资源，迅速高效地找到所需数据或信息，它开辟了与读者互动新途径。

安徽省图书馆　2002年5月底，该馆开通网上在线咨询服务。2006年通过在线咨询网上服务平台解答读者提出的有关利用图书馆的各类问题，诸如办证问题、开放时间问题、书刊资源问题等，为读者了解和利用图书馆开辟了一条新的便利途径。

繁昌县图书馆　2007年，该馆在网站上开设了"读者留言"平台为读者提供咨询服务。

巢湖学院图书馆　该馆提供在线咨询，在线实时解答疑问；还提供E-mail咨询，读者提出的问题，会在两个工作日内给出答复。

蚌埠学院图书馆　该馆通过E-mail、QQ群咨询提供图书馆的日常咨询工作。

安庆师范学院图书馆　该馆在图书馆网站上开辟了"读者留言簿"，开通读者QQ在线咨询。

安徽师范大学图书馆　该馆开创性地把先进的计算机和通信技术手段引入图书馆的读者服务领域，改变长期以来图书馆服务的被动状态，通过电话传真、E-mail、网上交谈（Chat）、手机、短消息等方式来实施读者查询和主动服务，为读者提供了极富针对性的个性化和人性化服务。

第三章　读者活动

安徽省各级图书馆在不断创新和深化读者服务的同时，长期坚持开展形式多样的读者活动，有意识地让广大普通读者参与进来，定期或不定期的开展专题展览、公益性讲座、读书论坛等。安徽省图书馆的“新安百姓讲堂”“人文讲坛”“残障人士读书文化日”“英语沙龙”“少儿假期主题阅读活动”；合肥市少儿图书馆的“周末小影院”、“义务小馆员社会实践活动”；马鞍山市图书馆的“江东人文讲坛”；芜湖市图书馆的“中江大讲堂”等，这些读者活动已经成为当地群众文化生活的一道亮丽风景线，在读者中产生了一定影响力，有的已成为著名的文化服务品牌。

第一节　讲座

公共图书馆

安徽省图书馆　该馆多年来坚持开展各种形式的读者活动，把社会效益放在首位，从读者实际需求出发，增强活动的针对性和实用性，发挥继续教育和社会教育的功能，扩大图书馆的社会影响力。

1970年9月11日，该馆举办了“射流技术讲座”，由江淮仪表厂派员主讲，参加听讲的人数有100余人。1973年5月15日—6月5日，该馆与合肥市科技局、机械局合办“金属切削基本知识”讲座四讲，参加听讲的青年车工有100余人。1985年，该馆举办“理想、信仰、力量”“谈微型小说创作”“从门诗到对联”等报告会，很受读者欢迎。1990年，该馆举办“东欧形势”报告会；1997年，举办“文学与女性”“迎港归回顾香港昨天、展示明天”报告会；2000年，举办“安徽的人文、地理、经济发展”报告会；2004年，举办“从马加爵事件看健康心理的重要性”“艺术人格与人生成才”“老庄天人合一哲学思想”等报告会。

2006年3月，该馆与新安晚报社联手打造的安徽省首个公益讲座——“新安百姓讲堂”精彩登场。讲座活动受到广大读者的欢迎和新闻媒体的关注，也最终赢得了上级的肯定。2007年，“新安百姓讲堂”荣获政府最高奖——第十四届群星奖服务奖。截至2007年，新安百姓讲堂举办各类讲座73场，直接听众达14410人次，听众亲切地称之为“老百姓自己的讲堂”。截至2010年底，“新安百姓讲堂”已举办讲座292场，人文讲坛54讲。为扩大讲座影响，部分讲座已被制成视频光盘。

芜湖市图书馆　该馆以“弘扬人文精神、发展公共文化、丰富市民生活、提升城市品位”为宗旨，以贴近百姓生活、传播先进文化、普及科学知识、提高公众科学文化素质为目标。从2009年起推出了“中江大讲堂”“江城市民学堂”“芜湖文化论坛”等大型公益讲座活动。先后邀请了蒙曼、鲍鹏山、李智、纪连海等知名专家学者来芜讲学，每年举办各类讲座达30场以上，在活动中注重形式的多样与创新，讲座与活动互动、讲座与展览互动，取得了良好的社会效果，树立了图书馆的文化活动品牌。

马鞍山市图书馆　该馆承办的“江东人文讲坛”，以传播人文知识、弘扬人文精神为目的，围绕经济社会发展的现实以及江东历史文化和人民群众关心的话题，讲坛已成为一个受到广大群众欢迎的特色品牌项目。

合肥市少儿图书馆　该馆为了丰富明德英文图书馆的阅读氛围，吸引更多的孩子热爱英语，学好英语，2007年8月10日，应该馆之邀，美国纽约雪城大学教育系博士研究生、美国专业图书馆员、美国华人图书馆员协会重要成员徐静女士来到该馆明德英文图书馆，开展一场义务讲座，徐博士结合自身经历向大家介绍了美国图书馆的现况，并向该馆的小读者及家长说明了阅读英语课外书的重要性。2009年是全国“未成年人阅读年”，为了帮助未成年人培养健康的阅读习惯，通过阅读陶冶情操，形成高尚的、正确的道德观，合肥少儿图书馆邀请国内外著名儿童阅读推广人、作家和有成功经验的家长开设讲座，让专家指导孩子们进行广泛的课外阅读，让孩子们养成良好的阅读习惯。讲座分别邀请了伍美珍、薛瑞萍、赖吕进和叶欣，每场都座无虚席。

铜陵市图书馆　该馆针对百姓关注的问题，先后举办了各种类型专题公益讲座。2005—2010年共举办讲座20场。如2005年“铜陵市非物质文化遗产知识”“生活与法”。2006年“科学饮食”“肾脏疾病的判断与预防”。2007年“走进社区”。2008年“李白与铜陵”2009年“中医药安全使用知识”。2010年“青铜文化”“环境污染与呼吸系统疾病防治”等，受到市民的广泛好评。

阜阳市图书馆　该馆举办了《红楼梦》《三国演义》《水浒传》《红与黑》等中外名著专题讲座，以及“如何进入股市”等经济热点讲座。

青阳县图书馆　该馆充分发挥多媒体室的影视功能，广泛开展爱国主义教育活动。2006年全年放映教育影片50余部，免费开展科普知识讲座30余场，使观众达2000多人次，2007年，为农民播放科技讲座8场，为学生播放科技讲座10场，进社区开展礼仪、卫生、健康知识讲座6场，受益人群达20000人次。

灵璧县图书馆　紧紧围绕热点和百姓关心的问题，灵璧县图书馆举办了《红岩》《高山下的花环》和纪念先烈解放灵城等读书报告会。

泾县图书馆　该馆先后开展了“读散文、品人生”讲座、阅读与写作知识讲座、保健养生讲座、计算机实用知识讲座、会计知识讲座。

高校图书馆

中国科学技术大学图书馆　该馆除为新生开设“图书馆利用”讲座外，每学期都充分利用自身师资力量举办不同内容的学术报告和讲座，一方面丰富了学生的知识，拓展了学生的视野，另一方面也为推介该校文献资源起到了积极的作用。

安徽师范大学图书馆 20世纪80年代，该馆就曾邀请校内外名家、教授举办过以“读书与治学”为主题的系列周末学术讲座，如语言学家张涤华教授主讲《略谈读书治学》、版画家郑震主讲《造型艺术欣赏》等等，深受莘莘学子的欢迎，并在校内外产生了较大反响，《光明日报》还刊发了有关通讯报道。

安徽工业大学图书馆 该馆每周举办一场读者培训讲座，每月举办一次全馆职工培训。

淮南师范学院图书馆 该馆邀请校内外专家，进行专业知识讲座，特别是“大学生读书活动月”期间，针对活动主题召开系列讲座。

第二节 展览

展览服务原来是图书馆的一项边缘业务，近年来得到了长足发展，正逐步成为图书馆的一项重要业务。图书馆的展览服务有其独特的优势和特点，可以依托丰富的馆藏资源，充分发挥馆藏特色的优势。

图书展览

安徽省图书馆 民国25年(1936年)1月1日，省立图书馆举办文物展览，展品有：善本图书、新旧杂志、新旧日报、儿童读物、历史读物。向浙江省图书馆商借文澜阁《四库全书》经、史、子、集各一部同时展出，展期6天，观众达3万人次。

新中国成立后，该馆经常利用橱窗、壁报、黑板报介绍和推荐图书，结合党、政府各时期中心任务、生产建设重点、纪念节日、举办图书展览。例如1979年，该馆举办约翰·威利图书展览、时代—生活丛书展览，时任安徽省长张劲夫、副省长杨蔚平到展厅参观。1980年，举办美国书展，时任省委书记张劲夫、顾卓新，副省长杨纪珂到展厅参观，有千余单位近万人次前来参观。1982年，该馆举办装潢设计艺术书刊展，时任省长黄岩同志也前来参观指导，有5000人次前来参观。1988年，举办港台书刊展。2006年，举办中国书史展。2008年1月23日，文化部公布了首批《国家珍贵古籍名录》，该馆51部古籍入选，同时该馆还入选首批“全国古籍重点保护单位”，随后该馆举办珍贵古籍展。

无为县图书馆 1987年，该馆举办“馆藏拓片展览”，展出历代名家碑刻拓片77幅。1987年11月举办“馆藏文物、字画、拓片、古籍图书展览”展出各种文物、字画100余件(幅)，拓片30多幅，古籍书20多册。1987年12月举办“征集无为籍名家馆藏作品展览”，这次参展的有四五十位在事业上为祖国赢得荣誉的不同学科和门类的专家、学者。1988年11月举办“历代名家法帖鉴赏”，展出自魏至清50多位70多册不同书体法贴原件，其中珍本《苏轼临颜真卿争坐位帖》出版发行。1992年该帖参加了国际版权贸易博览会和全国书展。

繁昌县图书馆　该馆2001年举办的第二届馆藏图书精品展——谢鸿轩先生捐赠图书、回文联精品展及谢鸿轩先生回乡省亲图片展。2002年举办的第三届馆藏图书精品展及谢鸿轩先生捐赠图书、回文联精品展。

铜陵市图书馆　2005年,该馆举办的古书籍展。

安徽师范大学图书馆　1984年,该馆举办的书史展览,介绍了中国文字、书籍发生发展的历史以及对书史研究的情况,同时展出了许多馆藏的善本、珍本书及原始标本、刻本等。1993年举办的"伟人与书"展览。2007年,该馆举办了特色馆藏展,分三个系列:80年馆藏历史展、珍稀馆藏文献展和师大名人名作。80年馆藏历史展通过展示各个不同时期的馆藏图书(馆藏章)以充分反映该馆悠久的办学历程;珍稀馆藏文献展选取馆藏中的珍本以揭示该馆的馆藏特色,开拓读者视野;师大名人名作展则选取了该校80年办学历程中,曾在该校执教过的刘文典、周建人、郁达夫、苏雪林、陈望道、朱湘、朱光潜等著名学者不同时期重要代表作,充分展现了师大人务实求真的精神。

艺术品展

安徽省图书馆　2006年,先后举办美国黑人文化艺术图片展、纪念长征胜利70周年书画展、德国现代建筑图片展;2007年,先后举办第三届"读书乐"摄影比赛优秀作品全国巡回展、谢悟一先生捐画展;2008年,举办西部畅想曲(青海篇)摄影艺术作品展;2010年,先后举办安徽省首届百幅残疾儿童康复训练摄影大赛优秀作品展、陈继良黑白木刻艺术展、陆继良藏书票展。2010年,举办沈浩日记摘编书法展。

马鞍山市图书馆　在市文化委、有关单位及社会团体的大力支持下,该馆先后举办了一系列展览,如"中外文学名著插图展""迎世博上海国际海报大赛优秀作品展""马鞍山人"书画摄影作品展、第四届"读书乐"全国摄影比赛优秀作品展、《唐诗三百首》邮票首发式集邮展、"爱我中华——中华民族风情展""李白诗意"书画陶瓷作品展、著名山水画家——姚道余画展等。同时举办了"黄河颂摄影艺术作品展""澳门文化瑰宝——历史城区摄影图片展"等。

合肥市图书馆　该图书馆展览活动与社会的关联度非常强,在20世纪80年代中期与国外进行文化交流,举办过墨西哥摄影家"怀旧"作品展等。

铜陵市图书馆　2005年,该馆举办"新东郊根雕、盆景、奇石展"。2006年,举办"2006铜陵·国际藏书票提名展"。2009年,举办铜陵市诗词创作展年,等等。

繁昌县图书馆　2006年,该馆举办"保持共产党员先进性教育活动书法作品展"。2007年举办的桂文波木雕艺术展、黄石子父子画展、金绍林画展、芜湖怡情画展、翟笃林书画展;2008年举办的"纪念改革开放30周年书画展";2009年举办的"马仁风光——陈运松先生摄影作品展"等。

全椒县图书馆　2005年5月1日至15日,该馆举办"钟鸣师生工笔人物画"展览;2007年8月,为中国书画协会会员、全椒籍的军旅书法家张家益举办"张家益个人书法展"。

无为县图书馆　1991年6月28日至7月5日，该馆举办“叶晓山诗书画联展”，展出作品132幅，展出后叶晓山向该馆赠送60幅已装裱好的字画。

安徽师范大学图书馆　1985年，该馆举办的馆藏书画展览，展出了馆藏的名人书法绘画作品，使学生开阔了眼界，发挥了图书馆的信息传播作用。

历史精品展

安徽省图书馆　民国24年（1935年），国民政府令安徽省立图书馆提取楚王“酓肯鼎”“俎”“盘云纹簠”“环梁方盘”铜器4件，送伦敦参加“中国艺术展览会”展出，英国专家叹为观止。2004年，该馆举办毛泽东遗物展。2007年，举办从甲骨文到计算机图片展。2007年，“南京路上好八连”先进事迹展。2008年，举办古城合肥回眸摄影展。

铜陵市图书馆　2005年，该馆协助郊区政府举办了千年古镇——大通历史文化回顾展，对大通镇的建设和铜陵市旅游业的发展，起到了积极的推动作用。2009年，该馆举办“铜陵市首批非物质文化遗产项目名录展（2009年）”。

芜湖市图书馆　该馆自建馆以来，举办各类、各种形式的展览多达200多次，尤其是阿英、洪镕、王莹三位文化名人展览室，吸引了众多人士前来参观。

重大事件展

安徽省图书馆　1950年，该馆举办抗美援朝美帝侵华史（图书、图片、史料）展。1993年，纪念毛泽东诞辰100周年书刊图片展览。2006年，文化信息资源共享工程建设展。2008年，五环旗下—文化共享奥运行图片展、为奥运助威 为安徽喝彩——中国体育百年暨安徽体育成就大型图片展、走进汶川摄影展。2009年，迎世博广告大赛优秀作品展、《安徽社会科学60年》图片展。

当涂县图书馆　该馆先后举办了雷锋同志生平事迹、伟大领袖毛泽东诞辰100周年、“民族忧患 警钟长鸣——日军侵华”“香港回归”“改革开放总设计师——邓小平同志丰功伟绩”“抗洪抢险——万众一心治洪魔”“庆祝建国五十周年”“迎澳门回归”“庆祝中国共产党建党85周年”等图片展览。

全椒县图书馆　1996年7月1日至15日，该馆举办“纪念中国共产党成立75周年图片展”。

第三节　竞赛

安徽省各级公共图书馆坚持“藏以致用”，每年都举办各种形式的竞赛活动，如知识竞赛、演讲比赛、征文比赛、书法绘画比赛等，积极传递知识、宣传图书馆，提高图书馆影响力。

知识竞赛

安徽省图书馆　2007年6月，该馆开展少儿读书知识竞赛，2008年5月开展奥运知识竞赛。

合肥市少儿图书馆　该馆历年来一直举办的“小读者之星”和“阅读学习好家庭”评奖活动，营造了图书馆的学习氛围，进一步激发了小读者的读书热情；开展一些趣味性强、读者参与面广的活动，如“手抄报比赛”“知识竞答比赛”“幼儿讲故事比赛”“打字比赛”“英语之星大闯关”“快乐连连看”“猜谜会”“智力拼图比赛”等等，这些活动让孩子们爱上图书馆，也使少儿图书馆深深植根于广大少年儿童及其家长的心目中。

蚌埠市图书馆　1986年8月，该馆与团市委、教育局、蚌埠日报社联合举办了“第二届红领巾读书读报有奖知识竞赛”。

界首市图书馆　1987年，该馆举办了“界首县读书知识大奖赛”，这次活动，历时时间长，参赛选手多，在全县城乡掀起读书学习的热潮，《安徽日报》新闻报道了这次活动。

芜湖县图书馆　该馆分别举办了“建国五十五周年有奖知识竞答”“迎七一、庆八十”党的知识有奖征答活动、庆祝建党八十五周年“国税杯”知识竞赛现场竞答、“纪念南京大屠杀”抗日战争知识有奖竞答、庆“六·一”少年儿童有奖知识竞答。

泾县图书馆　1996年5月，该馆与尚香竹制品有限公司开展了“尚香杯——我爱中华‘红领巾’读书知识竞赛”。1998年4月与县财政局开展了“全县税务大讨论知识竞赛”活动。

祁门县图书馆　该馆配合党史办、县直机关工委举办“党史知识比赛”“香港知识竞赛”“纪念抗战胜利六十周年”中学生读书知识竞赛。

和县图书馆　该馆针对成人读者举办“供电杯”读书知识百题竞赛有奖竞答活动。

演讲比赛

安徽省图书馆　2009年7月，该馆举办了“读优秀书刊 讲爱国故事”演讲比赛。

蚌埠市图书馆　1990年“六·一”期间，该馆与市教委联合举办了“学雷锋、学赖宁”少儿故事演讲比赛。

巢湖市图书馆　该馆先后与无为县二坝镇初级中学、十里乡中心小学、严桥镇楼岗小学、居巢区司集镇中心学校、柘皋镇人民政府联合举办中小学生主题演讲比赛。这些读书演讲比赛，都取得了良好的社会效果。

砀山县图书馆　进入21世纪以来，该馆每年在全县中小学开展“多读书、读好书”活动，以“爱科学”“守纪律”“讲文明”“树立正确荣辱观”“颂十七大，争做四有新人”等为主题的读书心得演讲比赛活动，极大提高了中小学生的读书热情，对全县精神文明建设起到了一定的促进作用。

全椒县图书馆　1997年香港回归之际，该馆组织青少年学生开展“迎香港回归”读书演讲会。2007年，该馆又组织6所小学举办了“庆‘六·一’——小学生‘你我同心，共迎奥运’读书演讲会”。

无为县图书馆　1990年，该馆举办“学雷锋演讲比赛”；2003年举办“庆‘六·一’

——社会主义荣辱观少儿演讲比赛”。

芜湖县图书馆　该馆独办、联办的活动主要有红领巾读书、读报演讲竞赛，“团结、互助、友爱——为构建和谐社会而发奋读书”演讲比赛。

东至县图书馆　1992年5月,该馆与县教委、妇联和文化局联合举办了少儿故事演讲会，1996年与县齿轮厂联合举办了“齿轮杯”少儿故事竞赛。

祁门县图书馆　该馆举办中学生“爱国主义教育”读书演讲比赛、诗歌朗读比赛以及“赞颂新时代,喜迎十七大”演讲比赛等。

征文比赛

安徽省图书馆　2003年12月,该馆举办了“我的朋友图书馆”少儿征文比赛，2010年暑期参加全国少年儿童“辛亥革命”百年纪念征文比赛。

蚌埠市图书馆　1989年5月,该馆与蚌埠日报社联合举办“发扬革命传统”读书征文活动。1993年,与蚌埠日报社联合举办“华辰杯重振雄风”的有奖征文。1994年，与蚌埠日报社联合举办“爱我中华”有奖征文活动。1996年,与蚌埠日报社联合举办“我心目中的新图书馆”有奖征文活动。1998年,与蚌埠日报社联合举办“沧桑巨变”大型征文活动。2002年暑期开展了“我最喜爱的一本书”读书征文活动。2004年,开展以“建设文明蚌埠城,做文明诚信少年”有奖征文活动。

铜陵市图书馆　2003年8月,该馆举办了全市性“我爱读书”大型少儿读书征文活动,收到征文70篇,获奖作品推荐在《铜陵日报》上刊登。

东至县图书馆　1988年5月,该馆举办“我最爱的一本书”少儿征文竞赛;1991年5月,举办“可爱的东至”少儿有奖征文竞赛。1995年与新华书店联合举办“我与书”少儿征文竞赛。1997年与县邮电局联合举办“邮电杯”迎港归少儿征文竞赛。1998年6月与县妇联、新华书店联合举办“妈妈辅导读书”征文竞赛。成人读书征文活动影响较大的是参加“全国农民读书征文活动”。1999年全县应征文稿30篇,取得老年组一、二等奖好成绩。2005年全县应征文稿80余篇,东至县图书馆获组织奖。

芜湖县图书馆　多年来,该馆独办、联办了读书征文大奖赛(编印获奖作品集《读者与思考》500册),农民读书征文评选等。

书法绘画比赛

安徽省图书馆　2004年寒假,该馆举办“迎新春少儿书法绘画展”。2009年1月举办“迎新春少儿书法绘画才艺比赛”;同年7月,参加“闻一多杯”第一届全国少儿书法、绘画比赛。2010年7月参加“闻一多杯”第二届全国少儿书法、绘画比赛。

合肥市少儿图书馆　该馆承办合肥市首届“墨彩绘中华”少儿书画大赛。2009年4月12日,合肥市首届“墨彩绘中华”少儿书画大赛颁奖仪式暨获奖作品展在合肥市少儿图书馆隆重举行。“墨彩绘中华”少儿书画大赛是由市委宣传部、市文广局、团市委主办,江淮晨报社协办,市少儿图书馆承办的一项面向全市少年儿童的赛事,共收到参赛作品近4000幅。经书画界专家评审,三十余幅作品获奖,获奖作品在合肥少儿图书馆馆内展出。

萧县图书馆　萧县是“书画之乡”，该馆经常邀请该县知名书画家现场讲座书法绘画，并举办少儿书画赛及少儿书画培训等。

东至县图书馆　1994年，该馆与县委、宣传部、教委、文化局联合举办了在城少儿书画、摄影、手工竞赛。1999年5月，与县人寿保险公司、县教委联合举办了“寿保杯”少儿书画竞赛。

猜谜活动

亳州市谯城区图书馆　“灯谜竞猜”是一项传统的文化娱乐活动，该馆根据民俗民风和节日适时开展一系列有奖活动，增强青少年的课外知识，达到“寓教于乐”的目的。如利用正月十五闹元宵举行有奖猜谜活动等。

繁昌县图书馆　从1998年春节开始，该馆每年举办新春猜谜活动。活动形式多样，从单一的图书馆新春猜谜到“城乡联动新春猜谜”“九九重阳猜谜”、“军民庆元宵，欢乐猜灯谜”“新学期猜谜乐”“游马仁、猜灯谜”（马仁森林公园）等等。活动范围从城关延伸到乡村、学校、部队、公众休闲场所。每年的“九九重阳猜谜”“新学期猜谜乐”“军民同乐猜灯谜”更是别开生面，吸引着众多的老年朋友、学生和家长、部队官兵。为适应新时期节日文化生活。1999年春节开始，繁昌县图书馆对传统的灯谜竞猜时间和模式进行了改革，猜谜时间从晚上2小时现场猜谜延长到从上午9时至晚上9时12小时猜谜。2007年新春猜谜又从一天猜谜延长为2天猜谜。1999—2007年，繁昌县图书馆先后举办48场次猜谜活动，参加人数达5万人次之多。

芜湖县图书馆　2005年6月，该馆举办了“青春欢乐”文化擂台赛有奖猜谜。

东至县图书馆　1998年5月，该馆举办了在城小学少儿猜谜竞赛。

第四节　阅读推广

图书馆作为文化服务机构，历来被公认为阅读中心。图书馆在阅读推广、普及阅读方面责无旁贷。开展阅读推广工作既是图书馆的一项重要职能，也是图书馆需拓展的服务领域。安徽省各级图书馆尝试多种途径开展阅读推广活动，收到了良好效果。

读书报告会

安徽省图书馆　新中国成立前，安徽省图书馆组织文学读书会、史地学读书会、教育学读书会，每个读书会有基本会员20—30人。读书会组织简章19条，基本内容三项：（1）宗旨：交流学术，促进读书；（2）内容：相互启发、相互指导；（3）形式：专人报告，集体讨论。

1956年举办“鲁迅、高尔基生平及其创作特点报告会”，听众千余人次；1965年举办“毛主席著作及其诗词辅导学习报告会”，连续多场，场场爆满。1966年6月6日晚，在逍遥津公园草坪举办“游园文学报告会”，由合肥一中语文教师主讲《红楼梦》，听众

800人次,会后游园,兴趣盎然。1973年举办"三论报告会"(三论:恩格斯《论马克思》、列宁《论马克思和恩格斯》、斯大林《论列宁》);1975年与共青团合肥市团委联办"科学技术报告会",连办6场,内容有:激光知识、无产阶级专政理论、优先法、气象学、西沙之战、合肥中草药。1979—1987年分别举办"改革开放""法律知识""爱科学""谈人生""华侨、华裔学者报告会""美国图书馆概况介绍"等30多场报告会,听众2万人次。

2006年5月7日,该馆与老顽童网站联合举办"阅读与人的自身发展"专题报告会,邀请著名作家、评论家、教授沈敏特主讲。

合肥市少儿图书馆　自2002年起,该馆每年举办一系列读书专题报告会和讲座,受到了读者、教师和家长的热烈欢迎。这些讲座和专题报告会的主题有"中小学生怎样利用图书馆""简笔画、工笔画、卡通画入门指要""和小朋友一起学语文""中小学生如何有计划地阅读""如何营造家庭读书氛围,正确开展家庭读书活动"、"快速阅读的方法介绍"等。除在馆内开办以上活动外,还与周边学校、幼儿园联合举办"为儿童阅读引路"之类专题的读书报告会,每场听众都在百人以上。这些读书报告会和讲座的成功举办,既拓展了读者的知识视野,又培养了读者的图书馆意识,受到听众的热烈欢迎。

马鞍山市图书馆　1987年5月16日,该馆邀请安徽师范大学中文系余恕诚教授作有关李白学术报告;1992年5月,为纪念毛泽东同志《在延安文艺座谈会上的讲话》发表50周年,邀请安徽师范大学中文系胡叔和教授作学术报告。

来安县图书馆　1982—1983年间,该馆配合一些单位开展"振兴中华"读书活动,组织播放《李燕杰——塑造美的心灵》《优秀共青团员——张海迪》《振兴中华读书演讲》等录音报告会68场,受教育群众18000人。

当涂县图书馆　1991年,该馆在县工会举办"纪念辛亥革命"八十周年学术报告会,1992年举办《红楼梦》读书报告会。

芜湖县图书馆　2007年4月,该馆举办"李阳疯狂英语"讲学报告会。

合肥工业大学图书馆　该馆分别在南区图书馆创办"阳光读书会"、在翡翠湖校区图书馆创办"春风读书会",通过开展丰富多彩的读书活动,进行书评、读书笔记展览和评比活动,出版会刊,引导读者多读书、读好书。

中国科技大学图书馆　该馆志愿者协会举办读书沙龙,通过开展丰富多彩的读书活动、举办读书文化周等特色活动进行书评、读书笔记展览和评比活动,出版会刊,引导读者多读书、读好书。

读者座谈会

安徽省图书馆　自1952年起,该馆每年召开座谈会3—4次("文化大革命"期间停止)。参加人员有党政领导、专家学者、读者代表,内容有学术性、征询性、研讨性三种,宗旨是宣传图书、宣传图书馆,征求读者的意见和建议。

1987年1月13日，该馆召开“图书馆改革座谈会”，除读者代表外，还有省社会联合会顾问俞远、省文化厅副厅长陈发仁、高级农艺师陈鸿佑等出席座谈会，探讨《安徽省图书馆体制改革方案》，会后实行馆长负责制、干部任期制、职工聘任制、离退休制。

2007年5月28日，该馆召开新闻媒体记者座谈会，会议主要议题是共同商讨如何宣传图书馆，让更多的人走进图书馆，利用图书馆，推动学习型社会形成，共同建设和谐社会。

2008年5月16日，在第十八个全国助残日前夕，该馆召开盲人读者座谈会。会议主题是“克服视觉障碍，共享信息文明”。座谈会倡导大家加大宣传，将闲散的盲文书籍捐到省图书馆来，实现资源共享。会议向与会者赠送了书刊、阅读卡以及该馆馆藏盲文书目。座谈会加强了双方沟通，增进了相互了解，为图书馆更好的服务特殊读者提供了有价值的信息。

蚌埠市图书馆 2003年，该馆在全市开展“文明诚信”建设活动和市首届读书节活动中，召开两次读者座谈会暨市图书馆少儿书评、作文比赛座谈会。

铜陵市图书馆 2005年儿童节期间，该馆与市人民小学联合举办了“庆六·一，为中华崛起而读书——读书辩论会”。辩论以“开卷利与弊”为主题展开辩论，吸引了不少学生家长和听众。

来安县图书馆 1992年，该馆为纪念《毛主席在延安文艺座谈会上的讲话》发表50周年，举行“纪念《讲话》读书座谈会”，交流读书体会，赞颂毛泽东同志的“二为”方向和“双百”方针的伟大现实意义，县电视台作了采访报道。

泾县图书馆 该馆每年评选出优秀读者召开座谈会，广泛听取读者意见，提高服务质量和水平。

中国科技大学图书馆 2008—2009学年开学伊始，该馆在校研究生院的大力支持下，经过紧锣密鼓的准备，于2008年11月24日召开首次中国科大图书馆志愿者协会座谈会。图书馆志愿者们的活动具体体现在以下方面：图书流通管理、自习室管理、主页建设、技术支持、图书推荐采购、读书交流、服务宣传推广、电子资源建设、文献咨询、数据库跟踪等等。志愿者们根据各自的兴趣特长分成流通阅览管理、图书推荐交流、电子资源建设、技术支持维护四个小组，并通过选举产生宣传小组及各学院联系人。

阅读宣传 1989年，文化部为扩大公共图书馆在社会中的影响，决定从1989年开始，每年5月的最后一周为“全国公共图书馆服务宣传周”。

安徽省各级图书馆都非常重视宣传工作，经常开展形式多样、内容丰富、主题明确的宣传活动，特别是在图书馆服务宣传周期间举办大量读者活动，利用新闻媒体、各馆网站、图书馆宣传栏、图书馆海报、阅览室设立的新书架、专题书架、新书推荐、电子资源介绍、图书排行榜、精彩书评等来展示图书馆形象，加强和读者的沟通交流，宣传和扩大图书馆的社会影响，让更多的人走进图书馆，利用图书馆，从图书馆获取丰富的精神食粮。

安徽省图书馆　从1983年开始利用橱窗、宣传栏有计划地推荐好书。1990年，在省人民广播电台的支持下，由该馆供稿的题为《图书馆由来和利用》系列讲座通过电波向全省播出，讲座介绍图书馆发展史、图书馆职能作用、怎样利用图书馆等；播放《通向成功之路》等图书馆知识系列资料片6场。2005年，与省电台联合举办以“环保”为主题的读书活动等。2010年，国家图书馆特邀请安徽省图书馆参与当年的“国家图书馆文津图书奖宣传推广活动”及第六届“国家图书馆文津图书奖”参评图书推荐及初评评审工作。2011年，该馆创新公益性阅读推广活动，开展“优秀书刊漂流阅读”活动，让书香漂进机关、学校、工地、社区等。

多年来，该馆将书刊宣传、读书活动作为服务读者的重要方式之一，获得了业内同仁以及广大读者的普遍肯定，两次被中国图书馆学会授予“全民阅读先进单位”称号。

蚌埠市图书馆　该馆在每年图书馆服务宣传周期间，都举办一系列活动，利用广播、电视、报纸等媒体多方位宣传图书馆。1990年宣传周期间，与蚌埠日报社联合举办了“学雷锋，读好书”书评征文比赛，收到稿件200余篇，与新华书店联合举办了第三届“珠城书市”及专题书展。1991年，与蚌埠日报政文部联办了“迎七·一光辉历程”现场书评活动。1992年宣传周期间，配合市新华书店在大厅举办了“庆六·一”少儿书市，展出各类少儿图书几万册。

宣城市图书馆　该馆每年“六·一”都要举办“红领巾读者征文”系列活动，参加“作文竞赛”“书法及美术作品”比赛的中小学生达5000人次，获奖作品连续刊登在《皖东南日报》上。组织“爱国主义·党史教育”“中华魂——英雄人物事迹”大型图片，在各乡镇中小学巡回展出，参观的学生多达10000余人。图书馆服务宣传周期间，该图书馆利用橱窗、板报等宣传形式，编写刊出《图书馆之窗》《新书导读》《读者园地》《文摘》等专栏百余期，向读者宣传图书馆的功能和作用，介绍馆藏文献，及时提供新书信息。同时，编印《宣城图书信息》与兄弟馆开展业务研讨，进行经验交流，促进馆级联系。

淮南市少儿图书馆　该馆每年都组织职工走上街头进行新书展示和推荐，为小读者放映爱国主义影片，在馆内开展了丰富多彩的少儿娱乐活动“套圈”“猜谜语”等。

芜湖县图书馆　该馆多次向读者发放读者购书意见表、新书目录介绍、征求读者征订意见表、致读者一封信、致小学生一封信、致农民一封信等。向读者公开举办“馆情介绍”展览。专门设立“新书专架”。上街头办理借书证。在县报选登“我与图书馆”优秀读者文章。2005年11月在县报连续刊登《俭朴故事》13篇，开展了长达2个多月的“节约型社会”宣传教育活动。

繁昌县图书馆　该馆以“共享文化资源，服务繁昌人民”为主题，分别于2007年及2009年配合县电视台制作《社会视点》2期，并通过新闻媒体、宣传栏等开展各类宣传50余次；利用网络资源和馆藏文献资源，制作了“共享文化资源，服务繁昌人民”为标题的视频文献光盘标识，加大宣传力度。

怀宁县图书馆　该馆每有重要服务活动都邀请新闻媒体予以宣传报道。并利用主管局办的《文体动态》、自编的《图书馆工作》宣传国家关于图书馆工作的方针政策、图书馆工作动态等。图书馆网站开通后,还注意及时向怀宁新闻网、怀宁政府网及自办网站发布信息,宣传图书馆服务,收到了良好效果。

安徽师范大学图书馆　该馆为加强与读者的沟通与互动,使读者进一步认识图书馆、了解图书馆,同时为进一步提高图书馆的服务质量与水平。2006 年 5 月—6 月,开展了首届“读者服务宣传月”活动, 2007 年举办了“第二届读者服务宣传月暨数据库利用操作大赛活动”。通过一系列丰富多彩、生动活泼的活动,加强了读者与图书馆的联系,使读者进一步认识图书馆、了解图书馆、认同图书馆、热爱图书馆。同时通过活动,进一步提高了图书馆工作人员的服务意识和服务水平,使读者与图书馆建立起双向沟通和良性互动的关系。

读者服务统计表

表 5–3–1

图书馆名称	年份	年发放读者证（个）	年书刊流通总人次	年书刊外借（人次）	年少儿书刊外借（人次）	年书刊外借总册次	年读者活动		年信息服务			周开放时间（小时）
							举办（次）	参加（人次）	解答咨询（条）	代检索课题（件）	编制二三次文献（种）	
公共图书馆												
安徽省图书馆	1953	652	142569	52569		105138	3	120	200	3	4	
	1963	3000	146044	57083		145915	20	6000	400	5	18	
	1979	7131	211028	97406		170581	7	5000	500	10	4	48
	1989	2700	222515	77615		145043	10	1500	1000	4	13	70
	1999	2470	144065	64453		123225	12	2000	1750	8	1	70
	2005	35733	989159	382437	134358	766129	45	40000	2500	26	28	84
	2010	36000	1360000	591237	207715	1182474	98	66200	3000	30	218	84
合肥市图书馆	1958	500		1250		5000	10	1000	50			
	1978	2000		15000		28000	40	5000	300			
	2003	9588		56300		92646	70	8000	700	30	20	66.5
	2008	10250		86255		152085	145	20000	1500	60	35	66.5
	2010	6900	400000	131000		250000	193	160000	2200	70	50	66.5
合肥市包河区图书馆	1984	78	2650			6500						40
	1988	63	6900			17500	2	180	530			40
	1998	19	6500			16000	3	260	360			40
	2008	70	1200			2400	2	180	480			40
	2010	6000	15300			15300						40
合肥市少儿图书馆	2001	500	31000	15000	15000	15000	15	1500			10	40
	2008	7000	250000	150000	150000	450000	80	30246				40
	2010	12700	359000	320000	320000	620000	10	16700				40

续表 5-3-1

图书馆名称	年份	年发放读者证（个）	年书刊流通总人次	年书刊外借（人次）	年少儿书刊外借（人次）	年书刊外借总册次	年读者活动		年信息服务			周开放时间（小时）
							举办（次）	参加（人次）	解答咨询（条）	代检索课题（件）	编制二三次文献（种）	
长丰县图书馆	1979	300	8000	6000	4000	7000	2	100	50			
	1998	300	32600	21800	10800	62000	6	800	200	50		56
	2008	500	65600	44000	20000	92000	10	1200	300			56
	2010	1750	81000	65000		98000	44	24000				56
肥东县图书馆	1979	500	35000	15000		20000	8	800	500			
	1988	2000	70000	35000		40000	8	800	800			
	1998	2000	50000	30000		30000	10	1000	500			56
	2008	3000	75000	50000		80000	10	1000	1000			59.5
	2010	4200	70000	40000		80000	2	50				59.5
肥西县图书馆	1988	200										48
	1998	130	30000			60000	6	89	8000			48
	2008	107	70000	10000		37000	6	56	6000	6	12	56
	2010	670	70000	20000		40000	6	160	200	6	12	56
亳州市谯城区图书馆	1986	800	40000			42000						
	1997	800	11100			60000						
	2010	3200	42000	2900		6000	5	200				52
蒙城县图书馆	1979	20		1300		1500						
	1988	150		7500		15000	5	400				
	1998	520		31200	5000	62000	12	3000	320			42
	2008	800		48000	6000	75000	15	5000	400			42
	2010	3600	132361	68900		68900	8	2940				42

续表 5-3-1

图书馆名称	年份	年发放读者证（个）	年书刊流通总人次	年书刊外借（人次）	年少儿书刊外借（人次）	年书刊外借总册次	年读者活动		年信息服务			周开放时间（小时）
							举办（次）	参加（人次）	解答咨询（条）	代检索课题（件）	编制二三次文献（种）	
涡阳县图书馆	1978	108	3210	2560		8300	8	1600				
	1988	365	6420	4815		20805	10	2100				
	1998	199	3852	2889		19490	5	1500				56
	2008	220	4815	4494		21500	10	3000				56
	2010	230	24000	12000		24000	6	6000				56
利辛县图书馆	1978	50	3000	2000	1000	2000	1	30	20			
	1988	120	5000	3000	2000	3800	2	100	60			
	1998	150	6000	4200	2200	5000	4	200	80			56
	2008	300	20000	15000	5000	15200	6	360	200			56
	2010	240	2870				4	60				56
淮北市图书馆	1992	4000	60000									
濉溪县图书馆	1988	500	22000	4000		6000						
	1998	1000	32000	10000		10000	10	1200	260			
	2008	1300	39000	18000		18000	12	1500	300	20		52.5
	2010	1350	41000	21000		21000	12	2180				52.5
宿州市埇桥区图书馆	1990	1700	21000			39000						
	1998	900		10950		21900	1	500				56
	2008	1500		18250		36500	2	1200				56
	2010	1600	35000	14542		43626	3	180				56
灵璧县图书馆	1980	1070		2000		5800	2	300				60
	1990	500	12000			12000	2	25				60
	2008	280	1000	600	400	1800	3	500				60

续表 5-3-1

图书馆名称	年份	年发放读者证（个）	年书刊流通总人次	年书刊外借（人次）	年少儿书刊外借（人次）	年书刊外借总册次	年读者活动		年信息服务			周开放时间（小时）
							举办（次）	参加（人次）	解答咨询（条）	代检索课题（件）	编制二三次文献（种）	
砀山县图书馆	1962	400	160000	110000	50000	160000	12	300	80	500		
	1971	500	220000	140000	80000	190000	20	5000	100	900		
	1979	300	110000	80000	30000	110000	15	3000	100	700	12	
	1998	200	60000	50000	10000	80000	8	1800	500	200	12	56
	2008	200	25000	20000	5000	50000	6	3000	200	150	12	56
	2010	600	2530	2200		2200	6	1680				56
萧县图书馆	1990	300	19000			15000	10	5356				
	2010		850	420		450						29.5
泗县图书馆	1990	600	28000			28000						
	2010	1022	11000	11000		11000	3	30				56
阜阳市图书馆	1978	800		9000		3000						
	1988	2000		73600		91000	3	2000	800	13		42.5
	1998	2800		120000	80000	220000	7	30000	1200	56	4	42.5
	2008	3102		161000	110000	280000	9	31000	1500	80	6	42.5
	2010	1600	168000	130000		136000	12	30360				42.5
界首市图书馆	1959	700		30000		60000						
	1978	750		36000	20000	70000	6	500				
	1988	1500		50000	30000	80000	10	2000	120			56
	1998	2800		40000	25000	100000	12	3000	180			56
	2010	1000	150000	30000		90000	9	10500	500			56

续表 5-3-1

图书馆名称	年份	年发放读者证（个）	年书刊流通总人次	年书刊外借（人次）	年少儿书刊外借（人次）	年书刊外借总册次	年读者活动		年信息服务			周开放时间（小时）
							举办（次）	参加（人次）	解答咨询（条）	代检索课题（件）	编制二三次文献（种）	
太和县图书馆	1978	400		4600	2600	5000	7	380				
	1988	340		4400	2100	4700	7	400				
	1998	290		4000	1800	4200	8	420				60
	2008	360		4500	2000	5000	9	500				60
	2010	360	6700	4500		5000	9	500				60
临泉县图书馆	1978	800		10800	3600	10880	2	156	30			
	1988	1050		13000	4400	13840	3	146	22			
	1998	1450		15422	8600	19400	3	155	32			56
	2008	98	5840	2352	1621	3528	3	120	33			56
	2010	9800	116000	98500		98500	6	560				70
阜南县图书馆	1978	60	200	130	70	500						
	1988	100	500	300	200	800						
	1998	300	1000	700	300	1100	3	90	100	10		56
	2008	500	2000	1300	700	1500	10	350	200	50		56
	2010	800	2000	800		5000	7	1200				56
颍上县图书馆	1988	800	12000	7000	5000	20000	1	30				42
	2008	3265	65000	38000	27000	80000	2	500				42
	2010	4200	120950	102271	4200	102271	1	800				42
蚌埠市图书馆	1988	4632		52093		52093						
	1998	3419		36487	6944	53647						63
	2008	3220		4062		4278						63
	2010	1780	15000	14000		49800	16	31600				63

续表 5-3-1

图书馆名称	年份	年发放读者证（个）	年书刊流通总人次	年书刊外借（人次）	年少儿书刊外借（人次）	年书刊外借总册次	年读者活动		年信息服务			周开放时间（小时）
							举办（次）	参加（人次）	解答咨询（条）	代检索课题（件）	编制二三次文献（种）	
固镇县图书馆	1978	100		2000		4000						
	1988	200		5000		7000						
	1998	500		15000		21000						49
	2008	800		22000		40000						49
	2010	1600	20012	15000		50000						56
五河县图书馆	1980					17000	15	1500				46
	1990	1400	45000			25000	25	1500				46
	2001	1083	72000			84000						46
	2007	1804	78000			110000	10					46
	2010	1200	70000	40000		58000	20	4500				46
怀远县图书馆	1985		21600			25000						
	1990	465	21000			23000	5	2029				
	1998	108		4400	600	10120	1	150	90			49
	2008	93		3600	500	9000	1	200	100			49
	2010	224	23158	17000		27000	2	2080				49
淮南市图书馆	1988	6250	62000				2	400				
	1998	1770						1900				42
	2008	2300					3	9030				42
	2010	3000	80000	55000		60000	14	13200				42
淮南市少儿图书馆	1990	1200	37200			60000	7	700				
	2008		50000			40000						
	2010	10812	86000	43000	43000	43000	4	4000				

续表 5-3-1

图书馆名称	年份	年发放读者证（个）	年书刊流通总人次	年书刊外借（人次）	年少儿书刊外借（人次）	年书刊外借总册次	年读者活动		年信息服务			周开放时间（小时）
							举办（次）	参加（人次）	解答咨询（条）	代检索课题（件）	编制二三次文献（种）	
淮南市潘集区图书馆	1978	1377		32100	3768		3	80	3671			
	1988	245		31890	2698							52.5
	1998	201		28763	2376		1	3120	354			52.5
	2008	246		24210	3587	25879	1	60	248			52.5
	2010	2000										52.5
凤台县图书馆	1990	1012	5900			5900						
	2008	5100	11245	7800		8650	3	640				
	2010	6500	14745									
滁州市图书馆	1957	1340				12280						
	1998	2650	81000	73000		124000						45.5
	2008	556	19083	13275		15247	2	30	16			45.5
	2010	676	13860	9900		13200						45.5
凤阳县图书馆	1979	45	957	957		1123	2	30	98			
	1988	59	1078	1078		1352	3	60	137			
	1998	87	2339	2339		2561	3	90	156			52
	2008	356	11285	9950	1335	12534	4	132	254			52
	2010	782	46032	46032		74052	8	8050	300			52
明光市图书馆	1978	1378		72000	20000	72000			3600		12	
	1988	1487		120000	25000	120000	3	400	4500		12	
	1990	3640	46000			143000	5	120				
	1998	1343		12000	3000	12000	2	300	1200		6	46
	2008	1600		18000	6000	18000	2	400	1500		6	46
	2010	1000	60000	35000		35000	1	1000				46

续表 5-3-1

图书馆名称	年份	年发放读者证（个）	年书刊流通总人次	年书刊外借（人次）	年少儿书刊外借（人次）	年书刊外借总册次	年读者活动		年信息服务			周开放时间（小时）
							举办（次）	参加（人次）	解答咨询（条）	代检索课题（件）	编制二三次文献（种）	
天长市图书馆	1979			73000		87000	8	400	120	159	7	
	1988	520		13000		45440	19	700	200	180	8	56
	1990	880	29000			57700	4	987				
	1998	432		18000	800	35680	9	600	212	187	6	56
	2008	300		22279	4600	24531	5	2000	100	38	3	70
	2010	1400	22000			12000	4	1700	240			70
来安县图书馆	1978	378		7754		7754						
	1988	1500		39540		39540	3	158			28	
	1998	2000		47398		52688	6	327				52.5
	2008	500		17653	2000	23541						52.5
	2010	657	59285	16905		22498	24	960				52.5
定远县图书馆	1979	1200	90000	45000			3	200	80			
	1986	2000	150000	78000			15	4500	100			
	1996	4300	300000	210000			3	600				
	2000	1600	60000	42000			10	3200	200			42
	2007	660	54000	18000			6	1500				42
	2010	1860	28000	26000	1360	38000	18	4200				42
全椒县图书馆	1990	3500	34000			56000						
	2008	1200	20000									48
	2010	1400	18000	15000	1800	26000	2	1500				48
六安市金安区图书馆	1990	2028	12000			47000	5	1500				
	2008	1000	16600	8000		24000	4	300				
	2010	1000	20000	20000		20000	8	400				

续表 5-3-1

图书馆名称	年份	年发放读者证（个）	年书刊流通总人次	年书刊外借（人次）	年少儿书刊外借（人次）	年书刊外借总册次	年读者活动		年信息服务			周开放时间（小时）
							举办（次）	参加（人次）	解答咨询（条）	代检索课题（件）	编制二三次文献（种）	
寿县图书馆	1978	150	5000	2000		3500	2	200	10			
	1988	200	8000	4000		5000	2	260	20			
	1998	220	10000	6000		6500	2	300	15			48
	2008	230	10800	8000		8000	2	500	12			48
	2010	100	1500	940		940						48
霍邱县图书馆	1978	500	1800	1200		4000	4	40				
	1988	1000	36000	30000		48000	6	60				
	1998	1500	32000	32000		60000	2	30				45
	2008	2000	40000	36000		40000	2	30				45
	2010	1762	18627	18165		29174	6	952				45
金寨县图书馆	1990	1550	56000	56000	29000							48
	2007	1000	19000	7000		11000						48
霍山县图书馆	1978	1250	25760									
	1988	2100	26475				1	2750	4620			
	1998	2430	29780				2	3810	4930			40
	2008	2850	32750				5	5860	4985			40
	2010		41730	41730		41730	33	16595				40
舒城县图书馆	1978	210	6721	4121		6327	2	900	160		12	60
	1988	544	11322	8568	2751	14519	2	800	210		12	48
	1998	316	7480	4750	1211	7961	1	450	120		6	48
	2008	1521	43200	27000	11000	39700	2	920	170		12	48
	2010	1432	43527	35806		52100	4	1086				56

续表 5-3-1

图书馆名称	年份	年发放读者证（个）	年书刊流通总人次	年书刊外借（人次）	年少儿书刊外借（人次）	年书刊外借总册次	年读者活动		年信息服务			周开放时间（小时）
							举办（次）	参加（人次）	解答咨询（条）	代检索课题（件）	编制二三次文献（种）	
巢湖市图书馆	1956	620	980	920	60	1360	5	85	40	2		
	1978	1400	13500	13000	500	15400	5	120	80	4		48
	1988	3100	20400	18500	900	21200	8	210	125	6		48
	1998	4500	41400	40000	1400	98600	10	430	200	8	6	48
	2008	5000	98500	96000	25000	112000	40	1300	300	12	6	56
	2010	4960	125820	107582		109132	16	11723				56
含山县图书馆	1988	260		28000	12000	50000	23	970	150			
	1990	698	19000			70500	2	250				
	1998	152		12900	9700	40000	12	640	230			42
	2008	169		14000	10000	30000	3	2000	360			42
	2010		3000	3000		4000						42
和县图书馆	1977	500	50000									
	1988	550	60000									
	1990	580	110000			67000						
	2008	600	56000									42
	2010	430	58926	30629		58642						42
无为县图书馆	1978	1800	27000			43000	2	700	210		12	
	1988	1700	24000			46000	6	4300	370		6	
	1998	2400	37000			47800	5	5600	330			42.5
	2008	1260	13600			23600	4	3100	260			42.5
	2010		128000	8000		126500	6	7500				42.5

续表 5-3-1

图书馆名称	年份	年发放读者证（个）	年书刊流通总人次	年书刊外借（人次）	年少儿书刊外借（人次）	年书刊外借总册次	年读者活动		年信息服务			周开放时间（小时）
							举办（次）	参加（人次）	解答咨询（条）	代检索课题（件）	编制二三次文献（种）	
庐江县图书馆	1985	1170	16000			22000			54			
	1988	1200	21000	9000	6000	15000	1	320				
	1998	300	6000	2500		3000						52
	2008	537	7920	2800		5280						52
	2010	1000	18000	12000		12000	1	200				52
芜湖市图书馆	1949		48000									
	1978	4100	98100	20800		35100	16	2400	2260	16		48
	1988	3160	160530	72000	450	93000	10	3100	910	25	17	48
	1998	4294	122600	37100	130	69200	31	6200	560	22	6	48
	2008	5020	106000	4100	150	72000	11	4300	2500	7	12	48
	2010	5000	365000	24000	13000	45000	37	29400	2810	14	12	69
芜湖县图书馆	1980	400	38000	30000	8000	38000	2	300	20			
	1988	500	50000	38000	12000	50000	3	1200	40			
	1990	2005	42000			42000	6	3850				
	1998	1109	60000	50000	10000	60000	8	15000	129	51	346	63
	2008	1206	80000	40000	40000	80000	12	25000	134	98	367	63
	2010	5920	18000	13000		13000	8	2150				63
繁昌县图书馆	1978	1500	54750	29200	7300	36500	2	200				
	1988	2100	65920	37920	9480	47400	10	1500			3	
	1990	2098	58000			70200	15	4600				
	1998		47400	18960	7300	26260	10	2000			8	48
	2008		162000	57600	38400	96000	62	12400		11	24	48
	2010	1688	130000	101815		109712	42	33989				48

续表 5-3-1

图书馆名称	年份	年发放读者证（个）	年书刊流通总人次	年书刊外借（人次）	年少儿书刊外借（人次）	年书刊外借总册次	年读者活动		年信息服务			周开放时间（小时）
							举办（次）	参加（人次）	解答咨询（条）	代检索课题（件）	编制二三次文献（种）	
南陵县图书馆	1990	1250	25000			59000	32	1800				
	2008	2800	30000			20000						56
	2010	2732	20000	10000		20000	9	5000				56
马鞍山市图书馆	1974	445	52114	36008								48
	1988	4000	140000								4	56
	2008	1221	155714	74034	21680	276246	12	1417	4506		12	78
	2010	13801	500000	60000		120000	50	13000			12	78
当涂县图书馆	1959	120	3560	1620	180	4621	1	50				
	1978	210	7955	6605	1350	15560	2	200				48
	1988	103	13472	10912	2560	21380	2	200	126			48
	1998	325	26981	19751	7230	33770	4	1200	7213			48
	2008	216	47898	40008	7890	62120	12	40000	5440			48
	2010	1521	43000	34000		77000	4	13500				48
马鞍山市金家庄区图书馆	2010	600	60000	60000		80000	20	3000				
马鞍山市花山区图书馆	2010	500	15000	15000		30000	6	1500				
马鞍山市雨山区图书馆	2010	500	3000	500		5000						
安庆市图书馆	1978	3000	145000	125000		145000	4	400	2500	2	5	
	1988	5500	385000	335000		385000	5	600	4000	6	15	60
	1998	3200	90000	80000	1000	80000	2	200	2000	4	2	60
	2008	2100	92000	80000	9000	83000	5	600	3000	4	4	60
	2010	3200	220000	130000	490	170000	15	19980				60

续表 5-3-1

图书馆名称	年份	年发放读者证（个）	年书刊流通总人次	年书刊外借（人次）	年少儿书刊外借（人次）	年书刊外借总册次	年读者活动		年信息服务			周开放时间（小时）
							举办（次）	参加（人次）	解答咨询（条）	代检索课题（件）	编制二三次文献（种）	
桐城市图书馆	1978	300		4800		4800						36
	1988	2300		21000		21000	6	300				36
	1998	380		7200		7200						36
	2007	588		5200		5200						36
	2010	1000	110000	95000		95000	6	18000				36
枞阳县图书馆	1978	40		14000	3500	17500	2	30				
	1988	60		16000	3500	19500	11	200				
	1998	50		16000	4000	20000	15	300				54
	2008	90		18000	5000	23000	20	600				54
	2010	560	9000	7500		25000						54
怀宁县图书馆	1988	1000	20000			9000						
	2008	1000	9000			10000						45
	2010	700	10000	8000		10000						45
潜山县图书馆	1978	30		6000		7000						
	1988	50		8000		11000			15	8	2	35.5
	1998	150		28000		40000	2	110	40	2		35.5
	2008	1600		120000	80000	150000	12	5000	800	72		35.5
	2010	700	121000	41000	100000	60000	7	10150				35.5
太湖县图书馆	1979	30	32000	6000	1000	5000						
	1988	100	63000	42000	5000	66000	6	1100	50	12	12	63
	1998	500	113000	96000	15000	105000	10	2300	400	12	12	63
	2008	700	220000	180000	25000	190000	10	8000	1000	12	12	63
	2010	6890	229000	220000		220000	13	8000				63

续表 5-3-1

图书馆名称	年份	年发放读者证（个）	年书刊流通总人次	年书刊外借（人次）	年少儿书刊外借（人次）	年书刊外借总册次	年读者活动		年信息服务			周开放时间（小时）
							举办（次）	参加（人次）	解答咨询（条）	代检索课题（件）	编制二三次文献（种）	
岳西县图书馆	1978	560	3000	3000		8000						
	1988	1230	8000	7000		13000						56
	1990	1000	25000			26000						56
	1998	1623	7000	6000		14000						56
	2008	1911	8400	6500		15000						56
	2010	2000	30000	15000		20000						56
望江县图书馆	1990	2245	17500			18000						
	2008	2788	20000			7000						70
	2010	3077	53999	2735		3673						70
宿松县图书馆	1985	600	13500			15100						
	1990	708	1100			1200	3	400				
	2008	560	15000	5000	2000	36000	2	120	230	1300	400	
	2010	700	90000	80000		80000	3	930				
池州市图书馆	1988	500		52000		100000	4	1300	780			
	1998	460		36000	11000	72000	4	1367	802			
	2008	270		32000	14000	65000	6	1702	828	2		68
	2010	2972	37100			103200	4	1330				68
青阳县图书馆	1978	960	18000									
	1988	1610	26000									
	1990	956	7500			13000						
	1998	250	12000									57.5
	2008	910	45000	37000	8000	50000	80	30600				57.5
	2010	2000	70000	40000		55000	81	22200				57.5

续表 5-3-1

图书馆名称	年份	年发放读者证（个）	年书刊流通总人次	年书刊外借（人次）	年少儿书刊外借（人次）	年书刊外借总册次	年读者活动		年信息服务			周开放时间（小时）
							举办（次）	参加（人次）	解答咨询（条）	代检索课题（件）	编制二三次文献（种）	
东至县图书馆	1988	1712	80000				4	300	25		1	53.5
	1998	1750	90000				4	300	30		1	53.5
	2008	1864	100000				6	410	35			58
	2010	1900	31000	21000		22000						58
石台县图书馆	1978	500	17000	11000	6000	18700						58
	1988	1500	47600	30400	17200	136600	2	1500			4	63
	1990	1260	51000			29000	1	400				
	1998	1000	12000	7000		23000			270			63
	2008	1000	40000	28000	8000	32000	3	1500	500		4	63
	2010	3000	60000	20000		40000	8	7050				63
铜陵市图书馆	1978	2000	33574	2383	794	33331	4	180	20			
	1993	3591	119734	76958	3569	153916	6	1200	120	4	2	48
	2003	2593	230296	192000	10700	180217	36	10100	3200	37	34	48
	2008	1487	186420	110400	11000	142460	21	16300	2980	22	57	66
	2010	18343	179370	98473		136310	19	24560				66
铜陵县图书馆	1978	400	11000									
	1988	600	15000	7800	6500	8500	3	180	100			
	1990	449	51000			65000	1	245				
	1998	400	12000	6800	5200	8000	2	200	300		12	
	2008	700	16000	9000	7000	11000	2	12000	400		12	
	2010	4000	90000	70000	50000	80000	3	1700				

续表 5-3-1

图书馆名称	年份	年发放读者证（个）	年书刊流通总人次	年书刊外借（人次）	年少儿书刊外借（人次）	年书刊外借总册次	年读者活动		年信息服务			周开放时间（小时）
							举办（次）	参加（人次）	解答咨询（条）	代检索课题（件）	编制二三次文献（种）	
宣城市图书馆	1981	1008	28300	12300		24000						
	1987	1560	44449	31449		54500						
	1988	1432	21764	11741		42928						
	1990	2164	29692			59829					4	
	1995		50000			70000						
	1998	2805	29860	11865		40070						
	2008	5235	55736	41543	14193	165405	5	4200	2800			56
	2010	1336	170000			680000	1	100				56
泾县图书馆	1987	300	33800	30000								
	1990	1050	31000			78000						
	1998	1400	48000	27000	6000	50000			20			45.5
	2007	1900	80000	42000	15000	80000	4	15000	100			45.5
	2010	2930	90000	50000		100000	11	30000				45.5
旌德县图书馆	1981	500		60000	18000	90000	5	50	10			
	1988	2000		95000	20000	100000	5	100	20			
	1992	4400	100000			100000						
	2007	1500	26000	9000	2000	15000						
	2008	600		8000	1000	10000						54.5
	2010	850	10000			9800						54.5
广德县图书馆	1987	500	32000	18000								
	1990	3271	53000			91000	11	1325				
	2008	100		12000		15000	3	100	500			42
	2010		10000			18000						42

续表 5-3-1

图书馆名称	年份	年发放读者证（个）	年书刊流通总人次	年书刊外借（人次）	年少儿书刊外借（人次）	年书刊外借总册次	年读者活动		年信息服务			周开放时间（小时）
							举办（次）	参加（人次）	解答咨询（条）	代检索课题（件）	编制二三次文献（种）	
郎溪县图书馆	1978	150	8000									
	1987	665	98793	15000								
	1988	450	23000									
	1990	800	23000			61000						
	1998	960	43000									39
	2008			1000	1000	20000	6	500				39
	2010	300	90000	80000		80000	5	1400				39
宁国市图书馆	1985	800	37000			28000						
	1986	700	7000			3715						
	1987	850	32600	11000		17000						
	1990	953	57000			67000						
	1997	1284	107000			94000	3	10000				56
	2008	1686	150000			120000	4	30000				56
	2010	3500	200000	20000		180000	1	3000				56
绩溪县图书馆	1978			26000		30000						63
	1988		100000	50000		80000	5	2000				63
	1990	832	56000			56000	2	116				63
	1998		15000	13000	8000	30000						63
	2008	158	12000	10000	5000	30000	2	30000				70
	2010	709	70000	25000		90000	10	4600				70
黄山市屯溪区图书馆	2007	1832	15889	5000	4000	17342	4	600				48
	2010		13460	3950		15500	5	985				98

续表 5-3-1

图书馆名称	年份	年发放读者证（个）	年书刊流通总人次	年书刊外借（人次）	年少儿书刊外借（人次）	年书刊外借总册次	年读者活动		年信息服务			周开放时间（小时）
							举办（次）	参加（人次）	解答咨询（条）	代检索课题（件）	编制二三次文献（种）	
黄山市黄山区图书馆	1990	1997	15000			15000						
	2007	2200	17000	3500		3600	3	3000				42.5
	2010	264	21500	12500		24000	3	5030				42.5
黄山市徽州区图书馆	2008	200	10000				5	400				49
	2010	200	8000	8000		9200	15	1252				49
歙县图书馆	1978	50	16500	8760		89300	10	2300	200		6	
	1988	100	85000	65000	900	96400	10	2600	230		12	
	1998	320	100600	89000	12000	101200	15	5000	380		12	
	2008	70	63075	27000	7500	87120	12	3000	195		6	
	2010	6612	65000	29300		91000	2	1600				
休宁县图书馆	1980	1000		16000		24000						
	1988	300		12000		14000						
	1998	487		23000		32000	4	85	160			39
	2008	550		10000		20000						39
	2010	1200	22000	12000	10000	22000	5	5300				39
黟县图书馆	1988	1294	72563	24480		36000						
	1998	50	23000	15000	8000	25000	1	123	46			45.5
	2008	78	8000	5000	2500	5000	1	1500	98			45.5
	2010	984	60000	45000		50000	6	3500				45.5
祁门县图书馆	1988	2569		68000		40000	3	2000	453			
	1998	1640		40000	15000	38000	3	4000	308			
	2008	1500		36000	10000	35000	5	5000	512			
	2010	1567	29000	29000		36000	5	2142				

续表 5-3-1

图书馆名称	年份	年发放读者证（个）	年书刊流通总人次	年书刊外借（人次）	年书刊外借（册次）	年读者活动		年信息服务			周开放时间（小时）
						举办（次）	参加（人次）	解答咨询（条）	代检索课题（件）	编制二三次文献（种）	
高校图书馆											
中国科技大学图书馆	2010	20303	330000		550000	100	5600				98
合肥工业大学图书馆	1945	150	500	500	1200	3	150				98
	1978	1179	7100	7100	28400	15	1179				98
	1988	1218	24360	24360	146200	16	1218				98
	1998	3700	84000	84000	252000	24	3600				103.25
	2008	9656	205611	205611	479823	36	5280	550	540		103.25
	2010	11869	1095000		551000	27	1180				103.25
安徽大学图书馆	1962	3000			134288						
	2005	8306	704361		453663	4		397	490		
	2008	8871	674989	318751	761979	24		385	221		95.5
	2010	9810	441483	211520	494064	36		317	551		95.5
安徽师范大学图书馆	1983										78
	1995		304500			40		300			70
	2005				210116	40	20000	400			84
	2008	4500	373689		665000	40	20000	450	20		84
	2010	8792	55955	53654	417506	60	20000				84
安徽农业大学图书馆	1994	1300									78
	2003	4390		26096	66025	9	2000	4000	50	10	98
	2008	5600		156780	391303	20	9020	9000	170	20	98
	2010	5310	286094	139681	334712	32	7730				98

续表 5-3-1

图书馆名称	年份	年发放读者证（个）	年书刊流通总人次	年书刊外借（人次）	年书刊外借（册次）	年读者活动		年信息服务			周开放时间（小时）
						举办（次）	参加（人次）	解答咨询（条）	代检索课题（件）	编制二三次文献（种）	
安徽医科大学图书馆	1998			5573	13226						70
	2008			23099	70078			200	95		70
	2010	2885	87938	27089	63552	2	4000	700	133		84.5
安徽工业大学图书馆	1998	4997			152408						98
	2010	6242	150000	27118	363380	57	7400				98
安徽理工大学图书馆	1988	3450			134980						
	1998	8420			142349						
	2003		278304		171933	6	460				64
	2008	5531	577640	17319	270442	9	840	14			64
	2010	6428		18657	241571	12	1600	14			94.5
安徽财经大学图书馆	2008	5800			400000					6	98
	2010	6000	1000000	250000	500000	15	2000				98
淮北师范大学图书馆	1989	466		86754	98756	8	1600	9865			70
	2002	2796		402831	607322	10	2200	32265		10	70
	2008	5163		373121	790297	18	4680	42186	156		70
	2010	5453	295794	16345	216421	8	4000				70
安徽工程大学图书馆	2005	11110	550000		200485	200	10000				94
	2006	12485	690000		280248	200	10000				94
	2007	13229	780000		370295	200	10000				94
安徽建筑工业学院图书馆	2007	5000	391687	204579	365335	7	3000				75
	2010	5200	1200000	89000	400000	18	6100				75

续表 5-3-1

图书馆名称	年份	年发放读者证（个）	年书刊流通总人次	年书刊外借（人次）	年书刊外借（册次）	年读者活动		年信息服务			周开放时间（小时）
						举办（次）	参加（人次）	解答咨询（条）	代检索课题（件）	编制二三次文献（种）	
安徽中医学院图书馆	1959	62	1239	1239	3056	2	120				
	1976	148	3046	3046	12876	4	328				
	2000	1093	15076	14749	15076	14	1093				
	2005	2483	137160	63148	158385	20	2380	260	60		73.5
	2010	2398	114145	50588	134725	25	2800	270	55		73.5
蚌埠医学院图书馆	1958	260	2635	2635	5971						
	1978	305	126000	26000	52000				11	20	
	1988	500	204500	34500	41000	3	348	7500	26	14	70
	1998	750	227000	47000	51200	7	1700	2560	44	10	70
	2008	2189	442400	142400	161200	11	3600	2000	3	2	70
皖南医学院图书馆	2005	10000	60000	29800	49800						84
	2007	10777	70000	31745	66990	50	6200				84
阜阳师范学院图书馆	1988	3146	168692		286814						
	2008	15080	326261	260424	482249	12	3000				73.5
	2010	6693			196114	30	5000				73.5
安庆师范学院图书馆	2004				116000						91
	2005				160000						91
	2010	5200		15221	188378	2	300				91
安徽科技学院图书馆	1998	500			65000						101.5
	2008	4000			810000	10	15000	5000	63		101.5

续表 5-3-1

图书馆名称	年份	年发放读者证（个）	年书刊流通总人次	年书刊外借（人次）	年书刊外借（册次）	年读者活动		年信息服务			周开放时间（小时）
						举办（次）	参加（人次）	解答咨询（条）	代检索课题（件）	编制二三次文献（种）	
合肥师范学院图书馆	1991	500			59273	1	35	40	2	4	
	1998	1000		12000						5	92
	2008	5083		104841	296356	3	300	85	0	2	92
合肥学院图书馆	2003	8754			160788			104	46		105
	2005	12361			222299			95	90		105
	2007	13946			303789	4	100	306	140		105
	2008	14469			321124	10	350	360	2		105
	2010	4100	46895	46895	153796	12	1573				105
皖西学院图书馆	2010	4236	192504	96252	192504	35	1355	100			119
巢湖学院图书馆	1979	120	4000	2000	3000	5	200	100	6		
	1989	300	18000	8000	15000	11	700	500	15		70
	2000	1500	150000	70000	1660000	32	4500	3600	40		70
	2008	2500	270000	130000	320000	54	8000	12000	120		70
黄山学院图书馆	2010	15000	490000		240000	5	4500				70
铜陵学院图书馆	2003	1600	18898		104172						84
	2008	4220	61122		248457						84
滁州学院图书馆	1998	1500		14497	25296						
	2008	3332	95823	11784	254502			1421			
蚌埠学院图书馆	2005	3000		145000	175000						90
	2006	3200		206000	256000						90
	2007	3400		244000	308000	10	3400				90
	2008	3800		277000	345900	2	660				90

续表 5-3-1

图书馆名称	年份	年发放读者证（个）	年书刊流通总人次	年书刊外借（人次）	年书刊外借（册次）	年读者活动		年信息服务			周开放时间（小时）
						举办（次）	参加（人次）	解答咨询（条）	代检索课题（件）	编制二三次文献（种）	
宿州学院图书馆	2005	4000	132440	40000	75778						77
	2006	4000	140954	75000	142039						77
	2007	4000	162446	70000	138727						77
淮南师范学院图书馆	1978	300		5000	15000						78
	1992	1339		15000	45000	3	2000				78
	2000	4800		28000	85000	4	7000		21		78
	2008	13000		120000	352000	10	20000		54		78
安徽新华学院图书馆	2010	5500	125008	54479	234000	60	6000				77
安徽医学高等专科学校图书馆	2008	7775	350000	25000	150000						80.5
	2010	2500	262754	24231	131424	8	1500				80.5
安徽中医药高等专科学校图书馆	2008	3400	210000	41000	70000						73
桐城师范高等专科学校图书馆	2010	4200	22000	11700	132590	5	8970				
安徽职业技术学院图书馆	2010	17680	10200	5950	32000	2	7500				80
淮南职业技术学院图书馆	1975	100		1000	1000						
	1978	150		1500	1500						
	1988	200		3000	3000						
	1998	500		5000	5000	1	500				
	2008	3000		28848	28848	2	1000		150	4	60
	2010	4000	26806	13404	201258	30	5000				60
淮北职业技术学院图书馆	2008		870000	50000							73.5

续表 5-3-1

图书馆名称	年份	年发放读者证（个）	年书刊流通总人次	年书刊外借（人次）	年书刊外借（册次）	年读者活动		年信息服务			周开放时间（小时）
						举办（次）	参加（人次）	解答咨询（条）	代检索课题（件）	编制二三次文献（种）	
安徽警官职业学院图书馆	2007		250000								72.1
安徽水利水电职业技术学院图书馆	1998	2000	21000		12000	10	4000	510			70
	2010	3000	26000		23000	12	6000	630			80
安徽商贸职业技术学院图书馆	2008	11000	400000		200000						73.5
安徽机电职业技术学院图书馆	2008	4200	96395	45458	77302						98
	2010	3300	78993	36456	60339						98
安徽国防科技职业学院图书馆	1978	100		260	800	1	200	24			63
	1988	500		1500	1780	2	1000	85			63
	1998	2500		2600	4500		1200	150			63
	2008	4500		35000	72000		2400	280			63
安徽邮电职业技术学院图书馆	2005	1195		1160	19325						
	2006	1338		1312	22025						
	2008	1757		1589	32134						
安徽电气工程职业技术学院图书馆	2010	887	14738	7005	28155	7					
六安职业技术学院图书馆	2008	8000	800000	80000	160000	40					65.5
芜湖职业技术学院图书馆	2008	10000	510000		150000						70
芜湖信息技术职业学院图书馆	2008	7000	280000		125000						

续表 5-3-1

图书馆名称	年份	年发放读者证（个）	年书刊流通总人次	年书刊外借（人次）	年书刊外借（册次）	年读者活动		年信息服务			周开放时间（小时）
						举办（次）	参加（人次）	解答咨询（条）	代检索课题（件）	编制二三次文献（种）	
其他图书馆											
中共宿州市委党校图书资料室	1978	56		1500	3200						
	1988	150		4500	13000			100	35	15	32.5
	1998	280		8000	21000			210	30	30	32.5
	2008	500		18000	36000			280	50	20	32.5
中共淮南市委党校图书馆	2008	300		6900	7000	1				6	
中共马鞍山市委党校图书馆	2008	210			4401	4	1000			10	32.5
中共蚌埠市委党校图书馆	1984	100	1200	1100	2000	2	160	800	20	10	
	1988	110	4000	2800	3200	1	200	2000	30	10	
	1998	120	6000	5200	6500	2	210	3500	50	15	
	2008	150	4000	2500	2700	2	260	3800	160	80	
中共安庆市委党校图书馆	1978	50	1000	500	500						40
	1988	240	10000	8000	10000						40
	1998	200	13000	7500	8000						40
	2008	176	10100	6900	7000						40
中共黄山市委党校图书资料室	2008	60	3000								
解放军炮兵学院图书馆	2010		105000	15000	63890						70
安徽社会主义学院图书馆	2010	50	600	400	1200	2	80				
安徽省社会科学院图书馆	1998			3700	4560						37.5
	2008	200		4020	4070						37.5

续表 5-3-1

图书馆名称	年份	年发放读者证（个）	年书刊流通总人次	年书刊外借（人次）	年书刊外借（册次）	年读者活动		年信息服务			周开放时间（小时）
						举办（次）	参加（人次）	解答咨询（条）	代检索课题（件）	编制二三次文献（种）	
中钢集团马鞍山矿山研究院有限公司图书馆	1980		9320	2100	4191						
	1987		11860	4700	9558						
	2007		8990	3100	6132						
	2010	29	3260	1600	1710						

注：1.“年发放读者证”指当年发放及重新注册的读者借阅证件。

2.“年书刊流通总人次”指当年书刊外借和阅览总人次，不含书刊归还人次，也不含电子阅览室阅览人次。“年书刊外借总册次”指当年书刊外借册次，不含书刊归还册次，也不含书刊阅览册次。

第六篇　教育科研

图书馆是文化教育机构，也承担学术研究的任务。自成立以来，教育科研和人才队伍建设在安徽图书馆界就一直得到重视。安徽省立图书馆成立之初，邓以蛰、陈东原、蒋元卿等均为当时知名学者，馆内有一批基础扎实的业务骨干，所创办的《学风》杂志亦是一方学术重镇。中华人民共和国建国后，除省馆外，各地市大多也成立了图书馆（文化馆），形成一个覆盖面较为广泛的图书馆网络，图书馆学、情报学专业教育开始萌芽，专业人才投入到图书馆事业建设当中。

中共十一届三中全会之后，随着图书馆事业的发展和社会对文献资源需求的增多，开展图书馆学、情报学教育，培养专业人才，提高队伍素质，成为发展图书馆事业的当务之急。在安徽省中心图书馆委员会、安徽省图书馆学会、安徽省图书馆以及安徽大学、中国科学技术大学等大中专院校的努力下，通过学历教育、非学历教育等多种途径，安徽省图书馆学、情报学教育从无到有，从单一形式到多层次、多渠道的办学模式，呈现蓬勃发展的局面。经过多年的探索和实践，逐渐摆脱专业人才严重缺乏的困境，为全省图书馆事业的加速发展奠定坚实的基础。

省、市图书馆学会和情报学会等团体和机构承担着图书馆学理论研究、学术交流、人才培养、馆际协作等项工作，为研究图书馆学及其发展规律，加强各系统图书馆的管理与协调，以及促进图书馆事业的发展与繁荣，提供了有力的保障。

勿庸讳言，由于各种因素的限制，安徽的图书馆专业人才还比较匮乏，学术水平也有待进一步提高。

第一章 学术团体

第一节 省级学术团体

安徽省图书馆协会 1931 年 6 月 22 日,安徽省图书馆协会成立。该会性质为职业、学术、兴趣的结合。《学风》又负协会刊物之责,为省内、国内外图书馆界的沟通机构。1932 年 9 月 12 日,该协会召开第二届年会。省政府、省立图书馆、省立第一民众教育馆、安徽大学图书馆及各中学图书馆团体会员和个人会员 30 多人出席会议。通过《呈请中华图书馆协会函促各省组织图书馆协会建议书》等决议,确定联络全省图书馆方案等。

合肥地区图书馆事业协作委员会 1959 年 6 月,安徽省图书馆与安徽大学图书馆、中国科学院合肥分院图书馆共同发起成立"合肥地区图书馆事业协作委员会",成员馆 15 所,会址设在合肥市新华书店图书供应部。1961 年 4 月 1 日协会启用印章,同年 10 月 9 日省文化局任命省图书馆阚玉堂同志为协会兼职秘书。

安徽省中心图书馆委员会 1964 年 1 月 16 日,经省人民委员会批准成立"安徽省中心图书馆委员会",后推举省科委副主任何哲庸为主任委员,省教育厅副厅长明克诚、省文化局副局长余耘、省图书馆副馆长周泽远为副主任委员,由周泽远兼办公室主任,会址设在省图书馆内。分别制定《安徽省专业图书馆协作方案》《交换书刊资料暂行办法》《编制书刊联合目录办法》,发送各成员馆。1965 年 7 月 9 日省科委拨给省图二名编制,由阚玉堂、王鸿博两同志开展活动,"文化大革命"期间停止。

1979 年 3 月 15 日,安徽省中心图书馆委员会恢复成立大会在合肥召开,选出省科委副主任王劲草为中心馆中心委员会主任,省文化局副局长马数鸣、省教育厅副厅长吴本厦为副主任,由王鹤鸣兼办公室主任,会址设在省图书馆内。公共、学校、科研系统图书馆 70 多人出席,中国图书馆学会筹备委员会王维新应邀到会。制定《安徽省中心图书馆委员会组织简则》。1982 年 7 月,由胡家柱兼办公室主任。1984 年 9 月 11 日胡家柱同志被文化厅任命为安徽省中心图书馆委员会办公室主任。同年 11 月,领导人换届,推举选举省科委副主任田声为主任委员,省文化厅副厅长刘景龙、省教育局副局长鹿世金为副主任委员。1988 年省科委副主任季烽任主任委员,副主任委员未变动。

安徽省图书馆学会 安徽省图书馆学会成立于 1978 年 3 月,是安徽省图书馆工作者的学术性群众团体,具有独立的社团法人资格。制定《安徽省图书馆学会简章》,决定创刊《图书馆工作》(季刊)。

伴随着我国改革开放和图书馆事业不断发展的进程，安徽省图书馆学会紧紧围绕图书馆学基础理论、图书馆科学管理、图书馆业务工作自动化、数字图书馆建设、文献资源共建共享等方面，组织开展学术研讨会、报告会、年会、课题申报、成果评奖、专题讲座与展览、教育培训等活动，在学术研究与交流、人才培养、业务咨询、编辑出版等方面均取得一定的成绩，较好地发挥了学会的桥梁与纽带作用。20世纪60—90年代，安徽省图书馆学会与安徽省中心图书馆委员会办公室均设在安徽省图书馆内，负责全省图书馆界的学术交流活动、各系统图书馆之间馆际协作协调工作以及专业队伍培训。

学术年会　安徽省图书馆学会坚持年会制度，组织策划一年一度的学术年会。通过举办专题学术讲座和报告会等形式，既立足学术前沿，又结合工作实际，不断提高广大会员和全省图书馆工作者的学术水平和业务素养与业务技能。学会年会为广大会员和图书馆工作者搭建了良好的学术交流平台，受到广大会员和图书馆工作者的欢迎和好评，形成了学会学术活动的一个品牌。省图学会30年来所举办的主要学术活动见表6–1–1。

会员代表大会　安徽省图书馆学会的领导机构为理事会，原则上每4年召开一次会员代表大会，通过民主协商的形式改选理事会成员。有关各届会员代表大会的具体信息见表6–1–2。

教育培训　2001年，安徽省图书馆被安徽省人事厅正式认定为图书资料专业技术人员继续教育培训基地，具体工作由安徽省图书馆学会组织实施。多年来，安徽省图书馆学会致力于开展多种层次和形式的继续教育培训工作，努力提高全省图书馆工作人员的业务素质，提高全省图书馆业务工作的规范化、标准化水平，积极探索并不断创新继续教育培训的内容和形式，严格教学管理，丰富教学内容，取得了很好的培训效果，积累了一些教学经验。具体培训项目见本志本篇第二章第二节。

编辑出版　为搭建广大图书馆工作者学术研究和信息交流的平台，安徽省图书馆学会一贯重视编辑出版工作。主要成果有：自2003年以来，安徽省图书馆学会积极参与由中国图书馆学会组织的《中国图书馆年鉴》的编纂工作，以条目的形式按年度反映安徽省图书馆事业的发展概况；参与编撰《安徽社科2007年鉴》《安徽社科2009年鉴》《安徽社科2010年鉴》的省图学会部分的相关条目；2008年编辑出版《安徽省图书馆学会成立暨<图书馆工作>创刊30年文集》；定期出版会刊《图书馆工作》（季刊）。

课题研究　安徽省图书馆学会组织会员积极参加安徽省社科联的课题申报，每年均有课题获准立项，会员参与课题申报的热情逐年升温，申报课题数量逐年提高，会员参与学术研究的氛围越来越浓，在学术研究方面的综合实力有了较大提升。

讲座展览　安徽省图书馆学会以拓展社会教育职能、提高公众科学文化素质为己任，在省图书馆的大力支持下，利用学会联系广泛的优势，加强与省科协、省社科联、中图学会等相关单位的联系和合作，举办了一系列公益讲座和展览活动，如电子资源利用、保健知识、文物鉴赏、安徽经典剧种、赴美留学、美国黑人艺术展、德国现代建筑大型图片展、从甲骨文到计算机、安徽省“读书乐”艺术摄影作品展等。

成果评奖　1986年8月1日，省图书馆学会在肥召开“科技成果评奖会”。成果120项，从中评出一等奖1名；二等奖10名；三等奖12名。

省图书馆学会主要学术活动一览表

表6–1–1

时间	地点	主　题	报告人	参会人数	交流论文	活动形式
1980.6	合肥	图书馆领域的一些重要问题		95人	30篇	学术年会
1980.8.27	合肥	美国图书馆情况座谈会	汤序敦	100余人		专题座谈会
1980.9.27	合肥	全国文献著录标准化会议精神	梁垣祥	50余人		专题报告会
1980.10.28	合肥	传达中图学会年会及第二次科学讨论会会议精神		250余人		会员大会
1981.4.17	合肥	传达“全国分类法、主题法、检索标准化”会议及“全国图书馆科学管理学术讨论会”精神		200余人		会员大会
1981.5.19	合肥	图书分类与主题法	李又华	100余人		专题讲座
1981.6.27	合肥	图书馆的情报职能	李又华	100余人		专题讲座
1982.1.12	合肥	传达中图学会第二次理事扩大会议精神		200余人		专题报告会
1982.5.11	合肥	情报学教育	严怡民	300余人		专题报告会
1982.5.21	合肥	高校图书馆的管理问题	黄宗忠	400余人		专题报告会
1982.7.19	合肥	图书馆在两个文明建设中的地位与作用		79人	75篇	学术年会
1982.7—9	合肥	图书馆基础知识		87人		专业培训班
1983.12	合肥	图书馆改革的有关问题		50人	75篇	学术年会
1984.3.24	合肥	联机计算机中心	叶燕然	130多人		学术讲座
1984.7.10	合肥	中国图书馆的现状与展望	吴慰慈	200余人		学术报告会
1984.11.19–23	芜湖	全国图书馆改革		90余		专题座谈会
1985.11.24–25	合肥	图书馆开架服务		40人	10篇	学术年会
1986.6.10	合肥	《英美编目条例（新注）》座谈会		30余人		专题座谈会
1986.7.5–8	合肥			89人	70篇	学术年会
1986.12.28	合肥	图书馆信息交流		160余人		学术交流会
1986.8	合肥	图书馆学优秀学术成果评选			120余项成果	学术评奖
1987.10	绩溪	图书馆的发展战略		70人	300篇	华东地区年会
1988.9.12–14	宿州	图书馆改革		50余人	30篇	学术年会
1990.3.28–30	阜阳	安徽省公共图书馆为农村读者服务经验交流		100余人	40篇	学术年会
1991.5.8–9	滁州			90余人	83篇	学术年会

续表 6-1-1

时间	地点	主　题	报告人	参会人数	交流论文	活动形式
1992.11.26–28	马鞍山	图书馆与科技进步		50 余	53 篇	学术年会
1993.11.8–10	合肥	图书馆与市场经济		80 余人	62 篇	学术年会
1995.11.15–17	阜阳	抓住机遇 深化改革 推进图书馆事业发展		100 余人		学术年会
1995.12	合肥	图书馆业务培训		60 余人		专业培训班
1996.11.5–7	铜陵	图书馆发展前景与社会作用		80 余人	76 篇	学术年会
1997.11.5–7	屯溪	主旨报告：加拿大多仑多图书馆网	樊天成	90 余人	78 篇	学术年会
1998.11.10–12	安庆	图书馆现代化建设、人才培训、特色服务		98 人	91 篇	学术年会
1999.6	合肥	全省公共图书馆馆长业务研讨	吴建中 黎难秋	80 余人		学术报告会
2000.5.16–18	合肥	展望与探讨新世纪图书馆事业发展之路		90 人	96 篇	学术讨论会
2000.6	合肥	世纪之交的图书馆学情报学热点问题、图书馆事业发展与深化改革	范并思 谢阳群	100 余人		学术报告会
2001.12.15–16	合肥			80 余人		学术年会
2001.12.16	合肥	赴美参加第 67 届国际图联大会	唐根生	80 余人		年会主旨报告
2002.12.22–25	马鞍山	图书馆可持续发展趋向		90 余人	78 篇	学术年会
	马鞍山	关于现代化图书馆管理	王鹤鸣	90 余人		年会主旨报告
2002.4.26–30	合肥	21 世纪网络环境下图书馆用户需求与服务研究学术研讨会		104 人		专题培训
2002.4.30	合肥	网络环境与图书馆发展	马远良	104 人		专题讲座
2003.10.30–11.2	黄山	面向信息化：图书馆的创新与发展		120 余人		华东地区年会
2003.10.31		面向公众素质的图书馆	郑建明	120 余人		年会主旨报告
2003.11.1		上海图情人才发展的若干思考	王世伟	120 余人		专题讲座
2003.10	合肥	图书馆发展的新趋势	吴建中	200 余人		学术报告
2004.3.8–3.12	合肥	安徽省公共图书馆评估培训		50 余人		专题培训
2004.10.25–28	太湖	开发文献资源　拓展服务领域		100 余人	20 篇	学术年会
	太湖	当前图书馆学情报学研究现状和图书馆事业发展态势	李万健	100 余人		年会主旨报告
2004.11.29–12.3	合肥	中文图书机读目录格式培训班				
2005.9	合肥	安徽省公共图书馆 CNKI 数字图书馆资源共享解决实施方案研讨会		30 余人		学术研讨
2006.9.18–9.22	屯溪	《中国分类主题词表》（第 2 版及其电子版手册）		30 人		专题培训

续表 6-1-1

时间	地点	主　题	报告人	参会人数	交流论文	活动形式
2006.11.27-28	合肥			80 余人		学术年会
2006.11.28	合肥	国内外图书馆事业现状与趋势	叶继元	80 余人		年会主旨报告
2007.6.17	合肥	社会转型中的图书馆——机遇与挑战	谢阳群	50 余人		学术报告
2007.10.24-10.26	歙县	图书馆与和谐社会		150 余人	41 篇	学术年会
2007.10.25	歙县	信息资源建设开发与利用的 10 个热点问题	吴慰慈	150 余人		年会主旨报告
2008.7.10-7.14	合肥	志愿者行动——基层公共图书馆馆长培训		200 余人		专业培训
2009.10.23	潜山	图书馆学新进展	范并思	140 余人	68 篇	学术年会
2010.10.26	郑州	《关于加强图书馆著作权保护工作的通知》阐读	秦珂	90 余人	53 篇	学术年会

省图书馆学会历次会员代表大会一览表

表 6-1-2

届次	时间	地点	理事会	主要议题
第一届	1978.3	合肥	理事长：崔晋卿 副理事长：章安翔、万昕、谷菡葆、郭劳夫、丁宁 秘书长：王鹤鸣	宣布学会成立；制定《安徽省图书馆学会章程》；创办会刊《图书馆工作》。
第二届	1982.7	合肥	理事长：葛许光 副理事长：王鹤鸣、刘如尧、任运福、杨宏生、杨剑鸣、张教增、陆凤台、吴和俊、徐彬藩、章安翔、解俊民 秘书长：胡家柱	改选第二届理事会成员；改选各专门委员会领导成员；交流学术论文；修订学会章程。
第三届	1986.7	合肥	理事长：刘景龙 副理事长：李又华、杨宏生、林增铨、胡家柱、梁垣祥、程世宽 秘书长：胡家柱	改选第三届理事会成员；改选各专门委员会领导成员；交流学术论文；修订学会章程。
第四届	1991.5	滁州	理事长：刘景龙 副理事长：胡家柱、田畴、张树林、林增铨、徐召勋、梁垣祥、程世宽 秘书长：梁垣祥	改选第四届理事会成员；改选各专门委员会领导成员；交流学术论文；修订学会章程。
第五届	1995.11	阜阳	理事长：黄邦应 副理事长：王宝圣、谢德雄、梁垣祥、卢贤中、孙宣银、林增铨、柳庆福、徐文思、黎难秋 秘书长：梁垣祥	改选第五届理事会成员；改选各专门委员会领导成员；交流学术论文；修订学会章程。
第六届	2001.12	合肥	理事长：刘孝龄 副理事长：禹成华、张海政、柳庆福、方罗来、卢贤中、费业昆、梁垣祥、谢克省、谢德雄 秘书长：张海政	改选第六届理事会成员；改选各专门委员会领导成员；传达中图学会六大会议精神；修订学会章程。
第七届	2006.11	合肥	理事长：易向军 副理事长：侯进、陶新民、方罗来、阚华、张海政、陆和健、凌波、周国正 秘书长：张海政	改选第七届理事会成员；改选各专门委员会领导成员；修订学会章程；审议并通过《安徽省图书馆学会会员管理办法及收费标准》等文件。
第八届	2010.11	合肥	理事长：易向军 副理事长：丁光清、程晓舫、柳炳康、李霞、陆和健、周国正、张政、凌波 秘书长：张海政	改选第八届理事会成员；改选各专门委员会领导成员；交流学术论文；修订学会章程。

安徽省高校图工委　安徽省高校图工委是受安徽省教育厅委托、主管全省高校图书情报工作的机构，具有行政管理、协调与指导高校图书馆工作、开展学术研究等职能，接受教育部高教司及全国高校图书情报工作指导委员会的业务指导。

安徽省高校图工委由省教育厅聘请安徽部分高等学校图书馆的专家、教授和高教界行政领导干部组成常务委员会；委员会设主任委员 1 人，副主任委员若干人，常务委员任期 4 年，下设秘书处作为常设办事机构，其秘书长、副秘书长均由教育厅聘任，秘书处配专职干部 3 人，负责图工委的日常工作。秘书处办事地点设在安徽大学图书馆。教育厅按需核拨秘书处经费，实行专款专用。

省高校图工委的主要任务：宣传贯彻党和国家有关高校图书情报工作的方针、政策；调查研究全省高校图书情报工作的状况并提出工作建议；组织全省高校图书情报工作的业务协作，推进文献资源共建共享；组织培训图书馆专业人员队伍；进行学术研究，提供业务咨询交流信息和经验；编辑出版《大学图书情报学刊》；检查评估全省高校图书情报工作，进行成果评奖；参加全国和华东地区图书情报工作的协作；总结安徽省图书情报工作的经验，积极开展对外交流。

省高校图工委历届领导机构成员表

表 6-1-3

届次	时间	领导成员
第一届	1982–1984	主任委员：詹卓 副主任委员：冯言训、吴和俊、张志云、刘如尧、张教坛、杨宏生 秘书长：吴和俊
第二届	1984–1987	主任委员：鹿世金 副主任委员：檀智明 秘书长：檀智明
第三届	1987–1991	主任委员：鹿世金 副主任委员：孙文光、陈晓天、程世宽 秘书长：方徽聪
第四届	1992–1996	主任委员：鹿世金 副主任委员：琚仲达、郭建熙、孙文光、林增铨、孙宣银 秘书长：林增铨
第五届	1996–2000	主任委员：徐根应 副主任委员：李向荣、林增铨、郭建熙、方罗来、孙文光 秘书长：林增铨
第六届	2001–2004	主任委员：徐根应 副主任委员：解平、许俊达、郭建熙、方罗来、赵庆元 秘书长：许俊达
第七届	2005–2009	主任委员：陈贤忠 副主任委员：黄泽秋、许俊达、邵正荣、方罗来、庄华锋 秘书长：许俊达

全国党校文献信息学会安徽分会　全国党校文献情报学会安徽分会成立于 1989

年4月，2006年改名为全国党校文献信息学会安徽分会，是全省党校图书资料情报工作者的群众性学术团体，受全国党校文献信息学会的领导，是该会的分会。省直工委党校、全省各市、县党校图书馆（资料室）及安徽省大型企业党校图书馆均为分会的集体会员单位。分会的决策机构为常务理事会，分会下设秘书处、学术评奖委员会、图书情报委员会、数字化建设委员会。安徽分会于1989年4月、1992年10月、1995年12月、2006年12月先后召开四次理事会。

分会宗旨　以马列主义、毛泽东思想为指导，认真贯彻党在社会主义初级阶段的基本路线，坚持理论联系实际和“百花齐放，百家争鸣”的方针，探讨文献信息工作的理论和实践问题，推动安徽省党校系统文献信息化建设，促进文献信息工作的发展。

分会任务　开展学术活动，召开学会会员代表大会及各种形式的学术讨论会，探讨文献信息工作的理论和实践问题；开展文献信息工作经验交流和业务协作，促进安徽省党校文献信息网络和图书馆数字化建设；加强文献信息工作的宣传教育，培训党校图书馆工作人员，提高队伍素质；编辑有关文献资料，组织科研成果评奖；开展与系统外学术团体之间的交流。

分会成果　1989年5月，分会创办《文献信息通讯》（不定期），交流各成员馆的工作情况和经验，后因种种原因停办（先后共出7期）。1993年12月，分会编辑出版第二次年会论文集，全书共14万字，收入论文38篇。1994年，分会和安徽省委党校图书资料室共同申报省委党校校级科研课题“安徽省情研究”并获批准立项。1995年6月，由分会和省委党校图书资料室共同组织全省党校系统图书资料工作者参加编写的大型省情资料性工具书《安徽省情概览》由安徽人民出版社正式出版发行，全书60万字。

第二节　市级学术团体

合肥市图书馆学会　合肥市图书馆学会于1984年依法登记成立，是由合肥市各类图书馆及图书馆工作者组成的公益性、学术性群众团体。学会由合肥市科学技术协会主管，挂靠单位为合肥市图书馆，办事机构设在合肥市图书馆辅导股，是安徽省图书馆学会的团体会员。1984年5月，创办会刊《合肥图书馆工作》，出版4期后停刊。

会员代表大会　1984年12月11—12日，合肥市图书馆学会召开第一次会员代表大会暨学术交流会。学会副秘书长徐文思主持会议，副理事长曹美娟致开幕词，理事长王锄非作题为《勇于改革、开拓前进，为建设合肥、实现党的总任务服务》的工作报告。省市社科联、市人大常委会、市文化局、市科协、省图书馆学会等单位的负责同志出席并讲话。1992年5月21日，合肥市图书馆学会召开第二次会员代表大会，经合肥市民政局核准登记，会员180人。2007年7月11日，合肥市图书馆学会召开第三次会员代表大会，省、市有关领导和主管部门领导、历届学会领导及会员代表等100多人出席大会，会员263人。

学会活动　1988年,学会在合肥市七中举办“合肥地区学校图书馆论文研讨暨工作经验交流会”,收到论文54篇,大会发言交流论文10篇。1996年,与合肥市教育局共同举办“合肥市中等学校图书馆、资料室理论研究和工作经验交流会”,收到论文43份,大会发言交流论文8篇。1998年,在合肥邮电学校图书馆举办“合肥市中专图书馆论文研讨会”,共收到论文36份,大会发言交流论文9篇。2008年,举办“科技信息与图书馆事业创新发展研讨会”,共收到会员论文50多篇,评选出优秀论文10篇。2007年11月6日,学会邀请国家图书馆善本部专家赵敏洁老师作题为“浅谈新善本的由来、现状与发展”演讲,到会听众一百余人。2008年11月12日,邀请国家图书馆研究院院长、数字资源建设与管理首席专家索传军教授作题为“数字时代图书馆发展的战略思考”学术报告,来自省、市公共图书馆、三县各区图书馆、教育科研系统图书馆的专业人员以及高校图书馆学专业的师生共300余人听取报告。

蚌埠市图书馆学会　蚌埠市图书馆学会是从事图书馆学研究的学术团体,成立于1982年。自成立以来,该学会在中国图书馆学会及省学会的帮助指导下,努力践行“三个代表”重要思想,对内加强管理与联系,增强学会的凝聚力,对外开展活动,树立学会良好的社会形象,工作有声有色,队伍日益壮大,成为全市社科界的重点学会。

学会原则　学会坚持民主办会的原则,注重加强组织建设,不断完善各项规章制度。学会切实履行日常管理工作职能,与各基层图书馆之间合作交流密切。

学会活动　1986年,学会承办“全省市级公共图书馆业务辅导工作座谈会”。1987年,协助省图书馆学会承办“华东六省一市图书馆协作会”。1988年、1994年,两次承办安徽省皖北地区公共图书馆协作会议。1996年,新一届理事会定期举办理事会议,开展系列学术交流活动,每年定期召开蚌埠市图书馆学会年会暨论文研讨会,累计收到专业论文300余篇,其中40余篇论文被评为优秀论文。1999—2002年,蚌埠市图书馆学会先后邀请全国图书馆界知名专家学者卢子博、李明华、吴建中等作学术报告。

芜湖市图书馆学会

会员代表大会　芜湖市图书馆学会成立于1989年,12月26日召开第一次会员代表大会,制定并通过《芜湖市图书馆学会章程》,选举产生第一届理事会,刘永义为理事长,张秉贵、凤兆芬、汪英明为副理事长。1999年12月,召开第二次会员代表大会,修改学会章程,选举产生第二届理事会,刘永义为理事长,张圣玉等为副理事长。

学会活动　1998年12月,学会与芜湖市图书馆联合召开了图书馆改革开放二十周年经验交流会。1999年12月,召开“21世纪图书馆展望”研讨会。2000年12月,举行“新千年图书馆馆长论坛”,并同时组织论文评选,其中有三篇论文获芜湖市科协优秀奖。2000年5月,学会还组织全市高校馆、公共馆送书下乡活动,共送书2000多册,省、市新闻媒体予以报道。

马鞍山市图书馆学会

会员代表大会　马鞍山市图书馆学会成于1986年12月，第一届理事会由会长1人、副会长3人、理事11人组成，发展会员100余人。2006年1月19日，召开第六次会员代表大会，选举产生第六届理事会，会长王平，常务副会长贾莉，副会长许杰星、吴林莹、沈平，秘书长宋延露。

学会活动　1986—2000年，马鞍山市图书馆学会共召开12次学术研讨会，168篇论文参加了研讨；举办各种培训班17期，培训学员510人次；在此期间，学会还与市图书馆联合创办内部刊物《图书馆园地》，出版30期，发表会员文章350篇，其中部分文章相继在省内外报刊上发表；学会和辅导部每年都要联合举办图书资料专业培训班，不断为基层馆培训专业技术人员；学会还配合马鞍山市委、市政府的中心工作，多次举办图书及地方文献展览等活动。1996年11月，学会协办"南京区域暨沿江部分城市公共图书馆协作会"，来自江苏、江西、安徽3省11市的图书馆领导和论文作者24人出席会议。2005年9月22—28日，马鞍山市首届"社会科学知识普及周"期间，学会围绕"构建和谐社会"、促进"两个率先"主题精心制作"书是知识海洋，知识就是力量"的展板参加展出，以图文并茂的形式展示近年来图书馆学会开展的各项工作和取得的成绩。

学会荣誉　2002年，学会被评为"安徽省图书馆学会先进集体"。2003年，被马鞍山市社科联评为"先进社科学会"。2007年6月，荣获中国图书馆学会2006年全民阅读"优秀组织奖"单位。2008年，被全国大中城市社科联授予"全国先进社科学会"。2008年12月，荣获"2004—2008年度全市社科界先进学会"。

安庆市图书馆学会

会员代表大会　安庆市图书馆学会成立于1985年5月。2000年3月10日，召开第四次会员代表大会，选举产生第四届理事会：会长罗旺盛，常务副会长唐根生，副会长耿晓东、汪新文、江燕琴、黄根苗、檀宜宁，秘书长吴继胜。2002年4月29日，召开第五次会员代表大会，选举产生第五届理事会：会长叶永新，常务副会长唐根生，副会长耿晓东、汪新文、许昆云、黄根苗、檀宜宁、曾玉琴，秘书长刘莉莎。

学术成果　1983—1988年，安庆市图书馆学会不定期编辑出版内部刊物《安庆市图书馆工作》《图书馆工作简报》，并根据工作需要，不定期的安庆市区级和市辖八县图书馆（室）进行业务辅导，开展馆际学术交流，业务工作评比等活动。

学术活动　学会自1985年5月成立以来，先后组织会员参加国际、全国和安徽省的图书馆学、情报学学术研讨会58次。会员共有65篇论文发表或交流，其中《少儿读者需求的特点——对中国安徽省安庆市少儿读者的调查》入选第62届国际图联大会，21篇入围全国性学术研讨会，39篇入围安徽省学术研讨会。主办安徽省沿江四市图书馆协作会议2次，承办全省图书馆学、情报学学术研讨会2次，承办南京经济协作区学术研讨会1次，主办安庆市专题研讨会2次。在安庆市图书馆建馆50周年之际，特邀吴慰慈教授来馆作"网络与信息资源共享"专题报告会。

淮南市图书馆学会 淮南市图书馆学会成立于1983年7月,至2008年有中国图书馆学会会员13人,省图书馆学会会员11人,市会员80人,理事长曹怀山。淮南市城区较为分散,为加强基层图书馆之间的业务联系,学会按地区采取自愿、方便、协作的原则,组成了五个业务协作组,按地区组成14个网片,积极开展形式多样的学会活动。

巢湖市图书馆学会 巢湖市图书馆学会成立于2003年10月28日,主管部门为巢湖市文化局,业务指导部门为市民间组织管理局,是巢湖市民间组织联合会的理事单位。2007年10月31日,换届选举名誉理事长、理事长、常务副理事长各1名,副理事长3名,秘书长1名,副秘书长2名,理事56名。理事单位会员13个,个人会员127人,内设学术工作委员会等5个专门委员会。每年召开常务理事会3—4次,年会1次,学术活动1—2次。年转发国内、省内学术活动信息400份,不定期编印《工作简讯》,及时报导学会工作动态。

铜陵市图书馆学会

学会组织 铜陵市图书馆学会于1984年12月经市委批准正式成立,是铜陵市首批获得独立法人团体资格的社会科学学术团体之一,首批发展会员46人。截至2008年,有会员146人。

学术活动 1985年,该学会协助中国图书馆学会和国家图书馆组织承办全国性学术会议“《中图法》第三版修订研讨会”。1986年5月,与铜陵有色科技情报站联合承办国际科工委图书情报系统学术研讨会,来自全国各地的情报专家50余人出席会议,共同研讨图书馆界、情报界如何开展情报信息服务工作。1992年12月28日—1993年1月5日,协助中国图书馆学会建筑与设备研究小组召开“全国中小型图书馆建筑与设计研讨会”,来自全国十二个省、直辖市的23名专家、学者参加研讨会,会议对铜陵市图书馆新馆进行评估,对全国中小型馆建筑设计进行研讨。1996年,承办“南京经济协作区十八地市图书馆协作会”。1998—2002年,多次参加中国图书馆学会和省图书馆学会学术研讨会,以及国家文化部举办的“第三届海峡两岸公共图书馆基础设施建设学术研讨会”,四年来有30多篇论文在省级以上刊物发表,有的论文还获得国家级奖项。

宿州图书情报学会 宿州图书情报学会成立于1995年,由宿县地区文化局纪检书记担任理事长,市委党校副校长、宿州学院图书馆馆长、市委党校图书馆馆长等担任副理事长,埇桥区图书馆馆长担任秘书长,宿州市委党校图书馆任副秘书长。成员单位有:宿州学院图书馆、市委党校图书馆、宿州一中、二中、三中等中学图书室、宿州一小图书室、宿州监狱工会图书室、埇桥区图书馆、宿州职业技术学院图书馆、宿州卫校图书馆、宿州逸夫师范学校图书馆等。

第二章 教育培训

第一节 学历教育

1979年,安徽省文物局与安徽大学合作,率先开设两年制图书馆学大专班。此后安徽省图书馆、安徽省图书馆学会、安徽大学、安徽广播电视大学、合肥联合大学、合肥教育学院、中国科技大学、安徽省文化干校等机构,通过自主、联合办学,以全日制、脱产与半脱产、函授等教学模式,先后举办图书馆学中专、大专、本科和研究生教育,为安徽省图书馆事业培养大批不同层次的专业技术人才,有力地改变了安徽省图书馆事业进程中人才匮乏的局面。

安徽大学图书馆学系 安徽大学图书馆学系的源头可以追溯至1979年的进修班,已经有30余年的发展历程。30年来,该系先后办过图书馆学专业、图书发行专业、信息管理专业。从干部进修班,到专科、本科、硕士生教育,共为国家和社会培养了1000多名专业人才,在图书馆界特别是安徽图书馆界有一定的影响,为安徽图书馆事业的发展做出了较大的贡献。

图书馆学进修班 安徽大学图书馆学系的前身。党的十一届三中全会之后,随着改革开放的不断深入,我国的经济、文化、教育等事业的发展进入快车道,为尽快恢复"文化大革命"给图书馆事业带来的损失,文化部委托教育部在各省综合性大学培养图书馆学专业人才。1979年,经省委宣传部同意,由安徽省文物局与安徽大学联合开设两年制图书馆学大专班,组织筹备、业务教学由省图书馆和安徽大学图书馆共同负责。1979年9月—1983年7月,大专班共办两期。学员来自安徽省各系统图书馆,通过选拔考试,成绩合格者录取进校脱产学习2年,学习结束后回到原单位工作。两届大专班共有89名学员参加系统学习,顺利完成学业,取得大专文凭,填补了安徽省图书馆学教育的空白。

图书馆学专科教育 在连续举办两届进修班的基础上,经教育部批准,安徽大学于1982年正式开设图书馆学专业,学制两年。学生从应届高考学生中录取,连续招收三届,共培养学生102人。后来又曾于1990年、1992年、1995年、1996年开办过四届专科班,其中1996级为委培大专班。所开设的专业课主要有图书馆管理、信息管理学论、应用写作、图书分类学、文献编目、目录学、科技文献检索等。

图书馆学本科教育 1985年,图书馆学专业由两年制专科改为四年制本科,单独建系。1998年9月，安徽大学实行学院制，图书馆学系并入管理学院，所属图书发行专业并入新闻传播学院。本科教育是高等院校教育的重点，在教学管理、教学计划和师资配备上都有严格的要求。参照国家教委颁布《普通高等学校本科专业目录和专业简介》、本科专业《基本培养规格和教学基本要求》及《安徽大学关于制定、修订教学计划的意见》，结合当年招生专业实际情况制定、修订教学计划。本科专业总学时2400—3200，两年制专科专业总学时1500—1800，三年制专科专业总学时1800—2400，本科专业选修课一般要求占总学时15%，专科专业选修课一般要求占总学时6%。课程类别一般以公共课、专业基础课、专业课、选修课为序，各类课程按其主次地位、逻辑关系、时间安排依序填写。1985—2007年，安徽大学共招收20届本科生，毕业人数887人。

图书馆学研究生教育　安徽大学图书馆学系于2006年获准申报硕士生教育点并得到批准。2007年开始招生，首届招收10名硕士研究生，学制3年，研究方向有图书馆理论与方法、信息资源开发与利用 、图书馆管理、数字图书馆等。

中国科技大学科技管理与科技情报系　1986年，中国科技大学科技管理与科技情报系，从该校三年级学生中招收科技情报专业学生，进行为期两年的科技情报专业知识学习，每期招生37名，共招两期。中国科技大学科技管理与科技情报系为培养高层次的图书情报专业人才迈出了新的一步，毕业生受到科技情报部门等用人单位的普遍欢迎。

合肥联合大学管理工程系　合肥联合大学管理工程系于1981年设立图书情报学专业，招收图书情报学专业本科生，共招收两届，培养70余名图书情报专业人员。

武汉大学、北京大学函授站　自1982年起，安徽省图书馆学会与省图书馆接受武汉大学、北京大学委托，承办武汉大学成人教育学院合肥函授站和北京大学成人教育学院合肥函授站。函授站开设图书馆学专业高中起点的函授专科和大专起点的函授本科，学制三年。函授专科面向社会招收具有高中毕业文化程度或同等学力者，培养掌握图书馆学基本理论、基本知识和基本技能的专业人员。函授本科招收具有专科毕业资格、从事图书情报工作的在职人员，培养具有全面专业理论知识、熟练掌握业务技能和管理能力的图书馆学、情报学专业人员。两个函授站的教学管理由安徽省图书馆学会与省图书馆承担，专业课教学由北京大学、武汉大学图书馆学系承担，辅导课及公共课的教学由安徽省图书馆学会与省图书馆在合肥地区高校聘请相关专业老师承担。全省共有400余名学员先后在函授站接受系统学习，取得专科或本科证书。具体情况：1982—2005年，北京大学函授站共招收图书馆学本科生5届、专科生2届，计算机信息管理专科生2届。1982—1992年，武汉大学函授站共招收图书馆学本科生4届，专科生1届。

安徽广播电视大学　1985年，中央广播电视大学在全国各省、市、自治区普遍开设图书馆学专业。1985年9月1日，安徽广播电视大学及所属分校与省图书馆合办了“汉语言”和“图书馆专业班”，共招收学员95人，学制3年。截至1994年，共有535名学员在安徽广播电视大学完成学业，获得图书馆学专科毕业证书。1988—1991年，在安徽省文化厅、教育厅的支持下,省图书馆承办一期电大图书馆学教学班, 30 名学员参加学习并取得专科毕业证书。

其他教育机构 1985 年,安徽省图书馆学会与合肥教育学院联合举办图书馆学专科班,在职干部需参加安徽省成人高考统一考试,成绩合格者脱产学习两年。共办两期,招收学员 56 名。合肥教育学院负责生活管理和公共课教学,省学会承担专业课教学及管理。同年,安徽大学图书馆与该校附中联合举办图书馆学中专班,从全省各系统图书馆在职人员中招收初中毕业生 48 名,学制 3 年。1987—1989 年,安徽省图书馆学会分别与安徽省文化干校、合肥市第十三中学联合开办图书情报中专班,经全省成人中专统考录取,学制两年半。其中文化干校中专班 46 人,合肥市十三中中专班 50 人。

第二节 职业培训

安徽省各系统图书馆职业教育培训工作主要由省图书馆、省图书馆学会、省中心图书馆委员会及安徽大学高校图工委承担。20 世纪 80—90 年代,安徽省公共图书馆充分发挥社会教育职能,通过举办业余学校、基础业务培训、专题培训、馆长培训、“以考代评” 培训、古汉语辅导培训等职业教育活动,为安徽省图书馆事业发展培养大批专业人才。

安徽省图书馆学会与省图书馆 安徽省图书馆作为国家举办的公益性社会文化信息服务机构,一直承担着全省图书馆学学术研究与交流、事业发展、人才培训等工作。安徽省公共图书馆职业教育培训工作于 20 世纪 60 年代起步,有规模的继续教育培训则始于 20 世纪 80 年代。根据全省图书馆事业发展需要,省图书馆、省图书馆学会、省中心图书馆委员会举办不同类型、不同层次的系列培训,主要形式有长训班、短期班、报告会、参观考察、协助办学等,对全省公共、科研、厂矿企业、高等院校、中小学等各级各类图书馆工作者开展大规模、有计划的职业教育培训。省图书馆自 20 世纪 60 年代起,先后与合肥、蚌埠、淮南、淮北、铜陵、宿县和马鞍山等地市图书馆联合举办为期一年的培训班,受训人数 510 余人。1986—2008 年期间,省图书馆举办各类培训班、辅导班 70 多期, 5000 多人参加培训。

业余学校 1931 年和 1933 年,安徽省教育厅让省立第一中等职业学校代办两期图书馆专修班,结业 40 多人,分配到公私立学校及县级图书馆工作。

1960 年 4 月 20 日,经省委宣传部批准,合肥地区图书馆干部业余进修学校开学,校址设在省直机关业余大学,由合肥地区图书馆协会筹办管理,省图书馆负责具体教学。

1981 年 9 月 14 日,安徽省中心图书馆委员会举办的图书情报进修班开学,学员 35 人,时间半年。

专题培训班 1985 年 9 月 1—10 日,省图书馆在歙县举办“文献著录标准化培训班”,安徽省各系统图书馆以及福建、浙江等省有关单位共 104 人参加培训。1989 年 10

月10—22日，省图书馆在黄山市屯溪区图书馆举办“期刊管理讲习班”，讲习班邀请上海图书馆副馆长、研究馆员吴龙涛授课，参加学习的有来自全省公共、高校、科研三大系统图书馆以及江苏、江西部分图书馆从事期刊工作的同志共计60多人。期刊管理讲习班结束后，省图书馆邀请吴龙涛来肥就“文献著录标准化和图书馆自动化”问题作专题学术讲座。

1991年，省图书馆举办《中国图书馆图书分类法》（第3版）讲习班，来自全省各系统图书馆（室）工作人员100多人参加学习培训。1999年，省图书馆被安徽省教委、省文化厅、省人事厅确定为计算机应用能力培训基地，省图书馆与合肥智圣计算机技术有限公司进一步合作，将省图书馆作为微软授权培训中心。

2000年6月12—22日，省图书馆学会与省中专图书馆协会联合举办“省中专图书馆计算机管理培训班”，来自全省中专系统图书馆的30余名管理人员参加了培训班学习。授课内容为《中图法》第4版使用说明、中国机读目录格式说明、计算机网络化知识、图书馆自动化应用软件的使用说明与维护等4门课程。同年6月，安徽省图书馆学会举办“21世纪图书情报与知识经济研讨班”，特邀东南大学图书馆馆长计国君博士，安徽大学管理学院谢阳群博士为全省各系统图书馆馆长及专业人员授课，80多人参加了该次研讨会。

2001年，省图书馆先后与国家图书馆培训中心、国家数字图书馆、安徽省高校图书馆工作委员会联合举办“网络环境下的参考咨询工作”“2001年度现代化管理高级研讨班”“全国高校系统专业技术人员继续教育培训班”等9期培训班，参加培训人员达492人。

2002年7月12—18日，安徽省图书馆学会、省图书馆联合举办“全省图书馆计算机网络化管理”培训班，来自全省各类型图书馆的工作人员70余人参加学习。

2004年3月8—12日，安徽省图书馆学会、省图书馆联合举办“安徽省图书馆评估工作培训班”，50余名来自全省各市、县文化局及图书馆的领导同志、业务骨干参加为期4天的培训。

基础业务培训　1973年10—12月，省图书馆连续举办2期《中国图书馆图书分类法》培训班，市、县图书馆90多人参加学习。1995年12月，省图书馆与省图书馆学会联合举办为期两周的图书馆业务培训班，来自全省公共、高校、科研、厂矿等系统图书馆共60余人参加学习。

1996年9月10—22日，省图书馆举办图书馆业务培训，来自全省公共、科研、厂矿、中等专业学校图书馆50余人参加学习，并邀请省馆出席1996北京国际图联大会的代表金雪梅介绍大会盛况。

1997年10月6—18日，省图书馆举办图书馆业务培训班，来自全省公共、科研、厂矿、学校图书馆（室）50余人参加学习。

1998年10月7—16日，省图书馆学会与省图书馆联合举办全省98图书馆学继续教育培训班,来自全省公共、科研、厂矿、学校图书馆(室)专业人员共60余人参加学习。

2006年9月18—22日,省图书馆学会与中国图书馆学会在黄山市屯溪区联合举办《中国分类主题词表》(第2版及其电子版手册)应用培训班,来自全国及省内各系统图书馆从事分类与主题标引、检索系统开发等相关专业人员近30人参加培训。

馆长培训　1979年9月3—26日,受省文物局委托,省图书馆举办第一期全省市县图书馆馆长培训班,58位馆长参加学习。1981年11月5日—12月1日,省图书馆举办了第二期全省市县图书馆馆长培训班。

1999年6月16—20日,省图书馆与安徽省图书馆学会联合举办全省公共图书馆馆长业务研讨培训班,来自全省公共图书馆的43位馆长参加培训。沈阳东大阿派软件股份有限公司工程师薛松主讲辽宁省图书馆向数字化图书馆发展的现状,上海图书馆副馆长、上海图书馆学会秘书长吴建中博士作"关于《21世纪图书馆新论》"的学术报告,中国科技大学图书馆黎难秋教授作关于《未来图书馆信息工作预测》的报告。

2005年9月14—16日,由中国图书馆学会主办、省图书馆承办的"第九届全国图书馆馆长联席会议"在安徽黄山召开。来自全国各省、自治区、直辖市、较大城市图书馆馆长及代表60余人参加会议。联席会的主题为"图书馆改革的理论与实践",分主题为"图书馆在推进城市文化建设中的作用""图书馆管理体制创新"等,会议共收到论文20篇,内容涉及文化体制改革与创新、深化劳动人事制度政府支持与图书馆发展能力、图书馆的公益性与有偿服务、图书馆在推进城市文化建设中的作用等。

2008年7月10—14日,由中国图书馆学会、国家图书馆、安徽省文化厅主办,安徽图书馆与安徽省图书馆学会承办的中国图书馆学会志愿者行动—安徽省公共图书馆馆长培训班在安徽合肥举办。来自全省82所公共图书馆的91名馆长及合肥地区公共、高校、科研院所等单位的业务骨干共300余人参加该次培训。这是安徽省图书馆系统有史以来层次最高、规模最大、最为系统、全面的培训活动。开设了"公共文化服务体系建设中的基层图书馆""基层图书馆馆长实务""基层图书馆的资源建设与服务""基层图书馆的自动化网络化与共享工程""基层图书馆的宣传推介""《公共图书馆宣言》与现代图书馆理念"等六门课程,充分体现了基层图书馆工作的重点、热点和难点问题,更加符合基层图书馆的发展现状和工作实际。

2008年7月28—31日,全国图书馆联合编目中心、省图书馆、省图书馆学会在黄山市联合举办"中文图书书目数据上传资格培训班",全国各系统各类型图书馆的相关业务人员近90人参加培训。

2010年8月9—11日,由中华人民共和国文化部、美国博物馆及图书馆服务机构(署)主办,中国图书馆学会、省图书馆、安徽省图书馆学会、美国伊力诺依大学厄本那—香槟校区图书馆、美国华人图书馆员协会共同承办的"中美图书馆员专业交流项目·安徽省公共图书馆馆长高级研修班"在省图书馆报告厅举办。该次研修班是中美两国政府于2007年6月11日签署的《2007年至2009年中美文化交流执行协议》的重要组成部分,是中美两国图书馆界的首个政府级合作项目。经过三天的培训，6位美国图书馆界专家进行了以下10个专题的演讲:《美国图书馆的管理体制与运营机制》《美国公共图书馆的评估》《塑造21世纪的新型学术图书馆》《绩效评估得失谈——以美国某大学为例》《美国图书馆的法律,政策和策略计划》《美国公共图书馆概述》《公共关系及其社会价值对公立图书馆的影响》《公共图书馆服务及藏书》《图书馆联盟、图书馆行业组织与资源共享》《美国图书馆信息学教育》等。课程安排内容丰富、务实、针对性强,使大家对美国图书馆的法律法规、战略规划、管理与运营、藏书与服务、绩效与评估、职业资格、新型图书馆塑造、公共关系与价值彰显、图书馆行业组织、图书馆学教育等方面有了较多的了解和认识。研修班的成功举办为广大安徽省图书馆从业人员提供了学习美国先进经验的专业平台,同时也向美国图书馆专家和管理人员展示了中国图书馆行业近年来的发展现状和取得的成就。

“以考代评”培训　2002年,安徽省人事厅、文化厅经研究决定,启动全省图书资料专业人员初、中级专业技术资格以考代评工作,并委托省图书馆负责“以考代评”教材的编写及培训实施工作,这是安徽省图书资料系列职称评定方面的一项重大改革。省图书馆为此成立“全省图书资料初、中级专业技术资格以考代评培训教材”编委会,组织编写出版以考代评系列教材《文献分类与编目》《文献信息检索》《图书馆工作概论》并于同年出版。该套教材的修订版《信息组织》《信息检索》《图书馆工作概论》于2007年1月出版。

2002年10月14—20日,在合肥举办安徽省图书情报专业初、中级资格“以考代评”培训班,来自全省各类型图书馆(室)的工作人员200多人参加培训班学习。截至2010年,省图书馆共举办“以考代评”培训班9期,受训人数1000余人。

为配合省人事厅职称语言类考试工作的开展,满足合肥地区参加全省古汉语职称考试人员的需求,安徽省图书馆学会自2002年起,每年举办一期“古代汉职称考试(中、高级)辅导班”。截至2010年,辅导班已举办9期,培训效果显著,考试通过率达95%以上。

继续教育培训　1999年,安徽省人事厅、省文化厅将全省图书资料专业技术人员继续教育培训工作试点设在省图书馆。1999—2001年,安徽省图书馆共举办各种类型培训班24期,培训专业技术人员达2000人次,参加培训的学员遍布全省公共、高校、科研院所、中等专业学校、中小校等各类型图书馆,取得良好的社会效益,也积累了一定的图书馆学继续教育培训的经验。2001年,安徽省图书资料与情报管理专业技术人员继续教育基地成立后,省图书馆先后与中国图书馆学会、国家图书馆培训中心、安徽省高校图工委、安徽大学管理学院、安徽省中专图书馆协会、安徽省教委等单位联合办学。截至2010年,继续教育培训基地已成功举办图书馆基础培训和专题培训50多期,受训人员达2000余人次。其中较有影响的培训有:“全省图书情报计算机网络化管理培训班”“安徽省公共图书馆评估工作培训班”“网络环境下的参考咨询工作”“21世纪现代化管理高级研讨班”、图书资料专业职称资格“以考代评”培训班、“2008中国图书馆学会志愿者行动——安徽省公共图书馆馆长培训班”等。此外，为扶持基层图书馆继续教育工作的开展，基地还先后与芜湖市图书馆、马鞍山图书馆、蚌埠市图书馆、淮南市图书馆、六安市金安区图书馆联合举办继续教育培训班，给予师资支持和学员继续教育学时认证等。省图书馆专业技术人员继续教育培训基地因管理规范、培训效果显著，于2006年8月被省人事厅评为“安徽省‘十五’人事培训工作先进集体”，受到表彰。

市级图书馆及其学会

合肥市图书馆　2007年，通过合肥市人事局认定，合肥市图书馆为合肥市级专业技术人员继续教育基地，并且扩展承担群文、图书、艺术、文博、电影放映以及计算机等专业技术人员的培训。1997—2010年间，该学会举办各类培训班十余期。

蚌埠市图书馆学会　该学会坚持“普及与提高”相结合原则，适时举办各种形式的培训班，该学会还与省图书馆学会联合举办两次为期一周的图书馆员继续教育培训班，并邀请省内有影响的图书馆界知名人士授课。先后成功举办10余期图书资料专业技术人员继续教育培训班。

安庆市图书馆　该馆举办图书资料专业技术人员继续教育培训班8期，共培训学员500多人次；举办各类专业培训班20多期，培训学员达700多人次。

淮南市图书馆学会　1999年11月，淮南市图书馆学会在全省地级市图书馆中率先举办“图书馆继续教育培训班”，后在省图书馆的支持下，每年举办一期图书馆继续教育培训班，使该地区基层图书馆工作人员的业务水平普遍得到提高。

铜陵市图书馆学会　1996—1997年，铜陵市图书馆学会举办三期“业务上岗培训班”，对新会员和基层馆工作人员进行上岗培训，共培训人员187人。1998年，举办一期“期刊管理培训班”，学员62人。1999年，举办一期“业务上岗培训班”，学员20多人。2001年10月，承办“全市图书资料专业人员继续教育培训班”。2002—2004年，举办培训班多期，培训学员161人。2005—2007年，举办继续教育和业务培训班8期，培训人员432人次。

安徽省高校图工委

干部职称培训　1982—1986年，高校图工委举办多次各类培训班，受训人员达800多人。例如，1982年8月14日，安徽大学图书馆学举办的“高校图书馆工作人员暑期讲习班”，举办结业典礼，164名学员结业。根据安徽省教委[1987]第08号文件要求，1987年对不具备规定学历的同志进行专业培训。1987年2月4日，安徽省高校图工委举办的“高校图书馆业务学习辅导班”开学，培训不具备职称相应学历的图书馆在职人员。

专业干部培训　1991年8月2—8日，安徽省高校图工委在江西庐山举办高校图书馆部主任培训班，特邀中共十三大代表、全国劳模、庐山图书馆馆长徐效钢作专题报告，并聘请省内外专家作专题讲座，来自全国10多个省市、50所高校图书馆的90多位同志参加培训。

干部进修　1985—1987年，国家教委委托安徽省高校图工委出面申报国家教育经费，教育部批拨33万元给安徽大学作为教育培训的基建费，由安徽大学主办两期全国高校图书馆专业干部进修班（大专以上非图书馆专业毕业生，一年制全脱产），为全国培养图书馆学专业人才100余人。

师资培训　1984年，根据教育部的要求，有条件的院校以图书馆为基地，开设《文献检索与利用》课程。来自全国12个省市自治区49所高校近100名学员参加培训，南京师范大学赵国璋副教授、北京大学朱天俊副教授和安徽师范大学图书馆副馆长刘尚恒应邀担任主讲。

继续教育培训　2001年，省高校图工委通过省人事厅考察评估，被认定为图书情报专业技术人员省级继续教育基地。依托该继续教育基地，截至2008年，举办高校图书专业技术人员继续教育培训班7期，共有676人次参加学习。2002—2007年，图工委继续教育基地聘请安徽省图书资料专业资深教师授课，共举办安徽省图书资料专业初、中级技术职称考试考前辅导班6期，共有527人参加学习。

2002年10月15—20日，安徽省高校图工委与国家图书馆联合编目中心合作，在安徽太平县举办了“电子资源著录规则、电子资源机读目录格式培训班”。学员经考试合格后，颁发上岗证书。

2006年4月，安徽省高校图工委与北京中科进出口公司、安徽大学图书馆合作，在安徽大学逸夫图书馆免费举办外文数据库培训班，相关高校图书馆从事采访、参考咨询工作的馆员参加学习。

2004年与2006年，为培养数字图书馆需要的高素质人才，省高校图工委与南京大学信息管理系联合举办两届“图书馆学专业硕士课程进修班”。全省67位图书馆员经考试被录取并修完课程。

第三章 学术研究与交流

第一节 学术研究

学术阵地

《学风》《学风》为安徽省立图书馆馆刊，民国19年（1930年）10月5日在省会安庆问世，创刊人陈东原。该刊年出1卷，每卷10期，民国26年（1937年）6月20日，出版第7卷第5期后，迫于日本侵略军炮火而停刊，共出版67期，单期发行量最高达2500册。其办刊宗旨是“整理中国文化，阐发安徽文献，培养民族意识，倡导良好学风”。《学风》承载了安徽省立图书馆对良好学风的追求，记录了陈东原先生在图书馆理论和实践领域的建树，展示了20世纪30年代安徽文化事业的诸多成就，刊登大量教育学、文史哲学、图书馆学研究成果，汇集众多表彰安徽前贤、褒扬忠烈、激发民族气节的著述。《学风》杂志从创刊到停刊的七年时间里，以广博的内容、朴实的学风和鲜明的特色在当时产生了很大的影响，成为30年代图书馆名刊，给我们留下一份宝贵的文化遗产和精神财富。

《皖报图书双周刊》 该刊是安徽省立图书馆于民国23年（1934年）借《皖报》副刊编印，每期6000字，随报发行2000份。内容为书报评价、扎记、随笔、阅读指导，新书选目。

《图书馆工作》 1978年3月，安徽省图书馆学会成立后，经研究决定创办会刊《图书馆工作》，同年报送省委宣传部、省出版局审核并获批准。《图书馆工作》（季刊）第1期于1979年3月正式出版，为安徽省内部资料，季末出版，全国发行，刊号为皖AHK-097，由安徽省中心图书馆委员会和安徽省图书馆学会联合编辑。《图书馆工作》自创刊以来，坚持正确的舆论导向，秉承改革创新的办刊思路，积极宣传党和政府的文化事业及图书馆事业方针政策，学术上贯彻执行“双百”方针，倡导学术民主，鼓励学术争鸣，内容上努力做到理论与实践的结合，学术性、思想性、知识性和实用性的结合，立足本省，面向全国，发表大量图书馆工作者有关图书馆学、信息学、文献学、版本学等基本理论与专业知识的论文，是安徽省图书馆界开展学术研究与交流，沟通信息、反映动态，提高广大会员和图书馆工作者专业水平的学习园地，对促进安徽省图书馆事业建设、推广工作经验、交流学术研究成果、培养学术队伍、活跃研究氛围等方面都起到了积极的推动作用。截至2010年底，《图书馆工作》已编辑出版130期，发表各类文章近

4000篇。

《大学图书情报学刊》　该刊创刊于1983年6月，原名《安徽高校图书馆》，1989年更名为《大学图书情报学刊》，1994年取得公开刊号，原为季刊，2005年改为双月刊。截至2010年底，共出版128期正刊，编发近3000篇文章，约1500余万字。该刊是安徽省教育厅主管、省高校图书情报工作委员会主办的学术性、专业性刊物。办刊宗旨是：坚持四项基本原则，坚持改革开放，宣传贯彻党和国家的教育方针和有关高校文献情报工作的方针、政策和法规，指导和促进安徽省高校文献情报工作的改革和发展，开展业务研讨，交流工作经验，进行专题理论研究和专业知识教育。该刊创刊不久，就被《全国报刊资料索引》《中国报刊大全》等国内权威检索刊物收录。2002年又被确认为中国期刊网上网期刊、中文科技期刊数据库原文收录期刊、中国学术期刊综合评价数据库来源期刊。2004年，又成为中国核心期刊（遴选）数据库收录期刊。

其他不定期刊物　1957年7月，安徽省图书馆试编《安徽省图书馆通讯》，免费发送安徽各市县图书馆学习参考。1973年，安徽省图书馆编印《图书馆与读者》，每期铅印（有时油印）1000份，免费发送安徽各市县图书馆学习参考。1978年《图书馆工作》创刊时停编。

学术成果

安徽省各系统图书馆工作者，在工作中积累知识，总结经验，撰写了大量的学术论文和专著，不断推动安徽省图书馆学科研水平向前发展，把图书馆学理论知识更好地运用到工作实践中去，取得了丰硕的成果。由于时间跨度较大，图书馆分散在全省各地，加之存档资料不全，现已很难全面真实地反映全省图书馆工作者的学术研究水平，本志仅将整理所得的部分学术成果列表呈现如下。

1933—2010年图书馆部分专业著作一览表

表6-3-1

书名	著者与著作方式	出版机构	出版时间
《安徽省立图书馆概况》	安徽省立图书馆编	安徽省立图书馆	1933
《安徽省立图书馆图书分类法》	安徽省立图书馆编	安徽省立图书馆	1935
《中国图书分类之沿革》	蒋元卿编	中华书局	1937
《安徽文献书目》	安徽省图书馆编	安徽人民出版社	1961
中国图书分类之沿革	蒋元卿编	中华书局	1983
《校雠学史》	蒋元卿著	黄山书社	1985
《常用文言词疑难义项速记手册》	胡家柱主编	安徽省图书馆	1987
《皖人书录》	蒋元卿著	黄山书社	1989
《中国图书馆馆长名录》	安徽省图书馆学会主编	南京大学出版社	1989
《安徽省图书馆改革十年》	胡家柱　程世宽主编	中国科学技术大学出版社	1990

续表 6-3-1

书名	著者与著作方式	出版机构	出版时间
《安徽省图书馆系统馆藏工具书书目总览》（上下册）	胡家柱　赵允若主编	南京大学出版社	1991–1993
《文摘学概论》	桑良至著	中国书籍出版社	1993
《包世臣全集》	李星点校	黄山书社	1993
《安徽历代书画篆刻家小传》	刘景龙　胡家柱主编	南京大学出版社	1993
《安徽历代著作家小传》	刘景龙　胡家柱主编	南京大学出版社	1993
《古代刻书与古籍版本》	卢贤中著	安徽大学出版社	1995
《庄子诠诂》	胡远濬　吴光龙点校	黄山书社	1996
《钝斋诗选》	唐根生　李永生	黄山书社	1996
《孟子讲义》	陈春秀点校	黄山书社出版	1999
《工具书导读》	周庆平编著	中国商业出版社	2001
《红楼梦图詠》三册	安徽省图书馆编	黄山书社	2001.11
《文献分类学》	吴昌合编著	安徽大学出版社	2002
《中国藏书文化》	桑良至著	中国财政经济出版社	2002
《图书馆工作概论》	周庆平编著	华龄出版社	2002
《文献分类与编目》	阚华等编著	中国社会出版社	2002.9
《文献信息检索》	张海政等编著	团结出版社	2002.9
《馆藏历史人物手札选》二册	安徽省图书馆编	西泠印社	2003.9
《安徽省馆藏皖人书目》	安徽省图书馆编	黄山书社	2003.11
《徽州名族志》二册	安徽省图书馆编	全国图书馆文献缩微复制中心	2003.12
《中国图书学》	卢贤中著	安徽大学出版社	2004
《连续出版物管理与利用》	张海政　阚华编著	国际炎黄文化出版社	2004
《现代图书馆学》	傅正著	安徽大学出版社	2005
《中国历代帝王翰墨选》三册	安徽省图书馆编	西泠印书社	2005.1
《知识信息服务管理》	桑良至编著	安徽大学出版社	2006
《当代图书情报学方法论研究》	张寒生著	合肥工业大学出版社	2006
《文献采访决策概要》	杨肥生著	中国科学技术大学出版社	2006
《清代徽人年谱合刊》	朱开忠　石梅点校	黄山书社	2006.4
《米芾书法精粹》三册	安徽省图书馆编	中华书局	2006.7
《歙纪》	陈春秀点校	黄山书社	2007
《徽州藏书文化》	薛贞芳著	安徽大学出版社	2007
《大学图书馆馆长研究》	张峰著	合肥工业大学出版社	2007
《图书馆知识管理》	刘贵勤著	安徽大学出版社	2007
《琼州府志》	李星点校	海南出版社	2007.1
《图书馆工作概论》	周庆平等编著	安徽科学技术出版社	2007.1
《信息组织》	阚华等编著		
《信息检索》	张海政等编著		

续表 6-3-1

书名	著者与著作方式	出版机构	出版时间
信息组织学	储节旺等编著	清华大学出版社	2007
《图书馆人力资源管理》	刘贵勤著	安徽大学出版社	2008
《包公故里遗踪》三册	安徽省图书馆编	中华书局	2008.1
《新安画派精品选》三册	安徽省图书馆编	中华书局	2008.10
《安徽省图书馆学会暨 < 图书馆工作 > 创刊 30 年纪念文集》	安徽省图书馆学会编	安徽省图书馆	2008.11
《图书馆管理与利用》	程应红编著	安徽大学出版社	2009.1
《图书馆参考咨询工作》	程应红编著	安徽大学出版社	2009.10
《安徽民间传统工艺礼赞》	许俊松编著	安徽大学出版社	2010.7
《安徽历史文化名城巡礼》	许俊松编著	安徽大学出版社	2010.6
《数字化工具书》	桑良至著	安徽大学出版社	2010

1986—2011 年图书馆部分科研项目一览表

表 6-3-2

项目名称	项目负责人	项目来源及编号	立项与结项时间	项目形式
国外信息资源管理研究新进展	谢阳群	国家社科基金项目 97CTQ00	1997–1999	论文
政府信息资源管理研究	谢阳群	国家社科基金项目 00BTQ006		系列论文
徽州村落文化	桑良至	安徽省教育厅人文社科项目 99TW0013		论文
21 世纪我国地方综合性大学图书馆学专业人才培养模式改革与实践研究	吴昌合	安徽省高等学校教学研究省级项目 教高 [1999]76 号		论文
《徽州藏书文化》	薛贞芳	安徽省社科规划项目 HSK01–02D012	2001–2002	著作
网络环境下图书馆电子出版物的管理与有效利用	林泽明	安徽省教育厅人文社科项目	2002–2003	论文
安徽省高校文献信息保障体系研究	许俊达	安徽省教育厅项目	2002–2003	论文
社区建设中的文献保障研究	傅　正	安徽省社科联项目 200330		系列论文
城市社区建设中的文献保障利用	傅　正	安徽省社科联项目	2003–2004	论文
面向公众素质的文献信息保障体系研究	张海政	安徽省社科联项目 2004015	2004–2005	论文
和谐社会的信息生态构建研究	张寒生	安徽省教育厅人文社科项目 2005sk212	2005–2006	论文
关于图书馆的审视与思考	傅　正	安徽省教育厅人文社科项目 2005sk032		论文
网络环境下图书馆心理学探究	李朝云	安徽省教育厅人文社科项目 2005sk033		系列论文
《池州府志》整理与研究（点校）	庄华峰	全国高校古委会	2006–2007	著作
《道一编》、《闲辟录》	张　健	全国高校古委会	2006–2007	著作
清咸丰年间徽州商人账薄研究	桑良至	安徽省社科联项目	2006–2007	论文

续表 6-3-2

项目名称	项目负责人	项目来源及编号	立项与结项时间	项目形式
安徽省高等职业院校图书馆文献资源建设研究	丁传奉	安徽省教育厅科研课题	2006–2007	论文
和谐社会的信息生态构建研究	张寒生	安徽省教育厅人文社科项目 2007sk317	2007–2008	论文
政府网站与政府效能建设的长效机制	张海政	安徽省社科联项目 A2007018	2007–2008	论文
大众深层阅读现状及改善对策之探讨	陈　瑛	安徽省社科联项目 B2007012	2007–2008	论文
数字图书馆评价的指标体系与模型方法研究	王居平	安徽省教育厅人文社科研究项目 2007sk049zd	2007–2008	系列论文
关于安徽古籍存藏与保护情况的调查	朱开忠	安徽省社科联项目 A2008019		论文
基于博客（blog）技术的信息检索课网络教学平台	张峰	安徽省 2007 年度高等学校省级教学研究项目	2007–2008	论文
公共文化服务体系中的信息资源配置研究	王建涛	安徽省社科联项目 B2008011		论文
基于链接分析的网络科技论文学术影响评价研究	沈小玲	国家社会科学基金项目 09BTQ019	2009–2010	论文
安徽省农村弱势群体信息共享障碍研究	刘丽	安徽省社科联项目 A2009029	2009–2010	论文
徽商公共关系的特色	桑良至	安徽省社科联项目 B2009010	2009–2010	论文
安徽农村公共文化体系中的县级公共图书馆发展研究	易向军	A2010025	2010–2011	论文
安徽古籍保护的问题与对策研究	朱开忠	A2010026	2010–2011	论文
图书馆信息资源共享中的知识产权保护	徐岚	B2010015	2010–2011	论文
关于建立阜阳市农家书屋长效机制的调查研究	时菁	B2010016	2010–2011	论文
低碳背景下高校图书馆建设研究	刘娜	B2010017	2010–2011	论文
我省日常生活纬度的图书馆文化建设研究	刘荣清	B2010018	2010–2011	论文
安徽省高校图书馆信息公平培养大学生信息素质的研究	曹红院	B2010019	2010–2011	论文
安徽省古籍整理编目人员队伍现状的调查与分析	石梅	B2010020	2010–2011	论文

1985—2010 年图书馆部分获奖成果一览表

表 6-3-3

成果名称	作者	获奖名称	成果形式
《皖人书录》	蒋元卿	安徽省第一届社会科学优秀成果三等奖	著作
《安徽省馆藏皖人书目》	安徽省图书馆	2001–2004 年安徽省社会科学艺术奖三等奖	著作
《图书馆工作概论》	周庆平等	第 21 届华东地区科技出版社优秀科技图书二等奖（安徽省图书馆资料系列培训教材）	著作
《信息组织》	阚华等		
《信息检索》	张海政等		

续表 6-3-3

成果名称	作者	获奖名称	成果形式
艰难困苦 玉汝于成——安徽公共图书馆事业四十年	梁垣祥 冯先元 朱　铮	文化部图书馆司等举办“新中国公共图书馆事业四十周年”优秀征文奖	论文
图书文献揭示深化讼	谢德雄	安徽省自然科学优秀学术论文（1994–1996）二等奖	论文
关于我国图书馆事业深化改革的几点建议	梁垣祥 胡家柱	安徽省自然科学优秀学术论文（1994–1996）三等奖	论文
把高校图书馆纳入法制化管理的若干思考	龚怡萱	安徽省自然科学优秀学术论文（1994–1996）三等奖	论文
不应将图书馆推向市场——兼论高校图书馆的创收	史学彬	安徽省自然科学优秀学术论文（1994–1996）三等奖	论文
我国高校图书馆科技查新工作的发展对策及其前景展望	陆和健	安徽省自然科学优秀学术论文（1994–1996）三等奖	论文
美国图书情报教育管理体制初探	谢阳群	安徽省自然科学优秀学术论文（1994–1996）三等奖	论文
多媒体计算机与图书馆自动化	范　青	安徽省自然科学优秀学术论文（1994–1996）三等奖	论文
《当代图书情报学方法论研究》	张寒生	铜陵市人民政府 2004–2006 年社会科学优秀成果一等奖	著作
少儿读者需求调查分析	刘丽莎	安徽省第三届社会科学优秀成果三等奖、中国图书馆学会第二届图书馆学情报学学术成果 二等奖	论文
网络环境下图书馆服务理论与策略	刘丽莎	华东地区图书馆学会 2002 年会二等奖	论文
少儿读者需求的特点——对中国安徽省安庆市少儿读者的调查	刘丽莎	第 62 届国际图联大会“儿童图书馆论坛”第一发言论文 中图学会第二届图书馆学情报学学术成果二奖论	论文
中美两国图书馆人事管理之比较	方　波	华东地区图书馆学术年会 三等奖	论文
徽州刻书研究述略	郑　玲	中图学会第二届图书馆学情报学学术成果 三等奖	论文
导入现代管理念创建学习型图书馆	张海政	2003 年华东地区学术年会论文一等奖	论文
尴尬的图书馆图书馆的尴尬	吴建国	中图学会首届“百县馆长论坛”征文一等奖	论文
增强农民信息意识的途径和实践——五河县图书馆强化农民信息意识的几点做法	胡晓丽	中图学会首届“百县馆长论坛”征文 一等奖	论文
从电子期刊的发展趋势谈我国数字化期刊群的建设	张寒生	铜陵市人民政府 2001–2003 年社会科学优秀成果二等奖；安徽省高校图工委一等奖	论文
CAJ—CD 及其对期刊工作的影响	张寒生	安徽省高校图书情报工作委员会一等奖	论文
关于期刊工作现代化问题的认识	张寒生	安徽省高校图书情报工作委员会 一等奖	论文
高校图书馆特色数据库建设刍议	王伟赟	铜陵市人民政府 2004–2006 年社会科学优秀成果三等奖	论文
数字图书馆与读者服务——结合“公共图书馆宣言”研究	桑良至	安徽省第四届自然科学优秀学术论文三等奖	论文
电子期刊的管理	桑良至	中国图书馆学会 2000 年学术年会征文优秀征文	论文

续表 6-3-3

成果名称	作者	获奖名称	成果形式
文献学研究	桑良至	安徽省高等学校人文社会科学研究优秀成果二等奖	论文
图书馆学基础理论的基石	桑良至	2007 年中国图书馆学会年会征文一等奖	论文
INTERNET 与信息资源	桑良至	安徽大学 2001 年校级教学成果三等奖	论文
中小学图书馆建设要分层次	桑良至	光明日报教育部、福建教育出版社“中小学图书馆建设工作笔谈征文”二等奖	论文
变革时期的中国图书馆事业	傅 正	安徽省第三届自然科学优秀学术论文二等奖	论文
《明清史学史》	傅 正	2001 ~ 2004 年安徽省社会科学文学艺术奖三等奖	著作
信息素质教育教材建设刍议	傅 正	中国图书馆学会 2006 年年会征文二等奖	论文
安徽省高等学校文献信息保障系统的继续建设	傅 正	2008 年中国图书馆学会优秀论文三等奖	论文
古籍调包事件引发的图书馆危机管理思考	张海政	2010 年中国图书馆学会年会征文一等奖	论文
我国图书馆学情报学教育中存在的问题与对策	李朝云	1998 ~ 1999 年度全国地方综合性大学图书馆优秀科研成果二等奖	论文
信息素养教育教材建设刍议	李朝云	中国图书馆学会 2006 年会征文二等奖	论文
安徽省高校文献信息系统的理论与实践	许俊达	安徽省教育厅省级教学成果奖一等奖	论文
古籍调包事件引发的图书馆危机管理思考	张海政	2009–2010 年度安徽省社会科学界联合会优秀成果奖	论文
一部颇具特色的图书馆学理论著作——简评《电脑管理图书馆学》	史学彬	安徽省第四届自然科学优秀学术论文三等奖	论文
政府网站建设与政府效能的长效机制——兼论我省政府网站建设的现状、问题与对策建议	张海政 金雪梅	安徽省第六届自然科学优秀学术论文（2006 ~ 2008）二等奖	论文
关于控制《中图法》类目体系深度的分析	周红雁	安徽省第六届自然科学优秀学术论文（2006 ~ 2008）三等奖	论文
书次号新论	吴昌合	安徽省高等学校人文社会科学研究优秀成果一等奖	论文
加入 WTO 后我国高校科技外刊永久性资源面临的冲击和对策	王晓莉	中国科学技术学会 网络环境下信息资源共建共享学术研讨会优秀论文三等奖	论文
基于信息抽取的数字化图书馆半格式化资源整合	陈超等	《图书情报工作》杂志社、中国图书馆学会专业委员会 学术研讨会二等奖	论文
浅谈网络资源在参考服务中的应用	赵光林	2004 年华东地区图书馆学会年会一等奖	论文
试论图书馆核心竞争力的构建	周国华 费业昆	2004 年华东地区图书馆学会年会二等奖	论文
读者与图书馆的可持续发展	伍昭泉	2002 年华东地区图书馆学会年会一等奖	论文
开放存取影响下的图书馆	何 燕	安徽省高校图工委 第十届期刊工作会议一等奖	论文
西文期刊编目探讨	赵光林	安徽省高校图工委第八届期刊工作研讨会一等奖	论文

续表 6-3-3

成果名称	作者	获奖名称	成果形式
网络数据库中电子期刊的著录要点探析	赵光林	安徽省高校图工委 第九届期刊学术研讨会征文评选一等奖	论文
论传统“和谐”思想对图书馆建设的现代启示	陈 刚	安徽省图书馆学会 2007 年年会征文一等奖	论文
图书馆与书香社会	董 京	安徽省图书馆学会 2008 年会征文一等奖	论文
Web2.0 在高校图书馆服务创新中的应用——基于学科馆员的视角	杨 波	安徽省图书馆学会 2008 年会征文一等奖	论文
公共图书馆发展与社区图书馆建设——社区图书馆在现代化城市建设中的发展及角色定位	夏 睿	安徽省图书馆学会 2008 年会征文一等奖	论文
试从心理角度探讨图书馆员的压力及其调适	刘贵勤	安徽省图书馆学会 2008 年会征文一等奖	论文
图书馆服务质量标准研究——基于安徽省高校图书馆服务质量评价因子分析	张瑜	安徽省图书馆学会 2009 年会征文一等奖	论文
数字参考咨询服务评价研究	叶丹	安徽省图书馆学会 2009 年会征文一等奖	论文
学习实践科学发展观 实现图书馆事业又好又快发展	房朝辉	安徽省图书馆学会 2009 年会征文一等奖	论文
基于 IDE-SECI 模型的图书馆知识创造和转化	江树青	安徽省图书馆学会 2010 年会征文一等奖	论文
合作数字参考咨询理论与实践探析	任勇	安徽省图书馆学会 2010 年会征文一等奖	论文
推动安徽农村阅读文化可持续发展的几点思考——以合肥地区农家书屋发展状况调查为例	夏沈陵	安徽省图书馆学会 2010 年会征文一等奖	论文
论新修家谱的价值及弊端	张秀玉	安徽省图书馆学会 2010 年会征文一等奖	论文
浅析基于 3G 的图书馆信息服务模式	翁畅平	安徽省图书馆学会 2010 年会征文一等奖	论文
留守儿童上网状况调查及图书馆应对措施探析	李海育	安徽省图书馆学会 2010 年会征文一等奖	论文

第二节　学术交流

安徽省图书馆学会通过组织省内图书馆工作者参加国际图联（IFLA）大会、美国图书馆协会年会（ALA）、中国图书馆学会年会、百县馆长论坛、青年论坛及华东地区图书馆学会年会、省学会年会、课题研究与学术成果评奖、公共图书馆馆长联席会等学术交流考察活动,加强与国内外同行的交流与合作,向业界展示安徽省各系统图书馆事业的发展状况。

国内交流

公共图书馆　1965 年 8 月,安徽省文化局召开“全省市、县图书馆工作座谈会”,讨论面向农村问题，27 所图书馆派代表出席。

1973年6月,安徽省图书馆在合肥组织召开了全省图书馆工作会议。参加会议的有各地、市文化(教)局的同志和各市、县图书馆(室)负责人和部分基础图书室的代表共121人。

1977年10月下旬,省图书馆召开在淮南大通矿召开了部分市县图书馆工作座谈会,参加会议30多人。会议期间还组织参观了矿井和“万人坑”,使与会人员受到了一次深刻的教育。

1979年12月22日,滁县行署文化局召开全区图书馆工作会议,7位县图书馆馆长出席,省图书馆亦派员参加。会议讨论全区图书馆事业建设问题。

1981年10月,阜阳行署文化局在涡阳县图书馆召开“全区图书馆工作现场会”,馆长王澄波介绍经验。

1982年12月28日,铜陵市图书馆举办“如何使用图书馆”专题讲座。

1983年9月1日,省图书馆在黄山承办华东地区省级图书馆协作会议。

1984年6月,安徽省文化厅在肥召开“图书馆改革”讨论会,40所市、县图书馆派代表出席。

1986年9月21—24日,安徽省文化厅在太湖县召开“全省公共图书馆工作会议”,各地、市文化局、各级公共图书馆和专业户代表140人出席。文化部张一千、赵兴和省委宣传部代表应邀到会。太湖县图书馆馆长詹君美在会上介绍为专业户建档服务经验。太湖县太平乡在卜五、神岭乡毕武多位专业户在会上作典型发言。

1986年12月7日,省图书馆在蚌埠市图书馆召开市(包括县级市)级图书馆业务辅导工作座谈会,32人出席。

1990年3月28—30日,安徽省公共图书馆为农村读者服务经验交流暨学术研讨会在阜阳召开,出席会议的有各级公共图书馆、高校图书馆、论文作者、阜阳县农民图书协会成员以及阜阳地、市、县的有关负责同志共100余人,会议收到论文40余篇。

图书馆学会　1983年,省图书馆学会在安庆市召开的青年图书馆工作者学术讨论会。

1985年11月24—25日,安徽省图书馆学会在肥召开“开架服务学术座谈会“公共、高校、科研图书馆40人出席,省馆、马鞍山市馆、工大图书馆分别介绍开架服务经验,会后到工大图书馆参观开架现场。

1986年6月10日,省图书馆学会召开《英美编目条例(新版)》座谈会,省图书馆及合肥地区公共、教育、科研等系统图书馆从事编目工作30余位同志参会。同年12月28日,省图学会首次信息交流会在中国科技大学图书馆举办,合肥地区各系统各类型图书馆会员代表160多人出席会议。

1987年10月,由省图学会首次承办的华东六省一市图书馆学会协作会在绩溪召开,会议主题为“图书馆事业的发展战略”,各地代表70余人出席会议,收到论文和论文题录300篇。

1986年12月24日，合肥市教育局、合肥市图书馆学会联合召开“合肥地区中等学校图书馆学术交流会。

1988年9月12—14日，省图书馆学会在宿州市召开图书馆改革学术研讨会，研讨会主题“图书馆深化改革”，全省各系统图书馆代表和论文作者50余人参加会议，收到论文30余篇。

1992年11月26—28日，“图书馆与科技进步”学术研讨会在马鞍山市举办，参加研讨会的论文作者及基层学会代表共50余人，收到论文53篇。

1993年11月8—10日，省图书馆学会1993年会暨“图书馆与市场经济”学术讨论会在合肥工业大学图书馆召开，全省公共、教育、科研三大系统图书馆的80多名图书馆工作者和部分图书馆馆长出席会议，收到论文62篇。

1996年11月5—7日，省图书馆学会1996年学术年会在铜陵召开，学会理事长、副理事长等领导及论文作者共80多人出席了会议，该次会议主题“图书馆的发展前景与社会作用”，共收到论文76篇。会上，安徽省出席北京第62届国际图联会议代表谢德雄、林增铨、刘莉莎传达了有关62届国际图联会议精神。

1997年11月5—7日，省图书馆学会1997年学术讨论会暨理事工作会议在黄山市屯溪区召开，理事及论文作者代表共90多人参会，收到论文78篇，评出优秀论文7篇。学术委员会副主任樊天成作题为“加拿大多仑多市图书馆网”的专题报告，副理事长卢贤中向与会代表传达了中国图书馆学会第五次会员代表大会的精神。

1998年10月13—15日，华东地区图书馆学会协作会在上海召开，华东六省一市图书馆学会的领导及部分论文作者40余人参会。会议围绕“文化建设与图书馆事业发展”的主题进行研讨。安徽省有梁垣祥等8位代表出席会议，吴建国、任俊为、吴正河三位同志的论文获优秀论文奖。

2002年10月22—25日，华东地区图书馆学会2002年会在井冈山举行，安徽省有7位代表参加，获奖论文：一等奖2篇，二等奖3篇，三等奖3篇。同年12月23—25日，2002安徽省图书馆学会学术年会暨理事会议在马鞍山市召开，来自全省各系统图书馆（室）的代表和六届理事会理事共90余人参加会议，收到论文78篇，评出优秀论文19篇。

2002年4月1日下午，上海图书馆原党委书记、上海《图书馆杂志》主编王鹤鸣研究馆员应安徽省图书馆学会之邀，为合肥地区省、市图书馆、少儿图书馆、高校图书馆负责同志、省图书馆学会部分理事作题为“关于现代化图书馆管理学术讨论”的学术讲座。

2003年10月30日—11月1日，由安徽省图书馆学会承办的华东地区暨安徽省图书馆学会年会在黄山市屯溪区召开，来自上海、江苏、浙江、福建、山东、江西和安徽省各系统图书馆的代表及论文作者120余人参加会议。南京大学图书馆馆长、教授郑建明，上海图书馆副书记、教授王世伟分别作“面向公众终身素质的图书馆”和“关于上海图情人才发展的若干思考”的专题报告，会议收到论文45篇，评出一等奖9篇，二等奖

18篇,三等奖18篇。

2005年10月,中国图书馆学会主办、安徽省图书馆学会协办的首届"百县馆长论坛",安徽省有12名县级图书馆馆长参会,是参会人数最多的省份。在"百县馆长论坛"论文评选中,一等奖2名,二等奖3名。

2007年10月24—26日,安徽省图书馆学会2007年会及七届二次理事会在歙县召开,主题为"图书馆与和谐社会",收到论文41篇,评出一等奖2篇,二等奖8篇,三等奖15篇。北京大学资深教授、著名图书馆学专家吴慰慈先生作了题为"信息资源开发与利用的10个热点问题"的主旨报告。

高校图工委　1982年2月,安徽省高等学校图书馆工作会议在合肥召开,30所高等学校、2所军事院校图书馆出席,省馆应邀参加。

1985年4月16日,安徽、湖南、山东、北京市高校图工委在黄山联合召开"三省一市高等学校图书馆改革研讨会"举行,全国大区10位高校图工委秘书长、部分高校图书馆馆长60人出席。收到论文41篇。

1986年1月21-23日,安徽省党校系统图书馆工作座谈会在合肥召开,省、地、市委党校、省直和部分县委党校、大企业党校图书资料工作人员40人出席,重点讨论修改《党校图书资料工作条例》。

1987年11月25日,安徽大学、中国科技大学,合肥工业大学、淮南矿业学院图书馆馆长和部分工作人员参加福建省高校图书馆工作委员会和福建师范大学图书馆合办的"华东地区第二届高校图书馆计算机应用研讨会。"

1987年12月7—9日,"安徽省高等学校图书馆工作会议暨先进集体、先进个人表彰会"在合肥举行,118人到会讨论省教委《关于改进和加强高校图书馆工作意见》,接受表彰。杨纪珂副省长到会讲话,鹿世金副主任作《工作报告》。

古籍学术交流　1978年7月3日,省文化局在滁县召开"全省善本书编目会议",成立安徽省善本书总目编辑领导小组。全省有50人出席,南京图书馆应邀到会。1979年6月19日,省古籍善本书鉴定验收小组在合肥组成,成员:安大图书馆、安师大图书馆、安庆市图书馆、芜湖市图书馆、省图书馆和徽州地区博物馆,即日召开第一次会议,上海图书馆馆长、版本学专家顾廷龙到会指导。

国际交流　1981年5月,为方便出国留学人员了解美国各大学情况及入学手续,省图书馆驰函联系美国驻华大使馆,美使馆一等秘书、文化参赞斯里昂来馆面谈,该馆陆续收到美国各大学的情况介绍资料1000余册,其后几年有千余人来馆咨询或索阅。

1987年3月25日,省图书馆特邀美籍华人钱湘博士来馆作"美国图书馆服务"专题报告,并于31日下午与该馆编目参考部工作人员进行座谈。

1987年5月20日,省图书馆接待美籍学者海泽顿博士来馆查阅明清徽州社会族谱、家谱等方面的资料。

1988年8月10日,根据安徽省同西德下萨克森州之间的文化交流备忘录,遵照省文化厅党组审批意见，省图书馆选派助理馆员孟晓钢赴联邦德国下萨克森州学习考察，时间半年。1989 年 3 月期满后，经孟本人申请、德方同意和安徽省人民政府批准，又延长一年。

2003 年，韩国江原道文化艺术代表团到省图书馆参观。

2003 年 8 月 1—9 日，省图书馆副馆长阚华参加第 69 届柏林国际图联大会，大会期间参观了德国柏林国家图书馆、德国法兰克福国家图书馆、法国国家图书馆、德国科隆市图书馆等。

2006 年 4 月 16 日，省图书馆举办留学美国公益讲座，邀请美国驻上海总领事馆新闻副领事马剑兰女士和国际教育协会美国教育交流中心莫华璋先生主讲。

2006 年 6 月 12—27 日，省图书馆馆长易向军赴澳大利亚等国参观考察。6 月 17 日至 7 月 2 日，省图书馆副馆长张海政赴美参加美国图书馆学会年会，并顺访美国旧金山公共图书馆总馆、美国国家图书馆国会图书馆。

2006 年 6 月 23 日，美国教育学者 Eve 女士向省图书馆赠送外文书刊。

2007 年 8 月 30 日 美国俄勒岗大学同仁 Jon Jablonski 来省图书馆参观并了解地方资源数字化建设情况。

2009 年 8 月 23—27 日，省图书馆馆长易向军应邀赴意大利米兰参加第 75 届国际图联大会。

2010 年 6 月，省图书馆副馆长林旭东参加中美图书馆技术专题交流项目。

第三节　业务辅导与协作

行业内业务辅导是图书馆的一项重要职责。在安徽省图书馆机构设置中，20 世纪 50 年代设辅导室，70 年代设宣传联络组，80 年代设研究辅导部，90 年代设有研究辅导培训中心。对全省各系统图书馆进行有计划、多层次的业务辅导主要由省图书馆、省图书馆学会、省中心图书馆委员会组织实施，通过对合肥地区各系统图书馆在贯彻办馆方针、改进业务技术、校训专业人员以及加强图书馆学研究等方面进行辅导与帮助，提高全省图书馆工作人员的业务素质，促进全省图书馆事业向前发展。

基层辅导　从 20 世纪 50—60 年代起，省图书馆即深入全省各市、县图书馆，进行调查研究，开展业务巡回辅导，并在城市郊区建立流通站试点，送书上门，普及文化，以点带面，总结经验。1965 年 6 月，省图书馆组织辅导部徐召勋等多位同志深入阜阳、岳西、潜山、贵池等地图书馆以及基层工矿企业图书馆（室）进行调研，并撰写调研报告，提供文化主管部门参考，对推动安徽图书馆事业发展起到积极作用。徐召勋撰写的《谁的图书馆》一文刊登在《光明日报》（1965 年 10 月 12 日）上，对于推动全省基层图书馆面向农村、送书下乡等活动的开展起到了促进作用。同年 8 月，安徽省文化局召开全省市、县图书馆工作座谈会，在该次会议上，时任安徽省委宣传部副部长的赖少其同志作题为“图书馆应面向农村,为农民服务”的重要讲话,进一步明确基层图书馆应把工作重心转向农村,为农民服务。会议结束后,省图书馆又举办一期市、县图书馆员培训班,进一步推动基层图书馆工作的发展。

1978年,按照安徽省文物局“七五”规划要求,省图书馆深入各县文化局,敦促各地在县文化馆图书室基础上建立县图书馆,1987年全面实现县县建馆目标。

1979年、1981年,省图书馆两次举办“全省市县图书馆馆长业务研讨会”,总结、交流各馆业务建设情况,并向省文物局作书面汇报;省文物局根据各县具体情况分别拨款1万—3万元,扩建馆舍。1987年,全省有2/3县级图书馆新建馆舍共700—1000平方米。

1981年,省图书馆深入蚌埠、滁州等十四个市县,了解基层图书馆业务开展情况,并于年12月召开市馆业务辅导会议。

1985年上半年,省图书馆在宿县地区宣传五河县图书馆大办“农民读书协会”的先进事迹;下半年,辅导部派两名工作人员到阜阳地区11所县馆进行为期两个月的巡回辅导,在此期间协助临泉县馆建立少年儿童阅览室,帮助涡阳县馆调查制定《坟台乡科技兴农计划》,指导利辛县馆举办“文化站干部训练班”,并参与授课,对阜阳地区其余7所基层馆分别进行图书分类、编目、排架等图书管理技能的传授与指导。

1986年,省图书馆协助省文化厅在太湖县召开“全省公共图书馆工作会议”,倡导在公共图书馆系统开展“三爱一优”(爱馆、爱书、爱读者,优质服务)活动,总结推广太湖县图书馆为农村专业户建档服务经验。之后在巢湖、滁县、芜湖文化局召开的图书馆工作会议上倡导馆际协作,会后各地区纷纷成立“地区图书馆协作委员会”。同年还组织召开“全省市、县图书馆馆长业务研讨会”和“全省市级公共图书馆业务辅导工作座谈会”,草拟《安徽省公共图书馆馆际互借章程》。

1988年12月—1989年初,省图书馆协助省文化厅组织全省各级图书馆开展业务竞赛活动,全省17个市、40多所图书馆的60多位选手参赛。

1988年,省图书馆举办“全省市、县图书馆业务研讨班”和“全省图书资料专业基础理论知识考试辅导班”,全省各系统图书资料专业人员110人参加学习。

1989年,省图书馆帮助省粮食干校图书室分编、整理图书万余册;到泾县、广德、宣城等市、县图书馆进行业务调研。

1990年,省图书馆协助合肥冰箱厂筹建科技资料室。

1991年,省图书馆对马鞍山、当涂、和县、含山、巢湖等市县图书馆进行调研及业务辅导。

1993年,省图书馆采编部为省工商银行图书馆分编图书700余种,1600余册,并教授他们文献分类编目知识;参考咨询部帮助省物价学校、合肥市红星路小学筹建图书资料室。

1998年,省图书馆帮助省财政研究所、合肥琥珀小学组建图书馆,从图书分类、编目、上架至图书馆规章制度等给予悉心指导，另外帮助合肥电力学校图书馆图书回溯建库数据 17590 条，带动基层图书馆业务工作走向标准化规范化。还派计算机管理人员和编目人员帮助太湖县馆和无为县馆建立计算机管理系统。

2000 年，省图书馆派遣技术人员帮助马鞍山钢铁公司图书馆、省委党校图书馆解决了计算机病毒“千年虫”问题，为省委文献资料室计算机系统提供设计方案；完成淮北市图书馆自动化系统的安装、调试，协助无为县图书馆规范了计算机网络化管理等。

2002 年，省图书馆为合肥市图书馆培训计算机管理系统 ILAS Ⅱ 2.0 应用人员，为省农科所图书馆和武警总队图书馆设计计算机网络系统方案，与合肥七中签订提供电子图书服务的意向性协议，帮助淮南、合肥、安庆等市馆及省博物馆、省建材学校、纺织学校、技工学校、水利职工学校等单位进行期刊管理和计算机系统应用的辅导工作。

业务竞赛　1988 年 11 月 9—15 日，安徽省图书馆组织馆内职工开展业务竞赛，参赛项目：图书分类和检索，目录组织和著录；参赛档次：选择全能和单项均可；参赛结果：51 人次中 16 人获奖。

1989 年 1 月 10—11 日，安徽省文化厅和省图书馆举办全省图书馆业务竞赛。参赛项目有：《图书分类》《图书编目》《综合知识》和《图书评论》。参赛人员来自全省各地 40 多所图书馆的 61 位业务骨干。参赛结束，获一等奖 4 人、二等奖 7 人、三等奖 10 人。宋陵生、刘景龙等领导同志代表省文化厅向获奖者颁发了荣誉证和奖金。

馆际协作　省图书馆馆际协作，大体经历三个阶段：第一阶段从 1959 年开始，成立合肥地区图书馆事业协作委员会，负责馆际协作工作。第二阶段始自 1964 年，在原协作委员会的基础上成立省中心图书馆委员会，包括公共、高校、科研三大系统，共 12 所成员馆，开展协作活动，在省内外产生一定的影响，“文化大革命”期间被迫中止工作。第三阶段始自 1979 年 3 月，在省政府的关怀下，恢复省中心图书馆委员会的建制，批拨活动经费，使安徽省的馆际协作重新恢复了活力。经过多年的探索，省图书馆协作网络主要有以下四种形式：按系统组织的网络，如高等院校系统、科研系统等；按地区组织的网络，如合肥地区、蚌埠地区等；跨地区、跨系统的网络，如中国科技大学图书馆与蚌埠市图书馆的协作，江北 10 个市的图书馆协作网络；按地、市、县不同层次组织的网络与合作，如宿州地区和太湖县图书馆组织的网络。这些在自愿互利基础上组织起来的的网络与协作，为图书馆整体社会功能和文献的整体效益的发挥起到了推动作用，为安徽地区的图书情报事业发展带来了勃勃生机。

第七篇　图书馆管理

安徽省地区图书馆事业自20世纪初起步，在民国期间初步形成一定规模。公共图书馆以民国2年（1913年）安徽省立图书馆成立为标志，先后在合肥、阜阳、滁州等地建立了34所县立或区立图书馆，高校图书馆则以省立安徽大学图书馆的建立为发轫，开始了高校图书馆事业的发展。

新中国成立后，图书馆作为一项重要的社会公共事业纳入到社会文化发展整体计划中。伴随着党和政府制定的社会主义建设总路线和方针政策，以及改革开放后的工作重点转移，安徽省地区图书馆事业的发展也经历了恢复发展、低迷徘徊、振兴繁荣等发展时期，并形成了分属于各系统、各单位的图书馆管理体制，而没有统一的行业管理。这也是图书馆事业与其他行业在管理上的重大差异。

1957年国务院批准颁布了《全国图书协调方案》之后，为推进安徽地区图书馆事业的发展，加强馆际间协作，1959年6月，成立了合肥地区图书馆事业协作委员会，1964年1月，经省人民委员会批准，成立了安徽省中心图书馆委员会，1978年3月，经安徽省社会科学界联合会批准，安徽省图书馆学会成立。通过省图书馆学会、省中心图书馆委员会协调三大系统（公共、高校、科研）图书馆关系，组建了图书馆网络，逐步实现了文献资源共建共享。

20世纪90年代以来，随着图书馆自动化和网络化的建设，以及图书馆评估工作在公共图书馆系统和高校教学评估中的有序、规范开展，安徽省地区图书馆从加强内部管理和提升读者服务入手，加强和改进了图书馆工作。绝大部分图书馆都先后实行了馆长负责制；推进人事制度改革，对干部、职工实行岗位聘任制，明确每个岗位具体的职责及目标；制定了发展规划和年度计划，对各业务部门实行目标管理。通过建章立制、加强内部管理，图书馆在管理中，量化了目标，明确了分工，落实了责任，从而强化了图书馆工作的决策系统、执行系统和反馈系统，有效地提高了图书馆的科学管理水平及图书馆服务工作的现代化程度。

第一章　领导管理体制

第一节　管理体制

公共图书馆　民国时期,图书馆事业被分配到“学艺”范畴,并纳入到国民教育行政系统的体系之中,因此在这一时期,安徽图书馆事业也归安徽地方政府教育厅及其他社会教育部门管理。

中华人民共和国成立后,公共图书馆事业得到了党和政府的高度重视, 1955 年 7 月 2 日,中央文化部发布《关于加强与改进公共图书馆工作的指示》,明确了公共图书馆的性质和任务。按照中央的要求,安徽省公共图书馆开始在各市县陆续建立,有效地推动了安徽地区图书馆事业的发展, 20 世纪 50 年代,安徽新建县图书馆 36 所。不过除安徽省图书馆外,作为服务社会基层的市县级公共图书馆大多设在文化馆或是人民教育馆,以图书室的形式存在,没有形成独立建制。这一时期,市县图书馆隶属于当地的市县文化局或文教局管理。

中共十一届三中全会后,提倡为建设“四化”服务,图书馆作为一项重要的社会公共事业纳入到社会文化发展整体计划中,安徽地区公共图书馆事业建设也开始走上了健康发展的轨道。1980 年 5 月 26 日,中共中央书记处通过了《图书馆工作汇报提纲》(以下简称《提纲》),总结了新中国成立以来的图书馆工作,提出了恢复和发展图书馆事业的总纲领。按照《提纲》的精神要求,安徽省确立了文化部门负责公共图书馆系统管理的体制。

1982 年,安徽省人民政府决定撤销省文化局、省文物局,合并组建省文化厅,由省文化厅统一管理全省公共图书馆事业,省、市、县图书馆迅速恢复工作,基本建全了市、县图书馆。安徽省公共图书馆事业开始走上快速发展的道路,市、县许多图书室从文化馆分离出来独立建制,市县级图书馆数量增长并得到稳步发展。

民国 2 年(1913 年)2 月 10 日,安徽省立图书馆在安庆正式开馆。民国期间,安徽省图书馆属安徽教育厅管理。1949 年 4 月 23 日,安徽省立图书馆由中国人民解放军安庆军事委员会文教部接管,并入安庆人民文化馆。1952 年 8 月,安徽省人民政府成立,皖北区合肥图书馆随之改名安徽省合肥图书馆,隶属安徽省文化事业管理局。1978 年,安徽省编制委员会编字 [1978]118 号《关于省文物管理局内部机构设置和撤销文化局文物处的通知》决定,省文物局内部机构设文博处、图书馆处、办公室等处室,省图书馆划归安徽省文物局。1982 年，省人民政府决定撤销省文化局、省文物局，合并组建省文化厅，1983 年 9 月，省文物局正式合并到文化厅办公，省图书馆归省文化厅领导。

1949 年 10 月，芜湖市人民教育馆内设图书馆，1950 年 8 月，图书馆从文化馆分出，图书馆独立建制，隶属市文教局。

1957 年，马鞍山市文化馆设图书馆，隶属市文化馆领导，对外称马鞍山市图书馆，1974 年 4 月，经市委会批准，图书馆从文化馆分离出来，独立建制图书馆，隶属市文化局领导。

1949 年 12 月，怀宁县石牌文化馆创建，馆内设有图书室，1979 年 9 月，县图书馆从文化馆分离出来独立建馆。自建馆起，一直是县主管局下的二级结构（股级），隶属怀宁县文化局管理。

1959 年 10 月，宿松县文化馆内设图书室，1981 年 9 月单设县图书馆，隶属文化局领导。

进入 20 世纪 90 年代，随着市场经济的发展，全省公共图书馆事业在各级党委、政府的重视、支持下，经广大图书馆工作者的不懈努力，得到了迅速的发展，取得了显著的成就。截至 2010 年，安徽省共有县级以上公共图书馆 88 所，其中，省级 1 所、市级 15 所、县级 72 所，包括独立建制市级少儿图书馆 2 所，构成了本省较为健全的公共图书馆服务体系。

高校图书馆

行政管理　1949 年中华人民共和国成立后，颁布了一系列的条例来规范和加强高校图书馆的管理。1956 年召开了第一次全国高等学校图书馆工作会议，拟订了《全国高等学校图书馆工作试行条例（草案）》。

从 20 世纪 80 年代开始，我国高校图书馆的管理进入加强规范管理、立法管理的阶段。1978 年教育部颁布了《关于加强高等学校图书资料工作的意见》，1981 年教育部颁布了《中华人民共和国高等学校图书馆工作条例》，1987 年经修订后改名为《普通高等学校图书馆规程》，2002 年颁布了《普通高等学校图书馆规程（修订）》。通过上述文件，明确了图书馆由校（院）长直接领导，有一名校（院）长分管图书馆工作，有关图书馆工作的重大事项由校（院）长办公会研究、决定。

自新中国建立至 20 世纪 80 年代，随着全国高等院校院系调整，安徽省教育事业得到复苏和发展，高校图书馆事业也随之得到发展，陆续建设了一批本专科院校图书馆。截至 1988 年，全省建设有 32 所高校图书馆，总馆舍面积约为 12 万平方米。

2003 年 8 月，为认真贯彻落实教育部《普通高等学校图书馆规程》等文件精神，省教育厅下发了《关于印发 < 关于加强高等学校图书馆工作的若干意见 > 的通知》，要求进一步推进图书馆管理工作的规范化和科学化，理顺图书馆的管理体制，设立由分管校（院）长任主任的图书馆工作委员会，作为全校文献信息工作的咨询和协调机构。

为适应安徽省高校大发展的形势，安徽省高校图工委于2003年12月在全国率先组建了高职高专院校图书情报专业委员会，加强对全省高职高专图书情报事业的协调、咨询、研究和业务指导。

20世纪90年代以来，随着安徽省高校合并步伐的加快，该省高校图书馆也迎来了新的发展机遇，在组织机构和馆舍建设等方面得到了很大的改善。特别是安徽省的高职院校很多都是由中专学校和成人教育学校等升格或者改制而成，在升格和改制过程中，图书馆的办馆条件得到很大改善。截至2010年，全省已建有100所普通高校图书馆，其中本科院校图书馆31所，高职高专图书馆69所。此外，还有中共省市党校图书馆、军事院校图书馆和科研图书馆等。

安徽省高校在建设和管理实践中，按照教育部《普通高等学校图书馆规程》等文件精神和省教委的要求，大部分高校都逐步将图书馆设置为学校的直属单位，并形成由校（院）长直接领导，有一名主管教学工作的副校（院）长分管图书馆工作的管理体制。同时，各高校也相继成立了由主管图书馆工作的校（院）长担任主任委员，图书馆长担任副主任委员的图书馆工作委员会，作为学校文献信息工作的咨询和协调机构。

安徽师范大学图书馆随着学校的历史变迁，管理体制也先后经历了隶属校务会议领导、教务处领导和校长直接领导等多次变革。1957年成立了图书馆委员会，并由院长亲自领导。1972年，经教育部批准，学校正式定名为安徽师范大学，1973年，图书馆由当时的革委会领导，1977年图书馆由校长直接领导，并由一名副校长分管；建立直属党支部，负责党建和政治思想工作，由馆长主持全馆工作。1987年，学校根据《中华人民共和国高等学校图书馆工作规程》（修订草案）的规定，成立学校图书情报委员会，作为学校图书情报工作的咨询和协调管理机构。

在高职高专院校中，有部分高校图书馆隶属教务处，由教务处主任主管，如桐城师范高等专科学校图书馆；也有部分高校图书馆属于校图文信息中心的组成部分，主管领导为副校长，如安徽医学高等专科学校图书馆。

条块管理　按照高等院校的管理体制，高校图书馆同样存在条块管理的状况。在20世纪90年代以前，安徽省高校图书馆的管理体制分为3种：分别隶属国家教育部的院校图书馆、中央部属院校图书馆和省（市）属院校图书馆。1992年，我国开始改革高等教育管理体制，将中央部属院校下放到地方管理，建立中央和地方两级管理、以地方为主的管理体制。因此，安徽省本科高校图书馆有4种管理体制：中央部属公办本科院校图书馆2所，省属公办本科院校图书馆、市属公办本科院校图书馆共27所，民办本科院校图书馆2所；安徽省高职高专院校图书馆也有4种管理体制：省属公办高职高专院校图书馆、市属公办高职高专院校图书馆、国企公办高职高专院校图书馆共55所，民办高职高专院校图书馆14所。

第二节　馆长负责制

公共图书馆　1987 年 3 月，中宣部、文化部、国家教委、中国科学院发布了《关于改进和加强图书馆工作的报告》（以下简称《报告》），要求强化内部管理改革，实行馆长负责制。1987 年 10 月，文化部在北京召开了传达、贯彻《报告》的会议，出席会议的有各省、自治区、直辖市及计划单列市文化厅（局）长和省图书馆馆长。

按照《报告》和文化部会议的要求，安徽省各级公共图书馆确立了图书馆管理制度的改革方向，在微观上要以建立健全责任制为中心，以逐步推行目标管理为基本内容，实行馆长负责制，加强图书馆的内部管理。明确馆长的职责是：认真贯彻执行党的方针、政策以及国家和主管部门的有关法规；领导制定全馆规划、工作计划；执行经费预算；督促、检查、指导工作；对工作人员实行奖惩；根据需要在定额编制范围内向社会招聘工作人员。

在实行馆长负责制过程中，从强化内部管理入手，完善了图书馆内部管理领导层的结构形式，由过去的党支部领导或党总支领导下的馆长分工负责制转变到由馆长领导全面工作。通过实行馆长负责制，明确了馆长的责、权、利，确立了馆长是图书馆的最高行政负责人，享有对全馆行政和业务等重大问题的决策权和指挥权，从而加强和改进了图书馆的管理效率。

安徽省图书馆于 1954 年成立了安徽省图书馆馆务委员会，馆务委员会由馆长、副馆长、部（股、室）负责人组成，制定通过了 5 项制度：馆务委员会会议制度、馆务会议制度、部（股、室）务会议制度、组务会议制度、学习制度。其职能：总结工作，布置任务，学习时事和业务。馆务委员会下设图书采购委员会。

安徽省图书馆实行馆长负责制，2010 年制定的《安徽省图书馆部门职责暨定岗定编暂行规定》规定了馆长主要职责：认真贯彻执行党和国家的路线、方针和政策，执行上级机关的决议、决定；负责全馆的业务建设、行政管理与标准化管理；主持制定图书馆发展规划、工作计划、经费预算、人才规划及有关规章制度；推进图书馆人事改革、学术研究和党风廉政建设，以及馆际协作与对外交流；领导部署全馆安全管理工作；定期总结并向上级领导汇报工作。

太湖县图书馆实行馆长负责制下的岗位责任制：贯彻执行党和政府对图书馆工作的方针、政策、任务，传达贯彻上级文化主管部门的指示、决定；主持召开全馆职工会议，研究决定全馆各项工作和重大事项；制订事业发展规划、工作计划和各项规章制度；核定经费标准、预算、决策、审批各项开支计划；负责全馆思想政治教育工作，组织政治和业务学习。

高校图书馆　1981 年 9 月，教育部修订并颁发的《中华人民共和国高等学校图书馆工作条例》，1987 年经国家教委修订后改名的《普通高等学校图书馆规程》（以下简称《规程》）都规定了：高等学校图书馆实行校（院）长领导下的馆长负责制。高等学校图书馆设馆长一名，并视需要设副馆长若干名，并规定了馆长职责：馆长、副馆长应认真执行党的方针政策，馆长主持全馆工作，领导制订发展规划、工作规划、经费预算、人员培训进修计划及规章制度，组织贯彻实施并定期总结，向校（院）长报告工作。

为认真贯彻落实教育部《规程》等文件精神，2003年8月，安徽省教育厅下发了《关于印发<关于加强高等学校图书馆工作的若干意见>的通知》，要求必须按照现代高等教育办学理念和办学规律的要求，理顺图书馆的管理体制，修订和完善高校图书馆的各项规章制度，制定业务工作规范，明确岗位职责。按照教育部和省教育厅的要求，安徽省绝大多数高校图书馆逐步建立了由校（院）长直接领导的馆长负责制，以及部分高职高专图书馆建立了由教务处主任领导下的馆长负责制。2006年，桐城师范高等专科学校图书馆开始实行教务处主任主管下的馆长负责制。

安徽工业大学图书馆是学校直属单位，实行分管校长领导下的馆长负责制，业务工作接受学校图书馆工作委员会指导。馆长职责：在校行政领导下，执行党的方针政策和学校有关规定，负责领导并主持全馆工作；负责制定图书馆的发展规划和各项规章制度，并组织实施；负责工作人员的聘任与思想教育工作；负责审核全馆经费开支；总结报告图书馆工作。

安庆职业技术学院图文信息中心主任职责：在分管院长的领导下，全面负责计算机中心和图书馆（图书资料中心）的管理工作；根据学院规划和教学需求，拟订计算机中心和图书馆的建设计划，提出年度设备购置计划；建立和健全计算机机房、校园网及图书馆管理的各项规章制度，并负责实施和监督执行；组织本部门人员进行业务学习和技能训练，提高管理与技术人员的业务能力和管理水平。

第二章　行政管理

第一节　事业规划

公共图书馆　文化建设必须坚持围绕大局、服务人民、统筹兼顾。科学制定公共图书馆事业发展规划，明确公共图书馆事业的发展目标、重点任务和保障措施，对推动公共图书馆事业更好更快发展，促进公共文化服务体系建设具有重要意义。

业务主管部门　2006年，安徽省文化厅制定了《安徽省文化建设"十一五"规划》《安徽省"十一五"农村公共文化体系建设专项规划》和《安徽省文化信息资源共享工程"十一五"规划》，从加强重点文化设施建设、建立健全公共文化设施网络、促进公益性文化事业单位体制机制创新、完善对公益性文化事业的投入政策等方面，对全省公共图书馆的发展做出了规划。

《安徽省文化建设"十一五"规划》要求，"十一五"时期，基本实现每个市、县都有图书馆，县图书馆、乡镇综合文化站基本达到国家规定的等级标准；全省"文化信息资源共享工程"覆盖到县（市、区）公共图书馆和部分乡镇综合文化站；实行全员聘用制、任期目标制，采用灵活多样的分配制度和用人制度。《安徽省"十一五"农村公共文化体系建设专项规划》要求，加大县图书馆的建设力度，尚未建有图书馆的县（区）积极开展可行性论证，尽早立项建设；根据部颁标准，已有图书馆的县（市、区）增加投入，改善条件，完善规模，图书馆面积达到2500平方米以上；推进县级公共图书馆的自动化、网络化建设，加强县级图书馆的联网；到"十一五"末，全省县级公共图书馆全部建成为分中心。

安徽省图书馆　该馆坚持社会主义先进文化前进方向，遵循图书馆事业发展的科学规律，解放思想，实事求是，与时俱进，制定了一系列的图书馆发展规划，不断提高办馆水平和办馆效率，加速人才培养，优化资源配置，完善服务体系，强化科学管理，推进共享工程，实现跨越发展。

1995—1996年，安徽省图书馆制定了"九五"事业发展规划，提出"逐步实现文献工作现代化、业务工作规范化、组织管理系统化、业务人员专业化的'四化'管理目标"。

2006年，安徽省图书馆制定《安徽省图书馆事业发展'十一五'规划》《安徽省图书馆资源建设"十一五"规划》《安徽省图书馆特色展览"十一五"规划》等业务建设规划，提出把安徽省图书馆建设成为国内有影响力的省级文献信息中心的目标，并对中短期发展目标,从战略发展高度进行策略规划和年度任务分解,使事业发展目标和实现路径更加清晰。

高校图书馆

高校图工委　1999 年,安徽省高校图工委组织部分专家研究并拟定了《安徽省高校图书馆资源共享方案》《安徽省高等学校图书馆自动化建设近期发展规划》,以及《安徽省高校图书馆自动化建设评话指标体系(讨论稿)》,并将这 3 个文稿下发到全省各高校馆征求意见。

2006 年 3 月,安徽省高校图工委与到访的海南省高校图工委常委馆 13 位馆长在安徽大学图书馆座谈。双方就十五期间高校图书馆的网络化、数字化建设进行交流,特别探讨了十一五期间安徽省高校图书馆的发展规划和发展目标。

安徽大学图书馆　2006 年,安徽大学制定了《安徽大学教育事业发展"十一五"规划》,其中单列了图书馆的发展规划,提出要大力加强文献资源建设,理顺藏书布局,提高文献资源保障能力;实施"数字图书馆工程",大力加强文献数字化建设;建立和完善总分馆管理体制,发展馆际互借和文献传递服务。

中国科技大学图书馆　2006 年,该馆根据《中国科学技术大学"十一五"期间建设与发展规划纲要》,结合校图书馆现状,制定了《中国科学技术大学图书馆"十一五"期间发展规划纲要》,确定"十一五"期间图书馆的发展目标和主要任务。初步确定图书馆的建设目标为:完成东、西区图书馆改扩建工程,在此基础上加大图书馆网络化、自动化的发展力度,到 2010 年最终完成传统图书馆向现代化图书馆的转变,同时向数字化图书馆发展方向迈进。

淮北师范大学图书馆　2006 年 5 月,该馆根据《淮北煤炭师范学院"十一五"规划》《普通高等学校图书馆规程(修订)》和《普通高等学校图书馆评估指标(征求意见稿)》精神,结合图书馆实际情况,在总结图书馆工作的基础上,制订了《淮北煤炭师范学院图书馆"十一五"发展规划》。

第二节　人事管理

公共图书馆人事制度　为了进一步加快安徽省干部人事制度改革步伐,推动文化事业单位改革的逐步深入,安徽省委、省政府出台了一系列深化文化事业单位改革措施。1993 年,安徽省人民政府办公厅转发《国务院办公厅关于印发机关、事业单位工资制度改革三个实施办法的通知;2001 年 5 月,中共安徽省委印发《关于贯彻实施 < 深化干部人事制度改革纲要 > 的意见(暂行)》;2006 年 3 月,安徽省人事厅印发《关于在全省事业单位试行人员聘用制度意见的通知》。

根据中央和安徽省的文化事业单位改革精神和要求,安徽省各级公共图书馆积极深化单位内部人事制度改革,创新人事管理运行机制,进一步加大图书馆事业单位内部劳动人事、收入分配和社会保障三项制度改革。

安徽省图书馆　自1993年开始，安徽省图书馆实施了机构改革、人事管理制度改革、分配制度改革，以及业务规章、服务制度等方面的改革探索。在全馆实施目标管理，全员聘任，鼓励人才合理流动等一系列举措，出台了“安徽省图书馆岗位职责与基本规范”（暂行规定）等八个规范性文件。

2003年6月，安徽省图书馆在省文化厅全额拨款事业单位中率先进行了人事制度改革。通过改革，按需设岗、中层干部竞聘上岗、员工双向选择，科学合理地配置人力资源，全馆职工积极性得到进一步调动，初步实现了全员从人事管理向岗位管理转变的预期目标。同时，2003年开始实行向社会公开招聘工作人员，规范图书馆的人员录用工作。

2004年，安徽省图书馆进行分配制度上改革，打破大锅饭的分配局面，调动全馆职工特别是中层以上干部的积极性，实行按岗定酬、按任务定酬、按业绩定酬的分配办法，绩效挂钩，真正体现按劳分配、效率优先、兼顾公开的分配原则，建立合理的奖励制度，奖勤罚懒。

根据省文化厅《关于做好直属事业单位岗位设置管理工作的通知》文件精神，2010年7月，安徽省图书馆进行新一轮机构调整和人事制度改革，制定了《安徽省图书馆人事制度改革实施方案》《安徽省图书馆机构和岗位设置方案》，实行岗位设置管理制度，实现由固定用人向合同用人、由身份管理向岗位管理的转变，包括重组业务流程，竞争上岗，目标管理，双向选择和全员聘用，分配制度改革等。同时，探索扁平化中心管理模式，将全馆部门划归为文献资源建设中心、读者服务中心、数字资源建设中心和综合管理中心。通过科学设岗、机构重组和人事制度改革，科学合理地配置人力资源，该馆建立了规范的运行机制，增强了工作活力。

合肥市图书馆　2005年8月，该馆根据合肥市公益性文化事业单位三项制度改革实施方案精神，实行全员岗位聘用制。制定了《合肥市图书馆岗位设置及岗位职责》《合肥市图书馆岗位定级实施方案》《合肥市图书馆专业技术岗位竞聘方案》，全馆47名员工竞争上岗，按有关规定签订了《事业单位聘用合同》。优化人员配置，激发工作活力，建立新型人事管理机制，建设了一支服务为先、团结协作、勤奋务实、积极进取的图书馆业务队伍。

芜湖县图书馆　自1990年起，该馆逐步建立完善了各项规章制度，严格治馆，实行工作目标管理责任制，将每项工作任务落实到人，对每位职工都制定了相应的工作目标任务，做到了按需设岗，按岗聘用，严格考核，奖惩兑现，并为每位职工建立了考核档案和业绩档案。

青阳县图书馆　该馆根据全县统一要求部署设置岗位方案，公开招聘，竞争上岗，与每个职工签订岗位聘用协议，实行岗位绩效责酬挂钩。

界首图书馆　该馆根据《界首市图书馆岗位设置方案》，合理设置岗位，全员实行竞聘上岗，认真落实岗位责任制，制定绩效考核方案，定期开展综合考核，建立完善奖惩机制,大力提升工作人员业务能力和为读者服务水平。

繁昌县图书馆 2009年10月,该馆根据市、县人事局关于事业单位改革文件精神和县人事局核准的岗位设置方案,县图书馆先后召开图书馆馆务委员会和全体职工大会,成立了图书馆事业单位改革领导小组和监督审核小组,公布县图书馆岗位设置情况及各部门岗位职责说明书,对全体员工实行竞聘上岗。根据事业单位改革和绩效工资相关政策,建立员工年度工作绩效考评基金,实行员工年度工作考评制度及奖励制度。

定远县图书馆 2010年,该馆实现全员聘任制。

高校图书馆人事制度 1993年2月,国家教委颁布了《关于普通高校内部管理体制改革的意见》,全面推进高等学校内部管理体制改革,以人事、分配制度改革为重点,将人事、分配、住房、医疗和退休保险制度等方面的改革有机结合起来,配套实施,整体推进。1999年7月,安徽省教育厅召开高校内部管理体制改革动员会后,全省高校相继不同程度地开展了新一轮内部管理体制改革,改革中突出了以人事、分配制度改革为重点,因校治宜,各有特色。

2000年中组部、人事部、教育部印发《关于深化高等学校人事制度改革的实施意见》(以下简称《意见》),强调"落实高等学校办学自主权",要求高校"加大分配制度改革的力度"。《意见》要求推行"全员聘用制度""强化岗位聘任""探索建立教学、科研、管理关键岗位制度""建立重实绩、重贡献、向高层次人才和关键岗位倾斜的分配激励机制"等等。

为了贯彻落实中央和省教育厅的要求,安徽省高校在逐步理顺校、院、系(所)几级关系,分清职责,实现治事用人相结合,责权利相统一的同时,积极推进图书馆人事制度改革,深化图书馆用人和分配制度改革,逐步形成一支结构合理、具有后劲,相对稳定的图书馆人才队伍。

中国科学技术大学图书馆 2004年6月,该馆完成馆领导班子换届工作,实行全员竞聘上岗。

安徽大学图书馆 2001年7—8月,该馆根据学校人事制度改革的要求进行了图书馆的岗位聘任。

皖南医学院图书馆 2003年1月,该馆进行了人事制度的改革,实行了岗位聘任制。

安徽理工大学图书馆 2004年4—5月,该馆完成新一轮的全员聘任工作。

安徽师范大学图书馆 2005年,该馆完成图书馆全员聘任工作。2007年3月,完成新一轮的全员聘任工作,进一步优化职工人力资源配置,提高服务效率。

安徽农业大学图书馆 2010年,该馆圆满完成图书馆、现代教育信息中心岗位设置工作并全员聘任;图书馆设置了管理岗、专业技术岗和工勤3类岗位。

阜阳师范学院图书馆 2010年,该馆按照学校部署,实施定编定岗的岗位聘用制度。

淮北师范大学图书馆 2010年10月,该馆按《淮北师范大学岗位设置与聘用实施办法(试行)》,完成图书馆岗位设置与聘用工作,建立了基于公开、公平、公正原则的竞聘上岗、岗位轮换、定期考核的制度，对人员进行规范化管理。

滁州学院图书馆　2010年，该馆圆满完成图书馆岗位设置工作并全员聘任，图书馆设置了管理岗、专业技术岗和工勤3类岗位。

职称评定　1981年1月，国务院批转了《图书、档案、资料专业干部业务职称暂行规定》，当年3月份，国家人事局又作了关于技术职称的两个说明，使图书馆职称评聘工作在长期的停顿后开始起步。1981年12月，经省人民政府批准，安徽省图书、资料、档案专业干部业务职称评定委员会成立。1983年7月，安徽省人民政府办公厅批准安徽省文物管理局成立安徽省图书资料专业干部业务职称评定委员会，评定机构设在省图书馆。1983年9月1日，中央办公厅、国务院办公厅通知，全国干部业务职务评定工作暂停，改革职称评定办法，实行职务聘任制。

1986年2月18日，国务院发布了《关于实行专业技术职务聘任制度的规定》，指出实行专业技术职务聘任制度，是对专业技术人员管理工作的一项重大改革，必须加强领导，认真掌握政策，慎重从事。1986年4月2日，中央职称改革工作领导小组转发了文化部制定的《图书、资料专业职务试行条例》及其《实施意见》。为了保证该条例在高校中的施行，1987年6月，国家教委职称改革工作领导小组发布了《国家教委所属高校实行<图书、资料专业职务试行条例>的实施细则（试行）》，对高校系统图书资料系列专业职务聘任工作中的一些具体细则进行了规范。

1986年9月13日，安徽省图书馆职称改革领导小组成立，9月19日，安徽省文化厅批准安徽省图书馆组建图书资料系列中级专业职称评审委员会。同年12月12日，省文化厅职称改革小组根据《图书资料专业职务试行条例》，修改出台《安徽省图书馆专业职称聘任制试行办法》。1987年1月，安徽省图书资料高级职务评审委员会成立。1989年4月，安徽省职称改革领导小组批准成立安徽省图书资料专业技术职称评审委员会。此后，安徽省图书资料专业技术职称评审工作正式由省文化厅负责。

人事部于2001年在部分省试行图书资料系列专业技术人员晋升初、中级职称实行以考代评制，安徽省也是试点省份之一。根据《安徽省财政拨款事业单位深化职称改革若干问题的意见》和《安徽省图书资料专业技术资格考试暂行规定》等文件精神，自2002年起，安徽省图书资料专业初、中级技术职称的评定实行以考代评制。全省公共图书馆以及大专院校、中等专业学校、情报、科研院所等企、事业单位图书馆中从事图书资料工作的专业技术人员，都按规定要求实行全省统一的考试制度。资格考试设置两个级别：图书资料专业初级资格、图书资料专业中级资格。图书资料专业技术资格实行全省统一考试后，各地不得再行评审相应图书资料专业技术职务任职资格。

2001年11月，安徽省人事厅印发《关于认定省级专业技术人员继续教育基地的通知》（皖人办发[2001]95号）决定，安徽省图书馆、安徽省高校图工委为省级专业技术人员继续教育基地，承办图书资料与情报管理专业继续教育，并开设“以考代评”资格考试辅导班。

2002年,受省人事厅、省文化厅委托,安徽省图书馆承担了“全省图书资料初中级专业技术资格以考代评培训教材”编写工作。教材为省人事厅指定的初、中级职称“以考代评”唯一教材。2006年,根据图书馆学科进展及事业发展变化,对教材进行全面修订,2007年1月由安徽科学技术出版社出版。2008年“安徽省图书资料系列培训教材”(《信息组织》《信息检索》和《图书馆工作概论》)获第21届华东地区科技出版社优秀科技图书二等奖。

2005年6月,安徽省人事厅印发《安徽省进一步深化职称制度改革若干问题的意见》(皖人发[2005]35号),要求从2005年起,在全省财政拨款事业单位全面推行专业技术资格评审与专业技术职务聘任分开。同时创新评审组织组建方式,建立评委库,调整职称外语考试免试范围。自此,安徽省图书资料专业技术职务(职称)评定和聘任工作,作为专业技术人才选拔、认定的基本制度逐步规范化、常态化。

2009年度,安徽省图书系列高级专业技术职务任职资格评审通过人员共有24人,包括公共图书馆和高校图书馆从事图书资料工作的专业技术人员。

2010年度,安徽省图书系列高级专业技术资格评审通过人员共有22人,包括公共图书馆、高校图书馆和科研院所从事图书资料工作的专业技术人员。

志愿者管理

安徽省图书馆　2010年10月,该馆开始组织实施安徽省图书馆志愿者项目,负责图书馆对外志愿者工作的招募、遴选、培训、费用支付以及日常管理等具体事务。志愿者项目办公室地点设在省馆人事科。

项目实施以后,该馆与中国科学技术大学团委、合肥工业大学数学学院等单位建立了长期稳定的志愿者服务关系,同时广泛接受社会上有奉献精神的人士到馆为广大读者提供志愿服务。志愿者服务涉及图书借阅、整架归书、讲座展览,以及读者活动等图书馆服务。

中国科技大学图书馆　2008年11月24日,该馆召开首次中国科大图书馆志愿者协会座谈会。图书馆志愿者服务具体体现在以下方面:图书流通管理,自习室管理,主页建设,技术支持,图书推荐采购,读书交流,服务宣传推广,电子资源建设,文献咨询,数据库跟踪等。

为方便开展工作,更好地进行组织管理,科大图书馆组建了图书馆志愿者协会。志愿者根据各自的兴趣特长分成流通阅览管理、图书推荐交流、电子资源建设、技术支持维护四个小组,并通过选举产生宣传小组及各学院联系人。协会吸收了来自各大院系的在册志愿者,其中还有一些老师和外籍学生。图书馆拟立了详细的《志愿者须知》,明确图书馆志愿者的定位、权利和义务等条内容。此外,志愿者们建立了自己的博客(http://blog.sina.com.cn/zhiyuanzhe2009)和QQ群(75387837),促进各成员之间的相互交流和意见反馈,充分发挥志愿者在读者用户和图书馆之间的桥梁沟通作用。

淮北师范大学图书馆　2009年4月,该馆成立义务馆员服务中心(简称“义馆中心”),这是在淮北师范大学图书馆领导下的服务型志愿性学生组织,组织学生读者参与图书馆管理与服务。志愿者参与“图书漂流”“读书文明宣传月”“残书破书展”“读书报告会”等活动的服务工作。

第三节　荣誉表彰

公共图书馆

中央部委与中图学会授予省图书馆荣誉　2007年,安徽省图书馆新安百姓讲堂荣获文化部“全国第十四届群星奖之服务奖”。

2007年、2009年,中国图书馆学会授予“全民阅读先进单位”荣誉称。

2008年,安徽省编目分中心获全国图书馆联合编目中心2007年度数据质量奖。

2009年,人力资源和社会保障部、文化部授予“全国文化系统先进集体”荣誉称号。

2010年,文化部授予“国家一级图书馆”,被中国图书馆学会授予“全民阅读示范基地”光荣称号。

中央部委与中图学会授予市县图书馆荣誉　1981年,共青团中央少先队工作委员会、少年儿童出版社等8单位,授予合肥市图书馆、东至县图书馆、濉溪县图书馆“全国红领巾读书读报奖活动”先进集体

1982年、1983年,濉溪县图书馆连续两年荣获团中央学少部、文化部图书管理局、中国少年报社等8个单位联合颁发的“红领巾读书活动先进集体”称号。

1982年,舒城县图书馆被文化部授予“全国少儿工作先进集体”称号。

1983年,亳州市谯城区图书馆被文化部评为“全国先进集体”。

1986年5月,长丰县图书馆被团中央等九部委联合授予“红领巾少儿读书活动”先进集体。

1988年6月、1992年9月,蚌埠市图书馆先后两次荣获文化部、财政部“全国以文补文”先进单位称号。

1989年7月,蚌埠市图书馆、芜湖市图书馆、东至县图书馆和太湖县图书馆被文化部授予“全国文明图书馆”称号。

1990年12月,合肥市图书馆被国家文化部授予社会主义精神文明建设服务工作先进称号;2010年8月,中国图书馆学会授予“2009年度全民阅读先进单位”。

1991年,淮南市少儿图书馆被文化部授予“全国文化系统先进集体”称号。

1994年12月,芜湖市、铜陵市、阜阳市、无为县图书馆被文化部授予“全国文明图书馆”称号。

1994年,阜阳市图书馆被文化部评为“全国文明图书馆”;1999年,被文化部评为“全国文化工作先进集体”。

1994年,歙县图书馆被文化部授予“全国文化系统先进集体”称号。

2001年,马鞍山市图书馆被文化部评为“全国文化工作先进集体”称号。

2004年4月,太湖县图书馆被文化信息资源共享工程国家中心评选为“全国文化信息资源共享工程先进单位”;2005年10月,国家人事部、文化部授予“全国文化工作先进集体”。

1989年,东至县图书馆被文化部授予“文明图书馆”称号;1992年,国家教委、共青团中央、文化部、新闻出版署联合授予“全国红领巾读书读报奖章活动先进集体”称号;2005年,获中宣部宣教局、文化扶贫委员会、文化部社图司等单位联合颁发的“全国农民读书征文活动‘组织奖’”。

2010年4月,合肥市少儿图书馆获得2009年度“全民阅读先进集体”荣誉称号。

2010年,黟县图书馆被中宣部、文化部授予“全国服务基层服务农民文化建设先进集体”荣誉称号。

省级政府及其文化主管部门授予省图书馆荣誉　1984年4月,安徽省文化厅授予安徽省图书馆“五讲四美三热爱”先进集体。

2005年,安徽省图书馆被省文化厅直属机关党委授予安徽省文化厅直属系统先进基层党组织,安徽省人事厅、安徽省文化厅授予“全省文化工作先进集体”荣誉称号。

2006年,安徽省图书馆被省政府授予“全省文化工作先进集体”称号。

2007年,中共安徽省委、安徽省人民政府授予安徽省爱国主义教育基地。

2006年,省文明办授予安徽省图书馆“安徽省文明窗口”。

2009年,被省直属机关工委授予“先进党总支”称号。

2010年,安徽省图书馆被省直机关工委授予“2008—2010年省直文明单位”。2010年,安徽省图书馆“暖风行动”获共青团安徽省委等颁发“第八届安徽省青年志愿者行动项目奖”。

省级政府及其文化主管部门授予市县图书馆荣誉　1961年,六安市金安区图书馆获安徽省文化系统“先进单位”称号。

1981年,灵璧县图书馆被省文化厅授予“先进集体”称号。

1982年5月,霍邱县图书馆在全省“五讲四美、全民文明礼貌月”活动中,被安徽省委、省政府授予“做建设社会主义精神文明的先锋”称号。

1982年,定远县图书馆被省文化局评为先进儿童阅览室。

1982年,涡阳县图书馆、宣城县图书馆获省文化局授予“农村文化艺术工作先进集体”称号。

1986年12月10日,安徽省省长王郁昭为合肥市图书馆签发嘉奖令。

1987年,亳州市谯城区图书馆、阜阳市图书馆、无为县图书馆、来安县图书馆、繁昌县图书馆、当涂县图书馆被省文化厅评为全省“三爱一优”文明图书馆。

1988年,旌德县图书馆被省文化厅评为“以文补文”先进单位。

1989年,淮南市图书馆、巢湖市图书馆、繁昌县图书馆、安庆市图书馆、池州市图书馆、淮北市图书馆被省文化厅命名为全省“三爱一优”文明图书馆。

1991年，安庆市图书馆被省文化厅评为全省文化工作先进集体。

1992年，金寨县图书馆获安徽省文化厅授予“全省文化工作先进集体”称号。

1994年，来安县图书馆、繁昌县图书馆、当涂县图书馆被安徽省文化厅授予全省“先进图书馆”称号。

1996年，五河县图书馆荣获省文化系统“先进集体”称号。

2000年，铜陵市图书馆被省人事厅、文化厅授予“全省文化工作先进集体”称号；2002年，省委宣传部授予该馆“三下乡”先进集体称号。

2001年，巢湖市图书馆省文化厅授予“全省文化工作先进集体”称号。

2008年，芜湖市图书馆被安徽省委宣传部批准为“安徽省爱国主义教育基地”。

市级政府及其文化主管部门授予市县图书馆荣誉　1981—1984年，淮北市图书馆连续被评为淮北市先进单位。

1992年，淮南市少儿图书馆被淮南市政府评为“先进单位”。

1989年、1993年，界首县图书馆先后被阜阳地委、行署授予“文明单位”称号。

1998年，蒙城县图书馆获得阜阳地区文化系统先进单位。

2002年，明光市图书馆被评为滁州市第二届“文化百优”先进集体；2005年，被评为“滁州市文化工作先进集体”。

2003年，定远县图书馆被滁州市政府评为先进集体。2009年，获市文明单位荣誉称号。

2005年4月，合肥市图书馆被中共合肥市委、合肥市政府授予“2002—2004年度先进单位”；2006年4月，被中共合肥市委、合肥市政府、合肥市文明办授予合肥市“2004—2005年度文明单位”。

2007—2008年度，凤阳县图书馆荣获滁州市文明单位称号。

2010年，芜湖市图书馆获市级“五一劳动奖状”。

高校图书馆

全国高校图工委与中图学会授予荣誉　1984年9—10月，全国高校图工委委托安徽省高校图工委向该省22位30年以上馆龄的老同志颁发纪念证，各校专门召开了颁发纪念证大会，各校领导代表全国图工委向老馆员颁发纪念证书，省高校图工委派人到会宣读贺信并向老馆员赠送纪念品，召开“老馆员座谈会”，激励图书馆工作者的积极性。

1993年，安徽师范大学图书馆被评为全国高校图书馆先进馆。

淮北煤炭师范大学图书馆被中国图书馆学会授予2005年度和2009年度“全民阅读先进单位”称号。

省教育厅与高校图工委等授予荣誉　1987年、1999年、2005年，省高校图工委报请教育厅连续三次在全省高校图书馆开展表彰先进活动，先后评出50个先进图书馆和先进部室、130位先进个人，并召开了图书馆工作暨先进个人、先进集体表彰会。

1987 年 12 月的表彰会有 21 位校长到会，副省长杨纪珂作重要讲话，体现了省领导对高校图书情报事业的关怀。2005 年表彰活动增加了继续教育和学术研究的要求，11 月，由安徽省教育厅、安徽高校图工委组织的“安徽省高校图书馆 2002—2005 年度先进工作者表彰大会”在芜湖市铁山宾馆隆重召开，省教育厅高教处汤仲胜副处长代表省委教育工委、省教育厅向 34 位获奖者表示热烈祝贺。

1986 年，安徽师范大学图书馆在省教委、省高校图书馆工作委员会检查评比中，被评为安徽省高校先进馆。1988 年，在安徽省高校图书馆工作暨先进表彰大会上，获得省教委颁发的先进单位奖状。1999 年，安徽师范大学图书馆报刊部被省高校图工委评为先进集体。

1999 年，安徽医科大学图书馆情报室获省教育厅颁布的优秀部室称号。

1999 年，安徽建筑大学图书馆被省委组织部、宣传部和教工委联合授予“先进基层党组织”。

阜阳师范学院图书馆获安徽省高校图书馆“2003—2004 年度图书馆工作先进集体”称号。

2006 年，安徽中医学院图书馆工会获得“安徽省优秀基层工会组织”称号。

2006 年 7 月，安徽大学逸夫图书馆入选第二届“安徽省文明窗口”。

其他图书馆 1988 年、1989 年、1992 年，马鞍山市委党校图书资料室三次被评为市“目标管理岗位责任制”先进科室，受到市委、市政府的表彰。

1995 年，中共淮南市委党校图书馆在全省党校系统图书馆检查评比中，被评为第三名，并被授予“先进图书资料室”称号。

2006 年，中共蚌埠市委党校图书馆馆被评为“全省市级党校图书馆数字化建设先进单位”。

1998 年 6 月，解放军蚌埠坦克学院图书馆被总参授予网络建设先进单位称号。

2007 年中钢马鞍山矿研院图书馆获马鞍山市“巾帼文明示范单位”荣誉称号。

安徽省图书馆学会 1997 年，安徽省图书馆学会被中国图书馆学会授予“先进集体”。1998 年、2010 年，被安徽省社会科学界联合会授予“先进集体”。2005 年、2006 年，被安徽省人事厅授予安徽省“十五”人事教育培训工作先进集体。2008 年，被中国科协学会部、《学会》杂志社评为全国省级“学会之星”。2008 年，被安徽省科学技术协会授予“安徽省科协系统 2003—2007 年度先进集体”。2009 年，被全国科学技术协会授予“全国学会之星”。2010 年，被安徽省民间组织管理局、安徽省文明办、新华通讯社安徽分社和安徽省社会组织联合会授予首届“百优社会组织”称号，中国图书馆学会授予“2007—2010 年度《中国图书馆年鉴》编纂工作三等奖”。

第三章　业务管理

第一节　图书馆评估

公共图书馆　1994年3月，文化部正式发出《关于在县以上公共图书馆进行评估定级的通知》，并分别制定了省、市、县三级公共图书馆评估标准。当年，文化部首次在全国开展县以上公共图书馆评估、定级工作，进一步摸清图书馆事业的状况，更好地推动图书馆事业的发展。

从1994年到2009年，文化部先后组织开展了4次全国公共图书馆评估定级工作，每次“评估”都有力地推进了安徽地区图书馆事业的发展。1998年，安徽省83所公共图书馆除7所因基建或搬迁原因未参加评估外，共有76所地、县级图书馆接受了文化主管部门的第二次评估。2004年，全省上等级馆总数仅有32所。2009年，全国第四次公共图书馆评估，安徽省共有66所公共图书馆获得等级馆称号（其中一级馆8所，二级馆11所，三级馆47所），比2004年的32所翻了一倍多。

2009年，全国第四次公共图书馆评估中，为切实做好县以上公共图书馆第四次评估定级工作，安徽省文化厅于2009年7月8日下发了《关于开展县以上公共图书馆第四次评估定级工作的通知》，对评估工作提出了具体要求。各市、县文化部门及图书馆为迎评工作作了周密的准备，均成立了组织机构和专家小组来负责实施评估工作。2009年8月，各市、县文化局和图书馆对照标准补差补缺，做好自评工作。2009年9月，各市文化局完成了对所辖县（市、区）图书馆的评估工作。2009年10月11日至22日，省文化厅组织省级专家评估组，先后分2组赴全省对市级图书馆进行了评估。2009年12月3日，文化部全国公共图书馆评估暨文化共享工程督导工作组一行5人，在省文化厅领导的陪同下，对安徽省图书馆进行检查指导。文化部评估督导组经实地检查指导，给予该馆较高评价，最终脱颖而出跻身国家一级图书馆。

2009年评估中，安徽省共有76所公共图书馆参评，其中66所上等级，上等级率85.71%，高于全国79.85%上等级率的平均水平。

1994—2009年公共图书馆评估定级表

表7-3-1　　单位:级

区划	图书馆名称	1994年	1998年	2004年	2009年
安徽省	安徽省图书馆				1
合肥地区	合肥市图书馆		2	1	1
	肥东县图书馆				3
	肥西县图书馆			3	3
	长丰县图书馆		3	3	3
	合肥市少儿图书馆			1	2
亳州地区	亳州市谯城区图书馆	2		3	3
	蒙城县图书馆	3	2	3	3
	涡阳县图书馆		3		3
	利辛县图书馆				3
淮北地区	淮北市图书馆		3		
	濉溪县图书馆	2	3	3	3
宿州地区	宿州市埇桥区图书馆				3
	砀山县图书馆				3
	萧县图书馆	3	3	3	3
	灵璧县图书馆				
	泗县图书馆				
阜阳地区	阜阳市图书馆	2	2	3	3
	界首市图书馆	3	2		
	太和县图书馆				
	临泉县图书馆	3	3		2
	阜南县图书馆				3
	颍上县图书馆				3
蚌埠地区	蚌埠市图书馆		3		
	固镇县图书馆				
	五河县图书馆	3	3	2	2
	怀远县图书馆				3
淮南地区	淮南市图书馆		3	3	
	凤台县图书馆				
	淮南市少儿图书馆			3	3
	潘集区图书馆			3	

续表 7-3-1

区划	图书馆名称	1994 年	1998 年	2004 年	2009 年
滁州地区	滁州市图书馆				
	凤阳县图书馆				3
	明光市图书馆				3
	天长市图书馆				3
	来安县图书馆				
	定远县图书馆				3
	全椒县图书馆				3
六安地区	六安市金安区图书馆	3	3	3	3
	寿县图书馆				3
	霍邱县图书馆			3	3
	金寨县图书馆	3	3	3	
	霍山县图书馆				3
	舒城县图书馆				3
巢湖地区	巢湖市图书馆	2	2	3	2
	庐江县图书馆				3
	无为县图书馆	2	2	2	2
	含山县图书馆			3	
	和县图书馆	3	3	3	3
芜湖地区	芜湖市图书馆	3	2		1
	芜湖县图书馆	3		3	3
	繁昌县图书馆	3	3		3
	南陵县图书馆				3
马鞍山地区	马鞍山市图书馆	3	3	1	1
	当涂县图书馆	3	3	3	3
安庆地区	安庆市图书馆		3	2	2
	桐城市图书馆		3		1
	枞阳县图书馆				
	怀宁县图书馆				2
	潜山县图书馆			3	3
	太湖县图书馆	3	2	1	1
	岳西县图书馆		3		
	望江县图书馆		3		
	宿松县图书馆			3	2

续表 7-3-1

区划	图书馆名称	1994 年	1998 年	2004 年	2009 年
池州地区	池州市图书馆	3	3		
	青阳县图书馆		3		3
	东至县图书馆	3	3	3	3
	石台县图书馆				
铜陵地区	铜陵市图书馆	3	1	1	1
	铜陵县图书馆		3		3
宣城地区	宣城市图书馆	2	2		3
	泾县图书馆	3	3		2
	旌德县图书馆	3	3		3
	广德县图书馆				3
	郎溪县图书馆		3		3
	宁国市图书馆	3	3		1
	绩溪县图书馆	3	3		3
黄山地区	黄山市黄山区图书馆				3
	黄山市徽州区图书馆				
	黄山市屯溪区图书馆	3	3		3
	歙县图书馆	3	2	2	2
	休宁县图书馆				3
	黟县图书馆				3
	祁门县图书馆				3

注:空格表示因故未参加评估或未达等级标准。

高校图书馆 1956 年 12 月 5 日,高教部在北京召开了全国高等学校图书馆工作会议,会上确定了高等院校图书馆的性质是:辅助教学和科学研究的学术性机构。它的主要任务是为教学和科学研究服务。

1989 年 3 月,全国高校图书馆情报工作委员会在西安召开高校图书馆评估研讨会,会议形成了《关于建立普通高等学校图书馆评估制度的意见》和《普通高等学校图书馆评估指标体系大纲》两个草案。

1991 年,国家教委下发了《关于开展普通高等学校图书馆评估工作的意见》,提出“八五”期间举行一次全国性的高校图书馆评估。这一文件的发布,促使高校图书馆评估工作走上制度化、正规化的轨道。

遵照国家教委、全国高校图工委部署,安徽省教委和省高校图工委于 1990 年 2 月在巢湖师专召开了“全省普通高校图书馆评估试点作研讨会”。会议期间组织大家认真学习了全国高校图工委转发的《关于建立普通高等学校图书馆评估制度的意见》(征求意见稿)、《普通高等学校图书馆评估指标体系大纲》(讨论稿)等有关文件。并结合安徽省高校馆的实际情况，提出了许多很好的建议和意见。在此基础上，秘书处拟订了在全省实施的《普通高等学校图书馆评估指标及计分细则》，于 1990 年 4 月发至各高校馆，广泛征求意见，巢湖会议还确定在蚌埠医学院图书馆和华东冶金学院图书馆先行试点。

1990 年 12 月，安徽省高校图工委评估专家组先后对 4 所高校图书馆进行评估实测。1991 年 1 月 22 日，安徽省教委召开了高校图书馆评估领导小组会议，审议并通过了专家组对试点馆提出的评估意见，讨论并原则通过了对评估指标及计分细则的修改意见。1992 年 4—6 月，省高校图工委对 27 所高校图书馆进行了全面评估。这次检查评估，全面了解了各馆执行《普通高校图书馆规程》的情况，促进了各馆改善办馆条件，提高业务水平和服务质量，加强科学管理，更好地为教学科研服务。

1998—2001 年，安徽省高校图工委研究拟定了安徽省高校图书馆自动化评估指针体系，推进高校图书馆的自动化工作。2003 年后，根据教育部高校图工委拟定的《高等学校图书馆评估指针体系》，指导该省各高校馆进行自我综合评估。

为了推动高等职业教育持续健康发展，教育部从 2004 年开始正式启动高职高专院校人才培养水平评估工作。自此，高校本科评估和高职高专评估在 2004 年后就制度化了，安徽省各高校均十分重视，图书馆评估被纳入高校教学评估的一部分。这一时期，各高校图书馆在馆舍建设、生均图书、总藏书量、队伍建设方面取得较大发展，特别是在网络化、数字化和信息化服务条件方面的进展突飞猛进。安徽省高校图工委 2004 年巢湖馆长年会和高职高专专业委员会 2005 年会均将评估问题列为中心议题进行研讨。

2005 年教育部印发《关于做好 2005 年普通高等学校本科教学工作水平评估的通知》，将安徽中医学院、中国科学技术大学列入当年的本科教学评估体系。

安徽中医学院图书馆　2004 年 11—12 月，安徽中医学院图书馆为迎接教育部评估，成立了迎评工作领导组及 6 个工作小组，顺利完成了迎评自查工作，受到学校领导的赞扬，学校也加大了对图书馆的资金投入，购置了约 10 万册书，为了方便读者，所有电子资源实行 24 小时对校园读者免费开放。2005 年以良好成绩通过国家教育部本科教学工作水平评估。

中国科技大学图书馆　2005 年 10—11 月，中国科技大学图书馆顺利通过教育部本科教学工作水平评估。

安徽理工大学图书馆　2006 年，安徽理工大学图书馆圆满完成了教育部本科教学工作水平评估的有关图书馆工作，图书馆评估成绩为优秀。

安徽师范大学图书馆　2007 年，安徽师范大学图书馆接受教育部本科教学工作水平评估，成绩为优秀。

淮南师范学院图书馆　2007 年，淮南师范学院图书馆在教育部组织的学校教学水平评估中，图书馆工作得到专家一致好评。

阜阳师范学院图书馆　2008 年，阜阳师范学院图书馆接受教育部本科教学工作水平评估,阜阳师范学院图书馆获得“优秀”等次。

合肥学院图书馆　2009年12月27—29日,合肥学院接受教育部本科教学工作合格评估,专家对图书馆工作给予了肯定。

安徽交通职业技术学院图书馆　2006年6月11—15日,安徽交通职业技术学院图书馆完成了省教育厅组织的高职高专人才培养水平评估工作。图书馆建设受到专家的一致好评。

第二节　标准化管理

质量管理

安徽省图书馆　该馆进入新世纪以来,紧紧围绕“和谐、发展、服务、创新”的主题,坚持“打基础、利长远、求突破”的发展思路,以公共文化服务为抓手,不断满足人民群众的精神文化需求,努力保障人民群众的文化权益,图书馆事业获得了长足发展。

为了创新管理模式,提高科学管理和优质服务水平,建立更加规范的服务标准和绩效考评体系,安徽省图书馆审时度势,提出了“向企业看齐、与国际接轨、用标准说话”的创新理念,决定率先在全国公共图书馆界和全省文化系统事业单位,对包括后勤服务、行政管理、基础业务建设和读者服务工作开展全方位的ISO9001质量体系认证。

在开展ISO9001质量体系认证工作中,安徽省图书馆严格遵守认证程序,建立了组织机构、开展了教育培训、确定了“馆藏丰富、管理科学、环境优美、服务文明、读者满意”质量方针,制定了近期中期远期的质量目标,编制了系统的程序文件和质量手册,起草了科学的工作服务规范和岗位入职要求,自2008年9月起进入试运行阶段。

2009年1月17-18日,中国质量认证中心安徽评审中心组织的3名专家,按照ISO9001认证要求,进行了系统的审核。审核专家在评审后认为,安徽省图书馆是近3年来该评审中心确定的首家无障碍通过ISO9001认证的单位。

至2010年,安徽省图书馆通过全面引入ISO9001质量体系管理模式,采用全员参与、全程跟踪、持续改进的管理方式,增强了图书馆办馆水平和服务能力。

合肥市少儿图书馆　该馆引入全面质量管理,以质量为中心,以各部门、各层次和全体员工参与为基础,通过综合运用现代管理技术、专业技术和现代化设备,建立健全质量保证体系,对各个业务流程的策划和运行进行全面控制。包括如下措施:明确读者需求;确定质量目标;建立质量保证体系(组织保证、确定业务流程、制定质量保证文件);员工培训;质量保证方案的实施与审核。

公共图书馆编目标准

分类标准　民国18年(1929年),安徽省立图书馆按照《杜威十进图书分类法》,并参考《四库全书》。民国24年(1935年),按照该馆编纂出版的《安徽省立图书馆图书分类法》类分图书。

安徽省图书馆按照《四库全书》类分古籍。1954年按照《人大法》,1957年按照《中小型法》，1978—2010年按照《中图法》(初版至5版)类分文献。

省内公共图书馆除少数馆仍沿用旧分类法外,大多先后采用《人大法》《中小型法》《中图法》等类分图书。例如芜湖市图书馆1954年按照《杜威十进图书分类法》,1955年按照浙江图书馆金天游所撰《普通图书馆图书分类法》，1971年按照《中小型法》，1985年起入藏新书均按照《中图法》类分图书。合肥市少儿图书馆从2001年起按照《中图法》(儿童图书馆、中小学图书馆版)(第3版)类分图书。

主题标引标准　安徽省图书馆1988年按照《中国分类主题词表》中第一、二卷标引文献，1995年,按照《中国分类主题词表》标引文献。2005年,按照《中国分类主题词表》(第2版)和电子版标引文献。合肥市图书馆2007年前按照《中国分类主题词表》标引文献，2007年6月之后按照《中国分类主题词表》(第2版)和电子版标引文献。

著录规则　1984年,国家标准局颁布《文献著录总则》(GB37921-84)《普通图书著录规则》(GB3792.2-85)《连续出版物著录规则》(GB3792.3-85)《西文文献著录条例》。从1985年起,省内各公共图书馆新进文献先后按照以上规则著录文献。从1995年起,各馆中文文献陆续按照《中国机读目录格式》(CNMARC)进行著录和回溯建库,外文文献按照《西文机读目录格式》(MARC21/B)进行著录和回溯建库。

联合编目规则　国家图书馆联合编目中心成立于1997年10月,是以国家图书馆为首的在线编目数据上传和下载中心,国内大部分省、市公共图书馆都已成为其下属的联编分中心或成员馆。我国各公共图书馆所普遍使用的是《中国文献编目规则(第2版)》,是国家图书馆联编中心在参照《中国文献编规则》(初版)的基础上,于2005年修订出版的,其编目规则和细则中充分考虑我国国情和中文文献的特点,并结合机读MARC的格式,解决原编目规则中与时代发展不适应的地方,对许多新产生的文献资源进行了规范编目。

2003年,安徽省图书馆参加全国性联合编目中心。2008年7月24日,与全国图书馆联合编目中心达成协议,正式成立全国图书馆联合编目中心安徽省分中心。联合编目机构设在该馆采编部,承担联合编目工作,有详细工作章程、联合编目系统和专门业务人员。安徽省分中心按照国家联合编目中心要求的书目数据标准,为国家联合编目中心上传高质高量的书目数据,实现与全国书目资源共建共享。同时,联合编目中心安徽省分中心与省内市县图书馆签订联合编目协议,创建全省图书馆书目信息交流与共享平台,截至2010年分中心成员馆达87所。安徽省分中心为省内公共图书馆及其他各类型的图书馆提供书目数据,提供网上联合编目培训及图书馆业务咨询与辅导等服务,促进了全省图书馆编目工作的标准化、规范化、自动化,进一步推动了全省图书馆文献信息共建共享体系建设。

高校图书馆编目标准

分类标准 1978年后，安徽部分高校馆按照《中图法》类分文献。从2010年起，安徽高校图书馆基本都按照《中图法》(第5版)类分文献。

安徽农业大学图书馆一直按照《中图法》类分图书，并制定了《安徽农业大学馆藏图书分类细则》《安徽农业大学中文图书著录规则》《安徽农业大学期刊回溯建库细则》类分文献。合肥工业大学图书馆1995年9月在安徽地区图书馆中率先起用《科图法》(第3版)，2008年改用《中图法》类分文献。2010年前，中国科技大学图书馆一直按照《科图法》类分文献，2010年改用《中图法》类分文献。

著录规则 安徽多数高校图书馆中文文献按照即《国际标准书目著录(专著ISBD(M))》《普通图书著录规则》(GB3782-85)和CALIS著录。外文文献按照《英美编目条例》(USMARC)和《西文文献著录条例》进行著录。机读目录按照《CALIS联机合作编目手册》(上)，并参考《中国机读目录格式》《中国机读目录格式使用手册》进行著录。

CALIS编目规则 中国高等教育文献保障体系(简称CALIS)是由国务院批准的我国高等教育"211工程""九五""十五"总体规划中三个公共服务体系之一。从1998年开始建设以来，CALIS管理中心主持开发了联机合作编目系统，CALIS编目网络模式分类三级：全国中心、地区中心和成员馆。

CALIS联编中心编目规则除遵循国际标准及国家文献著录规则和MARC格式的相关规定外，还依据《CALIS联合编目使用手册》进行编目，其特点更多的体现了国际性，书目数据也偏重于教学、科研类的文献。

安徽省高等教育文献信息中心是2004年11月，经安徽省教育委员会审批并下发文件，由原"安徽省高校数字化图书馆建设管理中心"改建成立的实体单位。中心于2004年经CALIS批准成为CALIS安徽省文献信息服务中心，负责组织安徽省的文献信息建设和服务工作。CALIS安徽省文献信息服务中心在全省高校图书馆书目数据共建共享中扮演着重要的角色，负责组织在线编目数据的上传和下载，提供网上联合编目培训等服务工作，促进了全省高校图书馆编目工作的标准化、规范化、自动化。中国科技大学图书馆是CALIS安徽省中心，CALIS安徽地区成员馆有中国科学技术大学图书馆、合肥工业大学图书馆、安徽大学图书馆、安徽建筑大学图书馆、安徽工业大学图书馆、合肥学院图书馆、安徽工程大学图书馆、安徽新华学院图书馆。

缩微品制作标准 安徽省图书馆历史文献部缩微复制中心成立于1994年，是全国图书馆文献缩微复制中心成员馆之一。省馆缩微复制中心拥有先进的缩微设备，在全国图书馆文献缩微复制中心的大力支持下，利用国家缩微质量标准:《GB6160-85银-明胶型缩微胶片的密度》《GB/T13984-2005缩微摄影技术银盐、重氮和微泡拷贝片视觉密度技术规范和测量》《GB/T15737-2005银-明胶型缩微品的冲洗与保存》，为安徽省各类型文献的保存、抢救，抢救拍摄了各种缩微胶卷2000多卷，其中古籍554种。

第三节　外包管理

采编加工业务外包　随着图书馆采编业务的发展，安徽地区图书馆为了更好地服务读者，优化资源配置、降低成本、提高效率，逐步将图书采编中的粗加工、贴书标等编目业务外包给书商。这一措施，使得该省图书馆的编目工作进一步走上了标准化、正规化的轨道。

安徽省图书馆　2006年，安徽省图书馆通过《图书采购合同协议书》，与书商约定图书采访的相关技术和服务要求，把图书编目的前期工作及夹磁条、贴条码、贴书标等初加工业务交由书商负责完成，加工质量由采编部按照统一的ISO质量文件《采编部文献外加工质量检验表检验》要求，进行严格的质量验收。

安徽师范大学图书馆　2005年，安徽师范大学图书馆开始将新书分编工作部分外包（前期加工）。

安徽财经大学图书馆　2005年，安徽财经大学图书馆在图书采购招标过程中，通过合同约定提供纸质书目、电子版的MARC数据，以及夹磁条、贴条码、盖馆藏章、贴书标等加工工作，作为书商的附加服务，并承诺将这些外包的业务事项印在标书中，成为招标的必要条件。

安徽农业大学图书馆、安徽工业大学图书馆　这两所图书馆均将编目数据加工部分外包，包括夹磁条、加盖馆藏专用章、贴条形码等。

后勤业务外包

安徽省图书馆　该馆自2003年开始自主招标了保洁绿化服务，美化馆区各阅览室、办公室、接待室等室内外环境。2006年自主招标了花卉租赁和绿化养护，并根据各阅览室、接待室、公共区域等不同地点需求，摆放绿植及对室外绿化进行养护。2007年通过省政府招标采购中心，招标了中央空调维护、电梯维护，保证了馆区空调、电梯设备的正常运行。

安徽省图书馆对所有的外包服务公司，按照该馆ISO管理体系文件，在年终填写《供方业绩评定表》对各外包公司进行服务评定，有效地管理、控制了外包公司的服务质量。ISO管理体系文件的执行，使该馆在日常各项外包管理工作中做到有章可循、有据可查。

合肥少儿图书馆　2007年，该馆通过公开招标，与物业公司签订合同，将馆内卫生、保卫工作交由物业公司负责管理。

安徽大学逸夫图书馆　2002年，该馆在全校首创物业管理模式，将馆舍的保卫、消防、卫生等后勤工作通过招标物业管理公司进行社会化管理。

安徽师范大学图书馆　2003年，该馆将保卫、消防、保洁等实行外包。

附　录

皖省绅士何熙年开办藏书楼上王中丞公呈

呈为皖省置办中西图籍，设立书楼，公恳俯赐提倡，准予立案，以开风气而弭隐患事，（中略）夫开通士智之道，良亦多端。而惟购置藏书一事，其效远，其事约，施于皖省，尤觉相宜。缘皖省地瘠民贫，生计窘乏，而士林尤甚。踌躇屡旬，而不能购一书，拮据终岁，而不能阅一报。图书仪器，益复无望，故虽英才髦士，欲以博通古今，精研中外，心长力绌，其道无由。建勋等目击之久矣。当此大局阽危之际，思效末途补救之谋。用是约集同志，创办书楼，多储经史，以培根本，广置图籍，以拓心胸，旁及各报，以广见闻。集议伊始，规划甫定。现任安庆府方守连轸、前任怀宁县姚令赐光爰捐鉅资，以速厥成。义声感孚，羣情鼓舞。现已将赴沪所购头批书籍、图画、器具运皖。业于二月二十二赁姚家口民房十八间，暂行开办，庶几粗立规模、渐图开拓。昨由前署令姚令锡光颁到大人赐书藏书楼三字匾额，仰见提倡风雅，转移积习之盛意。士绅传播，欢迎无量，容当敬谨刊悬，以为士林光宠。兹事仓猝议成，除家居省垣外，其余各府士绅，未及周知。现已次第发函相告矣。惟是创之自下，风气未开，虽事已粗成，而力究有限。伏维大人为中外通才，负士民重望，用敢公呈上渎，倘蒙逾格鸿慈，俯赐培植，则登高而一呼，自事半而功倍，非独开通文化，培成有用之才，抑且丕变浇风，隐消无形之肘。此尤绅等所祷祀以求者也。谨将开办大略章程，另折恭呈宪鉴，伏乞批准立案。并请行司饬府，实为公便。建勋等为开通风气，消弭隐患起见，是否有当，理合具呈上请训示祗遵，谨呈。

清光绪二十七年（1901 年）

安徽巡抚冯煦奏采访皖省遗书以存国粹折

奏为采访皖省遗书,以存国粹,兼备异日图书馆之用,恭折仰祈圣鉴事。比年以来,注重科学,沟通中西,一洗用非所学,学非所用之弊,海内向风,争自濯磨。惟以法制屡更,学术亦因之稍异。迂固之儒,既罔识时变,英俊之士,复动薄古人,交攻互讥,莫衷一是。方今泰东西各国相竞以智,相胜以学,不独技艺颛门,确有心得;即心理、算术、舆地、历史、法律、兵略亦多深造,标新立异,骎骎与吾国先民代相雄长。图书之馆,凡大都会所在有之,吾国士大夫几瞠乎其后矣。臣窃忧之。夫泰东西之学,不过窃吾绪余,犹足颉颃一世,而吾国乃异,弃其典章文物,曾不爱重,何其傎也! 臣谨揭斯义,与皖之官吏士民相质证, 采先儒穷理之书以端本,考历代经世之书以致用。政教相通,千古不易。

矧皖省襟带江淮,苞络灊霍,夙为人文渊薮。国朝右文,皖才尤盛,性理若宣城施闰章、婺源汪绂,考据若婺源江永、休宁戴震、凌廷堪、绩溪胡培翚、黟俞正燮、当涂徐文靖,词章若桐城方苞、姚鼐、泾朱琦、包世臣,算术若宣城梅文鼎暨其孙縠成、歙汪莱。或综贯遗经,或阐明绝学,凡所述作,固已彪炳寅合。其它抱潜德而弗彰,守遗编以终老者,尤不乏人。以至金石之録,垂为世珍,诸史赖其折衷,羣经得其通假,是皆后学之津梁,政治之鸿秘也。网罗掌故,阐发幽光,官斯土者与有责焉。臣虽迂愚,不敢不勉。当敕所属,凡有关于政界、学界诸书,及金石之已未著录者,先行汇集全编,旁求精搨。其孤行之本,手抄之书,则録其副以上。其收藏之家概出所蓄,捐书至多部,彝器碑版至多种者,则举其名以闻。所得既伙,臣再会同藩、学、臬三司,遴其尤者,进呈乙览,以备图书馆之用。唯皖省局于一隅,惧多遗佚,应请饬下各直省一并甄采,庶几士林感奋,国粹长存,仰副朝廷与学牖民之至意。除咨学、礼二部查照外,谨会同两江总督臣端方恭折具陈。

《汇报》第 276 号,民国十年(1921 年)

安徽省图书馆规程

第一条　本省各图书馆除遵照大学院颁布图书馆条例外，凡公立图书馆应依据本规程办理之。私立图书馆组织及办法，得自订之，但需呈报该馆所在地之教育行政机关核定，并受其指导。

第二条　以省款设立之图书馆，称省立图书馆，以市县款设立之图书馆，称市县立图书馆。

凡图书馆宗旨仅在收集通俗图书杂志报章等供民众阅览者，称通俗图书馆。

凡省市县立之图书馆，遇必要时，均得冠以第一第二等字分别之。

第三条　省立图书馆之主管机关，为教育厅。市县立图书馆之主管机关，为市县教育局。

第四条　图书馆视事务之繁简，得设下列各股：

一 总务股；二 图书编藏股；三 图书流通股；四 文献征存股。

第五条　总务股所掌事务如下：

一 关于文件之起草收发及整理保管事项；

二 关于统计报告调查制表事项；

三 关于馆务记录事项；

四 关于馆舍管理事项；

五 关于预决算编制事项；

六 关于金钱出纳事项；

七 关于图书物品购置事项；

八 关于参观招待事项；

九 关于不属他股各事项。

第六条　图书编藏股所掌事务如下：

一 关于图书登录事项；

二 关于目录编制及整理事项；

三 关于图书解题事项；

四 关于参考数据采集事项；

五 关于图书典藏整理事项；

六 关于图书交换事项。

第七条 图书流通股所掌事务如下：

一 关于图书阅览及收发事项；

二 关于借阅图书统计事项；

三 关于阅览人指导事项；

四 关于研究问题答复事项；

五 关于巡回图书事项；

六 关于民众阅书报处事项；

七 关于图书馆事业宣传及推广事项。

第八条 文献征存股所掌事务如下：

一 关于乡贤遗稿采访事项；

二 关于文献材料征集事项；

三 关于民俗刊物采集事项；

四 关于文献整理保存事项；

五 关于文献陈列展览事项；

六 关于文献编印事项。

第九条 各馆设馆长一人，总摄全馆事务。各股设主任一人，事务员若干人，商承馆长分掌各股事务。但图书馆馆务简单者，可不分股，即依照第五六七八各条所订事项，设馆员若干人分任之。

第十条 省立图书馆馆长之任免，由教育厅长提出于省政府委员会会议决定之。市立图书馆馆长，由市教育局局长推荐三人，呈请市政府选任，并由市长开具该员详细履历，函请教育厅备查。

第十一条 图书馆各股主任，或管理员事务员，由馆长聘任之。所聘职员对于所任职务，应具有相当之学识经验，并须先行呈请主管机关核准。呈请时须取具该员等详细履历，并附送其服务证明书。

第十二条 馆长馆员为专任职，不得兼任其它职务。

第十三条 各馆之财产器具图书及经费之收支，概须照教育厅规定簿式印制编号呈送主管机关盖印填用。

凡馆长交替，须据上项印簿点交接收。

第十四条 各馆应于每会计年度前三个月，将次年度进行计划，及预算书，呈报主管机关审核，列入预算。

第十五条 凡经费领完甲月时，应于乙月十五日以前造具支出计算书，收支对照表，单据粘存簿，呈报主管机关审核。如届期未经呈报者，即停止应领之经费，至呈报日为止。

第十六条 凡呈请拨发临时费，应具理由书及估单，呈由主管机关派员勘核定。

上项物品运到或工程完工时,应将实支银数,造具清册,连同单据,呈请验收。

第十七条 购备及捐赠图书到馆时,应即登录于图书登录簿,添登录号数于书内,并加盖馆章。

第十八条 凡目录均用卡片式,并得酌量编印簿式。

第十九条 图书应妥慎保存,每年终查照书架目录片检点一次。

第二十条 各馆除下列各假期外,不得停止阅览:

总理诞辰纪念日,总理逝世纪念日,国庆节,国耻日,南京政府成立纪念日,四节日,中央临时公布休假日。

第二十一条 各馆阅览时间,每日至少八小时,其钟点由各馆斟酌当地情形订定之。

第二十二条 来图书馆阅书不得收费。

第二十三条 每新出版阅书到馆时,除将书名著者印行处及内容大概揭示外,并将图书陈列书室,以供众览。

第二十四条 各馆除善本图书外,普通图书均得借出,惟须有确实保证,经馆核定负责签发借书证,凭证借书。

第二十五条 借出书籍,逾期未还,得斟酌情形,令借者纳金。是项纳金标准,由各馆明白规定之。借书者逾期所纳之金,须由经收人给予收据。

第二十六条 图书馆财产,应组织保管委员会,负责经理。其委员会章程另订之。

第二十七条 各馆每半年应将办理情形,编据报告书,呈报主管机关,转呈上级教育主管机关,以便责考。上半年之报告书,应在八月中旬呈送。下半年之报告应在二月中旬呈送。

第二十八条 馆长为征集意见商酌办法,得开馆务会议。

第二十九条 主管机关得随时派员赴各馆视察,并指导其进行。

第三十条 图书馆办事细则暨借阅图书各项规章,由各馆订定呈报主管机关核定。

第三十一条 本规程经 省政府委员会议议决通过后公布施行。

《大学院公报》,民国十七年(1928年)九月份

图书馆事业推进计划

本年度中华图书馆协会在平之执行委员，开第一次执行委员会，并分向各地执委征求意见，共得议案八项。该项议案内容，于会务进展，极关重要：尤以增加图书馆馆员学识、交换各图书馆复本藏书、编印各图书馆工作报告三项，关系图书馆界实际利益，更为宏巨。本会特援照该项议案，拟具办法，在本栏披露，以便本省图书馆界有所凭依。本会会员对于此种所拟办法，如有补充或商榷时，亦希随时以所见函知，俾便采入。

一、选派馆员实习

本省各图书馆，遇必要时，得派馆员至国内各大图书馆实习。

选派馆员至国内各大图书馆实习时，须预先接洽，或函知本会代为接洽。

实习时须自定一项目，如分类，编目，出纳，选购，管理及其它等等。

实习时须经实习之图书馆许可，认为于某项实习已有把握，方得从事他项实习。

实习馆员之旅费以及膳宿等费，须由派出之图书馆供给。

实习期满，实习之馆员，应将实习之心得，对派出之图书馆，作详细之报告，并得披露，以飨图书馆界。

本会个人会员，有愿往国内各大图书馆实习者，可函知本会代为接洽，惟一切费用须自行负担。

二、互相交换馆员

本省各图书馆，于必要时，得向国内各大图书馆相互交换馆员。

交换馆员时，须预先接洽，或经过本会代为接洽。

在交换期限内，被交换馆员之生活费，悉按原定之数目，由原馆供给。

交换馆员之旅费，由商请交换之图书馆供给。

商请交换馆时，须预先说明被交换之馆员能担任之工作，及受交换之馆员所担任工作。

交换之时间，须依事项之繁简，预先规定之。

交换之馆员，须将工作所得之经验，作详细之报告，并得披露，以飨图书馆界。

三、交换复本图书

本省各图书馆，如有复本书籍或杂志等，拟向他馆交换者，先将复本书籍或杂志编成书目，可抄寄本会，在本栏陆续发表，以便欲交换者检索。

关于交换复本图书事项，如不愿直接办理者，可径函本会代为负责。

四、编印工作报告

本省各图书馆为相互观摩起见，宜按年编印工作报告，分送各图书馆。

如因经费困难，不能编印，可抄寄本会，陆续在本栏发表。

《学风》第二卷第十期，民国二十一年（1932 年）

安徽省立图书馆图书分类法

凡 例

1. 本分类法之编纂，系根据杜威十进分类法，刘国钧中国图书分类法、略加增损。初则类目概从简括，近数年来，新书日多，往昔所订类目，颇不敷用，因又就清华大学图书馆中文书目中之分类表及国立北师大中国图书十进分类法，探取相当类目，加以扩充，以期适合本馆类书之用。

2. 本分类法共分十大类：0 总类，1 哲学，2 宗教，3 社会科学，4 语文，5 自然科学，6 应用科学，7 艺术，8 地理，9 历史。语文合并，从刘氏例。地理从历史中别处，另立一类，系自由拟。其余大类，一本杜氏遗法，未加更动。

3. 四库部类，在本分类法中，均有相当门类，略述于后：

A 经部：除小学入语言学，乐类入音乐外，余均列入总类。盖经部在我国旧书籍中，本属首要，且其体例，亦丛书性质，故仍保其存在。

B 史部：此类改变，地理另立大类，前已述及。时令改入农业，目录入总部，政书分隶社会科学，金石改称古物与传记。传记虽殿史末，古物则改附地理。又旧史以体裁分，而漠视其本身之时代性，亦为未合。刘氏改为通史断代史两类。另立文化一类。复就诏令奏议与文书档案，合为史料一类，今均仍之。

C 子部：诸子之学，大都列入中国哲学类，并因其各派彼此影响之处甚多，汉晋以上，以学派分，汉晋以后以统不细分。其他兵家、医家、释家、小说家，旧亦统归子部，今则依其性质各入其类。

D 集部：均仍入文学，诗文评总别集等称，大率仍旧。惟号为全集，而实为汇刊各书以成者，按其重要性质分类，如王文成公全集，朱子全书，旧入子部之类是也。若性质庞杂，则入个人丛书。

4. 本分类法各种附表，计有 1 小类表，2 中国时代表，3 日本时代表，4 西洋时代表，5 国别表，6 中国区域表等。内除将小类表仍改依杜氏小类表外，余均仍刘氏之旧，未加改编。

5. 凡用小类表系以体裁复分总论某类之书籍，其法即以号码加以于原有分类号码之后，例如：劳工运动史为 336.09，即因 09 系小类表历史号码故。原有号码末位尚为 0

者，得省去一 0 字，例如物理学为 530，史为 09，如系物理学史即以 09 附于 530 之后，而省去一 0 字，为 530.9 即成。又若原有类码为两 0 者，则将两 0 不计，而以小类号码代之。例如：哲学论文，为 104. 而非 100.4 是。

6. 本分类法中凡注有 [依时代分][依日本时代分][依西洋时代分] 者，系注重其学科历史性分别，注有 [依国分][依区域分] 者，系注重其学科地理性分别，故类书时即应以中国时代表，日本时代表西洋时代表及国别表中国区域表之号码，分别加于原有号码之后。原有类码末位若为 0，则可减去 0 字。

7. 如欲同时用数种附表者，其次序：先由类表，次国别表，再次时代表；中国时代以及中国区域表均加于国别表中国号码之后，惟同时仅能择用一种。日本时代表西洋时代表亦加于国别表该国号码之后。（采用国立北平师大中国图书十进分类法凡例。）

8. 本分类法类目下有注明 [分入某类][互见某类][参照某某类] 者，均应分别体会遵照。所谓 [分入某类] 者，即表明本类书籍虽应入此，然为实际用途，应入他类。所谓 [互见某类] 者，言此两类之书，颇相混杂，宜细审其性质而后定之。所谓 [参照某类分] 者，乃指其类子目与此不能尽同，应参照此类，重行厘定，方可适合实际应用。

9. 普通参考书籍，大册图书，地图，因皮藏及集中便利参考两种关系，应于类码前，加注相当符号。[参考书] 普通加 R，[大册图书] 加 [大]，[地图] 加 #，均须采用。儿童图书，另照本馆所编儿童图书分类法分类，不再规定符号。

10. 本馆分类法系纂辑而非创造，理论未周之处，在所不免、如蒙海内贤达，予以指正，俾便随时更改，尤为感盼。

总　表

0 总类（丛书经籍均属此）
1 哲学类
2 宗教类
3 社会科学类
4 语文类
5 自然科学类
6 应用科学类
7 美术类
8 地理类
9 历史类

简　表

0 总　类

000 特藏
010 目录
020 图书馆学
030 普通类书
040 普通论丛
050 普通杂志
060 普通社会出版物
070 新闻学
080 普通丛书
090 经籍

1 哲学类

100 哲学总论
110 比较哲学
120 中国哲学
130 东方哲学
140 西洋哲学
150 论理学
160 形而上学
170 心理学
180 美学
190 伦理学

2 宗教类

200 宗教总论
210 比较宗教学
220 佛教
230 道教
240 基督教
250 回教
260
270 其他各教
280 神话
290 术数

3 社会科学类

300 社会科学总论
310 统计学
320 社会学
330 经济学
340 财政学
350 政治学
360 军事学
370 教育学
380 法律学
390 礼俗

4 语文学类

400 文学总论
410 语言学
420 中国文学
430 东方文学
440 西洋文学
450 北欧各国文学
460 中欧各国文学
470 东欧各国文学
480 美洲各国文学
490 非澳两洲及其他各地文学

5 自然科学类

500 自然科学总论
510 算术
520 天文学
530 物理学
540 化学
550 地质学
560 古物学
570 生物学
580 植物学
590 动物学

6 应用科学类

600 应用科学总论
610 医学

620 工程学
630 农业
640 家事
650 商业
660 化学工艺
670 制造工业
680 手工业
690

7 美术类

700 美术总论
710 音乐
720 建筑
730 雕刻
740 书画
750 瓷器
760
770 摄影
780 美术工艺
790 体育

8 地理类

800 地理学总论
810 世界地理
820 中国地理
830 东洋地理
840 西洋地理
850 美洲各国地理
860 非洲各国地理
870 澳洲各国地理及其他各地地理
880 地图
890 古物

9 历史类

900 历史总论
910 世界史
920 中国历史
930 东洋史
940 西洋史
950 美洲各国史
960 非洲各国史
970 澳洲各国史及其他各地史
980 传记
990 谱系

（详表略）

蒋元卿，霍怀恕编，《学风》第4卷第10期，民国二十三年（1934年）

编纂始末

修志问道，以启未来。《安徽省志·图书馆志》（以下简称本志）是安徽省第一部图书馆工作专业志书，其编纂目的在于全面地反映安徽各级各类图书馆的历史和现状，以发挥“存史、育人、资政”的功用，为新时期安徽省图书馆工作提供历史和现实的参考与依据。

1986年，安徽省地方志办公室组织首轮修志时，把图书馆志列为《安徽省志·文化艺术志》中的一篇。2007年，第二轮《安徽省志》续修工作启动。根据形势所需，本次续修，省地方志编纂委员会调整了省志卷目，将《图书馆志》从《文化艺术志》中析出，单独成卷。安徽省图书馆被确定为承编单位。为加强对修志工作的指导，安徽省文化厅于2007年底成立本志编纂委员会，时任省文化厅厅长杨果任编纂委员会主任。编纂委员会下设编辑室，具体负责本志编纂工作。

2008年初，本志编纂委员会向省内各级公共图书馆、高校图书馆和其他类型图书馆发出《关于请各单位协助提供<安徽省志·图书馆志>编纂资料的通知》，并附征集资料的提纲。之后，各地报送的资料陆续汇集到编纂委员会，编辑人员执笔启动。由于时间跨度大，收集来的资料存在着诸多问题，或残缺不全，或文表记载不一，或不够翔实。为加强资料征集工作，编辑室采取先内后外、由近及远的方法，先查阅本单位的文书档案，再检索公开发表的文献以及电话咨询等各种途径进行史料积累和甄别。

2011年3月3日，编辑室发出《关于请各单位协助提供《安徽省志·图书馆志》编纂资料（补充材料）的通知》（安图〔2011〕53号），要求各单位以统计表形式补充资料。此间，先后五易其稿。2012年9月底，初稿形成。初稿编纂的具体分工：第一篇第一章由张海政承编，概述、第一篇第二章、第二篇由卢松苗承编，第一篇第三章、第五篇由孙瑞华承编，第三篇由朱开忠承编，第四篇由侯勇、鲍静承编，第六篇由武巍泓承编。

初稿形成后，提交省地方志办公室和业内专家审阅。专家初步审阅后一致认为书稿质量离评议稿的要求尚有较大距离。为加强本志的编纂工作，2014年1月，承编单位安徽省图书馆印发《关于推进<安徽省志·图书馆志>编纂工作的通知》（安图〔2014〕3号），成立由时任馆长易向军担任组长的本志编纂推进工作领导小组，领导小组下设保障组、审核组、材料组和外联组，进一步明确了职责分工，规定了时间节点，并提出“树立精品意识，确保编纂质量”的总要求。此后，各工作小组各司其责，志书编纂工作进入新的阶段。审核组经过认真讨论并报经省地方志办公室同意,确定正式书名为《安徽省志·图书馆志》,体例设置由原来的六篇改为七篇,增加图书馆事业管理篇,并重新确定编纂人员。具体编纂分工:第一篇第一章由张海政负责,概述、第一篇第二章、第四篇由朱开忠负责,第一篇第三章、第七篇由王景负责,第二篇、第五篇由吴光龙负责,第三篇、第六篇由常虚怀负责。在前期书稿的基础上,后续编纂人员对书稿的章节结构、内容详略、原始数据以及文字等进行了调整、补充、完善和润色,张海政、朱开忠负责对全部书稿进行汇总和统稿。在推进工作领导小组的领导下,各小组经过100多天的集中奋战,于2014年5月初书稿合成。经省地方志办公室审阅,书稿质量有了明显改进,同意召开专家评议会。

2014年7月10日,在省图书馆召开评议会,省地方志办公室及有关专家和领导参加评议,提出了100多条修改意见和建议。编纂人员再次征集补充资料,调整完善相关内容,2014年12月完成送审稿,报送省地方志办公室和方志出版社审定。送审稿意见反馈后,编辑人员对书稿又进一步修改。

2017年12月28日,本志会审会在省图书馆召开,省地方志办公室有关领导、专家和编辑室人员参加会议。针对与会人员提出的意见和建议,编纂人员又对书稿进行修改和润色。阚华在最后统稿中做了大量的工作。本志英文目录由安徽大学外语系傅悦翻译完成。

本志从建立机构、设计篇目、收集资料到执笔编纂、志稿合成、专家评议以及送审、付印等,历经重重困难,付出诸多艰辛。志书的编纂出版,得益于各级各类图书馆提供的资料,得益于各级领导的大力支持,得益于省地方志办公室的精心指导,也得益于全体编纂人员辛勤笔耕与业余时间的无私奉献。

编纂《安徽省志·图书馆志》是一项全新的工作,无成熟案例可供参考,只能在实践中边学习、边摸索;所涉及的史料面广、时间跨度长,各馆所提供的资料质量参差不齐。尽管我们精心编纂,细致打磨,数易其稿,囿于编写水平,疏漏、错误之处定所难免,敬请业内同行和专家给予批评指正。

《安徽省志·图书馆志》编辑室

2018年12月